KB119312

교양 있는 한국인이 꼭 알아야 할

올바른 우리말 사용법

교양 있는 한국인이 꼭 알아야 할
올바른 우리말 사용법

초판 1쇄 발행 2005년 10월 1일 | 초판 5쇄 발행 2008년 9월 1일

지은이 리의도   펴낸이 김태영

비즈니스 3파트장 박선영
기획편집 1분사_ 편집장 최혜진 책임편집 정지연
1팀_가정실 김세희 2팀_한수미 정지연 디자인팀_김정숙 하은혜 차기윤
마케팅분사_박신용 이재원 제작팀_이재승 송현주 황수영

펴낸곳 (주)위즈덤하우스 출판등록 2000년 5월 23일 제13-1071호
주소 서울시 마포구 도화동 22번지 창강빌딩 15층 전화 704-3861 팩스 704-3891
전자우편 yedam1@wisdomhouse.co.kr 홈페이지 www.wisdomhouse.co.kr
출력 엔터 종이 화인페이퍼 인쇄·제본 (주)현문

값 17,000원 | ⓒ 예담, 2005 | ISBN 89-5913-118-0 03710
* 잘못된 책은 바꿔드립니다.
* 이 책의 내용과 편집 체재의 무단 전재 및 복제를 금합니다.

교양 있는 한국인이 꼭 알아야 할

올바른
우리말
사용법

리의도 지음

 예담

순조로운 말글살이를 위한 작업

　사람살이는 곧 말살이다. 숨을 쉬지 않고 살 수 없듯이, 사람은 말 없이는 살아가기 어렵다. 남의 말을 들어야 하고, 내 말도 해야 한다. 하루하루 살아가는 것은 곧 말을 주고 말을 받는 반복 행위이다. 그것으로 정보를 주고받으며, 생각을 만들고 정서도 나눈다. 그러니 사람살이를 원활히 해 나가려면 말살이가 순조로워야 한다.

　그런데 오늘날 우리 공동체 내부에는 우리말을 홀대하는 풍조가 널리 퍼져 있다. 우리 말과 글을 한번 쓰고 버리는 이쑤시개나 뒤지 정도로 치부하는 이가 없지 않으며, 학교에서까지 우리말 교육에 대해서는 손을 놓아 버린 듯한 모습을 여러 모에서 보이고 있다. 그러니 우리말의 기본 질서는 자꾸 무너지고 헝클어지며, 말글살이가 순조롭지 못하고 거칠어진다. 이대로 가다가는 우리 공동체 구성원끼리 정보와 정서를 공유하는 데에 치명적인 장애를 받을 수 있다. 우리 공동체의 바탕이 흔들릴 수 있는 것이다.

　오늘날 우리 공동체에 만연한, 위와 같은 증상을 나름대로 해소해 보기 위하여, 나는 1996년 5월 23일에 컴퓨터통신 유니텔에 '리의도의 말글밭'을 열었다. 그 회사의 배려 덕분으로 2001년 2월 27일, 학교 일로 하릴없이 그만둘 때까지 5년 동안 우리 말과 글에 관한 글을 날마다 1건씩 올렸다. 그렇게 올린 것이 약 1,400건. 그 작업을 하는 동안 예상했던 것보다 훨씬 많은 이가 말글밭을 찾아 주었고, 간간이 편지나 전화로 직접 말을 건네주기도 하였다. 그런 고마운 일들을 보면서, 아직 우리에게 절망보다는 희망이 가까이 있음을 확인하였다.

1997년에는 그것을 본 어느 출판사의 제의로 약 300건의 내용을 정리하여 『말을 잘하고 글을 잘 쓰려면 꼭 알아야 할 것들』이란 책으로 냈으며, 1999년에는 맞춤법에 관한 것 약 300건을 뽑아 『이야기 한글 맞춤법』을 냈다. 그리고 이번에 세 번째로 이 책 『교양 있는 한국인이 꼭 알아야 할 올바른 우리말 사용법』을 내기에 이르렀다. 그다지 잘난 것이 아님에도 이런 작업을 계속하는 것은 그때에 확인한 희망을 더 넓히고 더 키워야겠다는 생각 때문이다.

이 책에서 다루는 것은 모두 낱말(단어)과 문(文) 구성에 관한 것이다. 말글밭에서 약 550건을 골라내어 더러는 버리고 더러는 합쳐서 480여 항목으로 가다듬었는데, 1997년 책에 실었던 것 중에서 약 100항목을 다시 실었다. 다음에는 모든 항목을 내용에 따라 15개 범주로 가름하였고, 다시 '낱말'과 '문 구성'의 두 마당으로 구분하였다. 각 범주의 항목은 내용을 살펴 서너 개로 또래 지어 배열했는데, 번잡을 피하기 위해서 또래 구분 표시는 일일이 하지 않았다. 그런데 이러한 가름과 배열은 편의를 고려한 것이지 엄밀한 것은 아니다. 내용이 범주를 넘나드는 것도 있고 여러 범주에 걸치는 것도 있으며, 범주 제목이 썩 마땅하지 않은 것도 있다. 눌러 보아 주기를 바란다.

그리고 논조와 문체, 글의 형식이 한결같지 않다. 어느 것과 아주 다른 글도 있을 것이다. 다루는 대상이 다양하고, 장시간에 걸쳐 컴퓨터통신에 올린 글이기 때문이다. 통일성을 갖추기 위하여 처음글을 어느 정도 다듬기는 했으나 충분하지 않으며, 더러는 올릴 당시의 느낌을 살리는 것이 낫겠다는 생각에서 그대로 두기도 하였다. 널리 헤아려 주기를 바란다.

나는 이 작업에 손을 댈 때부터 지금까지 줄곧 다음 몇 가지 노선을 견지하였다.

첫째, 일상 언어를 논의의 대상으로 삼았다. 나날이 접하는 방송과 신문, 갖가지 광고와 서식, 일상의 담화 등, 매우 낯익은 말글에서 사례를 가져오고 문제를 찾아냈다. 보기에 따라서는 아주 사소해 보이는 사례까지도 논의의 장으로 끌어들였다. 그 모두가 우리말이며, 작은 것과 큰 것은 별개가 아니라고 생각하기 때문이다.

둘째, 애초부터 특정 분야 종사자로 한정하지 않고 여러 계층의 많은 이웃과 대화하는 자세로 이 글들을 썼다. 우리말은 몇몇 사람의 소유물이 아니고 우리 공동체 구성원 모두의 자산이며, 우리말을 더욱 발전시키려면 모든 구성원이 동참해야 한다고 믿기 때문이다. 이러한 믿음으로, 쉽고 상세하고 명료하게 풀이하는 데에 힘썼으며, 추상적인 이론은 최소화하면서 실제적이고 구체적인 내용을 기술하는 데에 무게를 두었다.

셋째, 내가 이 작업에 손을 댄 목적은, 누구를 매도하거나 비판하는 데에 있는 것이 아니라, 많은 이웃이 자신의 말살이를 되돌아보고 우리말의 바람직한 진로를 생각해 보는 계기를 제공하는 데에 있다. 그래서 문제되는 사례에 대해서는 낱낱이 대안이나 해결 방안을 제시하였다. 관점에 따라서는 지루하고 산만하다 할 정도로 보기를 많이 들었는데, 여러 이웃의 마음을 움직이는 데에 구체적인 대안이 크게 도움이 될 것으로 판단했기 때문이다. 그러나 여기에 제시한 대안이나 방안이 유일한 것이라고 고집하지는 않는다.

이 책을 펴냄에 즈음하여, 귀중한 텃밭을 내주셨던 유니텔 회사에 다시 한번 고마운 마음을 전하며, 그때에 결정적인 구실을 해 준 김세중 님에게도 고마운 마음을 전한다. 아울러 '말글밭'에 드나들며 물 뿌리고 거름 주신, 얼굴도 모르는 많은 이들께도 고마운 마음을 전한다. 그리고 이 책의 출판을 기꺼이 맡아 주신 예담 출판사에 감사한다.

끝으로, 이 책을 읽어 보실 독자 여러분에게 고마운 마음을 미리 전하며, 보잘것없는 책이나마 털끝만큼이라도 여러분에게 도움이 되기를 기대한다.

무엇보다도 우리 말글살이가 좀더 바람직한 방향으로 나아가기를 빌고 바란다.

559돌 한글날을 앞두고

2005년 9월

리의도

첫째 마당_ 우리 낱말 제대로 알고 바르게 사용하기

잘 구별해서 사용해야 할 낱말

형태가 비슷하여 헷갈리는 낱말

표준 낱말과 비표준 낱말

높임법과 부름낱말 · 가리킴낱말

한자낱말 바꾸어 쓰기

일본어 찌꺼기 씻어 내기

서양 낱말 다듬어 쓰기

흥미로운 낱말의 세계

둘째 마당_ 우리말의 바탕을 살려 반듯하게 표현하기

뜻이 겹치는 낱말과 표현

부적절하거나 부정확한 표현

맥락이나 상황에 알맞지 않은 표현

조사를 잘못 사용한 표현

성분의 호응이 불완전한 표현

적절하지 못한 접속 표현

여러 가지 문제가 겹친 표현

일러두기

1. 각 항에서 중심 논의의 대상이 되는 어형들은 고딕체로 처리하였다.

2. 각 항의 예문들에서 논의가 되는 어형들은 진하게 표시하였다.

3. 각 항의 예문들이 두 개 이상인 경우 (가), (나), (다) → ㉠, ㉡, ㉢ 순으로 번호를 매겼
   다. 또한 (가)´, (나)´, (다)´는 각각 예문 (가), (나), (다)를 바르게 고쳤음을 나타낸다.
   ㄱ, ㄴ, ㄷ은 선택적으로 사용할 수 있음을 나타낸다.

4. 작은따옴표(' ')는 뜻풀이나 강조, 주의 표시로 사용한다.

5. 큰따옴표(" ")는 문(文)이나 문 수준의 인용 내용이거나 문 구조임을 의미한다.
   여러 어형을 나열하는 경우에도 사용한다.

6. [ ] 속은 맞춤법 표기가 아니라 발음이나 음소 표시이다.

7. 윗고리점(˚)은 강조나 주의 표시이다.

8. 붙임표(‐)는 자립성이 없는 어형이라는 표시이다.
   곧 조사, 어간과 어미, 접사의 앞이나 뒤, 또는 앞뒤에 붙인다.

9. 물결표(~)는 어떤 내용을 대신한다. 특정 내용을 줄인 표시로도 사용한다.

10. 빗금(/)의 앞뒤에 나란히 제시한 어형은 선택적으로 사용할 수 있음을 의미한다.

11. { } 속에 2개 이상 나열된 어형은 선택적으로 사용할 수 있음을 의미한다.

12. 『 』는 책 이름, 「 」는 책 이외의 저작물이나 출판물의 이름 표시이다.

13. *은 본문 아래에 별도로 보충 설명이 있음을 나타낸다.

첫째 마당

우리 낱말 제대로 알고 바르게 사용하기

잘 구별해서 사용해야 할 낱말

한국어와 한글

몇 해 전에 "한글이 세종 대왕 때에 만들어졌다면, 그 전에 우리 조상들은 어떤 말을 썼느냐?"는 물음 전화를 받은 일이 있다. 전화를 걸어 온 이는 어느 중년 남자였다. 그이는 "중국어를 썼느냐?"고도 했다. 나는 한참 동안 설명을 했지만 그이는 쉬이 이해되지 않는 모양이었다. 오히려 더 혼란스러워하는 것 같았다.

그이가 그처럼 혼란스러워한 근본 원인이 어디에 있을까? 그렇다, 한글과 한국어의 개념을 분간하지 못한 데에 있었던 것이다.

우리 배달겨레는 고유한 언어(말)를 사용하며, 독창적인 문자까지 만들어 쓰고 있다. 그 언어를 가리켜 흔히 한국어라고 하며, 그 문자를 가리켜 한글이라 한다. 이 둘은 엄연히 다른 것이다. 세종 대왕 이전에 우리 겨레에게 없었던 것은 우리의 문자이지 언어가 아니다.

세상에는 고유한 언어와 그 언어를 기록할 독특한 문자까지 누리는 겨레가 흔하지 않다. 그런데 우리는 그 둘을 다 누리며 살아가고 있다. 그러다 보니 언어와 문자를 동일시하거나 잘 분간하지 못하는 경향이 있고, 이로 말미암아 빚어지는 오해와 잘못이 많다.

다음은 닷새 전에 이름있는 어느 중앙 일간신문에 난 기사를 옮긴 것이다.

> **한글**이 인터넷에서 프랑스어, 독일어에 못지않은 **국제어**로 대접받고 있다. 세계적인 다국적 기업들은 최근 그들의 인터넷 홈페이지에 한글로 정보를 올려 한국 시장을 거냥하기 시작한 것이다. …… 영어에 자신 없는 한국인이라도 **한글**을 선택하면 영문 정보가 자동 번역돼 쉽게 내용을 볼 수 있도록 한 것이다.

나는 지금까지 이런 부류의 말과 글을 적잖이 접해 왔지만, 이름있는 신문사의 기자까지도 이 같은 글을 쓰는 것을 보면서 그 오해의 정도가 보통이 아니라는 것을 다시 한번 절감했다.

되풀이하여 강조하지만 언어와 문자는 엄연히 다르다. 영어·에스파냐어·프랑스어·독일어·일본어·러시아어 들은 언어의 명칭이며, 한자·가나·로마자·키릴문자·아랍문자 들은 문자의 명칭이다. 한글은 우리 문자의 명칭이지, 우리 언어의 명칭이 아니다. 오늘날 우리 언어의 명칭으로 널리 쓰이고 있는 것은 한국어이다. 따라서 "**한글**이 **국제어**로 대접받고 있다."는 것은 전혀 이치에 맞지 않는다. "**한글**이 **국제 문자**로 대접받고 있다."고 하거나 "**한국어**가 **국제어**로 대접받고 있다."고 표현해야 옳다. 위의 기사와 같은 내용이라면 나중 표현이 합당하다.

인류가 사용하는 수천 가지의 언어 가운데에서 오늘날 국제적으로 가장 널리 쓰이는 것이 영어이다. 영어를 국제어라고 하는 것은 그 때문이다. 그러면 세계적으로 가장 널리 사용되는 문자, 다시 말하면 '국제 문자'는 무엇일까? 바로 로마자이다. 로마자는 라틴문자라고도 하는데, 영어는 물론이요 프랑스어나 독일어를 비롯하여 여러 언어를 표기하는 데에 사용되고 있다.

우리가 바라는 것은 한국어가 국제어로, 한글이 국제 문자로 대우받는 일이다. 한글이 국제 문자가 된다는 것은, 이를테면 우리의 성명을 국제 관계에서 굳이 로마자로 표기할 필요가 없어지는 것을 말한다. 또, 거기서 더 나아가 영어·에스파냐어·프랑스어·독일어·일본어·러시아어·한어(중국어) 들을 한글로 적게 되는 것을 말한다. 이것이 꿈같은 이야기일까?　　　　　　　　　　　　　　〈1996.5.24., 7.25.〉

한국어와 배달말

나라(국가)와 겨레(민족)는 다르다. 나라는 정치 공동체를 가리키며, 겨레는 혈연 공동체나 문화 공동체를 가리킨다. 그러니 한 개인으로 볼 때에 나라, 곧 국적은 선택할 수가 있지만, 혈연 공동체로서의 겨레는 선택할 수 없다.

'한국'은 우리 나라의 이름으로, 정식 국호인 '대한민국'을 줄인 것이다. 그러니 '한국'은 물론이요 '한국인'도 겨레의 명칭은 아닌 셈이다. '한국인'은 '대한민국의 국민'을 뜻할 뿐이다.

그렇다면 우리 겨레의 이름으로는 무엇이 있을까? "한겨레, 한민족"이 가장 먼저 떠오른다. 이런 이름은 나라를 초월하여 우리를 하나로 묶어 준다. 그런데 '한겨레'도 그러하지만, '한민족'은 더욱더 중국의 '한족(漢族)'과 자주 섞갈린다. 그래서인지 더러는 '한인'이라 하기도 한다. 그러나 이것은 '한국인'의 준말은 될지언정 우리 겨레의 명칭으로는 넉넉하지 않다. 그래서 나는 우리 겨레의 명칭으로 "배달겨레, 배달민족"이 좋겠다는 생각을 하며, 이를 즐겨 사용한다.

오늘날 우리 언어의 명칭으로 널리 쓰고 있는 **한국어**에도 충분하지 못한 점이 있다. '한국'은 오늘날의 나라이름일 뿐인데, 나라이름이 '한국'이 아니었던 고조선이나 고구려·백제·신라·가야, 고려, 조선의 언어까지도 **한국어**라고 하는 것은 문제가 될 수 있다고 본다. 한편 북쪽에서는 우리와는 전혀 다른 나라이름을 쓰며, 그 이름을 앞세워 **조선말** 또는 **조선어**라 하고 있다. 똑같은 언어를 두고 같은 시대에 사는 같은 겨레가 저마다 다르게 일컫고 있는 것이다.

이런 점을 생각하면 **한국어**가 아닌 (물론 **조선어**도 아닌) 다른 명칭을 생각해 보아야 하는데, 이미 쓰고 있는 이름 중에서 찾는다면 역시 **배달말***이란 명칭이 가장 나아 보인다. 이 명칭이라면 시대와 국가를 초월하여 우리 겨레의 언어를 통칭할 수 있을 것이고, 남쪽과 북쪽에서 다 같이 쓸 수 있을 것이다.

내가 '배달'이란 낱말 쓰기를 권하는 까닭은 몇 가지가 있다. 첫째, '한족'과 뚜렷이 구별이 되어서 좋다. 둘째, '배달'은 다른 말과 잘 어

---

* '배달'이란 낱말은 어떻게 해서 생겨났을까? 아직 결론이 난 것은 아니지만 대체로 이렇게 보고 있다. 오래오래 전에 우리 한아비들은 자신들이 사는 이 땅(한반도)을 '붉달'이라 일컬었다. '붉'은 오늘날 '밝다'고 할 때의 그것이며, '달'은 오늘날 '응달, 양달'이라고 할 때의 그것과 통하는 말이니, '붉달'은 밝은 곳, 해 돋는 곳을 뜻하는 말이 된다. 그것이 세월 따라 변하여 '밝달 > 박달'이 되고, 다시 '배달'이 되었으며, 한자로는 주로 倍達로 표기되었다.

울린다. 배달민족, 배달말, 배달문화, 배달문학, 배달역사, ……. 셋째, 예로부터 우리 한아비들이 써 온 말이므로 북쪽 사람들도 호응할 가능성이 높다.

〈1996.5.25.〉

한문과 한자, 영문과 로마자

우리 나라 사람들은 자신의 성명을 세 가지 방법으로 표기해야 하는 일이 많다. 예를 들어 '하상민'이라는 성명이 있다고 하면, 그것을 河相敏으로 표기해야 할 때도 있고, Ha Sang-min으로 표기해야 할 때도 있다. 외국에 나갈 때에는 또 달리 표기해야 하는 경우도 있을 것이다.

하상민, 河相敏, Ha Sang-min—이 세 가지 표기 방법을 가리켜 각각 한글 표기, 한자 표기, 로마자 표기라고 한다. 그런데 사용 실태를 보면 그렇지 못한 경우가 많다. 다음과 같이 말하는 것을 흔히 볼 수 있다.

(가) 김 대리, 우리 부장님 성명은 한문으로 어떻게 쓰지?
(나) 정 선배는 이름을 영문으로 어떻게 쓰세요?

다시 말하면 河相敏 식으로 표기하는 것을 한문이라 하고, Ha Sang-min 식으로 표기하는 것을 영문이라 하는 것이다. 이렇게 표현하는 것은 타당하지 않다.

먼저 한문과 한자에 대해서 생각해 본다. 이 두 개념은 매우 다르다. 한자란 낱낱의 글자를 가리키며, 한문은 한어(중국어)를 한자로 표기해 놓은 문(文), 또는 그런 문의 집합체(텍스트)를 가리킨다.

그러니 우리 나라 사람의 한자식 이름을 河相敏과 같이 한자로 표기했다 하더라도, 그것은 문이나 문의 집합체로 볼 수 없으므로 '한문 표기'가 아니라 '한자 표기'라고 하는 것이 옳다. 애초부터 우리 토박이말로 지은 이름은 한자로 표기할 수도 없고 그럴 필요도 없다. 그러나 한자만 애용하는 곳을 여행할 때는 혹 필요할지도 모른다.

이제 영문과 로마자로 가 보자. 로마자는 '라틴문자'라고도 하는데, 모두 잘 알고 있는 a, b, c, d, ……, w, x, y, z로 된, 한 무리의 문자를 가리킨다.* 이 문자가 오늘날 국제적으로 가장 널리 사용되고 있다. 영어, 독일어, 프랑스어, 에스파냐어, 이탈리아어 등등, 많은 언어가 일상적으로 이 문자로 표기된다. 이 중에서 영어를 로마자로 표기한 글(텍스트)을 영문이라 한다. 마찬가지로 독일어를 로마자로 표기한 글은 독문, 프랑스어를 로마자로 표기한 글은 불문이다.

그런데 우리 나라 사람들은 로마자를 오로지 영어와 관련지어 인식하는 편견이 매우 심하다. 영어와 로마자를 동일시하고, 영문과 로마자를 분별하지 못하며, 로마자를 아예 영문자, 영자라고까지 한다. 그러나 우리 나라 사람의 성명을 Ha Sang-min 식으로 표기한 것은 영어도 아니며 영문도 아니다. 우리의 성명을 로마자로 표기한 것에 불과하다.

인사 서류를 비롯하여 우리의 각종 서식에는 성명을 쓰는 난이 2개

---

*a, b, c, d 들을 흔히 '알파벳'이라 하는데, 엄밀히 말하면 '로마자 알파벳' 또는 '라틴 알파벳'이라 하는 것이 옳다. 다른 알파벳도 있기 때문이며, 한글도 알파벳 문자의 한 종류이다.

이상 있는 경우가 많다. 한글 외에 한문이나 영문이라 이름 붙인 난이 또 있다. 각각 한자, 로마자라고 하는 것이 옳다. 〈1997.1.6~7.〉

영어로 옮기기와 로마자로 표기하기

oullim은 우리말 '어울림'을 **영어로 옮긴** 것으로, 이 낱말에 이번 대회의 주제가 집약되어 있다.

며칠 전, 어느 일간신문에 실린 기사문의 한 부분이다. 우리 나라에서 국제적인 디자인 대회를 개최하는데, 그 대회의 주제 표어가 '어울림'이라는 것이다.

그런데 이 표현에는 중대한, 낱말 사용의 잘못이 있다. oullim은 우리 낱말 '어울림' 그대로를 로마자로 표기한 것이다. 곧 '어'를 o로, '울'을 ul로, '림'을 lim으로 대체한 것뿐이다. 우리말을 바꾼 것은 아니다. 이를 두고 '영어로 옮긴 것'이라고 표현한 것은 매우 큰 잘못이다. 바로잡으면 다음과 같다. (현행 「국어의 로마자 표기법」에 따르면 eoullim이 되어야 하나 그것은 손대지 않기로 한다.)

oullim은 우리말 '어울림'을 **로마자로 표기한** 것으로, 이 낱말에 이번 대회의 주제가 집약되어 있다.

'어울림'을 영어로 옮기면(번역하면) harmony나 cooperation 또는 working together 정도가 될 것이다. 물론 이들은 영어 사전에 실려 있다. 그러나 oullim은 영어 사전에 실려 있지 않다.

　요컨대 '로마자는 곧 영어'라고 생각하거나, '영어는 곧 로마자'라고 생각하는 사람이 참 많다. 그러나 그것은 사실과 전혀 다르다.

〈2000.10.25.〉

외국어와 외국 어휘

　(가) **외국어**를 쓰지 말자.

이런 부류의 표어를 손쉽게 접할 수 있는 시절이 있었다. 여러 사람들에게 꽤 설득력 있게 받아들여지기도 했다. 그런데 요즈음은 이런 표어를 접하기 어렵다. 오히려 다음과 같은 문구가 홍수를 이루고 있다.

　(나) **외국어** 교육 강화

　요즈음 (가)와 같은 구호를 외친다면, 아마도 열에 아홉은 따가운 눈총을 받지 않을까 한다. '세계화 시대에 외국어를 중시해야지 그게 무슨 뚱딴지같은 소리냐?'는 뜻에서 쏘아붙이는 눈총일 게다.

　그러나 그렇지 않다. (나)는 세계화 시대에 발맞추기 위하여 외국어를 부지런히 가르치고 배우자는 것이며, (가)는 우리말 속에 외국어 낱말을 함부로 섞어 쓰지 말자는 것이다. 다시 말하면 (나)의 외국어는 영어, 에스파냐어, 러시아어, 한어(중국어) 등등, 전체로서의 언어를 가리키며, (가)의 외국어는 우리말 속에 섞어 쓰는 "와이프, 핸드

폰, 파이팅, 오봉, 뗑깡, 수속(手續)"과 같은 낱말을 가리킨다. (가),
(나)의 내용이 전혀 다른데도 다 같이 외국어라고 표현해 왔기 때문에
일반인의 오해를 부채질한 측면이 크다.

이런 관점에서 다시 생각해 보면, (가)의 외국어는 잘못 사용한 것
이다. 외국 어휘 또는 외국어 낱말, 외국 낱말이라고 해야 한다. 다음과
같이 바꾸어야 의미가 분명해진다.

(가)′ ㄱ. 외국 어휘를 쓰지 말자.

ㄴ. 외국(어) 낱말을 쓰지 말자.

세계 사람들과 대화하기 위하여 외국어를 배우는 일과 우리 민족끼
리의 말글살이에서 외국 낱말을 함부로 쓰지 않는 일은 충돌하지 않
는다. (나)와 같은 표어를 강조하는 만큼 (가)′와 같은 표어도 강조해
야 하는 것이다. 〈1998.12.16.〉

껍데기와 껍질

껍데기가 있는가 하면 껍질도 있다. 이 둘은 비슷하지만 그렇다고
아주 같은 것도 아니다. 두 낱말의 차이는 무엇일까? 사전들에는 대
체로 다음과 같이 풀이되어 있다.

껍데기 : 달걀, 조개 또는 딱딱한 과실 따위의 겉을 싸고 있는 단단한 물질.
껍질 : 딱딱하지 아니한 물체의 전체를 싸고 있는, 질긴 물질의 켜.

이 풀이에서 중요한 것은 '딱딱함'이다. 대체로 볼 때에, 더 딱딱한 것이 껍데기이고 덜 딱딱한 것이 껍질이다. 비교해서 말하면, 껍질은 비교적 생물적인 성질이 있고, 껍데기는 무생물에 가깝다고 할 수 있겠다. 각각 다음과 같이 어울려 쓰인다.

(가) 조개 **껍데기**, 굴 **껍데기**, 달걀 **껍데기**, 이불 **껍데기**
(나) 귤 **껍질**, 사과 **껍질**, 참외 **껍질**, 오이 **껍질**, 소나무 **껍질**(송기)

이렇게 나열해 놓고 보니, 껍데기는 비교적 쉬이 그 알맹이와 분리되지만, 껍질은 그렇지 않음을 알 수 있다.　　　　　　　〈1999.12.4.〉

버스 값과 버스 삯

값이란 물건을 사고팔 때에 치르는 돈을 뜻한다. 책값은 책을 사는 사람이 책방 주인에게 치르는 돈이며, 술값은 술을 사 먹는 사람이 술집에 치르는 돈이다.

이러한 사실을 안다면, 일반인들이 흔히 사용하는 "요즘 버스 값이 얼마니?" 하는 말은 잘못된 표현임을 짐작할 것이다. 버스를 이용하는 사람이 그 대가로 치르는 돈은 버스 값이 아니라 버스 요금이라고 해야 한다. 우리 토박이말로 버스 삯이라 하면 더욱 좋겠다. 버스 요금은 좀더 엄격히 말하면 버스 이용 요금의 준말이다.

마찬가지로 택시 값과 택시 요금은 전혀 다른 말이며, 배(船) 값과 뱃삯, 비행기 값과 비행기 삯도 전혀 다른 말이다. 현재로서는 이발 값이

있을 수 없으며, 이발 요금이나 이발료라고 해야 한다.   〈1996. 10. 16.〉

오랜만과 오랫동안

오래와 관련된 낱말이 여럿 있다. 오래간, 오래도록, 오래간만, 오랜만, 오랜, 오랫동안 들이 그것이다. 이들이 어떻게 변별되는지 사전의 풀이에 기대어 살펴보기로 한다.

오래간과 오래도록은 기본의미가 같고 서술어를 한정해 주는데, 용례를 들어 보면 (가)와 같다. 각각 '만나지'와 '머물러'를 한정한다.

(가) ㉠ 나는 그를 {오래도록/오래간} 만나지 못했다.

  ㉡ 그 후로 아저씨는 {오래도록/오래간} 산에 머물러 있었다.

오래간만과 오랜만은 본말과 준말의 관계일 뿐 뜻은 같다. 이들은 명사이며 용례는 (나)와 같다. 특히 오랜만은 오랫만으로 잘못 표기하는 일이 많다.

(나) ㉠ 참으로 {오래간만/오랜만}에 비가 내린다.

  ㉡ 야, 참 {오래간만/오랜만}이다.

명사이기 때문에 조사 '-에'나 '-이-'와 더불어 나타난다.

오랜은 관형사로서 뒤따르는 명사를 수식해 주는데, 용례는 (다)와 같다. 각각 '옛날'과, '역사'를 수식한다.

(다) ㉠ **오랜** 옛날 그곳에는 절이 있었습니다.

　　㉡ 그는 모교의 **오랜** 역사를 자랑하고 다녔지요.

오랫동안은 오래와 동안이 합쳐진 명사인데, (라)에서 보듯이 뒤따르는 서술어를 한정하는 일이 많다.

(라) ㉠ 나는 그를 **오랫동안** 만나지 못했습니다.

　　㉡ 언니는 허리가 아파 **오랫동안** 누워 지냈어요.

한편 관형사 오랜과 명사 동안을 배열하면 오랜 동안이 된다. 그러니 이것은 한 낱말이 아니라 두 낱말로 된 이은말(구)이다. 의미는 오랫동안과 그다지 다르지 않지만, 형식 구조는 아주 다르다. 속내야 어떠하든 일반의 사용 실태를 관찰해 보면 오랫동안이 훨씬 더 많이 쓰임을 확인할 수 있다. 　　　　　　　　　　　〈1997.6.11.〉

빨리와 일찍

12월 하순의 어느날, 아무개는 세월이 참으로 빠름을 다시 한번 느꼈다. 어느새 한 해가 다 지나가고 있음을 생각했던 것이다. 다음날 모처럼 마음을 가다듬고 정해진 시각보다 30분 앞서 출근을 했다. 그러면서 동료에게 한다는 말이 이랬다.

"나, 오늘 30분 **빨리** 출근했어."

아무개만 이런 표현을 하는 것이 아니다. 흔히들 쓴다. 그런데 이런 상황에서 빨리라고 하는 것은 올바른 표현이 아니다. 빠르다, 빨리는 속도와 관련된 낱말이다. 그 반대는 느리다, 느리게이다. "말이 빠르다, 빨리 달린다, 빨리 걷다, 세월이 빠르다" 등등이 다 그런 뜻을 나타낸다.

이와는 달리 '기준 시각보다 이르게'를 뜻하는 부사는 일찍이다. 위의 상황이 바로 이 낱말을 사용해야 하는 경우이다.

"나, 오늘 30분 일찍 출근했어."

물론 이에 맞서는 낱말은 늦게이다.

일찍과 빨리만으로 구별이 쉽지 않을 때에는 각각 반대되는 늦게와 느리게를 넣어 보면 쉽게 답을 찾을 수 있을 것이다. 〈1996.12.30.〉

너무와 아주 · 매우

부사 되우, 세우, 겨우, 매우, 자주, 나수, 너무 들은 그 짜임새의 역사적인 내력이 같다. 모두 형용사의 어간에 접미사 – 우가 녹아붙어서 된 것으로, 각각 되+우, 세+우, 겹+우, 맵+우, 잦+우, 낫+우, 넘+우에서 유래한 것이다. 이 중에서 겨우, 매우, 자주, 너무 들은 오늘날도 널리 사용되고 있다. 그런데 너무를 그 본뜻과는 달리 사용하는 일이 매우 많다.

너무의 본뜻은 '알맞은 정도를 넘게'이다. 다음은 이러한 뜻을 제대로 살린 보기이다.

(가) ㉠ 그 아이가 바나나를 **너무** 먹었어.
　　㉡ 마을 주민들이 **너무** 많은 요구를 한다.
　　㉢ **너무** 심하게 나무라는군.

(가)의 **너무**는 각각 "먹었어(동사), 많은(형용사), 심하게(부사)"를 한정하고 있다. 그런데 이 같은 표현의 밑바탕에는 '알맞은 정도'를 넘은 것이 못마땅하다는 의미가 깔려 있다. '너무 먹은' 행위, '너무 많은' 요구, '너무 심하게' 나무라는 행위를 마땅하지 않게 바라본 것이다.
　이와 비교하면서 다음을 살펴보자.

(나) ㉠ 영민이는 **너무** 착하다.
　　㉡ 그 가수는 노래를 **너무** 잘 부른다.

(나)의 ㉠을 표현 그대로 받아들이면, 사람은 '보통으로' 착해야 하는데, 영민이는 '정도를 넘게' 착해서 못마땅하다는 뜻이 된다. 물론 그런 뜻으로 한 말이라면 문제가 없겠으나, '매우 착함'을 나타내고자 한 표현이라면 ㉠은 적절하지 않다. ㉡도 이런 점에서 같다. 가수가 노래를 잘 불러야 하는 것에는 한정(정도)이 있을 수 없기 때문이다. 따라서 부정적이거나 못마땅한 의도를 나타낼 목적이 아니라면 **너무**를 쓰는 것은 피해야 한다. 예를 들어 학생의 성적 평가 기록을 "보통 — 잘함 — 너무 잘함"이라고 했을 때 수긍이 되겠는지를 생각해 보면 이해하는 데에 도움이 될 것이다. 이럴 때의 **너무**는 매우나 아주로

바꿔 다음과 같이 표현해야 한다. 맥락에 따라서는 **무척, 참, 정말로**
대체할 수도 있다.

  (나)′ ㉠ 영민이는 **매우** 착하다.
     ㉡ 그 가수는 노래를 **매우** 잘 부른다.

  그러나 (다)와 같은 말은 올바른 표현이다. 너무에 뒤따르는 말을
잘 살펴보자.

  (다) ㉠ 그의 걸음이 **너무** 빨라서 우리들이 따라가기 힘들었다.
     ㉡ 그 이론은 **너무** 심오하기 때문에 대중들이 이해를 못 한다.

(다)의 ㉠은 '걸음의 빠르기'가 '우리들이 따라갈 수 있는 정도'를 넘
어섰다는 뜻이 되며, ㉡은 '그 이론의 심오함'이 '대중들이 이해할 수
있는 정도'를 넘어섰다는 뜻이 된다. 그러니 이와 같은 문맥에서는 너
무가 그 구실을 제대로 하고 있는 것이다. 이런 경우에 매우나 아주로
바꾸어서는 전달하고자 하는 의미가 제대로 드러나지 않는다.

〈1997. 5. 10~12.〉

세와 서 · 석, 네와 너 · 넉

  토박이말 수사 중에는 그 뒤에 오는 단위명사에 따라 여러 형태로
실현되는 것이 있다. 하나, 둘, 셋, 넷이 그러하다. 이들 뒤에 단위명사

'개(個)'가 오면 각각 한, 두, 세, 네로 꼴이 바뀐다. "한 개, 두 개, 세 개, 네 개"가 된다는 말이다. 이럴 때에 한, 두, 세, 네를 수사가 아니라 관형사로 보기도 한다.

그런데 셋, 넷은 경우에 따라 각각 서와 석, 너와 넉으로도 실현된다. 오늘날의 언어 사용을 보면 이러한 표현에 심한 개인차가 나타나지만, 표준은 전통을 그대로 따르고 있다.

서, 너는 다음과 같이 실현된다.

금 서 돈	백금 너 돈
쌀 서 말	보리 너 말
실 서 발	새끼 너 발
돈 서 푼	엽전 너 푼
쌀 서 홉	좁쌀 너 홉

이처럼 "돈, 말, 발, 푼, 홉"과 같은 단위명사 앞에서는 서, 너로 쓰인다. 그런가 하면 석, 넉은 다음과 같은 경우에 쓰인다.

보리 석 섬	쌀 넉 섬
모시 석 자	삼베 넉 자
종이 석 장	합판 넉 장
볏짚 석 동	나무 넉 동
휴가 석 달	시집살이 넉 달

"섬, 자, 장, 달, 동"과 같은 단위명사 앞에서는 석, 넉으로 실현되는

것이다.

그러나 두서넉이나 서넉으로 쓰이는 일은 없다. 다음에서 보듯이 두서너와 서너로 실현될 뿐이다.

보리 두서너 섬
삼베 두서너 자
종이 두서너 장
나무 서너 동
휴가 서너 달

〈1997.3.25.〉

왠지와 웬일

평일 오후에 한 익살꾼이 진행하는 라디오 방송이 있다. 나도 간혹 그 방송을 접하곤 하는데, 아마 젊은이들 사이에 꽤 인기가 있나 보다. 그 중에 '오늘은 웬지~'라는 순서가 있다. 개인적으로는 그 순서에서 다루는 내용들이 마뜩하지 않은데, 내 평가와는 달리 그 방송이 인기를 끄는 까닭은 바로 이것 때문인 듯하다.

어쨌든 그 방송의 언어를 관찰해 보면, 진행자는 물론이고 대부분의 전화 출연자들이 [웬지]라고 발음한다. 발음하는 것으로 볼 때에 표기도 그렇게 하지 않을까 싶다. 그러나 그것은 바르지 않다. 발음과 표기를 다 같이 왠지라고 해야 한다.

왠지는 '왜+인지'가 줄어서 된 말이다. "누구+인지, 어디+인지, 언제+인지" 들이 줄어서 각각 "누군지, 어딘지, 언젠지"가 되는 것과 똑같은 결과이다. 여기서 왠지의 문맥적인 뜻은 '왜(무슨 까닭)인지는 모르겠지만' 정도가 될 것이다.

[왠]과 [웬]의 발음은 아주 비슷한데, 오늘날의 사람들에게는 [왠]을 발음하기가 까다롭기 때문에 이 같은 상황이 자주 벌어진다. [왠]을 제대로 발음하려면 [웬]을 발음할 때보다 입을 좀더 벌려야 한다. 다시 말하면 [ㅐ]를 발음할 때만큼 입을 크게 벌려야 하는 것이다.

웬과 관련하여 알아 두어야 할 것이 또 하나 있다. 낱말 웬의 품사는 관형사이고, 그 뜻은 '어떠한, 어찌 된'이라는 점이다. 왜, 왠지와는 의미 면에서 분명한 차이가 있을 뿐 아니라, 품사가 관형사이므로 (가)에서 보듯이 "사람, 차, 떡, 나무" 등, 여러 명사 앞에 두루 쓰일 수 있다. 물론 이 경우에는 띄어 써야 한다.

(가) ㉠ 어제는 회사로 웬 사람이 찾아왔습니다.

　　 ㉡ 웬 차가 이렇게 많니?

　　 ㉢ 아니, 이게 웬 떡이야?

　　 ㉣ 바로 그 자리에 웬 나무가 한 그루 있었어.

(나) 저 사람이 오늘 웬일이지?

그런데 (나)에서 보다시피 웬일은 두 낱말이 합쳐져 별개의 낱말, 곧 명사가 된 것으로 본다. 한 낱말이므로 당연히 붙여 쓴다.

〈1996.9.16~17.〉

칠칠하다와 칠칠맞다와 칠칠찮다

칠칠하다와 칠칠맞다, 그리고 칠칠찮다, 칠칠치 못하다를 제대로 구분하지 못하는 일이 많다. 이들은 어떤 차이가 있는지 살펴보자.

사전을 펼쳐 보면 칠칠하다라는 낱말이 올려 있다. 이는 형용사로서, 그 뜻풀이는 '① (머리채나 식물이) 밋밋하게 잘 자라서 보기 좋게 길다. ② 일솜씨가 능란하고 시원하다. ③ 생김새나 됨됨이가 흠잡을 데 없이 훌륭하다.' 정도로 되어 있다. 이처럼 이 낱말의 의미는 매우 긍정적이다. 용례를 들면 (가)와 같다.

(가) ㉠ 그 여자의 머리채는 참으로 칠칠하다.

㉡ 그 여자의 칠칠한 바느질 솜씨.

㉢ 영호는 모든 게 칠칠하니 색시 될 사람은 호강하겠다.

그런데 형용사로 칠칠찮다가 있다. 그것은 칠칠하다의 부정 형식 칠칠하지 않다가 줄어들고 녹아붙은 것이니, 그 의미는 칠칠하다와 상반된다. 용례를 들어 보면 (나)와 같다.

(나) ㉠ 그놈은 언제나 칠칠찮은 짓만 골라 했어.

㉡ 그 애는 나이가 스물인데도 하는 짓이 칠칠찮아요.

㉢ 그만한 꾸지람에 칠칠찮게 울기만 해?

그 밖에 칠칠맞다가 있다. 일부 사전에서 이것을 칠칠하다의 속된 말이라 풀이하고 있다. 칠칠맞다가 사용되는 경우를 관찰해 보면 칠칠맞지 못하다 형식으로 꾸중하거나 나무랄 때에 쓰이는 것이 보통이다. 꾸중하거나 나무랄 때에는 얕잡아 보는 마음이 작용하는 것은 예사이니 '속된말'이라는 풀이에 수긍이 간다. 그 용례는 다음과 같다.

(다) ㉠ 그놈은 언제나 칠칠맞지 못한 짓만 골라 했어.
　　㉡ 그 애는 나이가 스물인데도 하는 짓이 칠칠맞지 못해요.
　　㉢ 그만한 꾸지람에 칠칠맞지 못하게 울기만 해?

(다)의 칠칠맞지를 칠칠하지로 대신해도, 얕잡아 보는 마음이 조금 옅어질 뿐, 기본의미는 변하지 않는다. 결국 칠칠맞지 못하다도 칠칠하다의 부정 형식인 셈이다.

(나)와 (다)에서 보듯이 칠칠찮다와 칠칠맞지 못하다는 서로 넘나들 수 있다. 어느 쪽으로 표현하든 기본의미는 같다. 그러나 이들을 칠칠맞다로 대신하는 것은 잘못이다.

(라) ㉠ 그놈은 언제나 칠칠맞은 짓만 골라 했어.
　　㉡ 그 애는 나이가 스물인데도 하는 짓이 칠칠맞아요.
　　㉢ 그만한 꾸지람에 칠칠맞게 울기만 해?

요컨대 (나), (다)의 표현을 (라)로 대신할 수는 없다. 그럼에도 이렇게 표현하는 일이 적지 않다.　　　　　　　　〈1997. 11. 15.〉

틀리다와 다르다

틀리다와 다르다는 매우 다른 낱말이다. 틀리다는 동사로서 맞다의 상대 개념을 나타내는 일이 많으며, 다르다는 형용사로서 흔히 같다의 상대 개념을 나타낸다.

그런데 일상생활에서 다르다를 써야 할 자리에 틀리다를 쓰는 것을 종종 접한다. 특히 젊은이들에게서 많이 발견된다.

(가) 서양 사람들은 우리들과 생각이 **틀려요.**
(나) 미국 영어와 영국 영어는 많이 **틀립니다.**
(다) 이 술은 (저 술과) 냄새부터가 **틀리지요.**

위와 같은 표현이 낯설지 않을 수도 있겠지만, 이런 때의 틀리-는 아주 잘못된 것이다. 각각 달라요, 다릅니다, 다르지요와 같이 말하는 것이 올바르다.　　　　　　　　　　　　　　　　　　　　　　　　〈1996.7.10.〉

갈아타는곳과 바꿔타는곳

서울 지하철 2호선이 처음 생겼을 때에, 시청역처럼 1호선과 만나는 역을 어떻게 부를 것이냐 하는 문제로 논의가 무성했었다. 갈아타는곳이라고 할 것이냐 바꿔타는곳이라고 할 것이냐의 문제였다. 지금의 갈아타는곳이란 이름은 그런 논의 끝에 붙여진 것이다.

다시 생각해 보아도 이것이 더 낫다는 생각이 든다. 바꿔타다에서도 갈아타다의 뜻이 다소 느껴질 수도 있지만, 그보다는 '잘못 타다'의 뜻이 더 강하다. "종로3가에서 3호선을 타야 하는 걸 말이야, 글쎄, 1호선으로 **바꿔탄** 거 아니겠어!"라는 말을 두고 생각해 보면 그 같은 차이가 잘 드러난다.

지하철만이 아니고 일반 열차편이나 버스편을 두고 말할 때에도 마찬가지이다. 본인의 의도대로 정상으로 탄 때에는 **갈아탄** 것으로, 본의와 달리 잘못 탔을 때에는 **바꿔탄** 것으로 구분하여 사용하는 것이 합리적이겠다. 〈1997.1.21.〉

자시다와 잡수다와 잡수시다

동사 **먹다**의 높임낱말로는 여러 가지가 있다. 여러 사전에 따르면 자시다, 잡수다, 잡수시다, 잡숫다 들이 모두 논의의 대상이 된다. 그러나 사전에 따라 그들에 대한 풀이가 조금씩 다르다. 대체적으로 정리해 보면 이렇다. 이들은 자시-와 잡수-의 두 갈래로 나누어지고, 잡수-에 '-시-'가 첨가된 것이 잡수시-이고, 잡수시-의 줄어든 형태가 잡숫-이다.

그러나 자시-와 잡수-는 물론이요 잡수-, 잡수시-, 잡숫- 들끼리도 아무 제약 없이 넘나들 수 있는 것이 아니다. 그리고 각 낱말의 모든 활용형이 자연스럽게 실현되는 것도 아니다. 용례로써 확인해 보기로 한다.

(가) ㉠ 할머니께서는 진지를 잘 **자시**+지 못한다.

ⓛ 할머니께서는 진지를 잘 **잡수**+지 못한다.

ⓒ 할머니께서는 진지를 잘 **잡수시**+지 못한다.

ⓡ 할머니께서는 진지를 잘 **잡숫**+지 못한다.

(나) ㉠ 과일을 **자시**+고 나서 이를 닦으셨다.

ⓛ 과일을 **잡수**+고 나서 이를 닦으셨다.

ⓒ 과일을 **잡수시**+고 나서 이를 닦으셨다.

ⓡ 과일을 **잡숫**+고 나서 이를 닦으셨다.

(가), (나) 중에서 ⓛ은 덜 자연스럽다. 사용 빈도도 가장 낮을 듯하다.

(다) ㉠ 약을 **자시**+니까 기운이 나시나 보다.

ⓛ 약을 **잡수**+니까 기운이 나시나 보다.

ⓒ 약을 **잡수시**+니까 기운이 나시나 보다.

ⓡ 약을 **잡숫**+으니까 기운이 나시나 보다.

(라) ㉠ 너무 적게 **자시**+면 기운을 차릴 수가 없습니다.

ⓛ 너무 적게 **잡수**+면 기운을 차릴 수가 없습니다.

ⓒ 너무 적게 **잡수시**+면 기운을 차릴 수가 없습니다.

ⓡ 너무 적게 **잡숫**+으면 기운을 차릴 수가 없습니다.

(다), (라)에서 ⓡ의 활용형은 그대로 실현되지 않는다. 어간의 끝소리 [ㅅ]가 탈락하여 결과적으로 ⓛ과 같은 형태가 되어 버린다(잡숫+으니까 → 잡수+으니까 → 잡수+니까, 잡숫+으면→ 잡수+으면→ 잡수면). 그런데 ⓛ도 그다지 자연스럽지 않다.

다음에는 이들이 문장의 종결 서술어로 쓰인 용례를 보기로 한다.

(마) ㉠ 떡 좀 자시+세요.

　　㉡ 떡 좀 잡수+세요.

　　㉢ 떡 좀 잡수시+세요.

　　㉣ 떡 좀 잡숫+으세요.

(마)에서 자연스러운 것은 ㉠과 ㉡이다. ㉢이 실현 불가능한 것은 당연한 결과이다. 어미 '-세요(시+어+요)'에 주체높임의 중간어미 '-시-'가 이미 녹아들어 있기 때문에 그 앞에 다시 '-시-'가 쓰일 수 없는 것이다. ㉣의 잡숫+으세요는 (다), (라)에서 보았듯이 실제적으로는 ㉡과 같은 모습으로 실현된다.

(바) ㉠ 진지는 잘 자십니까? (←자시+ㅂ니까)

　　㉡ 진지는 잘 잡숩니까? (←잡수+ㅂ니까)

　　㉢ 진지는 잘 잡수십니까? (←잡수시+ㅂ니까)

　　㉣ 진지는 잘 잡숫습니까? (←잡숫+습니까)

(바)에서 자연스러운 것은 ㉠과 ㉢이다. ㉣은 자연스러움이 좀 떨어지고, ㉡은 더 떨어진다.

〈1999.5.7.〉

태우다와 싣다

일전에 독일에서 고속 열차가 큰 사고를 당한 일이 있다. 그런데 어느 방송의 외신 기자가 그 소식을 보도하는 중에 다음과 같이 말하는 것이었다.

 이 열차는 400여 명의 승객을 싣고 가는 중이었습니다.

무심코 지나치기 쉽지만, 이런 맥락에서는 싣고가 아니라 태우고라고
하는 것이 옳다.
 동사 싣다와 태우다는 그 기본의미가 유사하지만, 쓰이는 맥락은
매우 다르다. 행위의 객체가 동물이나 물건일 때에는 싣다를 쓰고, 사
람일 때에는 태우다를 쓴다. 위의 표현에서 행위의 객체는 사람(400여
명의 승객)이니 마땅히 태우고라고 해야 한다.   〈1998.6.9.〉

삼가와 삼가 해

 '금지'의 의미를 삼가하다의 활용형으로 표현하는 일이 흔히 있다.

 (가) ㉠ 실내에서는 흡연을 **삼가해** 주시기 바랍니다.
　　　㉡ 약을 먹는 동안에는 술을 **삼가해야** 합니다.

위의 ㉠은 흡연을 하지 말라는 뜻으로 하는 말이며, ㉡도 술을 먹지
말라는 뜻으로 하는 표현이다. 이런 의미로 쓴 삼가해, 삼가해야는 표
준이 아니다. 이들은 동사 삼가하다의 활용형으로 보아야 하는데, 사
전들에서 삼가하다를 표준 낱말로 인정하지 않기 때문이다.
 이런 의미를 나타내는 자리라면 '무엇을 피하거나 하지 않다'를 뜻

하는 동사 삼가다의 활용형을 써야 한다. 삼가다의 활용을 몇 가지 보이면 다음과 같다.

삼가+고	→	삼가고	삼가+아	→	삼가
삼가+도록	→	삼가도록	삼가+아야	→	삼가야
삼가+면	→	삼가면	삼가+아도	→	삼가도
삼가+지	→	삼가지	삼가+아라	→	삼가라
삼가+ㄹ수록	→	삼갈수록	삼가+았다	→	삼갔다

위에서 오른쪽 단의 삼가+아, 삼가+아야, 삼가+았다 들이 각각 삼가, 삼가야, 삼갔다로 변한 것은 어간 삼가 - 의 끝 홀소리가 [ㅏ]이기 때문에 그에 뒤따르는 어미의 첫 음절 '아[ㅏ]'가 생략된 결과이다. 그러니 (가)는 다음과 같이 되어야 표준이 된다.

(가)′ ㉠ 실내에서는 흡연을 **삼가** 주시기 바랍니다.
　　 ㉡ 약을 먹는 동안에는 술을 **삼가야** 합니다.

요컨대 '금지'의 뜻을 표현해야 할 맥락에서는 삼가 - 의 활용형을 써야 한다. 그런 맥락에 삼가하 - 를 쓰는 것은 표준이 아니다. 그러나 이러한 기준을 기계적으로 적용해서는 안 된다. 다음을 살펴보기로 하자.

(나) ㉠ 아기를 가진 여인은 언행을 **삼가** 해야 한다.
　　 ㉡ 그 뒤로 그들은 언행을 몹시 **삼가** 했다.
　　 ㉢ **삼가** 선생님의 명복을 비옵니다.

(나)의 삼가는 '겸손하거나 정중한 태도로'를 뜻하는 부사이다. ㉠에서 '언행을 삼가 해야 한다'는 금지, 다시 말하면 '언행을 하지 말아야 한다'는 뜻이 아니다. 아기를 가졌다고 움직이지도 말아야 하고 말도 하지 말아야 하는 것은 아니다. 여기 삼가 해야는 '아예 하지 말아야'의 뜻이 아니라, '신중하게(정중한 태도로) 해야'를 뜻한다. 이러한 의미의 삼가 하다는 제대로 된 표현, 곧 표준이다. ㉡도 마찬가지이다. 삼가 했다는 '하지 않았다'는 의미가 아니라 '조심스럽게 했다'이다. 결국 (나)에서 보는 ㉠, ㉡의 삼가는 동사 삼가-의 활용형이 아니라 부사이며, 그 뒤에 있는 동사 하다를 한정해 준다. 두 낱말이니 표기에서는 띄어 써야 한다. ㉢의 삼가도 '정중한 태도로'의 뜻으로 동사 '비옵니다'를 한정해 주는 부사이다.

그런데 (나)의 ㉠, ㉡은 다음과 같이 각각 삼가야, 삼갔다로 표현할 수 있다. 그러나 의미는 각각 '조심해야, 조심했다'이지 (가)'와 같이 '금지'가 아니다.

(나)' ㉠ 아기를 가진 여인은 언행을 **삼가야** 한다.
　　 ㉡ 그 뒤로 그들은 언행을 몹시 **삼갔다**.

요컨대, 오늘날 동사 삼가다는 꽤 상반된 두 가지 의미를 나타낸다. 하나는 '하지 말다' 또는 '하지 않다'이며, 또 하나는 '조심하다'이다. 그 동사와는 별도로 삼가라는 부사가 있어서 하다와 어울려, 곧 삼가 하다가 되어 '조심스럽게 하다' 또는 '정중하게 하다'의 의미를 나타내기도 한다.

〈1998.6.5., 2000.3.3.〉

십상(十常)과 십상

표기 형태가 같고 의미나 용법이 비슷해 보이는 두 낱말 십상이 있다. 다음에서 그것의 의미와 용법을 생각해 보기로 하자.

(가) ㉠ 이 동네는 비만 오면 큰물이 지기 **십상**입니다.
    ㉡ 사람은 자기만 불행에 허덕이는 줄 알기 **십상**이지요.

(가)의 **십상**(十常)은 명사인데, '~하기 십상이다'는 '~할 확률이나 가능성이 높다'를 뜻한다. 이것은 '열 가운데서 여덟이나 아홉', 백분율로 말하면 80~90%를 뜻하는 **십상팔구**(十常八九)가 줄어든 낱말이다. 원초적으로 확률이나 가능성이 높음을 뜻하는 데에 쓰이도록 되어 있다. 이것을 쉽상이나 싶상으로 표기하지 않는 까닭도 그 때문이다.

십상팔구가 줄어들어 십상이 되었지만, 두 낱말의 의미나 용법이 똑같지는 않다. (나)에서 보듯이 대체로 **십상팔구**는 짐작할 때에 쓴다. '거의 예외 없이, 틀림없이'를 뜻하는데, **십중팔구**(十中八九)의 의미와 같다.

(나) ㉠ 그 친구란 놈들은 **십상팔구** 건달일 게다.
    ㉡ 그들은 **십상팔구** 굶고 있었을 것이다.

(가), (나)와는 다른, 또 하나의 십상이 있는데 그 용례는 (다)와 같다. ㉠에서 보듯이 명사로도 쓰이고 ㉡, ㉢에서 보듯이 부사로도 쓰인다. 명사로서는 '아주 잘 되었거나 알맞은 것'을 뜻하고, 부사로서는

'꼭 맞게, 거의 틀림없이'를 뜻한다.

(다) ㉠ 이 돌은 주춧돌 감으로는 **십상**입니다.
　　㉡ 그 그림은 공부방에 **십상** 어울린다.
　　㉢ 그 유치원 마당은 아이들이 놀기에 **십상** 좋았지.

그런데 (다)의 십상은 한자낱말 십성(十成)이 변한 것이다. 원래 십성은 순도(純度) 100%인 금붙이를 가리키며, 금이나 은의 품질을 10등급으로 나누었을 때에 첫째 등급을 가리키는 낱말이다. 그것이 십상으로 형태가 변하면서 새로운 의미를 획득한 것이다. 〈1999.11.5.〉

과외 지도와 과외 공부

요즈음 각종 대중매체에 불법 과외에 관한 기사가 많이 실리고 있다. 그런 기사 중에 다음과 같은 표현이 심심찮게 등장한다.

(가) 철수는 고교 1학년 때부터 고액 **과외**를 했어요.

원래 과외(課外)란 '정해 놓은 과정(課程)의 밖(外)'을 뜻한다. 정해 놓은 과정 밖의 공부를 과외 공부, 정해진 시간 외에 더 하는 지도를 과외 지도, 정해 놓은 과정 밖의 활동을 과외 활동이라 한다. 요즈음은 그 중에서 **과외 공부**만을 과외라고 일컫는 일이 많다. 이런 현실을 고려하면 (가)는 일반적으로 '철수가 과외로 공부를 했다.'는 의미로 이해될 수 있다. 이러한 맥락에서는 과외라고만 해도 크게 문제될 것이 없어 보이기도 한다.

그러나 다음의 뜻을 헤아려 보자.

(나) 우리 선생님도 **과외**를 한 경험이 있대요.

다른 맥락 없이 (나)와 같은 표현이 주어진다면 과외를 어떻게 받아들일까? 대개는 과외 지도를 가장 먼저 떠올릴 것이다. 그 앞의 '선생님' 때문이다. 그러나 좀더 생각해 보면 과외 공부를 가리키는 것일지도 모른다는 생각을 하게 될 것이다. 요즈음은 선생님이 과외 공부를 하는, 곧 과외 지도를 받는 경우도 적지 않으니 말이다. 생각이 여기에까지 미치면 (가)의 과외도 과외 지도일 수 있다는 생각이 들 것이다. 특출한 능력을 지닌 학생이라면 고교 1학년 때부터 과외 지도를 할 수도 있기 때문이다.

이로써 과외만으로는 표현이 불완전함을 확인하게 된다. 표현 의도와는 아주 반대되는 의미로 해석될 수도 있다. 그런 혼란을 피하려면 과외 공부인지 과외 지도인지 분명히 드러내야 한다.　　　　〈1998. 9. 12.〉

개편과 제정

(가) 제7차 교육과정 **개편**

(가)와 같은 표현이 있다면, 그 의미를 어떻게 받아들여야 할까? 개편

(改編)이 '고쳐 짬'을 뜻하므로, 대부분은 '제7차 교육과정을 고쳐서 새로운 것으로 만듦'으로 이해하지 않을까 싶다. 곧 제8차 교육과정을 만들거나 만든 것으로 해석하리라는 말이다. 이것이 우리말을 정상적으로 부려쓰는 사람의 보편적인 해석일 것이다. 더러는 '교육과정을 일곱 번째로 고침'으로 이해할 수도 있을 것인데, 그래도 결국은 제8차 교육과정이 만들어진 결과가 된다.

다시 말하면 "제7차 교육과정 개편"이라는 표현을 대했을 때에, 정상적인 배달말 사용자라면 대체로 제7차 교육과정을 개편의 대상으로 이해할 것이라는 말이다. 곧 '제7차 교육과정으로 개편'하는 것이 아니라 '제7차 교육과정을 개편'하는 것으로 받아들일 것이다. 그러므로 제6차 교육과정을 고쳐서 만들었든, 아주 새롭게 만들었든 제7차 교육과정을 만든 사실을 가리켜 "제7차 교육과정 개편"이라 하는 것은 사실과 매우 동떨어진 표현이 된다. 이런 사실을 굳이 '제7차'라는 말을 써서 표현하고자 하면 (나)와 같이 하는 것이 옳다.

(나) 제7차 교육과정 {제정/편성}

말썽은 '제○차' 따위가 앞에 붙어 있기 때문에 생기는 것이다. 예컨대 "신호 체계 개편, 정부 조직 개편"이나 "헌법 개정, 정관 개정"에서는 이런 말썽이 생기지 않는다. 그런 표현에 길들여진 탓인지 교육부를 비롯하여 정부에서 작성하는 공식 문서에도 (가)와 같은 표현이 오랫동안 그대로 쓰이고 있다. 하지만 이것은 여느 것들과 그 맥락이 아주 다르다. ⟨1998.7.20.⟩

주최와 주관

　행사와 관련하여 주최라는 낱말도 쓰고 주관도 쓴다. 어느 쪽이 상위 개념을 나타내느냐고 묻는 일이 많다. 두 낱말의 차이를 생각해 보기로 한다.
　사전에서는 이 낱말들을 대체로 다음과 같이 풀이하고 있다.

　주최(主催) : 어떤 모임을 주장하여 엶.
　주관(主管) : 주장하여 관리함.

이 뜻풀이에서 분명히 확인되는 것은 **주최**가 모임(행사)과 관련된다는 점이다. 그러니 각종 기념식, 대회, 공연, 전시회, 연설회, 회의 등등, 그것이 어떠한 행사이든 그 행사를 주장하여 여는 것을 **주최**라 한다. 바꾸어 말하면 어떠한 행사이든 거기에는 반드시 **주최**(자)가 있다.
　그런데 행사에 관련되는 단체나 부서가 복수인 경우가 있다. 그런 경우에 복수의 관련자가 동등한 지위로 참여한다면 **공동 주최**라고 한다. 그런데 복수의 관련자가 상(上) - 하(下)나 주(主) - 종(從)의 상대적인 관계로 참여할 수 있다. 이런 상황에서 양쪽을 동등하게 **주최**(자)라고 하는 것이 마땅하지 않다고 생각하면 차별화된 낱말을 찾게 된다. 그래서 동원된 것이 **주관**이다. (후원이나 협찬과 같은 낱말도 쓰는데, 거기에 대해서는 의문을 가지는 사람이 없어 보인다.)
　이와 같이 **주최**와 **주관**을 함께 사용하고자 할 때에, 상(上)·주(主)와 하(下)·종(從)에 각각 어느 낱말을 배정할지 문제가 된다. 사용 실태를 보아도 아주 상반된 두 가지 용법이 혼재한다.

위의 뜻풀이에서도 확인되듯이, 사전적 의미만으로는 딱히 어느 낱말을 상위에 두어야 한다고 재단하기 어렵다. 주관의 의미를 구성하는 관리(管理)의 뜻넓이를 어떻게 보느냐에 따라 상하가 달라질 수 있다. 그것을 넓게 보면 주관이 상위의 개념으로, 좁게 보면 주관이 하위의 개념으로 받아들여질 것이다. 바로 이 부분에서 보편적인 공감대가 이루어져 있지 않은 것이다.

내 생각으로는, 여기서의 관리를 좁은 의미로 받아들여, 그 행사와 직접 관련되는 것으로 한정하는 것이 좋겠다. 그렇게 하면 행사의 궁극적인 책임을 맡은 단체나 부서, 곧 상(上)·주(主)는 주최, 주최자가 되고, 행사와 관련된 실무적이고 실제적인 활동을 하는 단체나 부서, 곧 하(下)·종(從)은 주관, 주관자가 되는 것이다. 이러한 사용이 점차로 누적되면 그렇게 굳어질 것이다. 〈1998.5.22.〉

동기와 동창·동문

대학생들에게 동기 동창이란 말에 대하여 물어 보면 많은 학생들이 잘못되었다고 대답한다. 동기면 동기이고 동창이면 동창이지, 동기 동창이란 있을 수 없다는 것이다. 그들은 동창과 동기를 같은 낱말로 인식하기 때문이다. 과연 그럴까?

동창(同窓)은 동창생의 준말인데, 사전에서는 '같은 학교를 졸업한 사람'이라고 풀이하고 있다. 그러니까 졸업한 때에 관계없이 같은 학교를 졸업한 사이면 누구나 동창(생)인 것이다.

또 동문(同門)이라는 낱말이 있는데, 이것은 동문생의 준말로서 '같은 스승에게서 배운 제자들'을 뜻한다. 옛날 우리의 서당이나 서원 같은 것을 생각하면 쉬이 이해가 될 것이다. 그러나 학교 교육이 보편화된 오늘날에는 동문(생)과 동창(생)이 거의 같은 뜻으로 사용되고 있다.

한편 동기생의 준말로 쓰이는 동기(同期)는 본디 '같은 때에 학교를 다녔거나 졸업한 사람들'을 뜻했다. 그러나 오늘날은 그 쓰임이 많이 확대되었다. 학교와 관련하여 쓰는 외에 "입사 동기(생), 제대 동기(생)" 등의 말도 흔히 쓴다.

그렇다면 동기 동창(생)이란 무슨 뜻일까? '같은 학교를 같은 때에 졸업했거나 다닌 사람들'을 가리킬 때에 쓰는 말이다. 그러니 이는 동기나 동창과는 또 다른 말이다. 〈1996.6.25.〉

전세값과 전세금과 전세비

(가) 그 집은 **전세값**이 얼마래?

전세값이라는 낱말을 심심찮게 들을 수 있다. 나이 지긋한 아주머니는 물론이요 젊은 대학생들의 입에도 오르내리는 것을 본다. 그러나 이것은 잘못된 낱말이다.

사전에 따르면, 전세(傳貰)는 집이나 방을 빌려 쓰는 제도의 한 가지이다. '전셋집'과 '전세방'은 그렇게 빌린 집과 방을 가리키며, 그것을 빌려 쓰는 조건으로 주인에게 내는 돈을 전세금 또는 전셋돈이라 한다.

전세금, 전셋돈은 집이나 방을 비울 때에 되돌려 받기로 되어 있다. 그렇기 때문에 값이라 하지 않는다. 일반적으로 값은 물건과 돈을 아주 맞바꾸는 경우에 쓰기 때문이다. 따라서 (가)는 다음과 같이 고쳐야 한다.

(가)′ 그 집은 {전세금/전셋돈}이 얼마래?

그러나 전세값을 무조건 전세금이나 전셋돈으로 대체할 수 있는 것은 아니다. (나)의 전세값은 그렇게 대체할 수 없다.

(나) 버스 전세값만 해도 100만원이야.

버스를 대상으로 하는 전세 거래는 집이나 방을 거래할 때와는 매우 다르다. 고객이 낸 돈을 되돌려 주지 않는다. 그러므로 이 경우에는 전세금, 전셋돈이라 하지 않고 전세비, 전세료, 전세 요금이라 한다. 곧 (나)는 다음과 같이 고쳐야 한다.

(나)′ 버스 {전세비/전세료/전세 요금}만 해도 100만원이야.

전세비와 전세료는 각각 '전세 이용비'와 '전세 이용료'를 줄인 것으로 이해하면 되겠다. 〈1998.11.30.〉

수납과 납부, 납부일과 납기

세금을 내고 온 어느 아주머니가 다음과 같이 말하는 것을 들은 적이 있다.

(가) 우리는 어제 재산세를 수납했어.

이런 자리에 수납을 쓴 것은 잘못이다. 수납이란 '거두어들임' 또는 '받아들임'을 뜻한다. 그것은 세무서나 관공서에서 하는 일이다. 그래서 세무서나 시청에 가 보면 수납이라고 써 붙인 창구를 쉽게 볼 수 있다.

국민이 세금을 내는 것은 납부이다. 그러니 (가)의 수납은 납부라고 해야 할 것을 잘못 말한 것이다. 세금만이 아니고 갖가지 공과금이나 이용료의 경우도 마찬가지이다.

문제는 또 있다.

(나) 납부일을 경과하시면 연체료가 매월 2% 가산되어 부과됩니다.

(나)는 어느 회사에서 발부한 도시가스 사용료 납부 고지서에서 본 문구이다. 이 고지서는 '소비자가 요금을 내도록' 알리는 것이니 여기 납부에는 문제가 없다. 그러나 납부일에 문제가 있다. 납부일이란 '(세금 같은 것을) 납부하는 날'이거나 '납부한 날'을 뜻한다. 예컨대 어느 마을에서 특정한 날을 정하여 한꺼번에 공과금을 내기로 했다면, (다)와 같이 납부일이라 해도 문제가 없다.

(다) 주민 여러분, 내일이 재산세 **납부일**이니 잊지 말고 준비하시기 바랍니다.

하지만 일반적으로 고지서에는 '언제까지' 납부하라고 명시해 준다. 그것은 납부일이 아니라 납부 기한이다. 납부 의무자는 그 기한 안에 아무 날이나 납부하면 된다. 그러니 (나)의 납부일은 잘못된 것이다. 그리고 '경과하시면'보다 '넘기시면'으로 고치면 훨씬 더 자연스러울 뿐만 아니라 그 의미도 더욱 분명해진다. 바로잡아 다시 쓰면 다음과 같다.

(나)′ **납부 기한을 넘기시면** 연체료가 매월 2% 가산되어 부과됩니다.

어느 이동통신 회사에서 발부한 고지서에는 납기일이란 낱말이 씌어 있었다. 5일까지 납부해 달라는 내용인데, 그날을 납기일이라 표현한 것이다. 이것도 올바르지 않다. 납기는 **납부 기한**의 준말로 볼 수 있으며, 그 형태만으로 '언제까지'라는 의미를 충분히 드러내기 때문이다. 그 뒤에 다시 '일(日)'을 붙일 필요가 없다.

〈1998.6.27., 12.7~8.〉

이전과 전·직전

(가) 60세 **이전** 5년 동안의 소득
(나) 60세 **이후** 5년 동안의 소득

법령에 자주 등장하는 문구이다. 그런데 이런 문구를 어떻게 해석해야 할지 옥신각신하는 일이 많다. 결국 이전, 이후를 어떻게 해석할 것이냐의 문제이다.

이 문제를 해결하는 데에는, 의미와 용법이 명확한 이하(以下), 이상(以上)을 참고하는 것이 도움이 되겠다. 예를 들면 '10 이하'는 '10과 그보다 작은 수'를 뜻하며, '10 이상'은 '10과 그보다 큰 수'를 뜻한다. 다시 말하면 이하, 이상은 그 앞의 수까지 포함한다. 이전(以前), 이후(以後)의 낱말 구조는 이하, 이상과 비례한다. 따라서 의미도 그것과 비례하는 것으로 보아야 할 것이다. 곧 어느 시점을 포함하여 그 앞이나 뒤를 뜻하는 것으로 보는 것이다.

이에 기대면 (가)의 '60세 이전'은 '60세와 그 앞'을 뜻하며, (나)의 '60세 이후'는 '60세와 그 뒤', 곧 '60세부터'를 뜻하는 것이 된다. 그러나 실제 사용 실태를 보면 반드시 이와 같지도 않고, 한결같지도 않다. 그래서 여러 가지 문제가 생겨난다.

대체로 볼 때에 이전이 그 앞의 것을 포함하지 않는 사례가 많다. 예컨대 '8·15 이전'은 '1945년 8월 15일'을 포함하지 않는 의미를 나타내는 경우가 많고, '취학 이전'도 '취학하기 전'을 뜻하는 경우가 많다. 그렇다면 "8·15 전, 취학 전"이라 해야 문제가 없는데, "8·15 이전, 취학 이전"으로 표현하니 혼란스러워지고 착오가 생기는 것이다. 마찬가지로 '60세 이후'라는 문구를 '60세부터'로 해석하는가 하면 '61세부터'로 해석하는 경우도 있다. 이러한 실정이니 표현 의도나 입법 취지를 모르고는 어느 쪽의 해석이 맞다고 잘라 말하기가 어렵다.

이제 그런 내용을 어떻게 표현하는 것이 좋을까를 생각해 보자. 표현을 좀더 명료하게 하면 말썽의 소지를 근원적으로 없앨 수 있기 때문이다. 해결의 요체는 아예 이전이나 이후를 쓰지 않는 것이다.

그 대안으로 가장 손쉽게 생각할 수 있는 것이 위에서 언급한 바와 같이 이전 대신에 전을, 그리고 이후 대신에 -부터를 쓰는 것이다. (다), (라)가 (가), (나)보다 한결 명료함을 확인할 수 있다. (다음에서는 이해를 돕기 위하여 (가), (나)의 '60세'를 '1990년'으로 바꾼다.)

(다) ㄱ. 1990년 전 5년 동안의 소득

ㄴ. 1990년 직전 5년 동안의 소득

(라) 1990년부터 5년 동안의 소득

(다)의 ㄴ에서 직전은 기간을 더욱 명료하게 해 준다. ㄱ처럼 '1990년 전'이라고만 하면 '1971년부터 1975년까지'도 거기에 해당한다고 볼 수 있기 때문에, 1990년을 기준으로 가장 가까운 5년(1985년부터 1989년까지)임을 명시할 필요가 있을 경우에는 '1990년 직전'이라 하면 되는 것이다.

다음으로 생각할 수 있는 것이 '~부터 ~까지'이다. 시점을 기준으로 '5년 동안'이라 하지 말고 (마), (바)와 같이 아예 기간을 명시하는 것이다. (다)보다는 (마)가, (라)보다는 (바)가 한결 명료함을 확인할 수 있다.

(마) 1985년부터 1989년까지의 소득

(바) 1986년부터 1990년까지의 소득

그런데 시점을 모르는 경우에는 이런 방법을 쓸 수 없다. 법령이나 계약서 같은 데에 이런 경우가 많다. 그럴 때에는 (사), (아)와 같은 식으로 표현하면 될 것이다.

(사) 사건 발생일을 포함하여 그 직전 5년 동안의 소득
(아) 사건 발생일로부터 5년 동안의 소득

이 밖에도 명료한 표현 방법이 더 있을 것이니 머리를 써서 찾아 볼 일이다.   〈1998.8.28.〉

과반수와 1/2(반수)

과반수라는 말이 있는가 하면, 반수 또는 1/2 이상이라는 말도 쓴다.

(가) 재적 회원의 1/2이 출석해야 개회할 수 있다.
(나) 재적 회원의 **과반수**가 출석해야 개회할 수 있다.

위의 두 표현이 같은 의미인지 다른 의미인지를 생각해 보자.
더 말할 것도 없이 1/2은 절반이며, 과반수(過+半數)는 절반을 넘는 수를 뜻한다. 1/2은 특정한 수를 가리키는 데에 비하여, 과반수가 가리키는 수는 여럿일 수 있다. 10의 1/2은 5이지만, 10의 **과반수**는 6부터 10까지이다. 100을 가지고 보면 1/2은 50이지만, 과반수는 51부터 100까지이며 51은 100의 여러 **과반수** 중에서 최소의 것이다. 그러므로 재적 회원이 100명인 경우, (가)의 규정이라면 50명이 출석하면 개

회할 수 있지만, (나)의 규정이라면 51명이 출석해야 개회가 가능하다. 이처럼 1/2과 과반수는 그 의미가 다르다.

그러나 재적 회원이 홀수인 경우에는 1/2과 과반수의 실제적 구속력이 같아진다. 재적 회원이 99명인 경우라면, 1/2은 49.5명이며, 과반수의 최소는 50명이다. 그런데 사람은 소수점으로 나눌 수 있는 것이 아니므로 1/2인 49.5명은 결국 50명이 된다. 그러니 재적 회원이 99명이라면 (가)의 규정이든 (나)의 규정이든 개회하는 데 필요한 최소 인원은 50명이 된다.

여기서 또 한 가지 확인할 수 있는 사실이 있으니, 그것은 1/2 이상(절반 이상)과 과반수(절반을 넘는 수)가 같은 의미라는 점이다.

이제 다음과 같은 표현이 올바른지 생각해 보자.

(다)는 어느 일간신문의 기사문에서 본 것이다.

(다) 그것도 1차 투표에서 출석 의원 137명의 **과반수를 넘는** 78표를 얻어 당선됐기 때문이다.

137의 절반(1/2)은 68.5이므로 69표부터는 절반을 넘는 표수이다. 그러므로 78표는 당연히 과반수에 든다. 문제는 '넘는'에 있다. 과반수가 이미 '절반을 넘는 수'라는 뜻인데, 거기에 '넘는'이라는 말을 덧붙일 필요가 없다.

그럼에도 이러한 잘못이 확대 재생산되는 까닭은 과반수와 반수의 뜻을 분명히 구별하지 못하는 데에 있는 것으로 보인다. 다시 말하건대 과반수는 특정한 수를 가리키는 것이 아니다. 다음이 올바른 표현이다.

(다)´ ㄱ. 그것도 1차 투표에서 출석 의원 137명의 **과반수인** 78표를 얻어 당선됐기 때문이다.

ㄴ. 그것도 1차 투표에서 출석 의원 137명의 1/2을 넘는 78표를 얻어 당선됐기 때문이다.

다음의 (라)에도 비슷한 문제가 있다.

(라) 찬성하는 사람이 재적 회원의 1/2 **이상을 넘어야** 한다.

예를 들어 재적 회원이 100명인 경우, 그것의 1/2은 50명이고, 1/2 이상은 분명 '50명부터 100명까지'이다. 그런데 1/2 이상을 넘는 최소의 수는 어느 것인가? 50명으로 보아야 할까, 51명으로 해석해야 할까? 이상을 주목하는 이는 50명이라 하고, 넘어야에 무게를 두는 이는 51명이라 할 것이다.

이러한 차이는 매우 큰 문제를 파생시킬 수 있는데, 이 역시 이상과 넘어야를 겹쳐 쓴 데에서 비롯되는 문제이다. 넘어야를 끼우지 않으면 이 같은 문제는 생기지 않는다. 〈1997.8.13., 1998.8.4.〉

설사약과 지사제

전두환, 노태우 두 전직 대통령이 12·12와 5·18 사건 재판 도중 설사가 나는 것을 막기 위해 교도소에서 **지사제**를 복용하고 법정에 나온 것으로 알려졌다.

어느 중앙 일간신문에 난 기사의 첫머리이다. 그런데 이 기사의 제목은 "전·노 씨, 설사약 먹고 재판"이었다. 기사의 본문에는 지사제, 제목에는 설사약이라 되어 있었다. 이를 쉬이 받아들이면 지사제와 설사약이 똑같은 것으로 생각해 버리고 말 것이다. 그러나 사실은 그렇지 않다.

지사제(止瀉劑)는 '설사를 멈추게 하는 약'을 뜻할 뿐이다. 그러나 설사약은 '설사를 멈추게 하는 약'의 뜻을 나타내기도 하고, 한편으로는 '설사가 나게 하는 약'(이런 뜻으로는 설사제라고도 함)이라는 뜻으로도 쓴다. 즉 설사약이 지사제의 의미까지도 포괄하고 있는 것이다.

그러므로 이 두 낱말은 잘 구별해서 써야 한다. 설사하는 환자에게 먹일 약을 사러 가서 대수롭잖게 "설사약 주세요!" 해서는 뜻하지 않은 일을 당할 수도 있다. 변비증이 있는 사람에게 먹일 약을 사러 가서 그랬을 때에도 똑같은 낭패를 당할 수 있다. 설사약이란 낱말은 특별히 조심해서 사용해야 한다. 〈1996.6.28.〉

문방구와 문구점

세상에는 수많은 종류의 가게가 있다. 가게마다 각종 광고판을 내걸거나 붙인다. 그 광고 문구에는 상호와 취급하는 품목이나 종목을 드러내는 것이 일반적이다. 예를 들어 '꿀벌 은행'이라 하면 '꿀벌'은 상호요, '은행'은 돈을 취급하는 가게임을 나타낸다. 그런가 하면 상호만을 내세우는 경우도 있고, 더러는 품목만을 내세우기도 한다. 담배 가게에서는 '담배'라는 품목만을 알리는 것이 보통이었다.

이제 다음 말을 살펴보자.

문방구에 가서 만년필 한 자루를 사 오너라.

평소에 흔히 듣던 말이라 별로 이상하지 않게 받아들일지도 모르겠다. 만년필을 사려면 **문방구**라고 써 붙인 가게에 가는 것이 보통이기는 하다. 그러나 **문방구**의 뜻을 알고 나면 위와 같은 말이 얼마나 유치한지 금방 깨닫게 될 것이다.

문방구(文房具)는 **문방**(文房)과 **구**(具)가 합쳐진 것인데, 문방은 글방이요 **구**는 도구를 가리킨다. 요즈음 사전에서는 학용품과 사무용품 따위를 통틀어 일컫는 말로 풀이하고 있으며, 줄여서 **문구**라 하기도 한다. 분명히 확인할 수 있는 것은 **문방구**나 **문구**가 물품을 가리키는 것이지 가게를 가리키는 낱말이 아니라는 것이다. 그러니 위의 표현은 '만년필에 가서 만년필을 사 오라'고 하는 셈이 되고 만다.

문방구, **문구**를 파는 가게는 **문방구점**, **문구점**이다. 그러니 다음과 같이 표현하는 것이 합리적이다.

{**문방구점/문구점**}에 가서 만년필 한 자루를 사 오너라.

가게 광고판에 '담배'라 썼다고 해서 그 가게를 가리켜 '담배'라 하지 않는 것과 같이, 광고 문구 **문방구**를 그대로 가져와 그 가게라 일컫는 것은 피해야 할 일이다. 〈1997.6.16.〉

가능한과 가능한 한

(가) 실현(이) **가능한** 계획을 세워야지.

(가)는 제대로 된 표현이며, **가능한**은 '계획'을 수식하는 관형어이다. 그런데 요즘 젊은이들의 말과 글에서 다음과 같은 표현을 쉬이 접할 수 있다.

(나) 교사는 **가능한** 학생 중심의 용어를 사용한다.

(나)는 제대로 된 표현이 아니다. 전체 맥락으로 볼 때에 가능한이 '학생'이나 '용어'를 수식하는 것이 아니었다. (나)에서 나타내고자 한 뜻은 '조건', 다시 말하면 '가능하면'이었다. 이러한 조건의 의미를 제대로 나타내려면 가능한 한(限)이라고 해야 한다. (다)를 보면 그 까닭을 좀더 분명히 붙잡을 수 있을 줄 안다. 여기서 '살아 있는'이라고만 해서는 말이 되지 않는다.

(다) **살아 있는 한** 그 은혜는 잊지 못할 것이다.

그러니 (나)도 다음과 같이 표현해야 하는 것이다.

(나)′ 교사는 **가능한 한** 학생 중심의 용어를 사용한다.

(나)와 같은 잘못을 피하는 또 다른 방법은 다음과 같이 아예 다르

게 표현하는 것이다.

(나)″ ㄱ. 교사는 **되도록이면** 학생 중심의 용어를 사용한다.

ㄴ. 교사는 **될 수 있는 대로** 학생 중심의 용어를 사용한다.

요컨대 가능한과 가능한 한은 전혀 다른 말이므로 잘 구별해서 써야
한다.   〈1999. 5. 3.〉

보존과 보전

애국가는 우리 나라의 국가이다. 그것은 4절로 되어 있으며, 다 알
다시피 "대한 사람 대한으로 길이 **보전**하세."로 끝난다. 이 대목에서
보전이 옳으냐, 보존이 옳으냐 하는 것이 문젯거리가 되기도 한다. 결
론부터 말한다면 보전이 옳다.

보존(保存)이나 보전(保全)은 다 같이 '지니어 간직함'을 뜻한다. 그
런데 보존은 '있는 그대로 간직함'의 뜻이 짙으며, 보전은 '온전하게
간직함'의 뜻이 강하다. 보전의 말맛이 좀더 적극적이다. 바꾸어 말하
면 보전에는 잘못된 것이나 이지러진 것이 있으면 그것을 바로잡고
채워서 간직한다는 의미가 있다.

노래의 전체 맥락으로 볼 때에, 이 대목의 의미는 '아름다운 이 강
토(무궁화 삼천리 화려강산)를 우리 대한 사람들이 온전히 지키고 간직
하자.'는 것이다. 그러니 그 끝말로서는 보전이 더 알맞으며, 애국가
원전도 그렇게 되어 있다.

"환경 보호 (운동), 환경 보존 (운동)"이라는 말도 자주 사용하는 것을 본다. 이 경우의 보호도 보존과 마찬가지로 좀 소극적인 느낌이 든다. 뿐만 아니라 거대한 환경을 보호한다는 것은 아무래도 합당하게 생각되지 않는다. 힘이 약한 사람을 보호하고 어린나무 같은 것을 보호한다는 것은 어색하지 않지만, 거대한 환경이나 지구 전체를 보호한다는 것은 자연스럽지 못하다는 얘기이다.

관점을 바꾸어 생각한다면, 이 지구가 어린아이를 돌보듯이 그렇게 보호해야 할 정도로 병들어 있다는 뜻을 나타내고자 한 것인지는 모르겠다. 그러나 그렇다 하더라도 병든 지구를 온전하게 되살리는 것이 더욱 중요한 문제이므로 보호나 보존과 같은 소극적인 낱말보다는 보전과 같은 말이 더 알맞지 않을까 한다. 우리 조상들은 일찍이 우리의 대자연을 길이 보전하자고 했던 것이다.　　　　〈1996.11.26~27.〉

보호와 보우, 그리고 공활

애국가 제1절에는 "하느님이 보우하사 우리 나라 만세."라는 구절이 있다. 여기 보우를 보호로 이해하거나 발음하는 이가 적지 않다. 그러나 이 두 낱말은 뜻이 다르므로 잘 구별해야 한다.

보우(保佑)는 '보호하고 도움'을 뜻한다. '보호'의 뜻에다 '도움'의 의미가 더해진 셈이다. 그러니 위 구절은 '그 많은 동해물이 다 마르고 저 높은 백두산이 다 닳아서 평지가 될 정도로 하느님이 우리를 보호하고 도와주시어 우리 나라가 무궁한 세월, 곧 만세(萬世)로 이어지기를 빈다.'는 의미를 압축한 표현이다.

제3절의 첫머리는 "가을 하늘 공활한데"로 시작하는데, 공활하다(空豁-)를 거두어 싣지 않은 사전이 더러 있다. 그것은 '텅 비고 매우 넓다'를 뜻한다. 그러니 이 구절은 넓디넓은 우리 강토의 가을 하늘을 표현한 것이다.

〈1996. 11. 28.〉

바람 소리와 바람 서리, 그리고 남산

애국가 제2절의 "남산 위에 저 소나무 철갑을 두른 듯 바람 서리 불변함은 우리 기상일세."에서 바람 서리를 바람 소리로 잘못 알고 있는 사람도 있다. 물론 바람 서리가 옳다.

이 대목에서 의도한 바는 '우리 국민 모두 꿋꿋한 기상을 가지자.'는 것이다. 여기서 '꿋꿋한 기상'은 '남산 위에 우뚝 버티고 서 있는 소나무'와 같은 기상을 말한다. 그 소나무는 철로 만든 갑옷을 입은 듯이 아무리 거센 바람이 몰아쳐도, 아무리 차가운 서리를 맞아도 끄떡 않고 제자리를 지키고 있는 것이다. 우리 국민도 바로 그와 같은 소나무의 기상을 가지자는 뜻이다. 그러니 '바람 서리 불변함은'이란 구절은 '(남산 위에 있는 저 소나무가) 바람과 서리에도 변하지 않음은'이라는 표현을 압축한 것이다.

그리고 많은 국민들이 첫머리의 남산을 서울 복판에 있는 남산으로 생각하는 듯하다. 10여 년 전에는 서울시에서 그 남산의 모습을 되살리는 사업의 하나로 남산 곳곳에 소나무를 심기도 했다. 그래야 애국가의 내용에 부끄럽지 않은 남산이 된다고 생각했던 것이다.

그러나 노래 전체의 내용으로 볼 때에 남산은 서울에 있는 그 남산만을 가리키는 것이 아님이 분명하다. 서울만이 아니라 우리 나라 곳곳에는 크고 작은 남산이 많이 있다. 대개 우리 나라의 마을은 뒤로는 높은 산을 두고 남쪽을 향하여 열려 있었다. 그 남쪽으로는 대개 상대적으로 나지막한 산이 자리했는데 그 산을 남산(南山)이라 했다. 그런가 하면, 방향과는 상관없이 마을 가까이에 있어 '땔감용 나무를 제공해 주는 산'을 '나무산'이라 했는데, 그것이 줄어들어 남산이 되기도 했다. 이 같은 사정으로 남산은 많은 사람에게 늘 가까이 있는, 아늑하고 다정한 산으로 자리잡게 된 것이다.

결국 애국가 제2절에 나오는 '남산 위의 저 소나무'는 우리 나라 곳곳에 분포하는 소나무를 두루 가리키는 것이다. 〈1996.12.29~30.〉

형태가 비슷하여 헷갈리는 낱말

갯벌과 개펄

개펄과 갯벌은 각각 [개펄]과 [개뻘]로 발음해야 한다. 표기 형태에 비하여 발음이 더 비슷하다. 그런데 두 낱말의 구별을 어렵게 하는 더 중요한 요인은 그 의미에 있다. 대부분의 사전에서 이 낱말들을 각각 다음과 같이 풀이하고 있다.

개펄 : 갯가의 개흙 땅.
갯벌 : 갯가의 넓은 땅.

위에서 보듯이 두 낱말의 뜻풀이가 아주 비슷하다. 그러나 잘 들여다보면 공통점과 차이점을 알아차릴 수 있다. 두 낱말의 공통점은 갯가(조수가 드나드는 바다나 강의 가)에 있는 땅이라는 것이며, 차이점은 다음과 같다.

갯벌은 개와 벌이 합쳐진 낱말이다. 여기서 개는 조수가 드나드는 곳을 가리키며, 벌은 '벌판'에서 보듯이 넓게 펼쳐진 땅을 가리킨다. 그러니 갯벌은 말 그대로 갯가에 펼쳐진 넓은 땅을 뜻한다. 지형적으로 '넓게 펼쳐진' 것에 초점이 맞추어져 있을 뿐, 그 땅이 어떤 흙으로 구성되어 있는지는 문제 삼지 않는다.

이에 비하여 개펄은 개흙으로 이루어진 땅을 가리킨다. 개흙은 갯가에 있는 '검고 질퍽질퍽한 흙'이니, 요즈음 서해안 곳곳에 성행하고 있는 '머드 팩'이란 것을 떠올리면 이해하는 데에 도움이 될 것이다. 다시 말하면 개펄은 갯가에 있는, 검고 질퍽질퍽한 흙으로 된 땅을 가리킨다. 질퍽질퍽하다는 것은 물속에 잠겨 있는 시간이 짧지 않음을 의미한다. 그리고 개펄은 넓은 벌을 이루고 있지 않을 수도 있다. 일부 지방에서는 (개)펄을 뻘(밭)이라 한다.

그러니 갯벌은 '땅의 넓이'로 판단하고, 개펄은 '흙의 성질'(사전 풀이에서 '~땅'이라 했는데 '~흙'이라 하는 것이 옳을 듯)로 판단할 문제이다. 곧 갯벌은 넓은 땅을 가리키며, 개펄은 검고 질퍽질퍽한 흙을 가리키는 것이다. 용례를 들어 보면 다음과 같다.

(가) 어제는 서해안 **갯벌**에 가서 온 얼굴에 **개펄**을 바르고 놀았지.

(나) 그 동네 **갯벌**은 온통 모래밭이야.

(다) 거기 갔으면 **개펄**을 가져오지, 그랬어?

갯벌이라면 몸에 바를 수도 없고, 집으로 가져올 수도 없다.

〈1998. 12. 17.〉

건넛방과 건넌방

건넛방과 건넌방은 형태가 아주 비슷하다. 그래서 둘이 같은 낱말이거나 어느 한쪽은 비표준일 것이라고 짐작하는 사람이 적지 않다. "건넛마을에 최 진사 댁에 딸이 셋 있는데"라는 유행가 가사를 본 사람이면 건넛방이 표준이라고 쉬이 결론을 내려 버릴 것이다. 그러나 건넛방과 건넌방은 서로 다른 낱말이며, 둘 다 표준 낱말이다.

표기 형태와는 달리 두 낱말의 발음은 꽤 다르다. 건넛방은 [건너빵], 건넌방은 표기 그대로 [건넌방]으로 발음한다. 물론 지시 내용, 곧 의미도 다르다.

건넌방은 우리 나라 중부 지역의 전통 가옥에서 대청 건너편, 곧 안방 맞은편에 있는 방을 가리킨다. 건넌방의 방문은 안방과 마주 보고 있는 것이 보통이다. 의미상으로 건넌방의 기준은 언제나 안방이며, 거넌방이라고도 했다. 방이 한 칸일 때에야 건넌방이 없을 것은 당연하다.

이에 비하여 건넛방은 건너편에 있는 방을 뜻한다. 아무 장소이든 건넛방의 기준이 될 수 있다. 그러므로 그 앞에는 "부엌 건넛방, 사랑방 건넛방, 곳간 건넛방"과 같이 대체로 기준이 되는 장소를 나타내는 낱말이 놓인다. 그리고 건넛방만이 아니라 "건넛마을, 건넛집, 건넛산"과 같은 낱말도 있다. "건넌마을, 건넌집, 건넌산"과 같은 보통명사는 없다.

서양식으로 꾸민 집에서는 어느 방을 건넌방이라 해야 할지 쉬이 판단이 서지 않는다. 집 구조가 중부 지역의 전통 가옥과 다르고, 그 구조가 각양각색이기 때문이다. 〈1997.5.22.〉

날씨와 날수

월초가 되면 방송에서 다음과 같은 말을 흔히 들을 수 있다.

(가) 이달에는 흐린 **날씨**가 많겠습니다.

언뜻 들으면 아무런 문제가 없어 보일 수도 있지만, 다시 한번 생각해 보면 그렇지 않다는 것을 알게 된다. (가)의 표현 의도는 한 달 중에 흐린 날이 여러 날 되겠다는 것이다. 곧, 흐린 날의 수효에 대해 말하려는 것이다. 그런데 정작 표현에서는 날씨를 사용했다. 날씨는 어느 날의 기상 상태를 뜻하는 것이니, 이런 맥락에는 맞지 않다. 날의 수효를 뜻하는 낱말로는 날수가 있다. 따라서 (가)는 다음과 같이 표현하는 것이 옳다.

(가)′ ㄱ. 이달에는 흐린 **날수**가 많겠습니다.
　　　ㄴ. 이달에는 흐린 **날**이 많겠습니다.

다음도 방송에서 자주 들을 수 있는 말이다.

(나) 내일은 맑은 **날씨를 보이겠습니다.**

그러나 '날씨를 보이다'는 반듯한 표현이라 할 수 없다. 날씨는 누가 누구에게 보이는 대상이 될 수 없기 때문이다. (나)는 맥락에 따라 다음과 같이 표현하는 것이 좋겠다.

(나)′ ㄱ. 내일은 **날씨가 맑겠습니다.**

　　 ㄴ. 내일은 **맑겠습니다.**

날수와 날씨는 잘 구별해서 사용해야 할 낱말이다.　　〈1997.12.12.〉

넓이와 너비

넓이와 너비 중에 초등학교 수학 교과서에서부터 흔히 접하는 낱말
은 넓이인데, 때로는 너비를 쓰기도 한다. 그 차이는 뭘까?

두루 알다시피 넓이는 선으로 둘러싸인 평면의 크기를 가리킨다. 한
자낱말로는 면적(面積)이며, 그것을 나타내는 단위는 ㎠, ㎡, ㎢, ha 또는
'평' 들이다. 넓다 · 좁다는 넓이를 상대적으로 표현하는 형용사이다.

너비는 나란히 뻗은 두 선분 사이의 거리, 또는 길쭉한 평면의 가로
지른 거리를 뜻한다. 일상생활에서는 도로, 강, 다리, 기다란 모양의
물건에 대해서 쓰는 것이 보통이다. 한자낱말로는 폭(幅)이며, 단위로
는 길이를 나타내는 단위인 ㎝, m, ㎞ 들을 그대로 쓰는데, ㎞와 같이
큰 단위가 쓰이는 일은 많지 않다. 너비를 상대적으로 나타낼 때에도
넓이의 경우와 같이 넓다 · 좁다라고 하는 것이 보통인데, 바로 이 점이
넓이와 혼동하게 하는 요인이 된다. 너비의 용례를 보면 다음과 같다.

(가) ㉠ 그 도로의 **너비**는 10m쯤 됩니다.

　　 ㉡ **너비**가 얼마나 되는 널빤지면 되겠니?

　　 ㉢ 물길의 **너비**를 좀더 넓힐 필요가 있어요.

그러면 (가)의 너비를 넓이로 바꾸어도 정상적인 말이 될까?

(나) ㉠ 그 도로의 **넓이**는 10m쯤 됩니다.

　　㉡ **넓이**가 얼마나 되는 널빤지면 되겠니?

　　㉢ 다리의 **넓이**를 좀더 넓힐 필요가 있어요.

(나)의 ㉠은 제대로 된 말이 아니다. 단위가 m로 드러나 있기 때문이다. 그러나 ㉡, ㉢은 온전한 표현이다. 물론 각각 (가)의 ㉡, ㉢과는 의미가 아주 다르다. 하지만 일상생활에서 (나)와 같은 말, 곧 "도로의 넓이, 널빤지의 넓이, 다리의 넓이"와 같은 표현을 써야 할 경우는 그리 흔하지 않을 것이다.　　　　　　　　　　　　〈1998.8.17.〉

막벌이와 맞벌이

우리 나라 최초의 대사전인 조선어 학회의 『큰사전(1957)』에 보면 막벌이는 실려 있으나 맞벌이는 실려 있지 않다. 같은 학회에서 1965년에 펴낸 『새한글 사전』에도 맞벌이는 없다. 매우 허술하나마 내 기억으로도 맞벌이는 1970년대 중반께부터 널리 쓰이기 시작한 것 같다. 이에 비하여 막벌이의 나이는 그보다 훨씬 많다.

맞벌이는 다 알다시피 '부부가 함께 돈을 버는 일'을 뜻한다. 사회구조가 변하면서 새로 생겨난 낱말이다. 여기 맞은 마주의 준형태이다. "맞선, 맞배지기, 맞욕, 맞줄임"에서도 그런 예를 확인할 수 있다.

막벌이는 '막일로 돈을 버는 일'을 뜻한다. 막일은 '이것저것 가리지 않고 닥치는 대로 마구 하는 일'을 뜻하는바, 그런 일이란 대개가 남들이 하기 싫어하는, 힘이 드는 일이다. 많은 우리 조상들은 그런 막벌이로 세상을 살았다. 이로써 막벌이의 막은 마구의 준형태임을 알 수 있다. "막살이, 막된놈"에서 그런 예를 더 볼 수 있다.

겉모습은 똑같지만 마지막에 근원을 두고 있는 막도 있다. "막둥이, 막차, 막창자" 따위의 막이 그것이다.

그런데 막말은 이처럼 다른, 두 가지 뜻을 나타낸다. '마구 하는 말'과 '뒤에 여유를 두지 않고 잘라 하는 말'이 그것이다. 막의 이중성에서 비롯된 결과이다. 〈1997.5.31.〉

모둠과 모듬

오늘날의 동사에 모이다와 모으다가 있다. 여기서 각각 "모이+ㅁ → 모임, 모으+ㅁ→모음"이 생겨났다. 모이다는 자동사이고 모으다는 타동사이므로, 거기서 생겨난 모임과 모음도 쓰는 경우가 아주 다르다. 예를 들면 '글 쓰는 사람들이 모인 것'은 글모임(會)이라 하는데 비하여, '글을 모은 것'은 글모음(책)이라 한다.

그런데 술집이나 횟집의 차림표를 보면 모듬안주, 모듬회라는 것이 있다. 더러는 모둠안주, 모둠회라고도 적어 놓았다. 이들이 모음, 모임과는 어떻게 다르며, 어느 것을 선택하는 것이 옳을까?

먼저 모둠, 모듬이 어떻게 만들어졌는지부터 살펴보기로 하자. 모임, 모음의 경우를 떠올리면, 이들도 각각 동사 모두다와 모드다에서 파생된 것이 아닐까 하는 생각을 하게 된다.

사전을 살펴보니 과연 현대말에 **모두다**라는 동사가 있는데, 타동사 **모으다**의 경상도·함경도 방언이라 되어 있다. 이로써 **모둠**은 '모두+ ㅁ'로 분석된다는 것이 확인된다. '어떤 것을 모은 것'이라는 뜻이다.

이에 비하여 **모드다**라는 동사는 현대말에 없다. 따라서 '모드+ㅁ' 이라는 구조는 상정할 수 없다. 그러니 다른 쪽을 생각해 보아야 한 다. 옛말에 오늘날의 자동사 **모이다**와 비슷한 것으로 **몯다**가 있었으 니, '몯+음'을 상정할 수 있다. 이것을 소리 나는 대로 적으면 **모듬**이 되고, 이는 '어떤 것이 모인 것'을 뜻하게 된다. (그러나 옛날에 **몯음** 이나 **모듬**이 널리 쓰였던 것은 아니다.)

지금까지의 이야기는 다음과 같이 정리된다.

어떤 것을 모은 것 : 모으+ㅁ→모음

　　　　　　　　모두+ㅁ→모둠('모두다'는 경상도·함경도 방언)

어떤 것이 모인 것 : 모이+ㅁ→모임,

　　　　　　　　몯+으ㅁ→모듬/몯음('몯다'는 옛말)

이 중에서 안주나 회(膾)에 관한 낱말이라면 **모임**은 적절하지 않다. **모이**-는 자동사이기 때문이다. 여러 가지 안주나 회는 사람이 모아 서 내놓는 것이지, 그 스스로 모여서 나오는 것이 아니라는 말이다. **모이**-와 뜻이 같은 자동사 **몯**-에 뿌리를 둔 **몯음**이나 **모듬**도 같은 이유로 부적절하다.

이제 **모둠**과 **모음**이 남는다. 둘의 의미는 같은데, **모음**은 표준 낱말 에서 생겨난 것이고, **모둠**은 비표준 낱말(경상도·함경도 방언)에서 생 겨난 것이다. 이것만으로 판단하면 **모음안주**, **모음회**를 선택해야 하겠으나 현실적으로 이렇게 쓰는 것을 접하기 어렵다. 그러니 모둠안주, 모둠회를 선택할 수밖에 없어진다.

그런데 모두-가 표준 낱말이 아닌데, 여기서 생겨난 모둠을 표준 낱말로 보아도 좋으냐 하는 문제가 남는다. 이것은 그다지 문제될 것이 없다고 본다. 우리 낱말을 좀더 윤택하게 하는 길이 되기 때문이며, 그러한 처리는 이미 있어 왔기 때문이다. 모둠과 직접 관련된 낱말만 해도 모둠꽃밭, 모둠냄비, 모둠발 들이 있다.

그러면 모듬은 쓸모가 전혀 없을까? 그렇지 않다. 요즈음 학교에서 '조(組)'라고 하던 것을 이렇게 바꾸어 쓰고 있다. 모둠도 함께 쓰고 있는데, 이런 경우에는 모둠이 어울리지 않는다.

아이들이 모인 것이니 (설령 교사가 아이들을 모은 것이라 하더라도 아이들의 주체적인 활동을 강조하는 것이 더 교육적이므로) 자동사에서 생겨난 모임이나 몯음, 모듬 쪽을 선택하는 것이 바람직하다고 본다. 이 셋 중에서도 종전의 '조'를 대신하는 경우라면 모듬이 가장 바람직하다.

이러한 선택에 대하여 모듬의 뿌리가 되는 몯-이 옛말이라는 점, 현대 맞춤법 규정을 벗어나 있는 점을 들어 부당성을 제기할 수도 있을 것이다. 그러나 이러한 선택은 이미 있어 왔으며, 앞에서도 말한 바와 같이 우리 낱말을 윤택하게 하는 길이 될 수 있다는 점에서 그다지 무리한 처리는 아니다.

이렇게 하면 모듬은 모임과 차별화해야 한다. 내 생각에는 모임은 크고 포괄적인 것이나 단체, 곧 회(會)를 나타내는 데에 쓰고, 모듬은 그 하위 개념, 곧 소모임이나 조(組)를 나타내는 데에 썼으면 좋겠다. 이미 이렇게 구분하여 사용하는 경향을 보이기도 한다. 다음 표현이 그런 증거이다.

(가) 우리 모임은 다섯 개의 모둠으로 구성되어 있습니다.

이와 상관없이 다음과 같은 표현도 언제나 가능하다. 이러한 **모임**은 '회의'를 뜻한다.

(나) 다음 시간에는 모둠별 모임을 가지기로 합니다.
(다) 지난달에는 곳곳에서 학술 모임이 있었다.

요컨대 음식점에서는 **모둠**(모둠안주, 모둠회)을 쓰고, 학교에서는 **모듬**(모듬활동)을 써서 변별하며, **모음**과 **모임**은 종전에 써 오던 대로 사용하는 것이 좋겠다. 〈1997. 8. 11~12.〉

엿 장사와 엿장수

엿 장사와 **엿장수**를 구분하지 않고 사용하는 이가 적지 않다. 관념적으로는 구분하는 이도 실제 언어에서는 구분하지 않고 사용하기도 한다. 그러나 그 둘은 엄연히 다른 말이며, 그것은 **장사**와 **장수**의 차이에서 비롯된다.

장사와 **장수**는 사전에서 대체로 다음과 같이 구별해 놓았다.

장사 : 이익을 위하여 상품을 파는 일.

장수 : 상품을 파는 사람.

곧 장사는 행위나 일을 가리키며 장수는 사람을 가리킨다. 이것이 표준 낱말이다. 그런데 일반의 사용 실태를 관찰해 보면, 장수를 써야 할 자리에까지 장사를 쓰는 잘못이 많다. 그 반대의 잘못은 흔치 않다. 그리고 동사로는 장사하다만 쓰이고 장수하다는 쓰이지 않는다. 이러한 사실에 유의한다면 두 낱말을 구별하여 사용하는 일은 그다지 어렵지 않을 것이다.

　위에 비추어 보면, 엿 장사는 '엿 파는 일(행위)'을 뜻하고 엿장수는 '엿 파는 사람'을 뜻함이 분명해진다. 따라서 (가)는 올바른 표현이고 (나)는 올바른 표현이 아니라는 것도 쉬이 이해될 것이다.

　(가) ㉠ 그 아저씨는 인정 많은 엿장수다.
　　　 ㉡ 아저씨는 마침내 엿 장사를 시작했다.
　　　 ㉢ 엿장수가 엿 장사를 하러 나섰다.
　(나) ㉠ 그 아저씨는 인정 많은 엿 장사다.
　　　 ㉡ 엿 장사가 엿장수를 한다.
　　　 ㉢ 엿 장사가 엿 장사를 한다.

　그런데 여러 사전에서 엿장수는 한 낱말로 인정하지만, 엿 장사는 독립된 낱말로 인정하지 않고 두 낱말로 처리하고 있다. 〈1996.12.21.〉

한참과 한창

한참과 한창도 서로 헷갈리기 쉬운 낱말이다. 발음과 표기가 많이 닮아 있는데, 의미까지 비슷한 데가 있기 때문이다.

한참은 명사로서 '시간이 상당히 지난 동안'*을 뜻한다. 이에 비하여 한창은 명사로서는 '가장 성하고 활기가 있을 때'를 뜻하고, 부사로서는 '가장 활기 있게'를 뜻하거나 '가장 성한 모양'을 가리킨다. 요컨대 한참의 의미는 동안과 관련되며, 한창의 의미는 시점 또는 모양과 관련된다.

이제 구체적인 용례를 살펴보기로 한다.

(가) ㉠ 그는 **한참**(을) 자고 일어나서는 또 술을 찾는 것이었다.

㉡ 밥을 먹다 나간 영미가 **한참** 만에 울면서 들어왔어요.

(가)의 **한참**은 각각 다른 성분과 어울려 '잠잔 동안이 상당함', '나간 동안이 상당함'을 의미한다.

(나) 지금은 모심기가 **한창**이다.

(다) ㉠ 아이들이 **한창** 재미있게 놀기 시작했어요.

㉡ 민희는 지난달까지 **한창** 그림을 그렸다.

---

* 지난날에는 '한참'이 '어느 역참으로부터 다음 역참까지의 거리'를 뜻하기도 했지만, 그것이 '한창'과 헷갈리는 일은 거의 없을 것이므로 여기서는 논외로 한다.

(나)의 한창은 명사로서 '가장 활발한 시기'를 뜻한다. (다)의 한창은 부사로서 각각 그 뒤의 '재미있게'와 '그렸다'를 한정한다. '재미있게'에 대해서는 '가장, 아주'의 의미를 더해 주며, '그렸다'에 대해서는 '가장 활기 있게, 가장 열심히'의 의미를 더해 준다.

위에서 보듯이 한참과 한창은 서로 맞바꾸어 쓸 수 있는 낱말이 아니다.
〈1997.6.18.〉

홀몸과 홑몸

홀몸과 홑몸은 시각적으로는 꽤 비슷하지만, 발음은 [홀몸]과 [혼몸]으로 꽤 다르며 의미는 더 다르다.

홀몸은 '배우자가 없는 사람'을 가리킨다. 한자낱말로는 독신(獨身)이 그와 같은 뜻을 나타낸다. 결혼하지 않는 사람을 '독신자', 결혼하지 않고 혼자 살려는 주장을 '독신주의'라고 한다.

홑몸에는 두 가지 뜻이 있는데, '① 딸린 사람이 없는 혼자의 몸. ② 아이를 배지 아니한 몸'이 그것이다. ①의 뜻을 나타내는 한자낱말로는 단신(單身)이 있다. 오로지 혼자서 휴전선을 넘어 남한으로 온 사실을 "단신 월남했다."고 하는 것이 그런 보기이다. 그러나 일반적으로 ②의 경우를 단신이라고 하지는 않는다.

임신부를 보고 "홀몸도 아닌데 조심해야지."라고 말하는 일이 많다. 임신한 상태라면 배우자가 있을 테니까 홀몸(독신)이 아니기도 하지만, 배 속에 있는 아이를 걱정하여 이런 말을 한다면 홑몸(단신)이라 하는 것이 바르다.

요컨대 **홀몸**과 **홑몸**은 서로 다른 낱말이므로 잘 구별해서 사용해야한다. 특히 배 속에 또 하나의 생명을 잉태한 임신부는 **홑몸**이 아닌 사람임을 기억해야 하겠다.　　　　　　　　　　　　　　〈1998.10.14.〉

결재와 결제

　결재와 결제는 회사나 여러 직장에서 자주 쓰는 낱말이다. 그런데 [재]와 [제]의 발음이 비슷하기 때문에 서로 혼동하는 경우가 있다.
　두 낱말의 의미와 용법은 매우 다르다. 결재(決裁)는 '부하가 제출한 안건을 윗사람이 허가하거나 승인함'을 뜻한다. 재가(裁可)라고도 한다. 결제(決濟)는 '① 처리하여 끝을 냄. ② 돈 거래를 청산함'을 뜻하는데, 오늘날은 ②의 뜻으로 쓰이는 일이 많다. 각각의 용례를 보이면 다음과 같다.

　(가) ㉠ 오늘 아침에야 사장님의 **결재**가 났어요.
　　　㉡ 정말 어렵게 회장님의 **결재**를 얻었다.
　　　㉢ 우리 총장님은 **결재**를 쉽게 해 주는 편이다.
　　　㉣ 부장님, 이번에는 꼭 **결재**해 주시기 바랍니다.
　(나) ㉠ 대금은 다음 달 말까지 **결제**를 하겠어요.
　　　㉡ 장사꾼이면 누구나 현금 **결제**를 좋아하지.
　　　㉢ 밀린 공사비를 **결제**해 주려면 연말까지 10억 원이 필요하다.
　　　㉣ 부장님, 이번에는 꼭 **결제**해 주시기 바랍니다.

그런데 (가)와 (나)의 ㄹ에서 보듯이 두 낱말이 똑같은 맥락에 사용될 수도 있다. 물론 의미는 다르다. (가)의 ㄹ은 어떤 안건을 허가 또는 승인해 달라는 뜻이며, (나)의 ㄹ은 돈을 청산해 달라는 뜻이다. 이처럼 두 낱말이 아주 같은 맥락에 사용되는 일도 있으므로 낱말 선택에 특히 유의해야 한다.

〈2000.10.26.〉

재와 제

(가) ㉠ 제를 올리러 가는 사람이 한둘 보이기 시작했다.
　　㉡ 매월 초하루에는 절에서 큰 제가 올려졌다.

이렇게 말하거나 표기하는 사람이 적지 않다. 그런 사람은 여기 제를 '제사'의 뜻으로, 한자로는 祭를 생각했을 가능성이 많다. 그러나 사실은 그렇지 않다.

불교 의식에 재(齋)라는 것이 있다. 죽은 이의 명복을 빌기 위하여 부처님에게 공물을 바치고 예불을 드리는 것이다. 제나 제사가 죽은 이에게 직접 행하는 의식임에 비하여, 재는 부처님을 상대로 한다. 어쨌든 재는 의식(행사)을 가리키는 낱말이고, 그 의식을 행하는 것은 재를 올리다라고 표현한다. 그러니 (가)의 제는 각각 재라고 해야 할 것을 잘못 쓴 것이다.

다음 속담에서 말하는 잿밥은 재를 올릴 때에 부처님 앞에 놓는 밥을 가리킨다. 재(齋)와 밥이 합쳐진 것이 잿밥이다.

(나) 염불에는 마음이 없고 **잿밥**에만 마음이 있다.

여기서 '염불'은 본분을, **잿밥**은 이끗을 상징한다. 전체적으로, 본분을 수행하는 데에는 정성을 쏟지 않고 그로 말미암아 생기는 이끗에만 매달린다는 뜻이다. 같은 뜻을 "제사보다 **젯밥**에 정신이 있다."는 말로 나타내기도 한다. **젯밥**은 **제삿밥**의 준말인 셈이다.　　〈2000.7.8.〉

철재와 철제, 목재와 목제

철재와 철제, 목재와 목제는 각각 그 발음과 의미가 비슷하기 때문에 혼동하기 쉽다. 그저께만 해도 어느 일간신문에서, 한 고교생이 다리 난간에 올라가 소동을 벌인 사건을 보도하는 중에 '**철재 난간**'이라고 표기한 것을 보았다.

철재와 목재는 다 같이 재료를 가리킨다. **철재**(鐵材)는 쇠붙이 따위를, **목재**(木材)는 나무 따위를 가리키는 차이가 있을 뿐이다. 이것들은 건축 분야를 비롯하여 갖가지 공산품의 재료가 된다. 용례를 들어 보면 다음과 같다.

(가) ㉠ 그 진열장은 **철재**로 만든 것이다.
　　　㉡ 옛날에는 **목재**를 강물에 띄워 운반하기도 했다.
　　　㉢ 이 작품은 **철재**와 **목재**의 질감을 잘 살려 냈다고 본다.

(가)와 같은 경우에는 **철재**를 쇠(붙이)나 철로 바꾸고, **목재**를 나무

로 바꾸어도 그 의미가 제대로 드러난다.

재료가 가공되어 어떤 물건이 만들어졌을 때에 그것을 제품(製品)이라 한다. 철재로 된 것을 철제품, 목재로 된 것을 목제품이라 하는데, 철제(鐵製)와 목제(木製)는 각각 이를 줄인 낱말이다. 다음에 그 용례를 들어 본다.

(나) ㉠ 그 진열장은 철제이다.
　　 ㉡ 지난 추석에 제기를 목제로 바꾸었다.
　　 ㉢ 그 집 세간 중에는 철제보다 목제가 많더라.

(나)의 경우에는 철제, 목제를 각각 철제품, 목제품으로 바꾸면 그 의미가 좀더 분명해진다. 그리고 이 경우에는 철제를 쇠(붙이)로 바꾸고 목제를 나무로 바꾸면 전혀 다른 의미가 되어 버린다.

그런데 (다)와 같이 철제와 목제 뒤에 제품의 종류가 나란히 쓰이는 일이 있다. 그럴 때에는 (나)의 그것과 달리 보아야 하겠다. 각각 '쇠붙이로 만든', '나무로 만든'이라는 의미로, 그에 뒤따르는 낱말을 꾸미는 것으로 보자. 예컨대 '철제 가구'는 '철제품 가구'로 보기보다 '쇠붙이로 만든 가구'로 보는 것이 더 타당하겠다.

(다) ㉠ 철제 가구, 철제 가방, 철제 책상, 철제 창틀
　　 ㉡ 목제 가구, 목제 상자, 목제 책상, 목제 창틀

이렇게 볼 때에 첫머리에서 지적한 '난간' 앞에는 철제를 놓는 것이 더 적절하다.
〈1997. 6. 7.〉

계발과 개발

계발(啓發)과 개발(開發)의 차이에 대하여 묻는 사람이 많다. 사용 빈도가 비교적 높기 때문에 그 문제로 망설인 경험이 적어도 한두 번은 있을 것이다.

啓[계]와 開[개]의 뜻은 다 같이 '열다'이다. 그런데 사전에서는 대체로 다음과 같이 차별화하여 풀이하고 있다.

계발 : 지능이나 정신 따위를 깨우쳐 열어 줌. 시민 정신 **계발**, 민족적 양심의 **계발**.
개발 : 개척하여 발전시킴. 경제 **개발**, 국토 **개발** 계획, 새로 **개발**된 광산.

뜻풀이만으로는 잘 구별되지 않는데, 그 뒤에 들어 둔 용례가 이해에 다소 도움을 주는 실마리가 된다. 여기에 기대어 보면, 정신적·추상적인 대상에 대해서는 계발이라 하며, 물질적·구체적인 대상에 대해서는 개발이라 하는 것으로 정리된다. 일상의 사용에서는 대체로 그런 경향을 보인다.

그런데 한편에서는 '개발 교육'이란 용어를 사용한다. 교육은 정신적인 측면이 더 짙은 현상이므로, 위의 처리를 그대로 따른다면 '계발 교육'이라 해야 할 것인데, 요즈음에는 '개발 교육'이라는 용어가 오히려 더 널리 사용되는 듯하다. 그래서 다시 생각해 보니, 정신적·추상적인 것이라고 해서 '개척하여 발전시킬' 수 없는 대상이 아니라는 생각이 든다.

이런 점을 감안하여 다시 정리해 보면, 계발에 비하여 개발의 의미가 더 넓으며 더 적극적이다. 비유컨대 계발이 20~30의 수준에서 100을 향하는 것이라면, 개발은 0의 수준에서 100을 향하는 것이라 할 수 있겠다. 그러니 계발은 개발로 대체할 수 있지만 그 반대는 불가능하다. "시민 정신 개발, 민족적 양심의 개발"은 가능하지만 "경제 계발, 새로 계발된 광산"은 불가능하다는 말이다.

요컨대 '깨우침'이나 '열어 줌'에 좀더 적극적이고 능동적인 의미를 부여하고자 하면 정신적인 것에 대해서도 개발을 사용할 수 있다.

〈1997.9.10.〉

식혜와 식해

우리 나라 사람치고 식혜를 모르는 사람은 없을 것이다. 그것의 중요 구성 요소는 쌀과 단맛이 나는 물이다. 여름은 여름대로, 겨울은 겨울대로 즐겨 마신다. 예전에는 각 가정에서 별미로 해 먹었을 텐데, 요즈음에는 공장에서 만들어 가게에서 판다.

쌀로 만든 식혜만 아는 사람들은 생선으로 그런 음식을 만든다는 말을 들으면 어리둥절해한다. 단맛이 나는 식혜만 먹어 온 사람들에게는 참으로 괴상한 음식으로 비칠 것이다. 이 음식은 주로 해안 지방에서 해 먹었던 것 같다.

그런데 사실 이 둘은 음식이 다를 뿐만 아니라 이름도 다르다. 일반에서 흔히 먹는 쌀(지에밥)과 엿기름으로 만든 음식은 식혜이고, 생선과 소금, 흰밥으로 만든 음식은 식해이다. 둘 다 한자낱말인데, 食[식]은 같은 한자를 쓰고, 그 다음은 각각 醯[혜]와 醢[해]로 다르게 쓴다.

醢는 '단것'을 뜻하고, 醢는 '젓갈'을 뜻한다. 식해는 생선이 주재료가 되므로 어해라고도 하며, 우리 토박이낱말로는 **생선젓**이라 한다.

요컨대 식혜와 식해는 아주 다른 음식인데 비슷한 발음, 곧 [혜]와 [해]를 제대로 구별하지 못하여 혼동을 일으키고 있을 뿐이다.

〈1996.8.2.〉

인습(因習)과 인습(因襲)

(가) 전통적인 습관이라 하더라도 **인습**은 버려야 한다.

여기 인습은 '부정적인 습관'이란 의미로 쓴 것이 분명한데, 이런 표현이 적지 않은 듯하다. 그러나 이것은 잘못이다.

사전에는 다음과 같은 두 가지 인습이 있다.

인습(因習) : 전부터 전하여 오는 습관.
인습(因襲) : 옛것을 좇아서 그대로 함.

보다시피 두 낱말은 의미상으로 매우 다르다. 인습(因習)은 습관을 가리키며, 인습(因襲)은 행위를 가리킨다. 그러나 어느 것이든 그 자체로 부정적인 의미를 나타내는 것은 아니다. 그러니 (가)는 제대로 된 표현이라 할 수 없다. 문맥을 볼 때에 (가)의 인습은 인습(因襲)일 수밖에 없는데, 정작 그 인습에는 그런 의미가 없기 때문이다. 설마 '오래된 습관'을 모두 버리자는 뜻으로 한 표현은 아닐 것이다.

'나쁜 습관'을 악습이라 한다. 그러므로 (가)의 표현은 다음과 같이 해야 할 것을 잘못 표현한 것이다.

(가)´ 전통적인 습관이라 하더라도 악습은 버려야 한다.

인습(因習)이 제대로 사용된 보기는 (나)와 같다.

(나) ㉠ 그 마을 사람들은 인습 지키기를 중시한다.
   ㉡ 대대로 계승되어 온 인습일지라도 버릴 것은 버리자.

그런가 하면 인습도덕이라는 낱말이 있는데, 그 의미는 다음과 같다.

인습도덕(因習道德) : ① 옛날부터 지키어 오는 도덕.
   ② 인습에 사로잡히어 지금의 생활에 맞지 않는 형
   식적인 도덕.

위에서 보듯이 인습도덕에는 꽤 다른 두 가지 의미가 있는데, ①과는 달리 ②는 매우 부정적인 의미를 내포하고 있다.
이에 비하여 인습(因襲)은 다음과 같은 어휘를 파생시키기도 한다.

인습주의(因襲主義) : 인습에만 마음이 쏠리어 새로운 길로 나아가지 아
   니하는 주의.
인습하다(因襲-) : 옛날의 관습이나 풍속을 그대로 따르다.

인습주의와 인습하다의 용례를 보면 다음과 같다.

(다) 그 섬의 주민들은 고루한 **인습주의**를 고수하고 있다.
(라) 아직도 '산신 모시기'를 **인습하는** 마을이 있다.　　〈1999.11.23.〉

나팔과 나발

두루 아는 바와 같이 한해살이 풀꽃 중에 **나팔꽃**이 있다. 꽃 모양이 서양 관악기의 한 종류인 나팔과 비슷해서 그렇게 일컫는다. **나발꽃**이라고도 했으나, 지금은 모든 사전에서 **나팔꽃**만을 표준으로 인정한다. 나팔바지와 나팔관(여성 몸의 한 부분)도 이런 부류에 든다. 우리 나라 군대에서는 새벽에 잠을 깨우기 위하여 트럼펫을 연주하는데, 그것을 '기상 나팔'이라 하는 것도 같은 이유이다.

그런데 관악기에는 나팔 외에 나발도 있다. 나발은 관(대롱)이 매우 긴, 우리의 전통 악기이다. 앞서 말한 나발꽃의 근거가 이것이다. 우리 겨레가 먼저 접한 것은 아마도 나발이었을 것이다. '당치도 않은 소리를 함부로 떠벌리다'를 뜻하는 동사로 나발불다가 있다. 그럴 때에 나팔불다는 비표준이다. 술 마시는 행위의 한 가지를 가리키는 동사도 병나발불다, 나발불다가 표준으로 인정되어 있다.

그러니 나팔을 연주하는 사람은 나팔수이지만, 나발을 연주하는 사람은 나발수이다. 트럼펫을 연주하는 것은 '나팔을 부는' 것이지만, 당치도 않은 말을 함부로 하는 것은 '나발을 부는' 것이다. 술을 병째 들이마시는 것도 '(병)나발을 부는' 것이고.　　〈1997.12.17.〉

불문곡절과 불문곡직

불문(不問)이라는 낱말이 있다. '묻지 아니함'을 뜻한다. 누가 잘못을 저질렀을 때에 벌을 주거나 책임 소재를 따지지 아니하고 그냥 넘어가는 것을 '불문에 붙이다'라고 한다.

불문가지(不問可知)라는 말이 있다. '가지(可知)'는 '알 수 있음'이니, 불문가지는 '묻지 아니하여도 뻔히 알 수 있음'을 뜻한다.

그런가 하면 불문곡절(不問曲折)이라는 말이 있다. 여기서 곡절은 '어렵고 복잡한 사정'이나 '숨겨진 사연'을 뜻한다. 그러니 불문곡절은 '(어떤 일이 벌어졌을 때에) 그렇게 된 사정이나 사연을 묻지 아니함'을 뜻한다. 불문곡절하다라는 동사도 있다.

한편 불문곡직(不問曲直)이라는 말도 있다. 여기서 곡직은 '잘(直)과 잘못(曲)'을 가리키니, 불문곡직은 '(어떤 일이 벌어졌을 때에) 그 잘잘못을 따지지 아니함'을 뜻한다. 불문곡직하다라는 동사도 있다.

이처럼 불문곡절(하다)과 불문곡직(하다)은 각각 낱말 자체로는 분명히 의미 차이가 있다. 하지만 실제 사용에서는 확연히 구분되지 않는 일이 많다. 세상사에는 사정·사연(곡절)과 잘잘못(곡직)이 전적으로 별개의 것이 아닌 경우가 많기 때문이다. 〈1999.5.17.〉

어두일미와 어두육미

어두일미는 흔히 쓰는 말이다. 한자로는 魚頭一味로 표기하는데, '물고기(魚)는 머리(頭)가 특히 맛있음(一味)'이라는 뜻이다. 어두진미

(魚頭珍味)라는 말도 있는데, 그 의미는 어두일미와 다르지 않다. 구체적인 용례를 들면 (가)와 같다.

(가) ㉠ 자넨 어두일미라는 말도 모르나? 대가리는 왜 버리지?

㉡ 어두진미라는 말이 있듯이, 생선은 대가리 맛이 최고야.

또 어두육미라는 말이 있다. 이를 두고 魚頭六味에서 왔다고 말하는 이도 있다. 물고기 머리에는 육미(여섯 가지 맛 : 쓴맛, 신미, 단맛, 매운맛, 짠맛, 싱거운 맛), 다시 말하면 온갖 맛이 두루 들어 있음을 나타낸 표현이라는 것이다. 그러니 일미(一味)나 진미(珍味)일 수밖에 없다는 논리이다. 그러나 대부분의 사전에서는 그렇게 풀이하지 않는다. 이는 魚頭肉尾로서, '물고기(魚)는 머리(頭) 쪽이 맛있고, 짐승 고기(肉)는 꼬리(尾) 쪽이 맛있음'이라 풀이하고 있다. 어두육미의 구체적인 용례를 들어 보면 (나)와 같다.

(나) ㉠ 자넨 어두육미라는 말도 모르나? 갈비탕보다는 꼬리탕을 먹어야지?

㉡ 어두육미라는 말이 있듯이, 생선은 대가리 맛이 최고야.

일반적으로 볼 때에, 어두일미는 물고기(의 머리) 맛을 높이 칠 때에만 쓸 수 있지만, 어두육미는 물고기(의 머리)만이 아니고 짐승 고기(의 꼬리) 맛을 높이 칠 때에도 쓸 수 있다. 〈1999.5.15.〉

적다와 작다

우리말의 적다와 작다는 그 의미에 비슷한 점이 많다. 그러나 분명히 다른 점도 있다. 한자로는 少(적다)와 小(작다)로써 구분한다. 그러나 이것만으로 적다와 작다의 의미가 명료하게 구별되지 않는다. 각각 그에 상대되는 낱말을 생각해 보는 것이 두 낱말의 의미 차이를 구별하는, 좀더 쉽고 분명한 방법이다. 적다에 상대되는 낱말은 많다이며, 작다에 상대되는 낱말은 크다이다. 용례를 들어 비교해 보자.

(가) ㉠ 사무실 방이 두 개 {적어졌다/많아졌다}.

　　　㉡ 그 {적은/많은} 돈으로 무엇을 하겠니?

　　　㉢ 비가 {적게/많이} 왔다.

　　　㉣ 올해 우리 회사 수출량은 지난해보다 {적다/많다}.

　　　㉤ 그는 실무 경험이 {적다/많다}.

　　　㉥ 환경 문제에 대하여 시민들의 관심이 {적다/많다}.

(가)에서 보는 바와 같이, 적다/많다는 수효를 구체적으로 셀 수 있거나 양을 구체적으로 셈할 수 있는 것을 나타내는 데에 주로 쓰인다. 그리고 추상적인 것이기는 하되 경험, 관심, 사랑, 지식 등에 관한 것도 적다/많다로 표현한다.

작다/크다가 쓰이는 경우를 들어 보면 (나)와 같다. 길이, 부피, 넓이와 규모, 범위, 정도를 나타내는 낱말들과 잘 어울린다.

(나) ㉠ 영호는 키가 {작다/크다}.

ⓒ 그것은 이것보다 부피가 {작다/크다}.

ⓓ 이렇게 {작은/큰} 집에서 사니?

ⓔ 동그라미를 너무 {작게/크게} 그렸구나!

ⓕ 철민이 너는 포부가 너무 {작다/크다}.

ⓖ 그는 인물됨이 {작다/크다}.

요컨대 **적다**를 써야 할지 **작다**를 써야 할지 분간되지 않을 때에는, 그 상대 낱말인 **많다**와 **크다**로 바꾸어 생각하면 쉬운 길이 열릴 수 있다.

⟨1997.6.3.⟩

가르치다와 가리키다

스승의 날이면 곳곳에서 크고 작은, 스승에 대한 보은의 모임이 열린다. 그럴 때면 (가)와 같은 말을 흔히 듣게 된다.

(가) ㉠ 사랑으로 **가르켜** 주신 선생님의 은혜에 감사합니다.

　　 ㉡ 선생님께서는 근로의 숭고함을 **가리켜** 주셨습니다.

이런 표현에서 가르켜와 가리켜는 표준 낱말이 아니다. 가르쳐가 표준이다.

15~16세기에는 ᄀᆞ르치다, ᄀᆞᄅᆞ치다, ᄀᆞ르치다, ᄀᆞᄅᆞ치다, 가라티다 따위와 같이 여러 가지로 표기되는 낱말이 있었다. 의미는 서로 다르지 않은데, 표기가 하나로 통일되어 있지 않았던 것이다. 이들이 나타

내는 뜻은 대체로 '① 교육하다. ② 지시하다. ③ 지휘하다'의 세 가지였는데, ③의 뜻으로 쓰이는 빈도가 상대적으로 적었다. 이들은 세월이 흐르는 동안에 대체로 가르치다, 가리치다, 가라치다 쪽으로 정리가 되었고, 한편에서는 가르키다, 가리키다 형이 새로 나타나게 되었다. 그래서 20세기 초반에는 이들이 공존하는 양상이 전개되었다.

이런 상황에서 1930년대에 조선어 학회가 중심이 되어 말글 규범을 정할 때에, 그 두 부류의 낱말을 별개의 낱말로 처리하여 별도의 의미를 부여하였다. 곧 ①과 ②를 뜻하는 형태를 차별화한 것이다. 가르치다를 표준 형태로 하여 ①을 뜻하는 낱말로, 가리키다를 표준 형태로 하여 ②를 뜻하는 낱말로 하였다. 이것은 오늘날까지 유효하다.

(가)의 문제되는 부분은 문맥으로 볼 때에 '교육하다'를 뜻할 수밖에 없다. 그러므로 다음과 같이 고쳐서 말해야 표준말이 된다. ⊙의 가르켜는 표준 형태가 아니기 때문에 잘못이며, ⓒ의 가리켜는 표준 형태이긴 하지만 '지시하다'를 뜻하니 제자리에 쓰인 것이 아니다.

(가)′ ⊙ 사랑으로 **가르쳐** 주신 선생님의 은혜에 감사합니다.

　　 ⓒ 선생님께서는 근로의 숭고함을 **가르쳐** 주셨습니다.

'지시하다'를 뜻하는 가리키다의 바른 용례를 보이면 (나)와 같다.

(나) ⊙ 아버지께서는 손을 들어 큰 바위를 **가리키셨다.**

　　 ⓒ 내가 **가리키는** 나무를 잘 보아라.

　　 ⓒ 화살표가 오른쪽을 **가리키고** 있었다.

두 의미, 곧 '교육하다'와 '지시하다'는 서로 통하는 바가 있다. 그러므로 가르치다와 가리키다는 혼동을 불러일으킬 소지가 다분하다. 게다가 가르치다와 비슷한 의미를 나타내는 형식 알으켜 주다(이는 표준이 아님)가 있는 것도 혼동을 가중시키는 요인으로 작용한다. 특별한 주의가 필요하다. 〈1997. 5. 16~17.〉

여의다와 여위다

어떤 사람과 이야기를 나누는 중에 현대 한글에서 '윈'이라는 글자가 쓰이느냐는 질문을 받은 적이 있다. 그 답을 찾아보기로 한다.

여의다라는 동사가 있다. 이 낱말은 두 가지 뜻을 나타낸다. 하나는 '딸을 시집보내다'이고 다른 하나는 '죽어서 이별하다'인데, 따져 보면 비슷한 점이 있다. 어쨌든 이 낱말을 활용시켜 보면 (가)와 같다. ㉢에서 보듯이 '윈' 자가 나타나는 것이다.

(가) ㉠ 민철이는 일찍 아버지를 **여의었다**.
　　㉡ 그들은 하루아침에 부모를 **여의고** 고아가 되었다.
　　㉢ 박 서방은 이번에 막내딸을 **여읜다**.

이 여의다를 지방에 따라서는 여우다 또는 여위다라고도 한다. 물론 이들은 표준 낱말이 아니다. 그런데 표준 낱말로 여위다가 있으니 혼동하지 말아야 한다. 그것은 형용사로서 '① 살이 빠져 파리하다. ② 살림이 가난하다' 따위를 뜻한다. 그 용례를 보면 다음과 같다.

(나) ㉠ 그는 지난 여름 많이 **여위었다**.

   ㉡ 앙상하게 **여윈** 손.

(다) 그 뒤로 그 집안은 계속 **여위어** 갔다.

여위다의 작은말로 야위다가 있다.   〈1997. 11. 4.〉

애 끊는과 애 끓는

애를 끊다라는 말도 있고 애가 끓다라는 말도 쓴다. (끊다는 [끈타]로 발음해야 하며, 끓다는 [끌타]로 발음해야 한다.) 이 표현들은 어떻게 다른지 살펴보기로 한다.

여기서 애는 창자를 뜻하는 토박이낱말이다. 그러니 관용구 애(를) 끊다는 아픔이 '창자를 끊는(물론 마취하지 않고) 것과 같이 매우 심함을 나타내는 표현이다. 곧 표면적인 뜻은 '매우 아프다'이다. 그런데 사전에서는 '마음이 매우 아프다'라고 뜻풀이해 놓았다. 일차적으로는 신체적인 아픔을 뜻하지만 이차적으로는 정신적인 아픔을 나타내는 데에 이 표현의 묘미가 있다. 그리고 이럴 때의 아픔은 슬프거나 괴로움에서 비롯되는 아픔이다. 충무공이 한산섬에서 나라를 걱정하며 읊은 시조의 마지막 구절도 "어디서 일성 호가는 남의 애를 끊나니"로 되어 있다.

애(가) 끓다는 몸속에 열이 많은 상태를 말한다. 불안하거나 초조하고 성이 날 때에 그런 상태가 조성된다. 사전에서는 '마음이 몹시 쓰이거나 걱정이 되다'로만 풀이하고 있다.

이렇게 볼 때에, 예를 들면 '애 끊는[끈는] 사랑'과 '애 끓는[끌른] 사랑'이 다 가능하다. '매우 슬픈 사연이 있는 사랑'이라는 뜻을 나타내고자 하면 '애 끊는 사랑'이라 해야 할 것이고, '깨어질지 몰라 조바심하면서 진행하는 사랑'이라면 '애 끓는 사랑'이라고 표현하는 것이 적절할 것이다. 끊는과 끓는을 비롯하여 끊다와 끓다의 활용형은 표기와 발음이 매우 비슷하므로 특히 유의해야 한다. 〈1997.8.4.〉

지양해야와 지향해야

(가) 이제부터는 개방화 · 세계화를 **지양해야** 한다.
(나) 이제부터는 개방화 · 세계화를 **지향해야** 한다.

두 표현의 의미 차이를 생각해 보기로 한다.

위에서 보다시피 (가)의 **지양해야**와 (나)의 **지향해야**는 타동사인데, 각각 명사 **지양**과 **지향**에 '-하다'가 붙은 것이다. 사전들에서는 **지양**과 **지향**의 의미를 대체로 다음과 같이 풀이하고 있다.

지양(止揚) : 부정적인 면을 씻어 내어 긍정적인 방향으로 발전시킴.
지향(指向) : ① 일정한 방향이나 지점을 가리키거나 향함.
　　　　　　 ② 일정한 목표나 상태를 향하여 나아감.[*]

---

[*] '지향(志向)'도 있는데, 이는 '어떤 목적이나 목표에 마음을 두는 것, 또는 그렇게 하려는 의지'를 뜻하며, 동사 '지향하다'로 쓰이는 일이 없다.

이로써 문제의 두 낱말은 '무엇인가를 추구하여 나아감'을 의미하는 공통점이 있다는 것을 확인할 수 있다. 그러나 그 낱말들이 지배하는 목적어의 의미 자질은 매우 다르다. 지양하다는 그 앞에 '씻어 내어야 할 대상'(부정적인 의미 자질)을 요구하는 데에 비하여, 지향하다는 '추구하여야 할 목표'(긍정적인 의미 자질)를 요구하는 것이다. 그러니 (가)는 '개방화·세계화'를 버려야 할 대상, 곧 부정적인 것으로 생각하는 표현이며, (나)는 '개방화·세계화'를 추구해야 할 목표, 곧 긍정적인 것으로 생각하는 표현이라는 결론이 된다. 정반대의 의미가 되는 것이다.

그 엄청난 의미 차이도 결국 표기에서는 ㅇ과 ㅎ의 차이에 불과하며, 발음에서는 [∅](zero)와 [ㅎ]의 차이일 뿐이다. 그러니 지양과 지향은 표기에서든 발음에서든 특별히 유의해야 한다. 다음 두 표현의 의미 차이를 생각해 보자.

(다) 그것이 곧 중공업 육성 정책을 **지양한** 효과입니다.
(라) 그것이 곧 중공업 육성 정책을 **지향한** 효과입니다.

(다)는 '중공업을 육성하지 않았다'는 뜻이며, (라)는 '중공업을 육성했다'는 뜻이다. 바꾸어 말하면 (다)는 '중공업 육성 정책'을 부정적으로 본 표현이고, 이에 반하여 (라)는 '중공업 육성 정책'을 긍정적으로 본 표현이다. 지양과 지향의 차이는 이렇게 중요한 것이다.

〈1999.9.29.〉

곤혹스러운과 곤욕스러운

다음은 어제 어느 일간신문의, 김대중 납치 사건과 관련된 보도문에서 따온 것이다.

(가) ㉠ 김 총리는 다소 곤혹스런 표정으로 답변에 나섰다.

  ㉡ 만약 중정의 개입 부분이 밝혀졌을 경우 국제적으로도 한국이 상당히 곤혹스러운 상황에 처했을 것

여기에 곤혹스런/곤혹스러운이 자연스럽게 사용되어 있듯이 일상 언어에서도 흔히 쓰인다. 그런데 사전에서 이 낱말들을 찾기는 쉽지 않다.

사전에서는 곤혹(困惑)을 올려 '곤란한 일을 당하여 어찌할 바를 모름'으로 풀이하고, 이어서 곤혹하다를 올려 놓았다. 대부분의 사전이 이러하다. 이 같은 처리를 그대로 따른다면 (가)의 곤혹스런/곤혹스러운은 곤혹한이 되어야 한다. 그러나 그것은 많은 사람들에게 부자연스럽게 받아들여질 것으로 생각된다. 그러니 사전들에서 곤혹스럽다도 거두어 실어야 할 것이다. 1993년에 발행된 한 큰사전에서 이렇게 처리한 것을 보았다.

곤혹과 혼동하기 쉬운 낱말에 곤욕(困辱)이 있다. 그것은 '심한 모욕'을 뜻하는데 대개 (나)와 같은 구조를 이룬다.

(나) 곤욕을 {느끼다/당하다/치르다/참다}.

그러나 곤혹하다가 있음에 비하여 곤욕하다는 없다. 그런데 북쪽의 『조선말 대사전(1992)』에는 곤욕스럽다가 올려 있다. '심한 곤욕을 당하는 느낌이 있다'는 풀이와 함께 (다)와 같은 보기가 있다. 이것은 (가)의 곤혹스럽다와는 전혀 별개의 낱말이다.

(다) 곤욕스러운 멍에

우리 주변에서도 곤욕스럽다를 적잖이 사용하는데, 잘 관찰해 보면 곤혹스럽다라고 해야 할 맥락에서 그렇게 말하는 경우가 많다. 잘못 사용하는 셈이다. 두 낱말의 발음은 비슷하지만 그 뜻은 사뭇 다르므로 잘 가려 써야 한다. 곤혹은 '어찌할 바를 모름', 곤욕은 '모욕'에 그 의미의 중심이 있음을 명심할 일이다. 〈1998.2.21.〉

막연한과 막역한

철수와 나는 한동네에서 자랐을 뿐만 아니라 타관으로 나온 뒤에도 줄곧 막연한 친구로 지내 왔다.

간혹 이런 말을 접하게 되는데, 여기서 막연한은 맥락에 맞지 않다. 막연하다(漠然 -)는 '아득하거나 어렴풋하다'를 의미하는데, 위의 표현은 전체적으로 볼 때에 두 사람이 '친하게 지내 왔다'는 뜻이 분명하기 때문이다.

'벗으로서 뜻이 맞아 허물없이 친하다'를 뜻하는 낱말은 막연하다가 아니라 막역하다(莫逆-)이다. 그러므로 위의 막연한의 자리에는 막역한이 들어가야 한다. 그리고 '막역한 벗의 사이'를 한문식으로는 막역지간(莫逆之間)이라 하고, '막역하게 사귐'을 막역지교(莫逆之交)라 하고, '막역한 벗'을 막역지우(莫逆之友)라 한다.

　그러나 '막연한 친구'라는 표현이 언제나 불가능한 것은 아니다. 다만 허물없이 가까운 벗을 그렇게 표현하는 것은 잘못임을 지적한 것이다.
〈2000.8.31.〉

데다와 데우다

데다는 자동사로도 쓰이고 타동사로도 쓰인다. (가)가 그 용례이다.

(가) ㉠ 민호는 담뱃불에 다리가 데다. (자동사)
　　 ㉡ 민호는 담뱃불에 다리를 데다. (타동사)

이 외에 데우다라는 타동사가 따로 있다. 그것은 (나)와 같이 쓰인다.

(나) 민호는 국을 데우다. (타동사)

　기본형으로 나타내면 이처럼 명확히 구별되지만, 현실 언어에서 실제로 사용되는 활용형은 그 차이가 뚜렷하지 않은 경우가 있다. (다)와 (라)를 비교해 보자.

(다) ㉠ 언니는 다리가 데었다.

　　㉡ 언니가 다리를 데어 걷지를 못해.

　　㉢ 그러다가 손 데어요.

(라) ㉠ 언니는 국을 데웠다. (←데우+었)

　　㉡ 언니가 국을 데워 상을 차렸어. (←데우+어)

　　㉢ 어서 물 좀 데워요. (←데우+어)

　(다), (라)의 굵은 글씨 부분은 각각 혼동할 소지가 많다. 표기는 물론이요, 발음상으로도 명확히 구별해야 한다.　〈1997.10.2.〉

써라와 쓰라

(가) 정답을 **써라**.

(나) 정답을 **쓰라**.

위의 두 가지 명령형 가운데서 어느 것을 사용해야 할지를 몰라 혼란을 겪은 적이 있을 것이다. 결론부터 말하면 두 형태는 다 올바르다. 쓰라는 어간 쓰-에 어미 -으라가 결합된 것이고(쓰+으라→써라), 써라는 어간 쓰-에 어미 -어라가 결합된 것이다(쓰+어라→써라). 어떻게 분별해서 사용하느냐가 문제이다.

　(가)와 같은 -어라(와 '-거라, -너라, -여라') 형은 상대가 정해져 있거나 분명한 경우에 쓰며, 상대(청자)를 낮추는 형식이다. 상대를 높이고자 할 때에는 '-오, -소'나 '-시오, -세요, -십시오' 들을 쓰는

것을 생각하면 쉬이 이해가 될 것이다. (다)가 그 용례이다.

(다) ㉠ 철수야, 어서 **읽어라.** ─ 아버지, 어서 **읽으십시오.**
　　㉡ 네 이름부터 **밝혀라.** ─ 손님의 이름부터 **밝히세요.**
　　㉢ 애들아, 어서 **가거라.** ─ 여보시오, 어서 **가시오.**

이에 비하여 (나)와 같은 ─으라 형은 주로 상대가 특정하지 않거나,
또는 제3의 위치에 떨어뜨려 놓고 말할 때(다음 (라)의 ㉢이 그 전형적
인 보기임)에 쓰는 형식이며, 적극적으로 상대를 낮추는 뜻은 없다.
그런 점 때문에 이를 중화(中和) 형태라 일컫기도 한다. 그러나 아무
래도 상대를 낮추는 것 같아 불안한 마음이 들 때에는 '─시─'를 넣어
서 ─으시라 형으로 쓰기도 한다. 불특정 다수를 상대로 하는 광고문
에 이런 형식이 많이 쓰이는 것을 보았을 것이다. (라)가 그 용례이다.

(라) ㉠ 읽고 또 읽으라.
　　㉡ 주 예수를 {믿으라/믿으시라}.
　　㉢ 벗이여, 고이 잠드시라.

그러니 (가), (나)는 모두 올바른 표현이지만, (가)는 상대, 곧 수험자
를 분명히 낮추는 표현이요, (나)는 그런 뜻이 약하다. 수험자를 분명
히 높이고자 하면 "정답을 쓰시오."라고 해야 한다.　　　〈1996.12.9.〉

안 한다와 않는다

(가) ㉠ 그는 집 걱정(을) 안 한다.

㉡ 그는 집 걱정(을) 않는다.

위의 두 표현 가운데 어느 것이 바른지를 묻는 사람이 더러 있다. 결론부터 말하면 두 가지 다 바르다.

하다의 부정(否定) 형식으로 아니 하다, 안 하다가 있다. '아니/안'은 부사인데, '안'은 '아니'가 줄어든 형태이다. 그런데 두 낱말로 된 안 하다가 다시 줄어들면 않다가 된다. [하]에서 [ㅏ]가 탈락한 다음에 홀로 남은 [ㅎ]가 '안'의 끝 받침소리가 되는 것이다. 그래서 (가)에서 보듯이 명사 뒤에는 안 하다의 활용형과 않다의 활용형이 모두 가능하다. 명사 뒤에 조사 '-을, -도, -만' 들이 붙어도 마찬가지이다.

언제 어디서나 안 하다와 않다의 맞바꿈이 가능한 것은 아니다.

(나) ㉠ 우리 강아지는 아무것이나 먹지(를) 안 한다.

㉡ 우리 강아지는 아무것이나 먹지(를) 않는다.

(나)는 어미 '-지' 뒤에 안 하다와 않다가 온 보기이다. 이럴 때에는 ㉠과 같은 안 한다는 가능하지 않으며, ㉡만 정상적인 표현이 된다. (가)의 ㉡에서도 않는다 앞에 원래 동사 '하지'가 있었던 것으로 볼 수 있다. 그러니 어미 '-지' 뒤에는 않는다만 가능한 것으로 정리할 수 있다. '-지' 뒤에 조사 '-를'이나 '-도, -만' 들이 덧붙어도 이러한 정리는 달라지지 않는다. 〈2000.1.25.〉

않으냐와 않느냐

(가) ㉠ 너는 기생이지 않느냐?

㉡ 내일이 어린이날이지 않느냐?

위의 않느냐는 않으냐라고 해야 할 것을 잘못 쓴 것이다. 종결어미 -느냐, -으냐는 그 앞에 있는 '-지'의 성격에 따라 결정되는데, (가)와 같은 '~이지' 뒤에는 않으냐를 써야 한다.

않느냐는 '~지'의 품사가 동사일 때에 쓴다. (나)에서 그 사실을 넉넉히 확인할 수 있다.

(나) ㉠ 왜 집에 들어가지 않느냐?

㉡ 그는 아직도 밥을 먹지 않느냐?

여기서 보듯이 '들어가(지), 먹(지)' 같은 동사 뒤에는 않느냐가 쓰인다. 이런 환경에 않으냐를 쓰는 것은 잘못이다.

(가)의 '기생+이(지), 어린이날+이(지)'는 동사가 아니고, 명사와 '-이-'의 연결체이다. 이런 형식 뒤에는 동사일 때와는 달리 않으냐를 써야 하는 것이다.

일반적으로 형용사 뒤에도 않으냐를 쓴다.

(다) ㉠ 이 산이 더 높지 않으냐?

㉡ 다른 사람 보기에 부끄럽지도 않으냐?

(다)에서 '높(지), 부끄럽(지)'은 형용사인데, 이들 뒤에 −느냐를 쓰는 것은 바른 표현이 아니다. 〈2000.5.4.〉

알맞은과 맞는

알맞다와 맞다는 그 의미에 공통적인 면이 있다. 그래서 같은 환경에서 같은 활용형으로 쓰이기도 한다. 다음이 그런 보기이다.

(가) ㉠ 자신의 분수에 **알맞게** 생활하자.
　　 ㉡ 자신의 분수에 **맞게** 생활하자.
(나) ㉠ 그에게는 어떤 직업이 **알맞겠다고** 생각하니?
　　 ㉡ 그에게는 어떤 직업이 **맞겠다고** 생각하니?

그러나 이 두 낱말이 아무런 제약 없이 서로 넘나들 수 있는 것은 아니다. 무엇보다도 의미가 완전히 같지 않기 때문이며, 품사가 다르기 때문이다. 알맞다는 형용사이고 맞다는 동사이다. 다음을 보자.

(다) ㉠ 자신의 체력에 **알맞는** 운동을 해야 한다.
　　 ㉡ 자신의 체력에 **맞는** 운동을 해야 한다.
(라) ㉠ 다음 물음에 **알맞는** 답을 고르라.
　　 ㉡ 다음 물음에 **맞는** 답을 고르라.

(다), (라)의 ㉠과 ㉡이 모두 바른지, 아니면 어느 한쪽이 바른지를

따져 보자. 이럴 때에 잣대가 되는 것은 그 낱말의 품사이다. 동사는 – 는과 – 은 두 활용형이 모두 가능하지만, 형용사는 – 은 활용형만 가능하다. 예를 들면 동사 '읽다'는 '읽+는'과 '읽+은'이 다 가능함에 비하여(물론 그 의미는 서로 다름), 형용사 '붉다'는 '붉+은'만 가능하다. 이와 같은 잣대를 가지고 판단해 볼 때에, 동사 '맞+는'은 바른 말이지만 형용사 '알맞+는'은 바른 말이 아니다. (다), (라)의 ㉠은 다음과 같이 '알맞+은'이라야 바른 표현이 된다.

(다)′ ㉠ 자신의 체력에 알맞은 운동을 해야 한다.

(라)′ ㉠ 다음 물음에 알맞은 답을 고르라.　　　　　　　　〈1997.5.21.〉

표준 낱말과 비표준 낱말

아귀와 아구

흔히 아구찜이라 일컫는 음식이 있다. 경남의 해안 지방에서 시작
된 것으로 알려진, 몹시 매운 음식이다. 콩나물이 많이 들어 있으나
중심 재료는 아구라는 바닷물고기이다. 음식 이름은 거기서 비롯되
었다. 그런데 그 생선을 일컫는 표준 낱말은 아구가 아니라 아귀이다.
그러니 음식 이름도 아귀찜이라고 해야 표준이 되는 것이다.

'물건의 갈라진 곳' 또는 '채우거나 맞추어야 할 수효'나 '언어의
조리'도 아귀라 한다. "아귀가 맞다, 아귀를 맞추다, 아귀를 채우다"
등의 형식으로 쓰이는 일이 많다. 이것도 아구라고 하는 사람들이 있
으나 역시 비표준이다.

강아지 같은 동물이 너무 먹어서 배가 붓고 발목이 굽는 병을 표준
낱말로는 자귀라 하고, 그렇게 되는 것을 자귀나다라고 한다. 자구나
다나 짜구나다는 표준이 아니다. 항문으로 나오는 구린내 나는 기체

를 방귀가 아닌 방구라 하는 것도 비표준이다.

이들 중에서도 바닷물고기를 가리키는 아귀, 아구에 대한 처리는 현실 언어와 큰 차이가 있는 듯하다. 표준 낱말을 다시 사정할 때에 검토 대상에 넣을 필요가 있다. 〈1999.4.16.〉

개비·가치와 개피

오늘날 담배 낱개를 세는 단위로 가치, 개비, 개피 들이 함께 쓰이고 있다. 사람에 따라 '담배 다섯 가치'라 하는가 하면, '담배 다섯 개비'나 '담배 다섯 개피'라 하기도 한다. 모두 표준인지 따져 보기로 하자.

개비는 '나무토막을 쪼갠 조각'을 가리킨다. 그런 조각에는 장작과 성냥이 있다. 크기야 서로 비할 수도 없이 차이가 나지만, 나무를 쪼개어 기름하게 만들었다는 점은 같다.

(가) ㉠ 이 장작은 개비가 매우 굵다.

㉡ 장작 열 개비만 얻어 오너라.

(나) ㉠ 그 성냥갑에는 몇 개비나 들어 있니?

㉡ 성냥개비로 귀를 후비지 마세요.

궐련, 곧 '종이를 말아 만든 담배'의 낱개를 개비라 하는 것은 모양의 공통점 때문이다. 재료는 아주 다르지만 기름한 모양이 장작이나 성냥과 비슷하다. 그래서 "담배 한 개비 빌립시다."와 같이 말하는 일이 많다. 그러나 담배의 경우에는 여러 사전에서 개비가 아니라 가치

를 표준으로 처리해 놓고 있다. 대체로 개비담배는 없으나 가치담배는
실려 있다.

(다) ㉠ 담배 한 **가치**만 빌립시다.

㉡ 그 마을에서는 아직도 **가치**담배보다 봉지담배가 애용되고 있다.

그리고 (가)~(다)의 개비와 가치를 개피라 하는 것은 표준이 아니다.

〈1998. 4. 15.〉

빨강이와 빨갱이, 노랑이와 노랭이

"빨강, 파랑, 노랑, 검정, 하양"은 예로부터 써 온 우리 낱말이다.
웬만한 큰사전에서는 빨강이, 파랑이, 노랑이, 검정이와 뻘겅이, 퍼렁
이, 누렁이 들도 거두어 실어 놓았다. 다 같이 그 형태들을 표준 낱말
로 처리했으며, 대개 "빨강이 : 빨간 빛깔을 띤 물건" 식으로 풀이해
놓았다. 누런 짐승을 누렁이라고 하고, 엽록소를 잎파랑이라고 하는
데서 그 쓰임을 확인할 수 있다. 하양이 계통은 보이지 않는다.

그런데 공산주의자를 가리킬 때에는 빨갱이라 했다. 전부터 공산주
의자들이 빨간 빛깔을 즐겨 쓰기 때문에 이렇게 불리게 된 것이니, 그
것도 빨강이에 뿌리를 두고 있는 것이 분명하다. '공산주의자'라는 의
미는 빨강이의 원의미인 '빨간 빛깔을 띤 물건'에서 많이 멀어졌으므
로 [빨갱이]라는 현실음을 그대로 표준으로 인정한 것이다.

그런데 노랑이의 처리에서 불균형이 드러난다. 사전들을 보면, 노

랑이의 뜻을 '① 노란 빛깔을 띤 물건. ② 생각이 좁고 몹시 인색한 사람'으로 풀이하고 있으며, 노랭이는 비표준 낱말로 처리하고 있다. '공산주의자'를 뜻하는 형태로서 빨갱이를 표준으로 처리했으면, 여기서도 '사람', 곧 ②를 뜻할 때에는 노랭이를 표준으로 인정하는 것이 합리적이다. 오늘날 '생각이 좁고 인색한 사람'을 가리킬 때에는 누구나 다 [노랭이]라고 말하며, 그 뜻은 '노란 빛깔을 띤 물건'과는 매우 거리가 멀기 때문이다.

요컨대 현재로서는 노랭이(생각이 좁고 인색한 사람)를 표준으로 인정하는 데에 적극적인 사전이 없다. 이제 곧 그런 방향으로 나아가야 하지 않을까 한다.

〈1999.6.14.〉

됫병과 대병

'소주 대병'이라고 표기하는 학생을 보았다. 왜 그렇게 표기하느냐고 물었더니 '큰 병'이니까 그렇게 쓴다는 것이었다. 한번 발음을 해 보라고 했더니 [대뼝]이라 했다. 발음이 그렇다면 댓병으로 표기해야 하지 않겠느냐고 되물었더니, '대(大)'와 '병(瓶)', 둘 다 한자에서 왔으므로 (비록 된소리 발음이 되더라도) 사이시옷(ㅅ)을 받치지 않는 것이라고 대답했다. 그 학생은 사이시옷 표기에 대한 현행 「한글 맞춤법(1988)」 규정은 정확히 알고 있었지만, 대병(大瓶)에 대해서는 잘못 알고 있었다.

오늘날 사전에 대병(大瓶)이란 낱말은 올려 있지 않다. 됫병이란 낱말이 있는데, 그것은 '한 되들이 병'을 뜻하며 한됫병의 준말이다.

1되는 1.8리터이며, 그쯤의 액체가 들어가는 병을 [되뼝]이라 하고, 그 발음에 근거하여 **됫병**으로 표기하는 것이다. 오늘날 맥주병은 그런 것이 없고, 청주나 소주를 담는 큰 병이 대개 그런 병이다. 일상에서는 됫병보다 더 큰 병이 잘 쓰이지 않으니 됫병이 '큰 병'으로 통하게 되고, '큰 병'을 한자로 옮긴 결과 대병(大甁)까지 된 것이다. 그러나 그것은 매우 자의적인 이해일 뿐이다.

　요컨대 '소주 대병'은 '소주 됫병'을 잘못 쓴 것으로 볼 수밖에 없다.

〈1999. 10. 12.〉

육개장과 육계장, 찌개와 찌게

　어느 음식점에든 차림표라는 것이 있다. 그런데 나는 잘못이 한 군데도 없는, 완전한 차림표를 거의 보지 못했다. 참으로 서글픈 일이 아닐 수 없다.

　그 중에서 흔한 잘못 가운데 하나가 육계장이다. 육개장이 바른 말이다. 이 낱말은 '육(肉)+개장'으로 분석된다. 개장은 개장국의 준말로, '개고기를 고아서 끓인 국', 곧 오늘날의 보신탕을 가리킨다.

　예로부터 우리 조상들은 여름이면 곧잘 개장국을 끓여 먹었다. 그러나 개장국을 기피하는 사람들은 쇠고기(肉)*를 가지고 개장국 끓이듯이 음식을 만들어 먹었다. 이를 '육+개장국 → 육개장'이라 한 것이다. 그러니 육계장이라고 해야 할 아무런 까닭이 없다. 혹시 쇠고기

---

* 우리말에서 肉은 '쇠고기'를 뜻하는 일이 더러 있다. 육적, 육포, 육회 등.

(肉[육])와 닭고기(鷄[계])를 가지고 완전히 새로운 요리를 만들게 된다면 모르겠지만.

간혹 닭계장이라는 표기도 보인다. 닭고기를 가지고 개장 끓이듯이 만든 음식을 이르는 말이다. 닭고기를 가지고 만들었으니 '닭 계(鷄)'를 앞세워 닭계장이라 하는 것이 그럴듯하게 받아들여질지 모르지만, 이것 역시 닭개장이라 하는 것이 옳다. 닭고기로 만들었다 하더라도 첫머리의 '닭'만으로 충분하다.

또 하나 빼놓을 수 없는, 음식점 차림표의 잘못으로 각종 찌게가 있다. 이것은 된장찌개, 김치찌개, 순두부찌개로 적어야 하고, 발음도 그렇게 해야 한다.

오늘날 [ㅐ]와 [ㅔ]를 제대로 구별해서 발음하는 사람이 많지 않다. 대부분의 잘못은 [ㅐ]를 [ㅔ]로 발음해 버리는 쪽이다. 찌개를 찌게라고 하는 것도 거기에 원인이 있다. 문제는 [ㅐ] 발음이다. [ㅐ]는 [ㅔ]보다는 입을 크게, 다시 말하면 [ㅏ]만큼 벌려야 한다. [ㅏ]를 발음하다가 입을 조금 다물어 [ㅐ]를 발음해 보고, [ㅔ]를 발음하다가 입을 조금 더 벌려서 [ㅐ]를 발음해 보자. 거울 앞에서 연습을 하면 점차 효과가 나타날 것이다. 〈1996.7.18., 7.23.〉

금세와 금새

'이제 곧' 또는 '짧은 시간'을 뜻하는 낱말로 금세가 있다.

(가) 바닷물이 금세 발목까지 차 왔어요.

(나) 금세 밥을 다 먹었니?

그런데 이 낱말을 금새라고 말하거나 표기하는 일이 적지 않다. 그렇게 오해할 만한 이유가 없는 것은 아니지만 표준 낱말은 분명히 금세이다.

이 낱말을 사람들이 금새로 아는 것은 이것을 '금방 사이에'라는 의미와 관련지어 생각하기 때문이 아닌가 한다. 그 결과 '사이(間)'의 준말이 '새'이므로 금새가 옳다고 판단하는 것이리라. 의미적으로는 그렇게도 연관이 될 수 있지만, 사전에서는 그렇게 처리하지 않고 있다.

금세는 '금시(今時)에'의 준말이다. 곧 [시에]가 줄어들어 [세]가 된 것이다. 금세를 표준으로 삼는 근거는 여기에 있다. 물론 표기만이 아니라 발음도 그렇게 해야 한다. 〈1997.1.24.〉

풍비박산과 풍지박산

(가) ㉠ 그 흙더미에 우리 뒷집은 풍지박산이 나고 말았어요.
    ㉡ 이번 화산 폭발로 온 마을이 풍지박산이 났다.

이런 말을 흔히 한다. 여기서 '풍지박산이 나다'는 '여지없이 망가지다' 또는 '여지없이 몰락하다'를 의미한다.

그런데 우리 사전들에서는 풍지박산은 풍비박산을 잘못 쓴 것으로 처리하고 있다. 한자로는 風飛雹散으로 쓰는데, 본래의 뜻은 '어떤 대상이 큰 충격으로 산산이 부서져 사방으로 날아 흩어짐'이다. 구성 요소 개개의 뜻은 '바람(風), 날다(飛), 우박(雹), 흩어지다(散)'이며, 이를 글자대로 풀이하면 '바람에 날려 우박이 흩어지다' 또는 '바람이 날고 우박이 흩어지다'가 된다. 바람이 날듯이 몰아치는 속에 사방으로 흩어져 내리는 우박을 본 사람이라면 **풍비박산**의 비유를 넉넉히 이해할 수 있을 것이다. (나)의 '**풍비박산이 되다**'가 그런 뜻으로 쓰인 용례이다.

(나) ㉠ 뜻밖의 공격을 받은 적들은 풍비박산이 되어 달아납니다.
　　㉡ 그 전쟁으로 우리 가족은 풍비박산이 되고 말았다.

이러한 본래의 뜻이 확대됨으로써 **풍비박산**은 '여지없이 망가지다' 또는 '여지없이 몰락하다'의 의미를 획득하게 되었다. 다음이 그런 보기인데, 우리 사전들의 처리에 따르면 이것이 표준이다.

(가)′ ㉠ 그 흙더미에 우리 뒷집은 풍비박산이 나고 말았어요.
　　㉡ 이번 화산 폭발로 온 마을이 풍비박산이 났다.

그런데 요즘의 언어 사용을 좀더 유심히 관찰해 보면 '여지없이 망가지다'를 뜻할 때에는 의도적으로 **풍지박산**이라고 하는 경향이 있어 보인다.
〈1998. 8. 3.〉

혈혈단신과 홀홀단신

홀홀단신이라는 낱말을 예사로 사용한다. '단신'이 홑몸(딸린 사람이 없는 혼자의 몸)과 같으며, 홀홀이 '홀로'를 연상시키는 데다, 두 요소의 의미가 어느 정도 조화를 이루므로 이 낱말에 대해서 큰 문제를 느끼지 않는 듯하다.

그러나 이것은 혈혈단신이 잘못 알려진 것이다. 여기서 혈혈은 '외롭다'를 뜻하는 한자 孑[혈]이 두 개 겹친 것이니, 매우 외로운 모양을 뜻한다. 의지할 데 없이 외로운 홑몸을 혈혈단신이라 하는 것이다.

혈혈에 '-하다'가 붙으면 '의지할 데 없이 외롭다'를 뜻하는 형용사 혈혈하다가 된다. 그 보기는 다음과 같다.

(가) **혈혈한** 여자의 몸으로 어찌 7년을 떠돌아다닐꼬?

(나) 두메 속에서 **혈혈한** 규중처녀 ⟨1998.10.15.⟩

안절부절못하다와 안절부절하다

안절부절이라는 낱말이 있는데, 어떤이는 안절부절하다라 하고, 또 어떤이는 안절부절못하다라고 한다. 이 둘이 다 옳은지, 안절부절은 어떤 상황에서 쓰는 말인지 알아보기로 하자.

근래에 나온 대부분의 사전에서는 안절부절을 부사로 처리하며, 그 뜻은 '마음이 불안하고 초조하여 어찌할 바를 모르는 모양'이라고 풀이하고 있다. "덜렁덜렁, 우물쭈물, 아기자기, 얼룩덜룩, 헐레벌떡"

따위와 같은 의태어로 처리한 것이다. 부사로 쓰인 보기를 들면 다음과 같다.

(가) 옥이는 정신이 산란하고 마음이 조급하여 **안절부절** 어찌할 바를 몰랐다.

부사 안절부절에 하다가 합쳐져 안절부절하다가 생겨나고, **못하다**가 합쳐져 **안절부절못하다**가 생겨난 셈이다. 그러나 서로 다른 의미를 나타내는 것이 아니고, 둘 다 '불안하고 초조하여 어찌할 바를 모르다'를 뜻하는 동사로 쓰인다. 그런데 사전에서는 오래전부터 안절부절못하다를 표준 낱말로 인정해 오고 있다. 그 용례를 들면 다음과 같다.

(나) ㉠ 실성한 사람처럼 **안절부절못하는** 철이가 딱해 보였지.
　　 ㉡ 영수는 근무 시간 중에도 **안절부절못하고** 사무실을 들락날락하였다.

안절부절못하다는 안절부절과 못하다의 두 낱말이 아니고 한 낱말로 굳어진 것이니 붙여 써야 한다.
　그런데 북쪽 『조선말 대사전(1992)』의 처리는 남쪽과 다르다. 안절부절하다만 낱말로 처리하고, 안절부절(을) 못하다는 이은말(구)로 처리해 놓았다. 그러나 그 둘을 다 같이 표준으로 인정한 셈이다.

〈1997. 11. 14.〉

서슴지와 서슴치

말은 습관이기 때문에 늘 써 버릇하여 굳어지고 나면 틀렸다는 사실을 깨닫기가 쉽지 않다. 또한 버릇이 된 말에 대해서는 다른 사람이 충고해 주어도 쉬이 받아들이지 않는 경향이 강하다. 그러나 그 점을 스스로 극복하지 못한다면 향상을 기대하기 어렵다.

'서슴치 않고'나 '서슴치 마시고'라는 표기를 자주 대한다. 그러나 서슴치는 바른 말이 아니다. 왜냐하면 이 낱말의 기본형이 서슴하다가 아니라 서슴다이기 때문이다. ('읽-'에 '-지'가 붙으면 '읽지'가 되듯이) 어간 서슴-에 어미 '-지'를 붙이면 서슴+지가 된다. 그러니 "서슴지 않고, 서슴지 마시고"가 바른 형태이다.

표기만이 아니라 발음도 제대로 해야 한다. 서슴지로 표기해야 한다는 말은 [서슴찌]로 발음해야 함을 전제한다. 서슴다도 [서슴따]로, 서슴고도 [서슴꼬]로 발음하는 것이 바르다. 발음을 바르게 한다면 표기는 자연히 바로잡아질 수 있다. 〈1996.8.27.〉

부서지다와 부숴지다

(가) 그 난동으로 책상이 몽땅 부숴지고 말았다.
(나) 부숴지는 물방울을 하염없이 바라보고 있었다.

이와 같이 부숴지다를 표준 형태로 아는 사람들이 적지 않다. 동사 부수다가 그 원인 제공자이다. 곧 부수+어 지다가 줄어들고 붙어서 부

쉬지다가 된 것으로 받아들이는 것이다. 그러나 그렇지 않다. (가),
(나)는 각각 다음과 같이 써야 할 것을 잘못 쓴 것이다.

(가)′ 그 난동으로 책상이 몽땅 부서지고 말았다.
(나)′ 부서지는 물방울을 하염없이 바라보고 있었다.

부서지다를 부수다와 관련지어 이해하면 잘못을 범할 소지가 늘 있
다. 그보다는 부스러지다와 관련지어 이해하는 것이 훨씬 합리적이
다. 이 낱말에서 [스러]가 [서]로 줄어들어 부서지다가 된 것으로 보
는 것이다. 그러므로 부셔지다라고 할 까닭도 없다. 부스러지다의 작
은말로 바스러지다가 있는데, 똑같은 과정을 거쳐 바서지다가 되며,
그것은 부서지다의 작은말이 된다. 그 관계를 다시 나타내 보면 다음
과 같다.

부스러지다   >   바스러지다
     ↓   ↓
부서지다   >   바서지다

부스러뜨리다도 있는데, 이 낱말이 줄어들어 부서뜨리다가 생겨났
다. 그 작은말은 바스러뜨리다인바, 거기서 바서뜨리다가 생겨날 가능
성이 매우 높다. 위의 틀에 대입시켜 보면 그 관계가 확연히 이해될
줄로 안다.   〈1998.4.22.〉

바람과 바램

(가) 고운 빛깔이 많이도 **바랬다.**

(나) 형은 대문간에서 가는 손님을 **바래고** 있었어.

(다) 일을 시작하기도 전에 돈부터 **바래서** 되겠니?

위의 세 **바래**다는 사전에 별개의 낱말로 올라 있다. 물론 그 의미와 용법도 모두 다르다. (나)의 그것은 이처럼 단독으로 쓰이기보다 **바래**(다)주다 형태로 쓰이는 일이 더 많다.

그런데 위의 셋 중에서 (다)의 **바래**다는 표준 낱말이 아니다. 이는 '원(願)하다'의 의미와 통하는데, 표준 낱말은 **바라**다이다. 활용형을 살펴보면 다음과 같다.

바라+고   → 바라고   바라+아   → 바라
바라+니   → 바라니   바라+아도 → 바라도
바라+ㄹ   → 바랄   바라+아야 → 바라야
바라+ㅂ니다 → 바랍니다   바라+았다 → 바랐다

이 가운데서 **바라고, 바라니, 바랄, 바랍니다** 들을 잘못 사용하는 일은 그리 흔치 않다. 그런데 **바라, 바라도, 바라야, 바랐다** 들의 경우에는 표준을 벗어나는 일이 많다. [ㅏ]로 시작하는 어미가 붙는 활용형을 각각 **바래, 바래도, 바래야, 바랬다**라고 해 버리며, **바람**도 **바램**이라해 버린다. 오히려 그런 형태를 자연스럽게 느끼는 이도 많겠지만, 현행 규범에서는 위에 제시한 활용형을 표준으로 할 수밖에 없다.

그러니 (다)의 **바래서도 바라서**라고 해야 표준이 된다. 제대로 사용한 용례를 더 들어 보면 다음과 같다.

(라) ㉠ 자식 잘되지 않기를 **바랄** 사람이 어디 있나?

㉡ 여러분의 **바람**이 꼭 이루어지기를 **바랍니다.**

㉢ 올 추석에는 아버지가 꼭 돌아오시기를 **바랐다.**

㉣ 그렇게 살고도 명예를 **바라서야** 되겠니?

㉤ 한라산에 올라 보는 것이 유일한 **바람**이지요.

이 중에서 ㉤의 **바람**은 명사인데, 이를 **바램**이라 하는 잘못이 매우 많다.

⟨1999. 1. 21.⟩

목메게와 목메이게

'잃어버린 30년'이란 대중가요가 있다. 남북 분단 때문에 겪는 마음의 고통을 절절이 풀어 낸 가요이다. 임진각 '자유의 다리' 옆에는 우리의 통일 염원으로 빚은 그 노래비가 서 있다. 그 노래는 "어머님 아버님, 그 어디에 계십니까? **목메이게** 불러 봅니다."로 끝난다.

여기에 나오는 **목메이게**는 많은 사람들에게 별다른 의심 없이 자주 사용되는 낱말이다. 그러나 그것은 표준 낱말이 아니다. 현행 말글 규범에 따르면 **목메게**가 표준이다. 여기서 특히 유의할 점은 여러 가지 활용형이 다 그렇다는 것이다.

	〈표준〉		〈비표준〉
목메+다	→ 목메다	목메이+다	→ 목메이다
목메+게	→ 목메게	목메이+게	→ 목메이게
목메+면	→ 목메면	목메이+면	→ 목메이면
목메+ㄴ다	→ 목멘다	목메이+ㄴ다	→ 목메인다
목메+어도	→ 목메어도 → 목메도	목메이+어도	→ 목메이어도 → 목메여도
목메+었다	→ 목메었다 → 목멨다	목메이+었다	→ 목메이었다 → 목메였다

위에서 보듯이 목메게, 목메면, 목멘다, 목메어도/목메도, 목메었다/
목멨다 들이 표준이며 목메이게, 목메이면, 목메인다, 목메이어도/목메
여도, 목메이었다/목메였다 들은 표준이 아니다.

북쪽의 『조선말 대사전(1992)』에서는 목메다, 목메이다를 낱말로 처
리하지 않고, 각각 목(이) 메다, 목(이) 메이다와 같이 이은말(구)로 처리
하였다. 그리고 남쪽과는 정반대로 목(이) 메이다를 표준으로 삼았다.
그렇게 되면 다른 활용형의 표준도 남쪽과는 정반대가 된다. 〈1997.7.4.〉

설렘과 설레임

새 학기 시작에 맞추어 펴내는 대학신문에 보면, 같은 면에 다음처
럼 다른 표기가 등장하기 일쑤이다.

(가) 시작과 **설렘**의 공간에서

(나) 시작, 그 **설레임**으로

한쪽은 설레임으로, 다른 쪽은 설렘으로 표기되어 있다. (가)는 학보 기자가 붙인 기사 제목이고, (나)는 행사를 주관한 총학생회에서 써 붙인 알림막을 찍은 사진에 보이는 문구이다. 개인적인 경험에 따라 다소 차이가 있겠지만, 아마도 설레임에 익숙한 사람이 더 많을 듯하다. 그러나 이 경우에도 설렘이 표준이다.

설레다의 용례를 더 들면 (다)와 같다.

(다) ㉠ 나는 설레는 마음으로 무대에 올랐다.
　　 ㉡ 그 여인이 오늘도 나를 설레게 하는구나.

앞에서 **목메이다**가 비표준으로 처리됨을 살펴보았는데, 설레이다도 그와 똑같이 불필요한 '이'를 끼워 넣음으로써 비표준으로 처리된 사례이다. 이러한 처리에 대하여, 현실 언어와 동떨어진다고 느끼는 이가 적지 않을 것이다. 그런데 북쪽의 『조선말 대사전』에서는 설레이다와 설레다를 같은 낱말로 처리하였다.　　　　　　　　　〈1998.3.14.〉

북돋는과 북돋우는

다음의 { } 속에 있는 두 형태 가운데서 어느 것이 표준인지를 살펴보기로 하자. 두 형태의 의미는 같다.

(가) 성취 의욕을 {북돋아, 북돋워} 주어야 한다.
(나) 용기를 {북돋아, 북돋워} 주지는 못할망정 그게 무슨 짓이야!

(다) 그렇더라도 지역민의 애향심은 {북돋아져야, 북돋워져야} 합니다.

(라) 장병들의 사기를 {북돋을, 북돋울} 방안이 필요합니다.

(마) {북돋는, 북돋우는} 말씀.

정답부터 말하자면 두 형태가 다 표준이다. 1950년에 펴낸 한글 학회 『큰사전』에서부터 오늘날 거의 모든 사전에서 북돋우다와 북돋다를 똑같이 표준으로 처리하고 있다. 북돋우다는 본말, 북돋다는 그것의 준말로 본다. 현행 「표준어 규정(1988)」에서 '외우다'와 '외다'를 다 표준으로 처리한 것과 매우 흡사하다.

북돋+아, 북돋+을, 북돋+는 들은 북돋다의 활용형이고, 북돋우+어 →북돋워, 북돋우+ㄹ→북돋울, 북돋우+는 들은 북돋우다의 활용형이다. 사람마다 사용 경향이 다르겠지만, 일반적으로는 본말의 활용형인 북돋워, 북돋울, 북돋우는 쪽을 좀더 많이 선택하는 듯하다. 그러나 준말의 활용형도 똑같이 표준으로 인정하고 있다. ⟨1999.4.1.⟩

띄워야와 띄어야

다음의 { } 속에 있는 두 형태 가운데서 어느 것이 표준일까? 각각 앞쪽은 띄우다의 활용형이고, 뒤쪽은 띄다의 활용형이다.

(가) 여보게, 어서 배를 {띄우게, 띄게}.

(나) 순풍 분다, 배 {띄워라, 띄어라}.

(다) 만경창파에 배 {띄워, 띄어} 놓고

(라) 밤 아홉 시까지는 배를 {띄워야, 띄어야} 한다.

대체로 띄우다 활용형을 더 자주 사용하지 않을까 싶은데, 사실 그것이 표준이다. 이는 타동사로서 '배를 띄우다'만이 아니고, "사이를 띄우다, 우편물을 띄우다, 메주를 띄우다" 들도 다 마찬가지이다.

그런데 몇몇 사전에서는 띄:다([:]는 긴소리 표시)를 띄우다의 준말로 풀이하고 있다. 거기에 따르면 띄다의 활용형도 표준이 된다. 다만 [띄]를 길게 발음하는 것이 전제되어야 한다. 그런데 띄게, 띄지, 띄도록 들의 경우에는 [띄]를 길게 발음할 수 있으나 띄어라, 띄어(야), 띄었다 들의 경우에는 그것이 쉽지 않다. 띄게, 띄지, 띄도록 들의 경우라 하더라도 글에서는 길이가 드러나지 않으니 피동사로 오해될 수 있다.

그러니 특별히 노리는 바가 없다면 본말, 곧 띄우다 쪽을 사용하는 것이 좋겠다. 그래야 의미 전달의 정확성이 더 높아지고, 다른 사람에게 혼란을 줄 소지가 줄어들기 때문이다. 〈2000.11.16.〉*

돕자와 도우자

예나 이제나 각급 학교의 교실 벽면에는 표어가 붙어 있다. 각종 사무실 벽도 사정은 비슷하다. 그런 표어들 중에서 다음은 꽤 친숙한 것

---

* 여기에서 살펴본 것은 타동사 '띄우다'와 '띄:다'이다. 그런데 이와는 별개로 자동사 '띄다'가 있으니, "아침 일찍 눈이 <u>띄었다</u>. 그 말에 귀가 번쩍 <u>띄더라</u>."가 그 용례이다. 그리고 "못 보던 물건이 눈에 <u>띄는</u> 거야."에서 보듯이 피동사로 기능하는 '띄다'도 있다. 이 '띄다'는 '뜨이다'의 준말이다. 실제 말글살이에서는 본말 '뜨이다'의 활용형이 더 자주 사용된다. 뜨이었다→뜨였다, 뜨이더라, 뜨이는 등등.

가운데 하나일 것이다.

불우한 이웃을 도우자.

그런데 어느 교사가 여기 도우자에 문제가 없는지를 물어 왔다. 결론부터 말하면 도우자는 표준 낱말이 아니다. **돕자**가 표준이다. 그럼에도 도우자를 생각하는 것은 다음과 같은 **돕다** 활용의 영향이 큰 듯하다.

돕+고 → 돕고	돕+으니 → 도우니
돕+게 → 돕게	돕+으면 → 도우면
돕+니 → 돕니	돕+으니까 → 도우니까
돕+도록 → 돕도록	돕+아라 → 도와라
돕+자 → 돕자	돕+았다 → 도왔다

위에서 보듯이 돕-에 닿소리(자음)로 시작하는 -고, -게, -니, -도록, -자와 같은 어미들이 이어지면 어간과 어미의 형태가 그대로 유지된다. 그러나 -으니, -으면, -으니까, -아도, -아라, -았-과 같이 홀소리(모음)로 시작하는 어미들이 이어지면 돕-의 끝소리 [ㅂ]가 다른 소리로 변한다(불규칙 활용). [ㅂ+ㅡ]→[ㅜ], [ㅂ+ㅏ]→[ㅘ]. 그래서 각각 도우니, 도우면, 도우니까, 도와라, 도왔다가 되는 것이다. 이 같은 도우니, 도우면, 도우니까 들에 이끌려 도우자를 쓰게 되는 듯하다.

그러나 오늘날 사전에서는 도우다를 표준으로 인정하지 않는다. 도우니, 도우면, 도우므로, 도우니까 들은 **돕다**의 활용형이다. 이런 활용

형에 이끌려 도우자를 사용하는 일이 있으나, 이는 표준을 벗어난 것
이다.   〈1998.3.13.〉

주워라와 줏어라 · 주어라

다음과 같은 말을 적잖이 들을 수 있다.

(가) 그 휴지 좀 [주서라].
(나) 이젠 작은 돌멩이를 [주서] 와야겠구나.
(다) 밤 [주스러] 가자.

위의 [주서라], [주서], [주스러]로 발음되는 부분을 맞춤법에 따라
표기하면 각각 줏어라, 줏어, 줏으러가 된다. 이로써 이들은 모두 줏다
의 활용형인 것을 알 수 있다. 그런데 오늘날 사전에서는 줏다를 표준
낱말로 인정하지 않는다. 줍다만을 표준 낱말로 인정한다. 그러니 위
는 모두 표준을 벗어난 것이 된다.

표준 낱말 줍다는 활용이 불규칙하다. 닿소리로 시작하는 어미가
이어질 때에는 아무런 형태 변화가 없지만, 홀소리로 시작하는 어미
요소가 이어질 때에는 다음과 같은 모습을 보인다.

줍+으면 → [주브]면 → 주우면   줍+어야 → [주버]야 → 주워야
줍+으러 → [주브]러 → 주우러   줍+어라 → [주버]라 → 주워라
줍+으니 → [주브]니 → 주우니   줍+었다 → [주벋]다 → 주웠다

위에서 보듯이 홀소리로 시작되는 어미 요소가 연결될 때에는 변동이 일어난다. 그 변동은 두 가지로 나타난다. 첫째, 어간의 끝 [ㅂ]와 뒤따르는 [ㅡ]가 녹아붙어 [ㅜ]로 바뀐다. 주으면, 주으러, 주으니 들을 표준으로 인정하지 않는 것은 여기에 어긋나기 때문이다. 둘째, 어간의 끝 [ㅂ]가 [ㅓ]와 만나면 [ㅂ]는 반홀소리 /w/(한글 낱자로는 ㅜ)로 바뀐다. 줍다의 활용형으로서 주어야, 주어라, 주었다 들을 표준으로 하지 않고 주워야, 주워라, 주웠다 들을 표준으로 하는 것은 그 때문이다.*

그러니 (가), (나), (다)의 표현은 각각 다음과 같아야 표준이 된다.

(가)′ 그 휴지 좀 **주워라**.

(나)′ 이젠 작은 돌멩이를 **주워** 와야겠구나.

(다)′ 밤 **주우러** 가자. 〈1998. 1. 17.〉

낯선과 낯설은, 낯설음

(가) **낯설은** 타향 땅

(나) 까맣게 **그으른** 얼굴들

이런 말에서 낯설은, 그으른이 표준일까?

---

* 경상도 언어에서는 그 같은 불규칙 활용이 없다. 그 언어에서는 [주브면, 주브러, 주브니]와 [주버야, 주버라, 주빋따]로 발음된다. 그것을 맞춤법에 맞게 표기하면 각각 "줍으면, 줍으러, 줍으니, 줍어야, 줍어라, 줍었다"가 된다.

먼저 표기 면을 살펴보자. 낯설은은 기본형태 낯설+은의 각 형태를 밝혀 적은 것이고, 그으른은 기본형태 그을+은을 소리대로 표기한 것이다.* 한글 맞춤법의 대원칙이 기본형태를 밝혀 적는 것이므로 그으른은 규정을 어긴 것이 된다.

그렇다면 낯설은, 그을은은 표준일까? 이들 어간의 끝소리가 [ㄹ]이니, 일반인에게 비교적 익숙한 다음 용례를 가지고 증명해 보기로 하자.

멀+게 → 멀게	길+게 → 길게	울+게 → 울게
멀+으니 → 머니	길+으니 → 기니	울+으니 → 우니
멀+은 → 먼	길+은 → 긴	울+은 → 운

여기서 보듯이 [ㄹ]로 끝난 어간에 -으니, -은이 이어질 때에는 [ㄹ]가 탈락한 형태를 표준으로 한다. 멀은[머른], 길은[기른], 울은[우른]이라 하는 사람이 있으나 그것은 표준이 아니다. 낯설-, 그을-도 이러한 무리에 든다.

낯설+게 → 낯설게	그을+게 → 그을게
낯설+으니 → 낯서니	그을+으니 → 그으니
낯설+은 → 낯선	그을+은 → 그은

이로써 낯설은, 그을은은 비표준이고 낯선, 그은이 표준이라는 결론

---

* 여기 '-은'에서 '으'는 고룸소리이고 '-ㄴ'은 어미이다. 고룸소리는 홀소리(모음)와 [ㄹ] 뒤에서는 자동적으로 탈락한다.

에 도달하게 된다.

그러나 낮설-, 그을-에서 생겨난 명사는 낮섬, 그음이 아니고 낮설음, 그을음이다. 울-, 졸-에서 생겨난 명사의 형태가 움, 좀이 아니고 울음, 졸음인 것과 같은 이치이다.　　　　　　　　　　　　　〈2001.1.5.〉

울려고와 웃을려고

오랫동안 생명이 이어지고 있는 대중가요 중에 (가)와 같이 시작하는 노래가 있다.

(가) 울려고 내가 왔던가, 웃을려고 왔던가?

텔레비전 자막에도 이렇게 나올뿐더러 평소에도 이렇게 발음하는 이가 적지 않다. 그러나 여기 울려고와 웃을려고 중에서 하나는 표준을 벗어났다. 어느 것인지, 왜 그런지 살펴보기로 한다.

울려고는 울+려고로 나누어지고, 웃을려고는 일단 웃+을려고로 나누어 볼 수 있다. 여기서 울-, 웃-은 동사의 어간이고 -려고, -을려고는 어미가 되는 셈이다.

전체 맥락으로 볼 때에 -려고와 -을려고는 동일한 어미로 볼 수밖에 없는데, 뛰+려고, 보+려고, 하+려고 들에서 보듯이 -려고는 흔히 사용되며 표준이다. 그러니 어간 울-에 어미 -려고*가 결합된 울려고는 표준이다.

우리말 어미 중에 -을려고는 없다. 웃+을려고는 웃+으려고를 잘못 표현한 것이다. 두 형태를 견주어 보면 [ㄹ] 하나가 더 있고 없음의 차이임을 확인할 수 있다. 이런 경우에 [ㄹ]를 첨가하는 것은 표준으로 인정하지 않는다. 뛸려고, 볼려고, 할려고와 먹을려고, 잡을려고, 읽을려고 들은 모두 표준이 아니다. 표기는 물론이요 발음도 마찬가지이다.

요컨대 울려고의 받침소리 [ㄹ]는 원래부터 어간에 있던 소리이고, 웃을려고의 받침소리 [ㄹ]는 임의로 첨가한 소리이다. 오늘날 [ㄹ]를 임의로 첨가한 형태는 표준으로 인정하지 않는다.

그러나 다음의 나+려고와 날+려고, 사+려고와 살+려고는 각각 서로 다른 낱말이니 잘 구별해야 하겠다.

(나) ㉠ 맑은 공기를 마시니 다시 힘이 **나려고** 하는군.

  ㉡ 새끼 제비는 애써 **날려고** 했어요.

(다) ㉠ 아주머니는 어떻게 하든지 싼 물건을 **사려고** 했다.

  ㉡ 아주머니는 어떻게 하든지 **살려고** 애를 썼지.

  -려고/-으려고만 아니라 -려거든/-으려거든과 -려면/-으려면의 경우에도 위와 똑같은 주의가 필요하다.   〈2000.11.29.〉

---

* '-려고'는 "먹+으려고, 잡+으려고, 읽+으려고" 들에서 보듯이 '-으려고'로 나타나기도 한다. 여기 '으'는 고룸소리인데, 어간의 끝이 닿소리(자음)일 때(다만 [ㄹ]로 끝났을 때에는 예외)에 실현된다.

가팔라와 가파라

한라산 등산로에 있는 어느 표지판에서 "절벽이 가파라 위험합니다."라는 글귀를 보았다. 여기서 가파라는 잘못된 표기이다. 자주 사용하는 말이 아니기 때문에 혼란을 일으킬 개연성이 높다.

이 동사의 기본형은 가파르다이니 어간이 [르]로 끝나 있다. 이런 낱말로는 "빠르다, 다르다, 자르다, 벼르다, 지르다, 구르다, 머무르다, 따르다, 치르다, 들르다" 등등이 있다. 이런 낱말이 활용하는 것을 보면 두 부류로 나누어지는데, [ㅓ]로 시작되는 어미, 곧 –어, –어도, –어서, –어야의 경우에 그 차이가 드러난다. 이들은 다음과 같이 활용한다.

〈원형태〉	〈ㅡ 탈락〉	〈모음 조화〉	〈ㄹ 첨가〉	〈최종 형태〉
① 벼르+어 →	벼ㄹ+어 →		벼ㄹ+ㄹ어 →	별러
지르+어 →	지ㄹ+어 →		지ㄹ+ㄹ어 →	질러
빠르+어 →	빠ㄹ+어 →	빠ㄹ+아 →	빠ㄹ+ㄹ아 →	빨라
조르+어 →	조ㄹ+어 →	조ㄹ+아 →	조ㄹ+ㄹ아 →	졸라
② 치르+어 →	치ㄹ+어 →		→	치러
들르+어 →	들ㄹ+어 →		→	들러
따르+어 →	따ㄹ+어 →	따ㄹ+아 →	→	따라

①과 ②는 활용하는 모습이 아주 다르다. 그 차이는 [ㄹ] 첨가 과정에서 일어난다. 첫째 단계에서는 다 같이 어간의 끝소리 [ㅡ]가 떨어져 나간다. 그리고 둘째 단계에서는 선택적으로 어미 '어'가 '아'로

조정된다. 그 다음에 ②의 경우는 곧바로 활용이 완성되는 데 비하여, ①의 경우에는 [ㄹ]가 첨가되는 과정을 거치게 된다. 이처럼 [ㄹ]가 첨가되는 활용을 [르] 불규칙 활용이라 한다.

위에 보이지는 않았지만 - 어도, - 어서, - 어야와 같은 어미의 경우도 이러한 사정은 똑같다. 각각 "별러도, 굴러서, 머물러야, 빨라도, 달라서, 졸라야"와 "치러도, 들러서, 따라야"로 활용한다.

어간이 [르]로 끝난 낱말 중에는 ①과 같이 [르] 불규칙 활용을 하는 것이 더 많다. 사전을 보면 문제의 가파르다도 [르] 불규칙 활용을 한다고 되어 있다. '가파르+어→가파ㄹ+어→가파ㄹ+아→가파ㄹ+ㄹ아→가팔라'와 같은 과정을 거치는 것이다. 그러니 가팔라, 가팔라도, 가팔라서, 가팔라야, 가팔랐다 들이 표준이다.   〈1997.3.27.〉

치러야와 치뤄야, 잠가와 잠궈

다음의 { } 안에 있는 형태 중에서 표준 형태를 골라 보자.

(가) ㉠ 그 젊은이들은 위대한 업적을 {이뤄, 이러} 내었다.

   ㉡ 이번 대회는 어느 때보다도 원만하게 {치뤄야, 치러야} 하겠습니다.

   ㉢ 너희 집에서는 김장 김치를 몇 포기나 {담궜니, 담겄니, 담갔니}?

   ㉣ 사용하신 후에는 수도꼭지를 {잠궈, 잠거, 잠가} 주시기 바랍니다.

이런 문제에 답을 적어 내는 것을 보면 대체로 (나)와 같다. 평소에도 이런 형태를 많이 접했을 것이다.

(나) ㉠ 이뤄 (←이루+어)

　　㉡ 치뤄야 (←치루+어야)

　　㉢ 담궜니 (←담구+었니)

　　㉣ 잠궈 (←잠구+어)

　(나)의 답안은 각각 (　) 속에 있는 활용형, 곧 본말이 줄어든 것이다. 이로써 이들은 모두 [ㅜ]로 끝난 어간에 [ㅓ]로 시작하는 어미가 연결된 형태임을 확인할 수 있다. 이렇게만 살피고 끝내면 (나)가 모두 정답이라는 결론에 머물고 만다.

　그런데 어간 형태 이루-, 치루-, 담구-, 잠구- 중에서 표준은 이루-뿐이다. 따라서 이뤄만이 정답이고 치뤄야, 담궜니, 잠궈는 정답이 아니다. 어간 형태 치루-, 담구-, 잠구-가 비표준이니 그 활용형도 당연히 비표준이 된다. 그런데도 많은 사람들이 비표준 형태를 사용하고 있다.

　치루-, 담구-, 잠구-의 표준 형태는 각각 치르-, 담그-, 잠그-이다. 다 같이 어간이 [ㅡ]로 끝나 있는 것에 주목할 필요가 있다. 이러한 어간이 [ㅓ]로 시작하는 어미와 만나면 반드시 [ㅡ]가 탈락한다. 두루 제대로 사용하는 따르-도 그런 부류에 드는데, 이들이 활용하는 모습은 다음과 같다.

	〈원형태〉		〈ㅡ 탈락〉		〈모음조화〉		〈최종 형태〉
①	따르+어	→	따ㄹ+어	→	따ㄹ+아	→	따라
	따르+어야	→	따ㄹ+어야	→	따ㄹ+아야	→	따라야
	따르+었다	→	따ㄹ+었다	→	따ㄹ+았다	→	따랐다

② 치르+어	→	치ㄹ+어	→		→	치러
치르+어야	→	치ㄹ+어야	→		→	치러야
치르+었다	→	치ㄹ+었다	→		→	치렀다
③ 담그+어	→	담ㄱ+어	→	담ㄱ+아	→	담가
담그+어야	→	담ㄱ+어야	→	담ㄱ+아야	→	담가야
담그+었다	→	담ㄱ+었다	→	담ㄱ+았다	→	담갔다
④ 잠그+어서	→	잠ㄱ+어서	→	잠ㄱ+아서	→	잠가서
잠그+어도	→	잠ㄱ+어도	→	잠ㄱ+아도	→	잠가도
잠그+어라	→	잠ㄱ+어라	→	잠ㄱ+아라	→	잠가라

위의 여러 형태 중에서 실제적으로 일상에서 사용되는 것은 최종 형태이다.

또 한 가지 유의해야 할 점은 ①, ③, ④에서는 [ㅡ]가 탈락한 다음에 어미의 첫소리 [ㅓ]가 홀소리 어울림(모음 조화) 규칙에 따라 [ㅏ]로 바뀐다는 점이다. 만약 그런 과정이 없으면 각각 다음과 같이 최종 형태(표준 형태)가 달라지고 만다. 그러나 오늘날 이것은 표준으로 인정하지 않는다.

〈원형태〉		〈ㅡ 탈락〉		〈최종 형태〉
① 따르+어	→	따ㄹ+어	→	따러
따르+어야	→	따ㄹ+어야	→	따러야
따르+었다	→	따ㄹ+었다	→	따렀다
③ 담그+어	→	담ㄱ+어	→	담거
담그+어야	→	담ㄱ+어야	→	담거야

담그+었다 → 담ㄱ+었다 → 담겄다

④ 잠그+어서 → 잠ㄱ+어서 → 잠거서

잠그+어도 → 잠ㄱ+어도 → 잠거도

잠그+어라 → 잠ㄱ+어라 → 잠거라

이제 (가)의 ㉡, ㉢, ㉣의 정답은 저절로 드러난 셈이다.

(가)′ ㉡ 이번 대회는 어느 때보다도 원만하게 **치러야** 하겠습니다.

㉢ 너희 집에서는 김장 김치를 몇 포기나 **담갔니?**

㉣ 사용하신 후에는 수도꼭지를 **잠가** 주시기 바랍니다.

〈1996.6.14., 1999.11.26.〉

들러서와 들려서

(가) "여보, 왜 이렇게 늦었어요?"

"목욕탕에 들려서 오느라고……."

이는 일상생활에서 흔히 나누는 대화이다. 그런데 이 대화에 나오는 들려서를 들러서라고 하는 이도 있을 것이다. 들러서와 들려서, 어느 것이 표준 낱말인지 생각해 보자.

들러서는 들리+어서로 분석되며, 들러서는 들르+어서로 분석된다. 각각 다음과 같은 과정을 거친 것이다.

들리+어서   →   들려서

들르+어서   →   들ㄹ+어서   →   들러서

들려서는 어간 들리-의 끝소리 [ㅣ]와 어미의 첫음절 [ㅓ]가 [ㅕ]로 축약된 결과이다. 이에 비하여 들러서는 어간 들르-의 끝소리 [ㅡ]가 줄어진 다음에 홀로 남은 [ㄹ]가 어미의 첫소리 [ㅓ]와 결합된 결과 이다. 둘 다 무리 없이 설명은 된다.

그러나 '지나는 걸음에 잠깐 거치다'를 뜻하는 동사의 기본형은 들 르다를 표준으로 삼는다. 따라서 위의 경우에도 들러서가 표준이다. 기본형 들리다가 표준이 아니니 그것의 모든 활용형 역시 표준이 아 니다.

표준 형태 들르다는 다음과 같이 활용한다. 곧 홀소리 앞에서는 반 드시 어간의 끝소리 [ㅡ]가 탈락한다.

들르+다   →   들르다

들르+면   →   들르면

들르+ㄹ   →   들를

들르+어서   →   들ㄹ+어서   →   들러서

들르+어야   →   들ㄹ+어야   →   들러야

들르+었다   →   들ㄹ+었다   →   들렀다

이 활용형의 용례를 더 들어 보면 (나)와 같다.

(나) ㉠ 그는 우리 집에 들를 때마다 그렇게 말했다.

ⓛ 내일 다시 들러야 한다.

ⓒ 그냥 지나가는 길에 들렀어.

이런 말들에서 들릴, 들려야, 들렸어로 말하거나 표기하는 것은 표준
이 아니다.   〈1997. 5. 23.〉

추스르는과 추스리는

　요즈음 우리 나라 정국이 매우 불안정하다. 경제는 불황이고 사회
기강도 매우 풀어져 있는 듯하다. 많은 국민들이 하루하루를 불안하
게 보낸다. 이럴 때에 입버릇처럼 하는 말이 있다.

　(가) 무엇보다도 민심을 {추스리는, 추스르는} 것이 시급하다.

어떤이는 추스리는이라 하고, 또 어떤이는 추스르는이라 한다. 어느
것이 표준일까?

　위의 활용형은 각각 추스리+는, 추스르+는으로 나누어지는바, 결
국 추스리-, 추스르- 중에서 어느 쪽이 표준인지를 가리는 일이 된
다. 해답은 간단하다. 대부분의 사전에서 추스르다를 표준으로 올려
놓고 있다. 그러니 추스르는이 표준이다. 추스르면, 추스른, 추스르니
들도 마찬가지이다.

　그런데 추스르다의 활용이 이처럼 간단하지만은 않다. 어미가 [ㅓ]
로 시작하는 경우에는 특히 유의해야 한다.

	〈원형태〉		〈─ 탈락〉		〈ㄹ 첨가〉		〈최종 형태〉
	추스르+어서	→	추스ㄹ+어서	→	추스ㄹ+ㄹ어서	→	추슬러서
	추스르+어도	→	추스ㄹ+어도	→	추스ㄹ+ㄹ어도	→	추슬러도
	추스르+어야	→	추스ㄹ+어야	→	추스ㄹ+ㄹ어야	→	추슬러야
	추스르+어라	→	추스ㄹ+어라	→	추스ㄹ+ㄹ어라	→	추슬러라
	추스르+었다	→	추스ㄹ+었다	→	추스ㄹ+ㄹ었다	→	추슬렀다

위에서 보듯이, 어간이 [르]로 끝나 있는 **추스르**다는 [르] 불규칙 활용을 한다. 어간의 끝소리 [─]가 탈락한 다음에 다시 [ㄹ]가 첨가되는 것이다. 이 활용형의 용례를 들어 보면 (나)와 같다.

(나) ㉠ 쌀자루를 **추슬러** 메었다.

   ㉡ 하루빨리 흐트러진 민심을 **추슬러야** 합니다.

   ㉢ 흠칫 놀라면서 어깨를 **추슬렀다.**   〈1997.5.24.〉

애달픈과 애닲은

27일 하루 헌법재판소 홈페이지에는 서민들의 **애닲은** 메일이 수십여 건 도착했다.

어제 어느 중앙 일간신문에 난 기사문이다. 과외를 금지하는 것은 헌법에 위배된다는 판결과 관련된 기사인데, **애닲은**은 잘못 표기한 것이다.

같은 뜻의 형용사로 애달프다와 애닯다가 있다. 그런데 애닯다는 사전에 따라 비표준으로 처리하기도 하며, 사용 빈도도 낮은 편이다. 애달프다가 널리 사용되고 있는데 다음과 같이 활용한다(134~137쪽 참조).

애달프+지 → 애달프지

애달프+면 → 애달프면

애달프+게 → 애달프게

애달프+은 → 애달픈

애달프+어서 → 애달ㅍ+어서 → 애달ㅍ+아서 → 애달파서

애달프+어도 → 애달ㅍ+어도 → 애달ㅍ+아도 → 애달파도

애달프+었다 → 애달ㅍ+었다 → 애달ㅍ+았다 → 애달팠다

이로써 위의 기사문에서 애닯은은 애달픈을 잘못 표기한 것임을 알 수 있다. 만약 그것이 애닯다의 활용형이라면 애닯은으로 표기해야 한다. 그러나 애닯다는 비표준으로 처리되기도 하므로 특별한 목적이 없다면 선택을 피하는 것이 좋겠다. 〈2000.4.28.〉

괜스레와 괜시리

(가) 안 해도 될 말을 내가 **괜시리** 꺼낸 것 같네.

(나) 조금 더 기다려야 했는데 **괜스레** 도망을 쳤구나.

위에서 보듯이 의미가 같은 부사를, 어떤이는 괜시리라 하고, 어떤이는 괜스레라 한다. 그러나 표준 낱말은 괜스레이다. 괜스레를 표준으로 선택한 까닭은 이러하다.

공연(空然)이란 형태가 있는데, 이것은 홀로 낱말 구실을 못 하고 다른 낱말을 만들어 내는 재료가 된다. 거기에, - 히가 붙어 부사 공연히가 생겨났고, 그 형태가 줄어들어 또 다른 부사 괜히가 되었다. 한편으로, 공연에 - 스럽다가 붙어 형용사 공연스럽다가 생겨났으며, 거기서 다시 부사 공연스레(←공연스럽+이)가 나왔다. 이 공연스레의 형태가 줄어들어 또 다른 부사 괜스레가 된 것이다. 이러한 사정을 알아보기 쉽게 나타내면 다음과 같다.

공연+히　　→ 공연히　　→ 괜히
공연+스럽다 → 공연스럽다
　　　　　　　　↓
　　　　　공연스럽+이 → 공연스러이 → 공연스레 → 괜스레

공연히, 괜히, 공연스레, 괜스레는 모두 표준이며, 의미와 용법은 크게 다르지 않다. 그러므로 (가), (나)의 굵은 글씨 자리에 공연히, 괜히, 공연스레를 갈아 넣어도 의미가 그대로 통한다.

요컨대 괜스레는 '공연스럽+이→공연스러이→공연스레→괜스레'의 과정을 밟아 이루어진 낱말이다. - 스레는 '- 스럽+이'의 흔적이다. 괜시리를 표준으로 선택하기에는 이 같은 근거와 흔적이 너무 뚜렷하다. 　　　　　　　　　　　　　　　　　　　　　〈2000.6.24.〉

엔간한과 웬간한

(가) ㉠ 그 병원은 서울의 (엔간한, 웬간한) 대학병원 못지않은 규모이다.

　㉡ 그 사람, (엔간해서, 웬간해서) 돈을 갚지 않을 텐데.

　㉢ 그는 (엔간히, 웬간히) 먹어서는 취하지 않는다.

이런 말을 주고 둘 가운데서 정답을 고르라고 하면 제대로 답하는 이가 많지 않다. 망설임 끝에 웬간한, 웬간해서, 웬간히를 선택하는 이가 많은데, 십중팔구 이는 웬만하다를 연상한 결과일 것이다. 그러나 표준은 엔간한, 엔간해서, 엔간히이다. 왜 이것들을 선택해야 하는지 살펴보기로 한다.

'어느 사이인지도 모르는 동안에'를 뜻하는 부사로 어언간이 있다. 이는 於焉間 [어언간] 이라는 한자에 뿌리를 둔 낱말로, 뜻과 용법이 토박이낱말 어느덧과 매우 비슷하다. 그런데 지난날 이것이 어연간으로도 쓰였고, 그러면서 어언간의 뜻과는 적잖이 다른, '정도가 기준에 꽤 가깝게'의 뜻을 획득하게 되었다. 그리고 어연간+하다라는 형용사, 어연간+히라는 부사까지 생겨났다. 용례를 들어 보면 (나)와 같다.

(나) ㉠ **어연간하면** 저희 집에 하룻밤 묵어 가시지요.

　㉡ 터덕거리던 공사가 **어연간하게** 되어 가는 것 같습니다.

　㉢ 잔소리를 해도 **어연간히** 해야 참지.

새낱말 만들기는 여기서 멈추지 않고 계속되었다. 어연간하다의 두 음절 [어연]이 [엔]으로 줄어들어 엔간하다가 되고, 어연간히도 엔간히로 줄어들었다. 전체 과정을 알기 쉽게 나타내면 다음과 같다.

어언간(於焉間) ⟶ 어연간

↓

어연간+히 ⟶ 어연간히 ⟶ 엔간히

어연간+하다 ⟶ 어연간하다 ⟶ 엔간하다

오늘날 여러 사전에서, 부사로는 어연간과 함께 어연간히, 엔간히도을 표준으로 하고, 형용사로는 어연간하다와 엔간하다를 모두 표준으로 인정하고 있다. (가)의 엔간한, 엔간해서는 바로 엔간하다의 활용형이다.

⟨2000. 6. 26.⟩

본말과 준말의 처리

언어 형식은 길어지기도 하고 짧아지기도 하는데 실제로는 짧아지는 일이 훨씬 많다. 다른 원인도 있지만, 가장 큰 원인은 노력 경제의 원리가 적용되기 때문이다. 이런 일은 낱말 차원에서 흔히 일어나며, 짧아지기 전의 형태를 '원형태' 또는 '본말'이라 하고 짧아진(줄어든) 형태를 '준형태' 또는 '준말'이라 한다. 형태가 줄어들어도 의미는 변하지 않는 것이 보통이지만, 의미까지 달라지는 경우도 더러 있다. 한 시기의 언어를 관찰해 보면, 본말과 준말이 분포하는 경우는 두 가지이다.

첫째, 본말과 준말이 다 쓰이는 경우가 있다. 이런 보기는 매우 많은데, 몇 가지를 들어 보면 다음과 같다.

〈본말〉	〈준말〉	〈본말〉	〈준말〉
하였다	→ 했다	되었고	→ 됐고
달리어서	→ 달려서	주어라	→ 줘라
아니하다	→ 않다	그러하고	→ 그렇고
사과+를	→ 사괄	- 께서는	→ - 께선

위에서 보듯이, 준말은 여러 경우에 두루 분포하며, 특히 용언의 활용형에서는 아주 흔하다.

둘째, 본말은 이론적으로만 존재할 뿐이고 실제로는 준말만 쓰이는 경우가 있다.

〈본말〉	〈준말〉	〈본말〉	〈준말〉
가+아도	→ 가도	나+아서	→ 나서
사+아라	→ 사라	자+았다	→ 잤다

더 말할 나위도 없이 평소의 언어생활에 사용되는 것은 가도, 나서, 사라, 잤다 들인데, 사실은 각각 가+아도, 나+아서, 사+아라, 자+았다 들의 준말이다. 매우 특별한 경우가 아니고는 본말이 쓰이는 일이 좀처럼 없다.

이러한 내용은 이미 잘 알고 있으며, 이런 경우에는 어느 것이 표준 낱말인지를 몰라 어리둥절해하는 일도 아마 없을 줄 안다. 그럼에도 이 이야기를 꺼낸 것은 이제부터 이야기할 내용의 기초 지식이 된다고 보기 때문이다.

본말과 준말의 관계로 보이는 두 가지 이상의 낱말이 있을 경우, 현행 「표준어 규정(1988)」의 처리 결과는 세 가지로 나누어진다.

첫째, 본말과 준말을 다 같이 표준으로 인정한 경우가 있다. 그 보기를 들어 보면 다음과 같다.

〈표준〉		〈표준〉	〈표준〉		〈표준〉
거짓부리	→	거짓불	노을	→	놀
막대기	→	막대	망태기	→	망태
석새삼베	→	석새베	시누이	→	시뉘/시누
오누이	→	오뉘/오누	찌꺼기	→	찌끼
외우다	→	외다	이기죽거리다	→	이죽거리다

동사 외우다와 외다도 본말과 준말로 보고, 둘 다를 표준으로 인정하였다. 그러니 기본적으로 다음의 모든 활용형이 표준이 되는 셈이다.

〈외우-의 활용〉			〈외-의 활용〉		
외우+니	→	외우니	외+니	→	외니
외우+면	→	외우면	외+면	→	외면
외우+기	→	외우기	외+기	→	외기
외우+어서	→	외워서	외+어서	→	외어서
외우+어야	→	외워야	외+어야	→	외어야
외우+어라	→	외워라	외+어라	→	외어라
외우+었다	→	외웠다	외+었다	→	외었다

외우니/외니, 외우면/외면, 외우기/외기 들이 동등하게 표준이다. 어미 –니, –면, –기만이 아니라 –고, –므로, –도록, –게 따위가 연결될 때도 마찬가지이다. 그런데 홀소리로 시작하는 어미, 다시 말하면 –어서, –어야, –어도, –어라, –었다 들이 연결되면 사정이 좀 달라진다. 곧 외우– 의 경우에는 원형태가 이론적으로만 존재할 뿐, 실제로는 준형태만 쓰인다. 곧 외우어서, 외우어라, 외우어도, 외우었다 따위는 실제로는 쓰이지 않는다.

둘째, 준말만을 표준으로 인정한 경우가 있다. 본말은 잘 쓰이지 않으므로 표준으로 인정하지 않는다는 것이다. 그 보기 가운데 사용 빈도가 비교적 높아 보이는 것을 들어 보면 다음과 같은데, 낱말 개개를 따져 보면 이러한 처리에 다소 문제가 있음을 느끼게 된다. 비표준으로 처리한 본말이 더 익숙하거나 사용 빈도가 현저히 낮지 않은 경우도 있다.

〈비표준〉		〈표준〉	〈비표준〉		〈표준〉
기음	→	김	또아리	→	똬리
무우	→	무	배암	→	뱀
비음	→	빔	새암	→	샘
새앙쥐	→	생쥐	소리개	→	솔개
온가지	→	온갖	장사아치	→	장사치

셋째, 본말만을 표준으로 인정한 경우가 있다. 준말이 쓰이고 있더라도 본말이 더 널리 쓰이는 경우에는 이렇게 처리한 것이다. 그 보기 가운데 사용 빈도가 비교적 높아 보이는 것을 들어 보면 다음과 같다.

〈표준〉		〈비표준〉		〈표준〉		〈비표준〉
귀이개	→	귀개		내왕꾼	→	냉꾼
돗자리	→	돗		뒷물대야	→	뒷대야
마구잡이	→	막잡이		살얼음판	→	살판
경황없다	→	경없다		궁상떨다	→	궁떨다
낙인찍다	→	낙하다		맵자하다	→	맵자다	〈1997.6.27~29.〉

냄비와 남비, 상추와 상치

현행 「표준어 규정(1988)」에서는 홀소리의 변화를 수용하여 표준 낱말을 더러 바꾸기도 하였다. 토박이낱말 중에서 예를 들어 보면 다음과 같다.

(가) 깍쟁이(깍정이)　냄비(남비)　　　-내기(-나기)
　　　미수(미시)　　　상추(상치)
(나) 허우대(허위대)　케케묵다(켸켸묵다)

종전에는 (　　) 속의 형태들을 표준으로 인정했지만, 오늘날 실제 언어에서는 많은 사람들이 각각 깍쟁이, 냄비, -내기, 미수, 상추, 허우대, 케케묵다로 발음하므로 그 현실을 표준으로 인정한 것이다. (가)는 낱말의 일부인 홑홀소리(단모음)가 다른 홑홀소리로 변한 경우이고, (나)는 낱말의 일부인 겹홀소리(중모음)가 홑홀소리로 변한 경우이다.

이에 따라 서울내기, 신출내기, 풋내기와 자선냄비가 표준 낱말이 되었다. 그러나 아지랭이, 아지랑이 중에서는 아지랑이를 선택하였다. 이 두 낱말은 표준 낱말의 지위를 놓고 몇 차례 엎치락뒤치락해 왔는데, 1988년에 이르러 아지랑이가 표준 낱말의 자리를 차지했다. -내기, 냄비의 처리와는 반대 방향으로 처리된 점에 유의해야 하겠다. 깍쟁이, 상추, 미숫가루는 이미 많은 사람들에게 친숙할 것으로 생각된다.

허우대, 케케묵다는 현실 발음을 수용하여 단순화한 형태를 표준으로 인정한 경우이다. 특히 [케] 발음은 일찍부터 정확히 실현되는 일이 거의 없었다.

〈1997.4.17.〉

미루나무와 미류나무

현행 「표준어 규정(1988)」에서는 발음이 변하여 굳어진 것은 변화된 형태를 표준 낱말로 삼았다. 여기서는 홀소리의 변화와 관련된 말들을 살펴보겠는데, 그 중에서도 한자에 기원을 두고 있는 것은 다음과 같다.

- 둥이(童-=동-)　　미루(美柳=미류)　　봉죽(奉足=봉족)
주책(主着=주착)　　주추(柱礎=주초)　　지루(支離=지리)

위의 형태들은 각각 (　　) 속의 한자에 기원을 두고 있다. 이에 기대어 본디 한자음을 살린다면 각각 -동이, 미류, 봉족, 주착, 주초, 지리라고 해야 한다. 사실 이전에는 이런 형태들을 사용했다. 그러나 오늘날에는 절대 다수의 언중이 -둥이, 미루, 봉죽, 주책, 주추, 지루로 말하는 것이 엄연한 사실이기 때문에, 이것들을 표준 낱말로 인정하게 된 것이다. 한자만을 인식하고 있으면 혼동하기 쉬우니 주의해야 하겠다.

따라서 쌍둥이, 막둥이, 흰둥이, 바람둥이, 귀둥이(貴-) 들이 표준이며(그러나 쌍동밤이 표준임), 주춧돌과 미루나무가 표준 낱말이다. 또한 주책없다와 '지루한 장마'가 표준이다. 봉죽이란 '주장하여 일하는 사람을 곁에서 거들어 도와줌'을 뜻하는바 봉죽꾼, 봉죽들다란 낱말도 있다. 각각 봉죽드는 사람, 봉죽드는 행위를 뜻한다.

다음 낱말도 한자에 뿌리를 두고 있는데, 겹홀소리 한자음을 버리고 홑홀소리를 표준으로 하였다.

괴팍하다(乖愎-=괴팍-)   으레(依例=의례)

괴팍은 한자 乖愎[괴팍]에서 비롯되었다. 그래서 사전에서는 일찍부터 괴팍하다, 괴팍스럽다를 표준으로 처리해 왔지만, 현실 언어에서는 [팍]이 정확히 실현되는 일이 드물었다. 그래서 1988년에 현실 발음을 수용하여 단순화한 형태를 표준으로 삼았다. 으레는 부사인데, 그 용례는 다음과 같다.

(가) 원칙에는 으레 예외가 있기 마련이다.
(나) 그런 현상은 노년에 으레 있을 수 있는 일이다.

이는 한자 依例[의례]에 뿌리를 두고 있다. 依例를 처음에는 한자의 본음을 좇아 의례로 썼지만, 나중에는 현실 발음을 따라 으레로 썼던 것인데, 1988년에 다시 달라진 발음을 반영하여 으레로 바꾸었다.

〈1997.4.16., 2000.9.8.〉

땜장이, 멋쟁이

-장이와 -쟁이는 다 같이 명사 뒤에 붙어서 새낱말을 만드는 접미사이다. 그런데 이 두 형태소를 구분하는 기준을 세우기가 쉽지 않다. 그래서 그동안 많은 사람들이 혼동을 겪어 왔다.

현행 「표준어 규정(1988)」에서는 '기술자'를 뜻하는 형태는 -장이를, 그 밖의 형태는 -쟁이를 표준으로 선택하였다. 기술자를 뜻하는 형태를 -장이로 한 것은 한자 匠[장]과의 관련성을 고려한 때문인 듯하다.

어쨌든 거기에 따르면, 벽에 흙 바르는 일을 직업으로 하는 사람은 미장이이요, 놋그릇(유기)을 만드는 기술자는 유기장이이며, 갓을 만드는 기술자는 갓장이이고, 땜질 기술자는 땜장이이다. 기술자를 뜻하지 않는 예로는 곤충의 한 종류인 소금쟁이가 있고, 식물로는 담쟁이덩굴이 있다. 또한 멋을 잘 부리는 사람은 멋쟁이이며, 말썽을 곧잘 부리는 사람은 말썽쟁이, 욕심이 많은 사람은 욕심쟁이가 되는 것이다.

그런데 이 규정을 그대로 적용한다 하더라도 멋쟁이라는 낱말 외에 멋장이라는 낱말도 가능하다. '다른 사람들의 멋을 내 주는 기술자'라는 뜻으로 멋장이라는 말을 쓴다면 아무런 문제가 될 것이 없다는 얘기이다. 이발사, 미용사, 재단사 등등의 직업인을 그렇게 부를 수 있을 것이다.

〈1996.11.2.〉

윗사람, 웃분

윗-과 웃-은 어떻게 구분하는가? 현행 「표준어 규정(1988)」에 제시되어 있는 기준을 들여다보면 이러하다.

윗-은 아랫-과 대립되는 경우에 사용한다. 윗배 : 아랫배, 윗니 : 아랫니, 윗잇몸 : 아랫잇몸, 윗도리 : 아랫도리, 윗몸 : 아랫몸, 윗변 : 아랫변, 손윗사람 : 손아랫사람, 윗입술 : 아랫입술 들이 그 보기이다.

이에 비하여 웃-은 그런 대립이 없는 경우에 쓴다. 아랫돈이라는 낱말이 없으므로 윗돈이 아니라 웃돈을 표준으로 한다. 좍좍 내리다가 그친 비를 웃비라고 하는 것은 아랫비라는 낱말이 없기 때문이다. 아랫어른이란 낱말이 있을 수 없으므로 윗어른이 아니라 웃어른을 표준으로 한다. 그 밖에 웃국이란 낱말도 있다.

하나하나 확인해 나가면 실제로 사용하는 낱말 가운데는 윗-을 선택해야 하는 경우가 훨씬 많음이 드러난다. 따라서 웃-을 선택해야 하는 경우를 잘 기억하고, 그 나머지는 윗-을 쓴다고 생각하면 된다. (그러나 북쪽에서는 대부분의 경우에 웃-을 표준으로 선택한다.)

그런데 그와 같은 기준으로 구분하더라도 두 형태의 낱말이 가능한 경우가 있다. 윗옷과 웃옷이 그러하다. 윗옷은 몸통의 윗부분을 가리는 옷, 다시 말하면 바지 따위가 아닌 저고리나 적삼 따위를 가리키며, 웃옷은 겉에 입는 옷, 곧 두루마기나 점퍼, 코트 따위를 가리키는 것으로 구별할 수 있다.

윗분, 웃분 중에서는 어느 것을 표준으로 해야 할까? 지금까지 나온 사전에서는 대부분 이것들을 다루지 않았다. 언뜻 보면 아랫분이란 낱말이 없으니까 웃분을 표준으로 해야 할 것같이 생각될 수 있다. 그러나 다시 생각해 보면, 많이 쓰지는 않지만 아랫분이란 낱말이 전혀 불가능한 것도 아니다. 아랫사람 : 윗사람의 짝을 생각하면 그 각각의 높임낱말로서 아랫분 : 윗분이 사용될 가능성이 충분하다. 일반의 언어 감각과도 크게 다르지 않을 것 같다. 표준 낱말을 사정할 때에 고려해야 할 문제이다.

〈1997.4.1., 1999.11.18.〉

빌려와 빌어

종래에는 차용(借用 : 남으로부터 가져옴)을 뜻하는 행위는 **빌다**로, 대여(貸與 : 남에게 줌)를 뜻하는 행위는 **빌리다**로 구분하였다. 그런데 현행 「표준어 규정(1988)」에서는 차용의 뜻도 **빌리다** 쪽으로 밀어 버렸다. 결국 **빌리다**가 차용과 대여의 상반되는 두 가지 개념을 함께 나타내게 된 것이다.

빌리다가 차용을 뜻하는지, 대여를 뜻하는지는 그 뒤에 따라오는 말이나 문맥으로 구별이 된다.

(가) 철수는 그 책을 학교 도서관에서 **빌려** 왔다.
(나) 영미는 그 책을 이웃집 순이에게 **빌려** 주었다.
(다) 얘, 그 책 좀 **빌려** 다오.

(가)의 **빌려**는 차용의 뜻이고 (나), (다)의 **빌려**는 대여의 뜻임을 어렵잖게 알아챌 수 있다. 여기서 종래와 달라진 점은 (가)의 **빌려**이다. 종래에는 빌어라고 하던 것을 이렇게 바꾼 것이다.

예식장이나 모임 같은 데서 자주 들을 수 있는, (라)의 **빌려**도 대여의 뜻을 나타낸다. 종래에는 이를 빌어라고 해 왔는데, 현행 규정을 따르면 빌려가 표준이 된다.

(라) ㉠ 이 자리를 **빌려** 여러분께 감사의 말씀을 드립니다.

   ㉡ 이 기회를 **빌려** 몇 가지 부탁 말씀을 드리고자 합니다.

그러나 "복을 빌다, 하느님께 빌다" 등과 같이 축원을 뜻하거나 '밥을 빌어먹다'와 같이 구걸을 뜻하는 빌다는 달라진 것이 없다.

〈1998.6.1.〉

가엾어, 가여워

현행 「표준어 규정(1988)」에서는 종래의 기준과는 달리, 이른바 '복수 표준어'를 인정하였다. 같은 '의미'를 나타내는 두 개 이상의 '형태'를 다 같이 표준으로 인정할 수 있다는 것이다. 이 원칙을 적용한 낱말이 꽤 많은데 가엾다와 가엽다도 그 가운데 하나이다.

여기서 가엾다와 가엽다의 기본형에만 복수 표준어 규정이 적용되는 것이 아니라는 점에 유의해야 한다. 이들의 여러 가지 활용형에도 그 규정이 포괄적으로 적용된다. 다음에 가엾다와 가엽다의 몇 가지 활용형을 들어 본다.

〈**가엾**-의 활용〉　　　　　〈**가엽**-의 활용〉

① 가엾+고　　→ 가엾고　　　가엽+고　　→ 가엽고

　가엾+구나 → 가엾구나　　가엽+구나 → 가엽구나

　가엾+지　　→ 가엾지　　　가엽+지　　→ 가엽지

　가엾+도다 → 가엾도다　　가엽+도다 → 가엽도다

② 가엾+으니 → 가엾으니　　가엽+으니 → 가여[브]니 → 가여우니

　가엾+으면 → 가엾으면　　가엽+으면 → 가여[브]면 → 가여우면

③ 가엾+어　　→ 가엾어　　　가엽+어　　→ 가여[버]　　→ 가여워

　가엾+어도 → 가엾어도　　가엽+어도 → 가여[버]도 → 가여워도

　가엾+어라 → 가엾어라　　가엽+어라 → 가여[버]라 → 가여워라

　가엾+었다 → 가엾었다　　가엽+었다 → 가여[벝]다 → 가여웠다

　①에서 확인할 수 있듯이, "-고, -구나, -지, -도다" 들과 같이 닿소리로 시작되는 어미 앞에서는 가엾-과 가엽- 어디에도 형태 변화가 일어나지 않는다. 그러나 어간에 홀소리로 시작되는 형태가 결합될 때에는 사정이 달라진다. ②에서 보듯이 "-으니, -으면"이 이어질 때에는 가엽-에서 형태 변화가 일어난다. ③은 ㅣㅓ로 시작하는 어미 "-어, -어도, -어라, -었-" 들이 이어질 때의 형태 변화를 보여 주고 있다.

　어떻든 가엾으니[가엽스니], 가엾으면[가엽스면], 가엾어[가엽서], 가엾어라[가엽서라] 들은 각각 그대로 표준이다. 이에 반하여, 가엽-의 경우는 그 뒤에 홀소리가 연결되면 형태가 각각 가여우니, 가여우면, 가여워, 가여워라 들로 바뀌는데, 이 최종적인 형태들이 표준이 된다.

　결과적으로 가엾고/가엽고, 가엾지/가엽지, 가엾으면/가여우면, 가

없었다/가여웠다, 가엾어라/가여워라 들이 다 표준이다. 이들 중에서
어느 것을 사용할 것인가는 전적으로 사용자가 선택할 문제이다.

〈1996.10.24.〉

서두르지, 서둘지

현행 「표준어 규정(1988)」에서는 서두르다와 서둘다를 본말과 준말
의 관계로 본다. 동시에 두 낱말을 다 같이 표준으로 인정했다. 그러
니 다음의 활용형은 모두 표준이다.

① 서두르+고 → 서두르고 　　　 서둘+고 → 서둘고
　서두르+지 → 서두르지 　　　 서둘+지 → 서둘지
　서두르+면 → 서두르면 　　　 서둘+면 → 서둘면
　서두르+게 → 서두르게 　　　 서둘+게 → 서둘게

그런데 다음과 같이 홀소리가 이어질 때에는 서둘- 의 활용형은 표
준으로 인정하지 않는다는 단서를 붙이고 있다. 이 경우에는 서두르-
의 활용형만 표준으로 한다는 것이다. 서두르- 는 [르] 불규칙 활용
을 하니, 결국 ②, ③의 활용형, 곧 서두르니, 서두르면, 서둘러, 서둘러
도, 서둘러라, 서둘렀다만 표준이 된다. ①의 경우와는 달리, 서둘으니,
서둘으면, 서둘어, 서둘어도, 서둘어라, 서둘었다 들은 표준이 아닌 것
에 주의해야 한다.

② 서두르+으니 → 서두ㄹ+으니 → 서두르니

　　서두르+으면 → 서두ㄹ+으면 → 서두르면

③ 서두르+어 → 서두ㄹ+어 → 서두ㄹ+ㄹ어 → 서둘러

　　서두르+어도 → 서두ㄹ+어도 → 서두ㄹ+ㄹ어도 → 서둘러도

　　서두르+어라 → 서두ㄹ+어라 → 서두ㄹ+ㄹ어라 → 서둘러라

　　서두르+었다 → 서두ㄹ+었다 → 서두ㄹ+ㄹ었다 → 서둘렀다

서투르다와 서툴다의 활용도 서두르다와 서둘다의 관계와 똑같다.

〈1996.10.25.〉

높임법과 부름낱말·가리킴낱말

높임법이란 무엇인가?

우리말은 높임법이 매우 발달되어 있다. 그것은 우리 배달말의 중요한 특징 가운데 하나인데, 여러 요소가 복잡하게 얽혀 있어 한두 마디로 설명하기가 쉽지 않다.

높임법은 존대법, 경어법, 대우법, 말대접법 등으로 다양하게 불리기도 한다. 여기서는 높임법이라 일컫기로 하고, 그 골자를 간략히 베풀어 본다.

(1) 높임의 대상 – 누구를 높이는가?

우리말의 높임법에서 가장 중요한 것은 높임의 대상이라 할 수 있다. 다음 표현을 통하여 높임의 대상과 관련된 몇 가지 사실을 확인해 보기로 하자.

(가) 김 과장이 자리에 없습니다.

(나) 형, 할아버지께서 신문 보시지?

(다) 박 계장, 이 서류를 부장님께 갖다 드리세요.

첫째, (가)에서 서술어의 끝 -습니다는 말 들을 상대, 곧 청자를 높이는 장치이다('김 과장'을 높이고자 한 것이 아님). 그러나 그 말을 듣고 있는 상대가 누구인지는 이 표현만으로 알 수가 없다. 이에 비하여 (나), (다)에는 상대가 드러나 있다. (나)에서의 상대는 바로 '형'이며, (다)에서는 '박 계장'이다. (나)에서는 서술어의 끝을 -지라고 하여 상대를 전혀 높이지 않았고, (다)에서는 -세요라고 하여 상대를 높였다. 이와 같은 높임법을 상대 높임법 또는 청자 높임법이라 한다.

둘째, (나)에서 '할아버지' 뒤에 -가 대신에 -께서를 쓰고, 서술어에 중간어미 -시-를 사용한 것은 신문 보는 행위자, 곧 주체인 '할아버지'를 높이려 한 결과이다. 이와 같은 높임법을 주체 높임법이라 한다.

셋째, (다)에서 '부장님' 뒤에 -에게 대신에 -께를 붙인 것은 그를 높이려는 의도 때문이다. 서술어로 주-를 쓸 수도 있는데 드리-를 선택한 것도 마찬가지다. 여기서 '부장님'은 서류를 받을 사람, 다시 말하면 '갖다 드리는' 행위를 받을 사람인데, 이를 객체라고 한다. 이와 같이 객체를 높이기 위한 높임법을 객체 높임법이라 한다.

그리고 (다)에는 주체 높임과 상대 높임이 함께 실현되어 있다. '박 계장'은 '서류를 갖다 드리는' 행위를 할 주체이기도 하며, 이 표현을 들을 상대이기도 하다. 이처럼 실제 대화 중에는 두 가지 이상의 높임법이 겹쳐 실현되는 경우가 적지 않다.

(2) 높임의 수단 ― 무엇으로 높이는가?

다음에는 높이는 수단에 대해서 알아둘 필요가 있다.

(가) 사장 : "김 과장 자리에 있어요?"

　　사원 : "자리에 없습니다."

(나) 동생 : "형, 할아버지께서 신문 보시지?"

　　형 : "아니, 지금 주무시는데."

(다) 과장 : "(박 계장에게) 난 사장님 모시고 공장에 다녀올 테니, 이 서류

　　를 부장님께 갖다 드리세요."

(가)의 두 표현에는 상대 높임법이 실현되어 있다. 서술어의 끝이 각각 조사 -요와 어미 -습니다로 마감되었다. (다)에도 어미 -세요가 사용되었다.

(나)의 대화에는 할아버지를 높이는 주체 높임법이 실현되어 있다. 그런데 동생과 형은 각각 주체인 할아버지를 높이는 데에 다른 수단을 사용했다. 동생은 조사 -께서와 중간어미 -시-를 사용했는데, 형은 낱말 (자- 대신에) 주무시-를 사용한 것이다.

(다)에는 '사장'과 '부장'을 높이는 객체 높임법이 실현되어 있다. 그러나 여기서도 그 수단은 조금 다르다. 사장을 높이는 데에는 (데리고 대신에) 모시고라는 낱말을 사용하였고, 부장을 높이는 데에는 조사 -께를 사용했다. 이보다 앞서 '사장'과 '부장' 뒤에 접미사 -님을 첨가한 것도 같은 의도이다.

이처럼 높임법을 실현하는 수단에는 크게 두 가지가 있다. 한 가지는 높임의 낱말(이를 '높임낱말'이라 함)을 사용하는 것이며, 다른 한

가지는 높임의 조사·어미·접미사를 사용하는 것이다. 조사·어미· 접미사를 이용하는 것은 보편적이며 규칙적인 데 비하여 낱말을 이용 하는 것은 개별적이므로 그런 낱말을 기억하고 있어야 한다.

(3) 간접적으로 높이기

(1), (2)에서 다룬 높임법은 높여야 할 대상을 직접적으로 높이는 것 이었다. 그런데 높임의 대상과 관련된, 다른 것을 통하여 간접적으로 높이는 방법도 있다.

(가) 이 학생이 선생님의 **아드님**이세요?

(나) 사장님은 눈이 아프시데.

(다) 손님의 말씀이 옳으셔.

(가)에서 '아들+이에요?'라 하지 않고, 아들 대신에 아드님, –에요 대신에 –이세요를 사용한 것은 당장은 '아들'을 높인 것이 된다. 그 아들이 화자 자신보다 훨씬 어릴 때에도 이런 표현을 할 수 있다. 이 같은 표현의 궁극적인 의도는 '선생님'을 높이는 데에 있다. 아드님과 –세–를 통하여 '선생님'을 높인 것이다.

(나)도 마찬가지이다. 중간어미 –시–가 높이는 직접적인 대상은 '눈'이다. 그러나 높임의 궁극적인 대상은 '사장님'이다. (다)에서 –으시–(옳+으시+어)를 쓴 것도 그것을 통하여 '손님'을 높이기 위함 이다.

먼저 살펴본 (1), (2)의 경우를 '직접 높임'이라 하고, 여기에서 확인 한 방법을 '간접 높임'이라 한다.

(4) 낮추면서 높이기

(1), (2), (3)에서는 높이고자 하는 대상을 적극적으로 높이는 것이었다. 그런데 '대상을 높이는' 것이 아니라 '자신을 낮춤으로써' 결과적으로 상대를 높이는 방법도 있다.

(가) 교사 : "이 일을 누가 맡아서 할까?"

　　학생 : "예, 제가 하겠습니다."

(나) 손님, 저희 회사에서는 그런 광고를 낸 적이 없습니다.

(가)에서 학생이 내라고 말하는 대신 제라고 한 것은 자신을 낮춤으로써 결과적으로 청자인 '교사'를 높인 것이다. (나)에서 우리 대신에 저희라고 한 것도 마찬가지이다. 자기 회사를 낮춤으로써 청자인 '손님'을 높이려 한 것이다. 이처럼 낮춤으로써 높이는 방법이 있다.

우리 조상들은 대체로 자신을 포함하여 가족이나 그에 관련된 것을 남에게 말할 때에는 낮추었다. 낮춤에는 제, 저희, 여쭙다, 뵙다, 말씀드리다, 아들놈과 같은 특별한 낱말이 사용되는데, 그런 낱말을 '낮춤낱말(겸손낱말)'이라 한다. 낮춤낱말 중에는 소생(小生), 졸고(拙稿), 졸필(拙筆), 돈아(豚兒), 우처(愚妻)와 같은 한자식 낱말이 많다. 그러나 요즘 같은 세상에 이 같은 한자식 낮춤낱말들을 굳이 꺼내 쓰려고 애쓸 필요는 없다.

여기서 오해하지 말아야 할 것이 있다. 이러한 낮춤낱말은 '남에게' 말할 때에 쓰지, 한 가족이나 구성원끼리 말할 때에 쓰는 것이 아니다. 같은 회사 사원끼리 자기 회사를 말할 때에 '저희 회사'라고 하거나 같은 학교 동문끼리 자기 학교를 '저희 학교'라고 하는 것은 망발이다. 우리 국민들끼리 우리 나라를 말할 때에 '저희 나라'라고 하는 것도 망발이다. 나라에 관한 한은, 다른 나라 국민 앞에서도 '우리 나라'라고 하는 것이 올바르다.　　　　　　　　　　〈1996.12.2~5.〉

저희 나라가 이겼어요

저희 나라라는 표현을 적잖이 접하고 있다. 그러나 이는 매우 우스꽝스러운 표현이다. 그 까닭을 다시 한번 생각해 보자.

저희는 우리의 낮춤낱말이다. 곧 화자 자신을 포함한 우리를 낮춤으로써 청자(상대)를 높이고자 할 때에 저희를 쓴다. 예를 들면, 같은 학교 학생끼리 자기 학교에 대해서 말할 때에는 **우리 학교**라 한다. 같은 학교의 구성원끼리 자기 학교를 낮추어야 할 까닭이 전혀 없기 때문이다. 하지만 자기 학교의 구성원이 아닌 다른 사람에게 말하는 경우, 자기 학교를 낮출 의도가 있으면 **저희 학교**라 한다. (하지만 자기 학교를 낮출 의도가 없다면 **저희 학교**라고 하지 않는다.)

사정이 이러하므로, 우리 국민끼리 우리 나라 대한민국에 대해서 말할 때에는 어떤 경우에든 우리 나라라고 해야 한다. 우리 나라 국민끼리 우리 나라에 대해서 이야기하면서 "저희 나라가 이겼어요!"라고 하는 것은, 한 형제끼리 대화하는 중에 자기 아버지를 가리켜 "형, 저희 아버지는 어디 가셨어요?"라고 하는 것과 다르지 않다.

외국 사람에게 말할 때에도 특수한 경우*를 제외하고는 저희 나라라고 할 이유가 없다. 국제 사회에서 나라는 서로 동등한 지위를 가져야 하기 때문이며, 나라마다 존엄성을 지킬 필요가 있기 때문이다.

같은 회사 사원끼리 자기 회사에 대해서 **저희 회사**라고 하거나, 한 집안 사람끼리 자기 집안을 **저희 집안**이라 하는 것도 마찬가지이다.

〈1996.8.23.〉

교수가 학생에게 "여러분, 잡수셨어요?"

남을 높여 대접하고 자신을 낮추는 것은 아름다운 일이다. 그러나 지나친 공손은 예가 아니라는 말이 있듯이, 높임이 능사는 아니다. 특히 어른이 어린이나 청소년에게 말할 때에는 그에 알맞게 대접을 해야지, 마구 아주높임을 하는 것은 아름답게 보이지 않는다.

(1) 교수와 학생 사이
어느 대학의 강의 시간. 교수가 학생들을 향하여 다음과 같은 말을 한다.

(가) 여러분, 점심은 많이 **잡수셨어요?**
(나) **제가** 지난 시간에 여러분에게 **말씀드렸지요?**

여기서 **잡수시-**, **제, 말씀드리-** 들은 상대(학생)에게 알맞은 대우라고 할 수 없다. 교수의 생물학적인 나이가 학생들보다 적은 편이 아니

---

* 여기서 특수한 경우란 외교상에 발생할 수 있는 특별한 경우를 가리키는데, 일반인은 그런 상황에 놓이는 일이 거의 없을 것이다.

라면 더욱 그렇다. 그럼에도 대학 사회에서 이런 모습을 흔히 접할 수 있다. 아주 특별한 상황이 아니라면, 교수는 학생에게 먹-, 내, 말하- 정도를 사용하는 것이 온당하며, ~요로 대우하면 충분하다.

(2) 어른과 청소년 사이 1

텔레비전 교육방송. 머리카락이 희끗희끗한 50대 중반의 강사가 고등학생들을 대상으로 열심히 강의를 한다. 그럴 때에 교사가 다음 과 같은 말을 한다.

(가) 요즈음 기분이 **어떠신지요**? 많이 **졸리시지**는 않으세요?
(나) **제가** 매우 좋은 방법을 알려 **드릴** 테니 잘 들어 **보시겠어요**?

표현 자체만 본다면 아무런 잘못이 없다. 그러나 교사가 나이 어린 학생을 상대로 하는 표현이기 때문에 문제가 된다. 어떠신지요, 졸리 시지는, 제가, 드릴, 보시겠어요 들은 어린 학생에게 교사가 마구 사용 할 말이 아니다. 중간어미 -시- 의 남용은 귀를 더욱 불편하게 한다.
어린아이에게 높임법을 가르치기 위하여 일부러 과하게 높여 주는 일은 있다. 그러나 중학생, 고등학생, 대학생들을 어린아이 취급해서 는 안 되겠다. 지나친 자기낮춤과 지나친 상대높임은 아름답지 않거 나 못나 보일 수 있다.

(3) 어른과 청소년 사이 2

어느 라디오 방송에서 다음과 같은 대화가 오갔다.

진행자 : "여보세요? 무슨 일을 하세요?"

참여자 : "고등학생이에요."

진행자 : "**성함**은 어떻게 되세요?"

청취자 참여 프로그램이었다. 전화를 걸어 온 참여자와 대화를 나누는 과정에서 방송 진행자가 그에게 **성함**을 묻는 것이었다. 성함은 성명이나 이름의 높임낱말이니, 진행자가 학생을 아주높인 것이 된다. 참여자를 존중하는 뜻에서 그렇게 말한 것으로 봐줄 수도 있겠지만, 참여자가 손아래 학생임을 안 상황이었기 때문에 문제가 좀 달라진다. 이런 경우에 분별 있는 방송 진행자 — 물론 어른일 경우 — 라면 성함이란 낱말을 사용하지 않을 것이다.　　〈1998.9.30., 2000.3.28., 5.24.〉

딸아이가 **저에게 여쭤** 봅니다

며칠 전 어느 책가게에 가서 다음과 같이 짤막한 대화를 나누었다. 나(손님)의 상대는 젊은 여직원이었다.

(가) 손님 : "책을 찾으러 왔습니다."

　　직원 : "2층에 가서 홍길동 **씨**에게 **여쭤** 보세요."

직원이 하는 말을 듣는 순간 나는 기분이 썩 언짢았다. 그리고 식당이나 관공서 같은 데에서, 또는 길을 물었을 때에 이 같은 대접을 받은 기억들까지 되살아났다. 이런 경우가 우리 주변에서 그만큼 자주 일어난다는 이야기이다.

(가)와 같은 상황에서 여쭤라는 낱말을 사용하는 것은 잘못이다. 여쭤다, 여쭙다의 뜻은 '말씀을 올리다'이기 때문이다. 여쭈는(말씀을 올리는) 것은 손아랫사람이 손윗사람에게, 즉 자식이 부모에게, 학생이 교사에게, 평직원이 상사에게 말하는 행위이다. 그런 용례를 들어 보면 다음과 같다.

(나) ㉠ 어린이 여러분, 그것은 부모님께 **여쭤** 보세요.

㉡ 그 사실을 할아버지께 **여쭈었더니** 매우 기뻐하시더라.

㉢ 사장님, 제가 한 말씀 **여쭙겠습니다**.

(나)에서 여쭈-, 여쭙-을 사용한 것은 각각 "부모님, 할아버지, 사장님"을 높이기 위함이다. 물론 손아랫사람일지라도 그를 높일 의도가 있다면 여쭤다, 여쭙다를 사용한다.

이러한 사실에 비추어 보면, (가)에서 직원의 말은 본마음과는 달리 손님을 낮추고 자기 가게 사람인 홍길동을 높이는 결과가 된다는 것이 확연히 드러난다. 높임법 사용이 잘못 습관화되어 있기 때문에 엉뚱한 결과를 불러오고 만 것이다. 이런 상황에서는 '알아 보세요' 또는 '물어 보세요'라고 하면 그만이다.

말이 나온 김에 (다)로 이어 가 보자.

(다) 다음에는 김기수 어린이에게 **여쭤** 보겠어요.

이는 '어른' 사회자가 '어린이' 출연자에게 하는 말이다. 방송에서 자주 접할 수 있다. 그런 사회자 중에는 출연자(어린이)의 큰언니뻘 되어 보이는 사람도 있고, 부모나 조부모뻘 되어 보이는 이도 있다. 또한 일시적인 진행자가 아닌 전문 방송인도 있다. 공공 방송의 언어가 이 모양이다. 그런 방송을 감시하고 충고할 수 있는 교양이 살아 있어야 한다.

(다)와 같은 상황에서 어린이 김기수에게 **여쭈**를 사용하는 것은 우리말의 보편적인 전통에서 벗어난다. 서술어의 마감을 **보겠다**나 **보겠어**가 아닌 **보겠어요**라고 한 것으로 그 어린이에 대한 대우는 충분하다. 통상적인 상황에서 어른이 아이에 대하여 **여쭈다**라고 하는 것은 망언이다.

그런가 하면 어느 주부가 다른 방송에서 다음과 같이 묻는 것을 들은 적이 있다.

(라) 딸아이가 저에게 **여쭤** 보는데, 뭐라고 대답해야 하나요?

좀 격식을 차려야겠다는 의지가 작용한 결과이다. 그러나 (라)의 여쭤도 적절하지 않다. 다시 말하면 청자를 높이려는 의도로 **여쭤**를 썼을 수 있지만, 여기서 여쭤는 화자 자신을 높인 결과가 되어 버렸다. 엉뚱하게도 자기 자신을 높이고 만 것이다. 청자(여기서는 사회자나 시청자) 높이기는 나 대신에 저, 하나 대신에 하나요를 쓴 것으로 충분하다.
⟨1998.2.13~14., 1999.5.6.⟩

부모에게 "따님께서는 어떻게 되셨지요?"

어느 부모에게, 그의 자식에 대하여 다음과 같이 말한다면 문제가 없을까? 다음은 지어낸 것이 아니라 방송에서 종종 접하는 표현이다.

(가) 아드님은 중학교에 들어가셨습니까?
(나) 둘째 **따님께서는** 그 뒤에 어떻게 **되셨지요**?

(가)에서 아드님, -셨-(시+었) 들을, (나)에서 따님, -께서, -셨- 들을 사용했는데, 이것이 적절한지 한번 생각해 보자. 아드님과 따님에는 문제가 없다. 그러나 -께서와 -시-까지 사용한 것은 지나치다. 그렇게 되면 청자인 부모보다 그의 아들과 딸을 더 높이는 결과가 되기 때문이다. 위와 같은 물음을 다른 사람에게 한 것이라면 그다지 문제가 되지 않을 수도 있지만, 그 부모에게 직접 이렇게 묻는 것은 적절하지 않다.

부모에게 직접 물어 보는 경우에는 다음과 같이 말하는 것이 적절하다.

(가)′ 아드님은 중학교에 **들어갔습니까**?
(나)′ 둘째 따님은 그 뒤에 어떻게 {**되었지요/되셨지요**}?

딸의 나이가 지긋한 경우라면 -시-를 붙이는 정도는 무난할 때도 있을 것이다.　　　　　　　　　　　　　　　　　　　　　　〈2000.5.24.〉

화면으로 보시기에 자상해 보였어요

홍길동 : "저를 보고 어떻게 느끼셨습니까?"
조영란 : "화면으로 보시기에 성실하고 자상해 보였어요."

방송에서 이와 같은 대화를 꽤 자주 접한다. 첫인상을 묻는 질문에 보시기에를 넣어서 답하는 것이다. 물론 이것은 잘못된 표현이다.

보시기에는 보+기에에다 중간어미 -시-를 첨가한 형태인데, -시-는 행위의 주체를 높이는 중간어미이다. 위의 상황에서 홍길동을 본 사람은 조영란이니, 대답 중에 등장한 보시기에라는 표현은 결국 조영란이 자신을 높인 결과가 된다. 물론 이것은 조영란이 의도한 것은 아니다. 조영란의 의도는 홍길동을 높이는 데에 있었다.

이 표현에서 보는 사람(주체)은 조영란이고, 보여진 사람(객체)은 홍길동이다. 주체를 높이고자 할 때에는 보시-를 쓰지만, 객체를 높이고자 할 때에는 아예 다른 낱말 뵙-을 사용한다. "할아버지를 뵙고, 선생님을 뵙지."라고 하는 것이 그런 보기이다. 위의 대화에서도 조영란이 홍길동을 높이고자 하는 의지를 올바르게 표현하려면 다음과 같이 말해야 한다.

조영란 : "화면으로 뵙기에 성실하고 자상해 보였어요."

우리 주변에는 이처럼 주체높임과 객체높임을 혼동하는 잘못이 적지 않다.
〈1998.8.10.〉

아드님하고 남편하고 누가 더 좋으세요?

어느날 라디오 방송에서 다음과 같은 대화를 들었다. 두 여성의 대화였다. 영미는 서너 달 전에 남자 아이를 출산한 여성이었다.

영미 : "아기를 **아빠**가 얼마나 좋아하는지 몰라요."
시내 : "**아드님**하고 **남편**하고 누가 더 좋으세요?"

시내가 상대의 가족을, 한쪽은 아드님이라 하고 다른 쪽은 남편이라 하였다. 아들은 높이고 그의 아버지는 높이지 않으니 우리말다운 표현이 아니다. 어린아이지만 남(청자)의 아들이니 높여야겠다고 생각하여 아드님이라고 말했으면, 그의 남편도 당연히 높여야 한다. 남편의 높임낱말은 부군이다.

시내 : "**아드님**하고 **부군**하고 누가 더 좋으세요?"

그 밖에 영미가 자기 남편을 아빠라고 한 것도 문제이다. 더 말할 나위도 없이 남편이라고 해야 한다. 잘못 들으면 아빠가 시아버지나 친정아버지가 되어 버릴 수 있다.

이런 것을 모두 따져야 하니 말하기란 보통 어려운 일이 아니다. 그러나 사람에게는 말을 부려쓰는 천부적인 능력이 있다. 얼마나 관심과 사랑을 쏟느냐가 문제일 뿐이다. 〈1997. 1. 30.〉

저는 민 **자** 예 **자** 린 자입니다

얼마 전에 손님을 모시고 찻집에 갔다. 아주 멋진 집이었고, 여주인도 매우 기품이 있어 보였다. 같이 간 분들도 모두 느꺼워했다. 그런데 그 여주인은 우리 일행에게 자기 소개를 이런 식으로 하는 것이었다.

저는 민 자, 예 자, 린 자입니다.

같이 간 손님 중에 정년 퇴임을 하고 일흔을 바라보는 이가 한 분 계셨는데 그분을 보고 그랬는지, 아니면 일행 모두가 지나치게 점잔을 부려서 그랬는지는 모르겠으나, 그 여주인은 아무렇지도 않게 이렇게 말했다. 제 나름으로는 있는 교양을 다하여 자기 소개를 한 것이다. 그 사람이 너무 무안해할까 봐 그냥 지나치고 말았지만, 그를 보면서 작은 일이라도 제대로 아는 것이 중요하다는 것을 다시 한번 느꼈다.

우리에게는 성명을 말할 때에 바로 '민예린'이라 하지 않고 '민. 예 자, 린 자' 식으로 말하는 법이 있다.* 일컫는 대상자를 존대해야 할 경우에, 그 사람의 이름을 그렇게 말하는 것이다. 그러나 자신의 성명을 스스로 말할 때에는 이런 식으로 말하는 것이 아니다. 그 여주인은 자기의 성명을 그렇게 말했으니 큰 망발을 한 것이다.

요컨대 위와 같은 말법은 청자를 높이는 것이 아니라 전달하고자 하는 대상을 높이는 것이다.   〈1997.2.1.〉

---

* '민 <u>자</u>'라고 하는 것도 잘못이다. 성(姓) 뒤에는 '자'를 붙이지 않아야 한다.

아버지, 그만 들어갑시다

문을 끝맺는 형식 중에 청유법이라는 것이 있다. 이는 화자가 상대(청자)에게 같이 행동하기를 요구하는 형식이다.

손아랫사람이나 동년배, 또는 나이가 그리 많지 않은 사람에게는 -자, -ㅁ세, -ㅂ시다와 같은 어미를 사용한다. 다음이 그 용례이다.

(가) ㉠ 같이 먹자.

　　　㉡ 자, 이제 돌아감세.

　　　㉢ 김 선배, 저하고 같이 갑시다.

그러나 높여야 할 청자에게는 이 같은 형식을 쓰지 않는다. 예를 들어 나이가 열 살이나 차이 나는 선배에게 "형님, 술 한잔 합시다."라고 한다거나, 아버지나 직장의 상사에게 "저하고 같이 갑시다."라고 하는 것은 버릇없는 짓이다. (상대가 선배인 경우, 특별히 허물없는 사이라면 다를 수는 있다.)

대우해야 할 선배에게는 중간어미 -시-를 넣어서 -십시다 형식을 사용해야 한다. 화자 자신도 함께 행동하면서 -시-를 넣는 것은 자신을 높이는 것으로 생각할 수도 있지만, 이런 경우에는 그런 뜻으로 이해하지 않아도 된다.

그리고 아버지를 비롯하여, 그와 동등하거나 그 이상의 어른에게는, 직접적으로 말하는 것이 아니라, -시지요와 같은 형식을 빌려 은근히 권유하는 식으로 말하는 것이 좋다. -십시다라고 하는 것은 행동을 강제하는 느낌이 들기 때문이다. 다음에 그 용례를 들어 본다.

(나) ㉠ 선배님, 좀 천천히 걸으십시다.

   ㉡ 아버지, 날씨도 추운데 그만 들어가시지요.　〈1996. 12. 12.〉

교수님, 선배님께서 그러셨어요

어느 집단에서건 선배와 후배 사이에는 독특한 관계가 형성되기 마련이다. 그런데 요즈음 대학생들을 보면 선배에 대한 존경심이 너무 충만해서 그런지 아무에게나 선배를 높여서 말하는 경우가 많다. 다음이 그런 용례인데, 이는 제대로 된 표현이 아니다.

(가) 교수 : "누가 그런 말을 하던가?"

   학생 : "3학년 선배님들께서 그러셨어요."

(나) 어머니 : "또 언제 오겠니?"

   아들(학생) : "다음 달에 동아리 회장님 모시고 다시 오겠습니다."

우리말의 높임법은 매우 복잡하고 미묘하다. 언뜻 생각하면 반드시 높임법을 사용해야 할 대상이라도 높임을 억제해야 하는 경우도 있다. 그런 것을 '압존법'이라 한다. (가), (나)의 대화에서 각각 '3학년 선배님'과 '회장님'은 말하는 학생으로서는 높여야 할 대상이지만, 그 말을 들을 '교수'나 '어머니'에게는 아랫사람이다. 이럴 경우에는 화자(학생) 중심으로 말하는 것이 아니라 청자(교수·어머니) 중심으로 말해야 한다. 따라서 -님, -께서, -시-와 같은 요소와 모시고 같은 낱말을 쓰지 않아야 한다. 올바른 표현을 써 본다.

(가)´ 학생 : "3학년 선배들이 그랬어요."

(나)´ 아들 : "다음 달에 동아리 회장하고 다시 오겠습니다."

여기서 대학생을 예로 들어 이야기했지만, (가), (나)와 같은 잘못은 직장이나 가정에서도 적잖게 저질러지고 있다. 화자 중심이 아니라 청자를 중심으로 생각하면 해답은 어렵잖게 얻어질 것이다.

〈1997.3.5.〉

사장님, 부장님께서는 안 계십니다

나리는 평사원이다. 부장 책상으로 전화가 걸려 왔다. 마침 부장이 출타한 중이어서 나리가 대신 수화기를 들었다. 그러고는 이렇게 응대했다.

(가) 예, 김 **부장님** 자리입니다.

그런데 전화를 건 사람은 그 회사 사장이었다. '아차!' 하는 생각이 머리를 스쳤다. 나리는 얼떨결에 다음과 같이 고쳐 다시 말했다.

(나) 김 **부장** 지금 자리에 **없습니다**.

나리는 자신의 응대가 적절했는지 지금도 궁금하고 불안하다.

사실 이것은 나리만의 고민은 아니다. 많은 사람들이 흔히 겪는 어려움이다. 무심코 지나쳐서 그렇지, 덜 심각하긴 하지만 가족 간에도 이런 어려움이 있다. 이 문제에 대해서 살펴보기로 한다.

(가)의 담화에 관련되어 있는 사람은 셋이다. 나리가 처음 전화를 받은 상황에서는 나리(화자), 전화를 건 사람(청자), 김 부장이었다. 전화를 건 사람은 누구인지 전혀 모르는 불특정 다수이다. 이런 상황에서 화자인 나리는 청자(전화를 걸어 온 사람)와 전달 내용의 주체(김 부장)를 모두 높여 말했다. 여기서 -님은 '부장'을 높이는 접미사이며, 서술어 끝의 -ㅂ니다는 청자를 높이는 어미이다.

이런 식의 말법으로 평소에는 아무 문제 없이 넘겼으나, 그날은 전화를 건 사람이 불특정 다수 중에서도 하필 사장이었던 것이다. 그러나 그 사람이 사장이라는 사실을 안 것은 (가)와 같이 말하고 난 뒤였다. 입 밖으로 나간 말을 다시 주워 담을 수가 없으니 나리는 당황해할 수밖에 없었던 것이다. 이 같은 상황을 어떻게 하면 잘 극복할 수 있을까?

일이 그렇게 전개되었다고 너무 당황해하면 그 국면을 수습하기 어려워진다. (가)와 같이 말하고 난 뒤에야 비로소 전화를 건 사람이 사장인 줄 알았다면, 그 사실을 안 순간에 곧바로 "예! 사장님이세요? 사장님이신 줄 몰랐습니다. 죄송합니다." 하고는 대화를 이어 가면 되는 것이다.

이와 같은 상황을 근원적으로 예방할 수 있는 방법은 없을까? 있다. 전화를 건 사람이 누구인지 모르는 (가)와 같은 상황에서는 주체인 '김 부장'에 -님을 붙이지 않고 그냥 말하는 것이다. 그렇게 말을 진행하다가 청자와 김 부장의 관계가 어느 정도 파악되면 그때부터 좀더 상황에 맞게 말을 수정해 나가면 된다.

결국 (가)와 관련된 쟁점은, 청자가 누구인지 전혀 모르는 공적인 대화 상황에서 전달 내용의 주체(김 부장)를 높여야 하는가의 문제이다. 여러 경우를 두루 고려해 볼 때에 높이지 않는 것이 바람직하다. 그 까닭은 당장 (가)를 둘러싼 상황 전개가 잘 증명해 준다. 한편 이렇게 생각해 볼 수도 있겠다. 자기 회사로 전화를 걸어 오는 사람이라면 일단은 모두 고객이라고 보는 것이 바람직하기 때문이다. 고객의 나이나 지위에 상관없이 자기 회사를 찾는 손님을 소중하게 응대해야 하는 것은 예나 지금이나 예절의 기본이기 때문이다.

그런데 이와 같은 예절이 회사 구성원 모두에게 보편화되어 있지 않다면 내부적인 갈등 상황이 지속될 염려가 있다. 그러므로 되도록 이면 빨리 공론화해서 내부적인 공감대를 정착시키는 것이 중요하다.

이번에는 두 번째 상황, 곧 (나)에 대해서 생각해 보기로 하자. 이 담화 상황에 관련되는 사람도 세 사람이다. 나리, 사장, 김 부장. 이 세 사람은 당사자 간에 확실하게 인지되어 있을 뿐만 아니라 서로 상하 관계도 분명하다. 대화는 나리와 사장 사이에서 이루어지며, 김 부장은 그 대화의 전달 내용에 등장하는 주체이다.

나리에게는 두 사람이 다 상사이며, 김 부장은 청자인 사장에게는 부하이다. 이런 상황에서 나리는 제대로 하느라고 김 부장을 높이지 않았다. 하지만 '혹시 사장님이 예법도 모르는 사람으로 생각하지 않을까?' 하는 마음에 뒤끝이 그리 편치 않은 것이다. 그러나 너무 걱정할 것은 없다. 그렇게 말하는 것이 바른 말법이다. 모든 것이 분명한 상황이라면, 세 사람 중에서 제일 윗사람을 가장 높여 말하는 것은 문제가 아니다.

그러나 좀더 들어가면 간단하지 않은 문제에 부딪히기도 한다. 김 부장이 사장보다 나이가 무시할 수 없을 정도로 많은 경우라면, 매우 미묘한 상황이 연출될 수 있다. 우리 사회 구성원에게는 아직도 나이를 전혀 무시하지 못하는 정서가 꽤 짙게 남아 있기 때문이다. 직장이나 공적인 자리에서는 공식 직급으로 위아래를 따져 말해야 하겠지만, 나이를 아주 무시할 수 없는 사회적 정서 때문에 갈등하게 되는 것이다. 상황과 맥락을 고려하여 융통성 있게 대처하는 길밖에 없다.

요컨대 원론적으로 본다면 (가)와 같은 상황에서 '부장님'이라 하는 것은 바람직하지 않으며, (나)와 같은 상황에서 '부장 ~ 없습니다'라고 한 것은 바르게 말한 것이라 할 수 있다. 그러나 언어 상황은 매우 다양하기 때문에 오로지 이렇게 해야만 옳다고 생각하면 곤란한 상황에 직면할 수도 있다. 그리고 이러한 말법이 갈등 없이 유통되기 위해서는 언어 사용자들 사이에 그에 대한 공감대를 형성해 나가는 것이 필요하다. 〈1998.9.24~26.〉

말씀의 양면성

일반적으로 말씀이 높임낱말로 쓰인다는 것은 잘 아는 듯하다. 다음이 그 보기이다.

(가) ㉠ 애, 할머니의 말씀을 잘 들어야지.
  ㉡ 할아버지께서 말씀하셨다.

(가)의 말씀은 높임의 뜻을 나타내기 위하여 쓰였다. ㉠의 그것은

'할머니'를, ⓒ의 그것은 '할아버지'를 높이기 위해 쓰였으니, 말씀의 주인공은 각각 할머니와 할아버지이다.

이제 다음 용례를 보기로 한다.

(나) ㉠ 할머니, 제가 한 말씀 드리겠습니다.

　　ⓒ 부장님, 제 말씀을 들어 보십시오.

(나)에서처럼 자기 자신의 말을 가리켜 말씀이라 하는 것은 망발이라고 생각하는 사람들이 있다. 그러나 사실은 그렇지 않다. (나)의 말씀은 각각 상대인 '할머니'와 '부장님'을 높이기 위하여 쓴 것이다. 말은 화자가 하지만, 그 말을 들을 사람이 여느 사람이 아닌 할머니와 부장이기 때문에 말씀이라고 하는 것이다. 물론 할머니와 부장을 높일 의도가 없다면 이렇게 표현하지 않을 수 있다.　　〈1996.6.22.〉

소리와 말씀

젊은 학생들과 대화하다 보면 깜짝깜짝 놀라는 일이 많다. 이런 일을 당한 적이 있다.

교수 : "세종 대왕은 진짜 이름이 아니야. 본이름이 따로 있어."
학생 : "그게 무슨 소리예요?"

교수가 한 말에 대해서 다시 묻는 학생의 말이 '소리예요?'였다. 그러고도 그 학생은 전혀 당황해하는 눈치를 보이지 않았다. 순간적인 실수가 아닌 것이 분명했다.

어른의 말을 소리라고 하는 것은 바람직하지 않다. 말씀이라 해야 한다. 말이라 해도 크게 문제되지 않을 경우도 있겠지만 말씀이라고 하는 것이 가장 반듯하다. 그리고 위와 같은 경우에는 높임의 중간어미 -시-를 붙이는 것이 더 바람직하다. 결국 학생의 말은 "그게 무슨 말씀이세요?"여야 올바르다.

위와 같은 상황에서 소리라고 하면 상대의 말을 업신여기는 뜻이 되어 버린다. 일반적으로 말이나 말씀에 비하여 소리는 '업신여김'을 비롯하여 '언짢음, 못마땅함'의 느낌을 내포하고 있다. 그러므로 일부러 대들거나 모욕할 목적이 아니라면, 손윗사람의 말에 대하여 소리라고 하는 것은 피해야 한다. 〈1996.12.20.〉

술과 약주

사전에서는 약주를 '① 약으로 먹는 술. ② 맑은 술' 정도로 풀이하고 있다. 그런데 실제 사용에서는 술의 높임낱말로도 쓴다.

친구끼리는 "여보게, 술 한잔 하게나!" 하지만, 어른에게는 술이라는 낱말을 마구 쓰지 않는 것이 상식이다. 어른과 관련하여 말할 때에는 다음과 같이 말해야 한다.

(가) 선생님, 약주 한잔 받으시지요.
(나) 우리 부장님은 약주를 너무 하셔서 탈이에요.

(다) 아버지, 오늘은 **약주**를 너무 많이 드셨습니다.

(라) 김 교수님은 **약주**를 아무리 드셔도 끄떡없으셔.

어른들이 드시는 것은 술이 아니라 **약주**라고 해야 한다. 약주는 물론 **약주**이며, 소주든 맥주든 막걸리든 청주든 포도주든 어른이 마시는 것은 모두 **약주**이다. 같은 자리에서 똑같은 소주를 마셔도 손아랫사람이 마시는 것은 술이지만 손윗사람이 마시는 것은 **약주**가 된다.

〈1996.5.29.〉

씨와 님

젊은이들과 대화를 나눌 때에 "홍길동 **씨**는 ∼"이라는 표현을 예사로 접하게 된다. 그 당사자를 존대하는 뜻으로 하는 말이다. 그러나 어떤 분야의 원로를 학생이 '홍길동 **씨**'라고 칭하는 것은 옳지 않다.

남의 성(姓)을 칭하여 "김 **씨**, 박 **씨**, 정 **씨**"라고 할 때에는 높임의 뜻이 온전히 드러난다. 동년배끼리 "동호 **씨**, 남숙 **씨**"라고 호칭할 때에도 그러하다. 그러나 어떤 사람을 직접 부르거나 가리킬 때에 "김 **씨**, 박 **씨**"라고 하는 것에는 높임의 뜻이 매우 적다. 이것이 오늘날 보통사람들의 일반적인 언어 느낌이다.

그러므로 어떤 분야의 원로를 '아무개 **씨**'라고 표현하는 사람은 상대로부터 교양을 의심 받을 수 있다. 이럴 때에는 "홍길동 **선생님**, 홍길동 **교수(님)**, 홍길동 **박사(님)**" 중에서 상대나 상황에 맞게끔 선택하는 것이 좋다. '홍길동 **님**'이라 하는 것도 무난하다. 〈1996.9.28.〉

자신과 당신

(가) 민호는 자신의 속마음을 잘 드러내지 않았습니다.

(가)는 일상적으로 흔히 통용되고 있는 올바른 말이다. 자신 자리에 자기나 자기 자신을 쓰기도 한다. 그런데 여기서 '민호'를 '할아버지'로 바꾸면, 자신 대신에 당신이라 하는 것이 우리의 전통적인 말법이다. 그것을 다시 써 보면 다음과 같다.

(나) 할아버지는 당신의 속마음을 잘 드러내지 않았습니다.

(나)의 당신은 제3자를 아주높여 일컫는 낱말이다. 2인칭이 아니다.
　그런데 웃어른에 대하여 말할 때에 다음과 같이 말하는 사람이 적지 않다.

(다) 할아버지는 자기의 속마음을 잘 드러내지 않았습니다.

(다)에는 '할아버지'를 높이는 뜻이 드러나 있지 않다. 표현 의도가 그런 것이라면 별문제이지만, 상식적인 상황에서는 올바른 표현이라 할 수 없다. (나)가 올바른 표현이다.
　요컨대 당신이라는 낱말은 2인칭으로도 쓰고 3인칭으로도 쓴다. 3인칭으로 쓰는 당신은 자기, 자신, 자기 자신의 높임낱말이다. 웃어른을 3인칭으로 가리킬 때에는 당신이라고 하는 것이 올바르다. 〈1998.7.13.〉

남편과 부군

요즘 우리 사회에 아빠가 흘러넘친다. '아빠 홍수'라 할 만하다. 아이들은 아버지를 아빠라 하고 어른들까지 남편을 아빠라고 하니 분명 큰 홍수이다. 이제는 여성뿐만 아니라 남성들 사이에서도 그런 현상이 일어나고 있다. 친구 아내에게 전화를 걸어서 자기의 친구를 찾는 말이 보통 "아빠 있어요?"인 것이다.

더 말할 것도 없이, 어느 여성과 혼인 관계에 있는 남성을 가리키는 예사낱말은 **남편**이다. 그러니 보통의 말이거나 남에게 자기 남편을 가리킬 때에는 **남편**을 그대로 써야 한다. (가)에 그 용례를 들어 본다.

(가) ㉠ 다음에는 **남편**들과 함께 모이자.
　　　㉡ 이 사람이 제 **남편**입니다.
　　　㉢ 내 **남편**은 떡을 잘 먹어.

터놓고 지내는 친구 사이라면, 그의 남편을 가리킬 때에도 **남편**을 그대로 쓰면 된다. (나)가 그 보기이다.

(나) ㉠ 얘, 네 **남편** 집에 계시니?
　　　㉡ 그래? 정희 **남편** 직장은 어디래?

그런데 **남편**의 높임낱말로 **부군**이 있다. 남의 남편을 높여 말할 때에는 이 낱말을 쓴다. 자신의 남편을 높여야 할 경우는 없을 것이다. (다)에 그 용례를 들어 본다.

(다) ㉠ 다음에는 **부군**과 함께 오십시오.

   ㉡ 김 여사, **부군**께서도 안녕하시지요?

남편 쓰기를 쑥스러워하거나 주저할 필요가 전혀 없다. 이제 우리
는 남편의 본자리를 찾아 주어야 하겠다. 아내도 함께.　　〈1997. 5. 29.〉

아내와 부인

최근에 텔레비전 방송에서 이런 장면을 본 적이 있다. 한 남자를 방
송에 출연시켜 놓고 아내에게 하고 싶은 말을 해 보라는 것이었다. 그
대목에서 방송 진행자가 하는 말이 다음과 같았다.

(가) 지금부터 **아내**에게 하고 싶은 말을 해 보세요.

와이프라고 하지 않은 것이 다행이기는 하지만,* 그러한 상황에서 아
내라고 한 것은 전통적인 말법을 벗어난다.

　아내는 한 남자의 배우자를 두루 일컫는 낱말인데, 용례를 들어 보
면 다음과 같다.

---

* 장가든 남자가 자기 배우자를 가리키는 말은 여러 가지이다. 그 중에서 '와이프'는 절대 쓰지
않았으면 좋겠다. 몇 년 전까지는 젊은이들이 주로 썼는데, 요즈음은 40~50대 사람들도 드물
잖게 쓰는 것을 본다. 몇 년 전의 그 사람들이 40~50대가 되고, 새로운 젊은이들이 또 그것을
쓰고 있는 것이다. 이런 추세로 가다가는 우리 나라 남자들은 온통 '와이프'하고 살게 될 것
같다. 설마 이것이 세계화 시대에 부응하는 일이라고 생각하지는 않겠지만.

(나) ㉠ 그대는 **아내**로서의 도리를 다했는가?

　　　㉡ 여성들이여, 부지런한 **아내**가 되라.

　　　㉢ 이 사람이 제 **아내**입니다.

아내는 (나)의 ㉠, ㉡과 같이 '남자의 배우자'를 높임·낮춤의 뜻 없이 중립적으로 일컫는 경우나, ㉢과 같이 남자가 자신의 배우자를 가리키는 경우에 사용한다. 이에 반하여 남의 여성 배우자를 높이고자 할 때에는 **부인**(夫人)이란 낱말을 쓴다. 화자가 남자이건 여자이건 상관없이 두루 이 낱말을 쓴다. (다)가 그 보기이다.

(다) ㉠ 김 주임, **부인**께서는 안녕하신가?

　　　㉡ 그 사람이 바로 박 선배의 **부인**입니다.

이제 (가)는 출연자(남자)의 배우자를 높여야 할 경우인지, 그렇게 하지 않아도 좋을 경우인지를 판단해야 할 차례이다. 방송 진행자는 출연자를 높여야 하고, 그의 배우자도 따라서 높이는 것이 옳다. 그 진행자는 그 점을 놓친 것이었다. 아내가 아니라 부인이라 해야 한다.

　이에 반하여 자기 아내를 특별히 낮추어 말하거나 여성 스스로 자신이 누구의 아내임을 낮추어 말할 때에는 **안사람, 내자, 처**와 같은 낱말을 사용한다. (라)가 그 용례이다.

(라) ㉠ 일전에 제 **안사람**이 그런 말을 했습니다.

　　　㉡ 제 **내자**가 그런 말을 했습니까?

　　　㉢ 이 사람이 제 **처**입니다.

ㄹ 저는 홍 과장의 **처** 되는 박순미입니다. 〈1996.7.3., 2000.5.23.〉

부인과 영부인

옛날에는 남의 아내를 높일 경우에 부인 외에 내상, 영실, 영부인, 합부인 등의 낱말들도 썼다. 오늘날에는 나머지 낱말들은 거의 쓰지 않고 영부인만 더러 쓰는데, 그나마 잘못 쓰고 있다.

영부인을 한자로 표기하면 令夫人이 된다. 부인(夫人)도 높임낱말인데, 거기에 다시 영(令)을 붙이면 높임의 뜻이 더 극진해진다.[*] 그런데 많은 사람들이 영부인이란 낱말을 '대통령 부인'으로 알고 있다. 앞머리의 '영'을 '대통령(大統領)'의 '영(領)'과 관련지어 생각한 결과가 아닌가 한다. 그러나 이것은 터무니없는 생각이다.

영부인이 그 같은 뜻으로 잘못 쓰이게 된 것은 육영수 여사 때부터 비롯된 것으로 짐작된다. 아마 그때에는 어떤 기관에서 오직 대통령 부인에 대해서만 영부인이란 낱말을 쓰도록 의도적인 작용을 했을지도 모른다.

사실인즉 영부인은 남의 아내에 대해서 말할 때에 사용한다.

(가) 여보게, **영부인**께서도 잘 계신가?

(나) 이분은 김흥보 선생의 **영부인**이십니다.

(다) 여러분, 박놀부 사장의 **영부인**이신 정순옥 여사를 소개합니다.

---

[*] '자식·아들'을 '영식(令息)', '딸'을 '영애(令愛)', '손자'를 '영손(令孫)'이라 하는 것도 다 같다.

이 세상의 모든 기혼 여성은 누구나 **영부인**이란 호칭을 받을 수 있는 것이다.

또 한 가지 주의할 점이 있다. (특별한 경우를 빼고는) '아내 프란 체스카'라는 표현을 하지 않듯이, 남편을 칭하는 말을 앞세우지 않고 대뜸 '영부인 육영수'라고 하는 것도 잘못이다. '박정희 대통령 영부인 육영수 (여사)' 식으로 표현하는 것이 올바르다. 신문과 방송에서 아직도 '영부인 육영수 (여사)'를 답습하고 있으니 한심스러운 노릇이다.

〈1996.6.6~7.〉

[부모 1] 아빠와 아버지

요즈음 말글살이를 보면 어른이고 아이고 할 것 없이 엄마, 아빠를 남발하고 있다. 다 큰 사람들끼리 이야기할 때에도 엄마, 아빠라고 하는 것을 매우 자주 본다. 아마 꽤 많은 사람들에게 (가)의 표현이 예사로 받아들여지지 않을까 한다.

(가) ㉠ (30대 여성이 교사에게) "선생님께서 저희 **엄마**를 아세요?"

㉡ (대학 4학년생에게) "경석아, 너희 **아빠**는 요즘 안녕하시니?"

그런데 사전에서는 엄마, 아빠를 '아이들이 어머니, 아버지를 부르는 말'이라 풀이해 놓고 있다. 아이들의 말이요, 부르는 데에 쓴다는 것이 요지이다. 그러니 다 큰 사람들이 이런 말을 무시로 사용하는 것은 유치하다 할 수밖에 없다. 아이가 어른을 닮아야 할 텐데, 어른이 아이들을 따라 너도나도 엄마, 아빠를 남발하는 것이다. 그러나 특별히 어리광이나 재롱 부릴 일이 있어 일시적으로 사용하는 것까지 문제 삼는 것은 아니다.

넉넉히 봐준다 하더라도 중학교에 들어갈 나이가 되면 부모를 부르거나 가리킬 때에 엄마, 아빠라 하는 것은 삼가도록 해야 한다. 엄마, 아빠 대신에 어머니, 아버지를 입에 붙이도록 가르치는 것이 좋겠다. 귀여운 자녀로만 머물러 있기를 기대하지 말고 좀더 의젓하게 키워 나가려면 더욱 그래야 할 것이다.

그러나 어른이 되어서도 엄마, 아빠를 자연스럽게 써야 할 때가 있다. 어린아이에게 그 아이의 부모를 가리켜 말할 때가 그런 경우인데, 그럴 때에는 말을 들을 어린아이 중심의 호칭 낱말을 써 준다. (나)가 그런 보기이다.

(나) ㉠ (어른이 아이에게) "너희 엄마는 어디 계시니?"
    ㉡ (어른이 아이에게) "이것 아빠에게 전해 드려라."

지금까지 자식과 부모의 관계에 대해서 이야기했다. 남편을 아빠라고 하는 것에 대해서는 더 말할 나위가 없다.   〈1996.11.15., 2000.12.7.〉

[부모 2] 어머님과 어머니

나이가 들어갈수록 예의를 갖춘다는 생각에서, 자기 부모에 대해서 다음과 같이 표현하는 사람들이 많다.

(가) ㉠ **어머님**, 밥 좀 주세요.

　　　㉡ **아버님**, 전화 왔습니다.

　　　㉢ (우리) **어머님**은 지금 집에 없습니다.

　　　㉣ 이것은 (우리) **아버님**께 드릴 거야.

어머님, 아버님이 높임낱말이므로 부모를 더 높이겠다는 생각에서 이런 표현을 한다. 그러나 전통적으로 자기 부모에 대해서는 이 낱말을 사용하지 않는 것이 보통이었다. 예사낱말 아버지, 어머니를 쓰는 것이 바르다.

1991년에 조선일보사와 국어연구원이 함께 마련한 「화법 표준안」(『우리말의 예절』이란 이름으로 1991년 12월에 조선일보사에서 간행)에서는, 자기 부모라 할지라도 편지에서는 '아버님께 올립니다', '어머님께 올립니다'와 같이 쓰는 것도 괜찮다고 하였다. 그리고 돌아가신 뒤에는, 높임을 억눌러야 할 상황이 아니라면, 어머님, 아버님을 쓸 수도 있다고 하였다. 예컨대 지방(신위)과 축문에서는 아버님, 어머님이라 쓸 수도 있다는 말이다. 하지만 이런 경우에 아버지, 어머니라 하는 것이 잘못이라는 말은 아니다.

어머님, 아버님은 피가 섞이지 않은 부모에 대해서 사용한다. 몇 가지 상황을 들어 보면, 며느리가 시부모를 부르거나 직접 가리킬 때에, 사위가 처부모를 부르거나 직접 가리킬 때에, 친구의 부모를 부르거나 직접 가리킬 때 등이다.* 직접 가리키는 것은 당사자와 대화하는 상황이다.

먼저 며느리가 시부모를 부르거나 가리키는 보기를 들어 본다.

(나) 며느리가 시부모를 부름

　　㉠ **어머님**, 김치를 몇 포기나 담그면 좋을까요?

　　㉡ **아버님**, 진지 드세요.

(다) 며느리가 시부모를 직접 가리킴

　　㉠ **어머님**께서 먼저 말씀하시지요.

　　㉡ **아버님**께서는 어떻게 생각하세요?

(라) 며느리가 시부모를 간접 가리킴

　　㉠ 우리 **어머님**께서는 지금 집에 안 계세요.

　　㉡ 이것은 우리 **아버님** 작품이야.

다음은 사위가 처부모를 부르거나 가리키는 보기이다.

(마) 사위가 처부모를 부름

　　㉠ **어머님**, 저 김 서방입니다.

　　㉡ **아버님**, 약주 한잔 올리겠습니다.

(바) 사위가 처부모를 직접 가리킴

　　㉠ **어머님**께서 먼저 말씀하시지요.

　　㉡ **아버님**께서는 어떻게 생각하세요?

(사) 사위가 처부모를 간접 가리킴

　　㉠ **어머님**께서는 지금 집에 안 계세요.

＊사람을 부를 때에 사용하는 낱말을 '부름낱말'(호칭어)이라 하며, 사람을 가리키거나 일컬을 때에 쓰는 말을 '가리킴낱말'(지칭어)이라 한다. 가리킴낱말은 직접 가리킴낱말과 간접 가리킴낱말로 나누어진다. 그런데 이것들이 한 가지로 고정되어 있는 것이 아니고, 상황이나 상대에 따라 달라지는 일이 많다.

ⓛ 이것은 우리 **아버님** 작품이야.

(마)~(사)의 경우에는 어머님 대신에 장모님을, 아버님 대신에 장인어른, 빙장어른을 쓰기도 한다(196~197쪽 참조). 이 밖에 다른 낱말도 있으나 오늘날 적극적으로 권할 만한 것은 못 된다. 〈2000.12.8~9.〉

[아들 · 며느리] **애비**와 **아범**

아비, 애비, 아범 들이 함께 쓰이고 있다. 어미, 에미, 어멈도 마찬가지이다. 특히 아범과 어멈은 사람에 따라 받아들이는 느낌이 매우 달라서 적잖은 오해나 혼동을 불러일으키기도 한다. 여기서는 이 문제를 아비, 애비, 아범을 중심으로 살펴본다.

아비, 애비는 다 같이 아버지의 낮춤낱말이다. 그것이 쓰이는 경우는 대체로 다음 네 가지이다.

① 어느 사람의 아버지로서 자신을 낮추어 일컫고자 할 때에
② 자신의 아들을 일컫거나 부를 때에
③ 집안 어른에게 자기 남편을 가리켜 말할 때에
④ 남의 아버지를 낮추거나 얕잡아 일컫고자 할 때에

다음은 각각 그런 의미로 사용된 보기이다.

(가) 저는 동철이의 **애비** 되는 김상호입니다.
(나) ㉠ (손자에게) 순돌아, 네 **애비**는 언제 온다니?
ⓛ (아들을 향해) **애비**야, 이것 좀 먹어 봐.

(다) (며느리가 시아버지에게) 아버님, **애비**는 아직 안 들어왔습니다.

(라) 그놈 하는 짓은 제 **애비** 어렸을 때와 똑같아.

그런데 오늘날 사전에서는 아비를 표준 낱말로, 애비는 비표준 낱말로 처리하였다. 많은 사람들이 자신의 현실 언어와 다르다고 생각할 줄 아는데, 사전을 기준으로 하면 (가)~(라)는 모두 표준을 벗어난 것이 된다. 이러한 처리에는 문제가 있다고 본다.

어미, 에미도 모든 것이 아비, 애비에 비례한다.

한편 (나)의 ⓛ이나 (다)와 같은 상황에서는 아비, 애비 대신에 아범을 쓰기도 한다.

(나)′ ⓛ (아들을 향해) **아범**아, 이것 좀 먹어 봐.

(다)′ (며느리가 시아버지에게) 아버님, **아범**은 아직 안 들어왔습니다.

개인적인 경험에 따라 아범을 아비, 애비보다 조금 더 대접하는 말로 인식하기도 한다. 그러나 오늘날의 사전을 기준으로 하면 그 역시 비표준이 된다.

그런데 아범을 위와는 매우 다른 상황에 쓰기도 한다. 나이 든 남자 하인을 좀 대접하여 일컫거나 부를 때에도 쓰는 것이다. 행랑아범에서의 아범이 그것이다. 대부분의 사전에서 이런 경우의 아범은 표준 낱말로 처리하고 있다.

어멈도 모든 것이 아범에 비례한다.

요컨대 이러한 사용 양상은 지역에 따라 크게 다른 듯하다. 그래서 혼란에 빠지거나 엉뚱한 오해를 빚기도 한다. 아범을 행랑아범으로 알고 있는 사람이 위와 같은 상황에 부딪혔다면 얼마나 황당해할지 넉넉히 짐작할 수 있다. 하지만 사실은 사실대로 인정해야지, 어느 쪽이 옳다 그르다 하며 시비할 문제는 아니다. 〈1998. 10. 19~20.〉

[아버지의 남형제 1] 큰아버지와 둘째 큰아버지

아버지 형제가 여러 분일 때에, 그분들을 가리키는 말에 대해서 생각해 보기로 한다.

아버지의 형제가 차례대로 1, 2, 3, 4, 5, 이렇게 다섯 분이 있으면 그분들은 일단 모두 아버지이다. 그 중에서 세 번째 분 3이 자기 아버지라고 가정해 보자. 그렇다면 1과 2 두 분은 큰아버지이며, 4와 5 두 분은 작은아버지이다. 자기 아버지의 형은 자기에게 큰아버지이고, 그 아우는 자기에게 작은아버지라는 말이다.

1과 2를 구분하고자 할 때에, 1은 (첫째) 큰아버지, 2는 둘째 큰아버지라 한다. 4와 5도 각각 (첫째) 작은아버지, 둘째 작은아버지라 하여 구분한다. 첫째 큰아버지는 특별히 맏아버지라 하기도 한다. 그리고 '첫째, 둘째' 대신에 그분이 사는 동네를 앞세워 칭하는 방법도 있다. '샘골 큰아버지, 동면 작은아버지' 따위와 같이.

큰어머니와 작은어머니도 이런 방법으로 구분하며, 할아버지와 할머니도 마찬가지이다. 〈1996. 10. 10.〉

[아버지의 남형제 2] 삼촌과 작은아버지

아버지의 남동생을 뭐라고 부르는 것이 좋은가에 대해서는 몇 가지 견해가 공존하고 있다. 그런데 「화법 표준안(1991)」에는 다음과 같이 되어 있다.

결혼하기 전 : **삼촌, 아저씨**
결혼한 뒤 : **작은아버지**

삼촌(三寸)에 대해서는 관계(촌수)를 나타내는 낱말이므로 부름낱말(호칭어)이 될 수 없다는 의견이 있지만, **삼촌**을 **삼촌숙**(三寸叔, 叔 = 아저씨)의 준말로 보아서 두루 인정하기로 한 것이다. 그러나 결혼한 뒤에는 작은아버지라 하기로 하였다.

그런데 우리의 말살이를 보면, 삼촌이 결혼을 한 뒤에도 **작은아버지**라고 하기보다 여전히 **삼촌**이라고 부르는 경우가 매우 많다. 그래서 나의 개인적인 생각으로는, 삼촌을 삼촌숙의 준말로 처리해 인정할 양이면, 결혼한 뒤에 **삼촌**으로 부르는 것도 표준으로 공인하는 것이 낫지 않을까 한다. 그러나 형수가 '남편의 남동생', 곧 시동생을 삼촌이라 하는 것은 아무래도 인정하기 어렵다.

그런데 숙질간에는 나이가 뒤바뀐, 다시 말하면 아저씨(작은아버지)가 조카보다 나이가 적은 경우가 흔히 있다. 그럴 때에 조카와 아저씨 간의 대우법은 어떻게 해야 하느냐가 문제이다. 이치상으로는 나이와 상관없이 항렬을 따라야 한다. 그러나 실제로는 철저히 그렇게 하기가 어렵다. 그래서 이와 관련하여 「화법 표준안」에서는 다음과 같은 기준을 제시하고 있다.

> 어릴 때 : 서로 말을 놓고 지낸다.
> 조카가 성년이 되면
> ① 조카가 다섯 살 이상 많으면 서로 존대한다.
> ② 조카가 1~4살 많으면 조카는 아저씨를 존대하고, 아저씨는 조카를 존대하지 않는다.

이 기준은 우리 사회의 관행을 비교적 두루 수용한 것으로 보인다. 이러한 방향으로 정착되면 좋겠다.

어릴 때에는 상황에 따라 서로 이름을 부를 수도 있을 것이고, 조카는 아저씨의 이름 대신에 **삼촌**이라 부를 수도 있을 것이다. 아저씨가 조카를 존대하는 경우에 조카를 부르는 말은 **조카님**이다.

〈1997. 12. 5~6.〉

[처부모] 장모님과 어머님

한 남자와 혼인한 여자의 부모를, 그 남자 중심으로 가리킬(지칭할) 때에 장인·장모라고 하거나 장인어른·장모님이라 한다.

> (가) 바로 그분이 우리 **장인**이라네.
> (나) 자네 **장모님**께서도 안녕하시지?

그런데 장인·장모를 부르는 낱말은 일정하지 않다. 어떤이는 장인어른·장모님이라 부르고, 어떤이는 아버님·어머님이라 부른다. 젊은 사람일수록 아버님·어머님이라 하는 경향이 강하다. 이렇게 부르는 사람들은, 그래야만 친아들같이 다정하게 느껴진다고 생각하는 듯하다. 장인·장모들 중에도 그렇게 받아들이는 사람이 많으며, 자기 남편이 친정 부모를 그렇게 불러 주기를 바라는 여성도 많은 것 같다.

그러나 전통적으로는 장인어른·장모님이라 부르는 것이 일반적이었다. 개인적으로 느낌의 차이가 있겠지만, 대체로 장인어른·장모님이라 부르는 것은 아버님·어머님이라 부르는 것에 비하여 한층 믿음직스럽게 느껴지기도 한다. 그러니 사랑받는 사위가 되고 싶으면 아버님·어머님이라 부르고, 믿음직스러운 사위로 인정받고 싶으면 장인어른·장모님이라 부를 일이다.

장인·장모의 높임낱말로 빙장(어른)·빙모(님)도 있다. 〈1996. 7. 26.〉

[아내의 남형제] 처남과 형님

아내의 남형제는 처남이다. 처남이 둘 이상일 때에 가장 손위를 큰처남, 그 나머지는 모두 작은처남이라 한다.

위아래를 구분하고자 할 때에는 손위 처남, 손아래 처남이라 하는데, 이때에 누구의 나이를 기준으로 할 것이냐가 문제이다. 남편이 오라버니들보다 나이가 많을 경우, 아내를 기준으로 할 것이냐, 남편의 나이를 기준으로 할 것이냐의 문제이다. 전통적으로는 아내의 서열과 상관없이 남자들의 나이를 가지고 위아래를 따지기도 했다 한다.

남성 중심의 사회에서는 그럴 수도 있었을 것이다. 그러나 요즈음은 처가쪽 형제들은 자기 집안 중심으로 위아래를 따지는 것이 보편화되었다. 다시 말하면, 아내의 오라버니는 나이에 상관없이 손위 **처남** 쪽으로 가고 있다. 이런 흐름 속에서는 아내의 남동생이 남편보다 나이가 많더라도 손아래 **처남**이 된다.

처남을 간접적으로 가리킬 때에는 위와 같은 낱말을 그대로 사용한다. 다음이 그 보기이다.

(가) ㉠ 자네는 **처남** 덕을 톡톡히 보는군.

㉡ 그 사람은 박길동 과장의 **손위 처남**이지요?

㉢ 장모님, **큰처남**은 집에 있습니까?

어려움은 대화 중에 당사자를 직접 가리키거나 부를 때에 겪게 되는데, 손아래 처남의 경우에는 (나)와 같이 **처남**이라 하며, 나이가 아주 어릴 때에는 이름을 불러도 된다.

(나) 손아래 처남에게

㉠ 난 잘 있는데, **처남**은 어떻게 지내나? (직접 가리킴)

㉡ **처남**, 이렇게 도와주니 정말 고마워. (부름)

손위 처남의 경우에는 그를 **형님**이라 해야 하는가의 문제에 부딪힌다. 전통적으로는 손아래 처남의 경우와 같이 **처남**이라 했다는데, 오늘날의 일반적인 정서는 그렇지 않은 것 같다. 오늘날은 손위 처남을 부를 때에 **형님**이라 하는 이가 많으며, 남녀 평등이라는 흐름과 맥을 같이하는 면이 있어 보인다. 그러나 나이가 화자 자신보다 적다면 처남이라 불러도 괜찮다.

(다) 자기보다 나이가 많은 손위 처남에게
　　㉠ 이번에는 {처남/형님}께서 참석해 주시면 좋겠습니다. (직접 가리킴)
　　㉡ {처남/형님}은 어떻게 지내세요? (직접 가리킴)
　　㉢ {처남/형님}, 이렇게 도와주시니 정말 고맙습니다. (부름)
(라) 자기보다 나이가 적은 손위 처남에게
　　㉠ 이번에는 처남께서 참석해 주시면 좋겠어요. (직접 가리킴)
　　㉡ 처남은 어떻게 지내세요? (직접 가리킴)
　　㉢ 처남, 이렇게 도와주시니 정말 고맙습니다. (부름)

　(라)에서 보듯이 나이가 적어도 손위이므로 말투는 알맞게 높이는 것이 좋겠다. 물론 개인적인 관계―친밀도, 나이 차이, 학교 선후배 조건 등등―에 따라 조금씩 달라질 수도 있다. 〈1999.8.17~18.〉

['아내의 남형제'의 아내] **처남댁과 아주머니**

　처남의 아내는 **처남댁**, 처남의 댁이다. 그 앞에 수식 요소를 붙여 큰처남댁이니 손위 처남댁이니 하는 말을 쓸 수 있다. 위아래의 기준은 처남이 된다.
　처남댁을 간접적으로 가리킬 때에는 위와 같은 낱말을 그대로 사용한다. 다음이 그 보기이다.

(가) ㉠ 그 여인은 김 주임의 **처남댁**이야.

  ㉡ 이분은 제 **처남(의)**댁입니다.

  ㉢ 장모님, **처남댁**은 어디 갔습니까?

상황에 따라서는 자녀를 기준으로 '아무개의 **외숙모**'라 하기도 한다.

(나) 이분이 영호(의) **외숙모**입니다.

지역에 따라서는 **처남댁**보다 **처수**(妻嫂)라는 낱말을 두루 쓰기도 한다. 형+수(兄嫂), 제+수(弟嫂)와의 관계 속에서 **처남**+수가 생겨나고, 그것이 줄어 **처수**가 된 것으로 볼 수 있다. 그러나 嫂가 '여자'의 뜻을 내포하고 있으므로 의미상 불균형이 심하다.

  어려움은 역시 그 여성을 직접 가리키거나 부를 때에 생긴다. 지난 날에는 이런 관계에 있는 남녀가 직접 대면할 일이 많지 않았으므로 이 방면의 낱말이 발달하지 않은 것인데, 요즈음은 생활 모습이 아주 달라졌기 때문에 곤란을 겪는 일이 매우 많다. 기본적으로는 위아래를 가리지 않고 (다)와 같이 **처남댁**을 그대로 쓸 수밖에 없다. 실제로 이렇게 하는 사람이 적지 않다.

(다) ㉠ **처남댁**은 뭘 드시겠어요? (직접 가리킴)

  ㉡ **처남댁**, 우리 집사람 거기 있습니까? (부름)

그런데 오늘날 일반의 언어 감각으로 볼 때에 댁은 낮춤의 느낌을 준다는 문제에 부딪힌다. 그래서 「화법 표준안(1991)」에서는 **아주머**

니라고 하는 것이 좋겠다는 의견을 제시하였다. 여기에도 문제는 있지만 **처남댁**보다는 낫다고 판단했던 것이다. (라)와 같이 한다는 말인데, 지금으로서는 비교적 나은 대안이라 할 수 있다.

(라) ㉠ **아주머니**는 뭘 드시겠어요? (직접 가리킴)

　　 ㉡ **아주머니**, 우리 집사람 거기 있습니까? (부름)

이렇게 되면 형수에 대한 부름낱말과 같아지게 된다.

〈1999. 8. 19~20.〉

[아내의 여형제] 처형과 처제

아내의 여형제는 아내보다 손위이면 **처형**이라 하고, 아내보다 손아래이면 **처제**라 한다. 둘 이상일 때에 큰처형, 작은처형, 큰처제, 작은처제, 막내처제 등으로 구별한다.

(가) ㉠ 자네는 **처형** 덕을 톡톡히 보는군.

　　 ㉡ 그 부인은 박 과장의 **큰처형**입니다.

　　 ㉢ 장모님, **작은처제**는 집에 있습니까?

직접 가리키거나 부를 때에도 위 낱말을 그대로 쓴다. 그리고 처제라고 해서 마구 '해라' 하는 것은 옳지 않다.

(나) ㉠ {처형/처제}도 녹차를 좋아해요? (직접 가리킴)

㉡ {처형/처제}, 지금 곧 저희 집으로 오세요. (부름)

처형이나 처제를 자녀에게 말할 때에는 자녀 중심의 낱말을 쓰는 것이 보통이다. 이모(님)라고 한다. 그러나 아무 상황에서나 처형이나 처제를 이모라고 하는 것은 바람직하지 않다. 가령 (가), (나)에서 (큰)처형, 처제 자리에 (큰)이모를 넣으면 어떻게 되겠는가? 젊은이들 사이에 처형, 처제를 무조건 이모라고 하는 경향이 있는데, 이는 삼가야 할 일이다. 〈1999.8.23.〉

['아내의 여형제'의 남편] 동서와 형님

아내의 여형제, 곧 처형과 처제의 남편은 동서라고 한다. 물론 그 앞에 수식 요소를 붙일 수도 있다. 다음과 같이 그를 가리킬 때에는 그 낱말을 그대로 사용한다.

(가) ㉠ 뭐? 박 사장이 김 주임의 손위 동서라고?

㉡ 그 사람은 나와 동서 간입니다.

상황에 따라서는 자녀를 기준으로 '아무개의 이모부'라고 할 수도 있다.

직접 가리키거나 부를 때에도 두루 동서라고 한다. 손아래 동서(처제의 남편)에 대해서는 '박 서방' 식으로 말하기도 한다. 그런데 현실 언어에서는 손위 동서(처형의 남편)를 형님이라 하는 일이 많으며,

「화법 표준안(1991)」에서도 이를 인정하기로 하였다. 이에 대해서는 반대 의견도 만만찮은데, 그것을 수용한다 하더라도 자기보다 손위 동서의 나이가 상당히 아래일 때에는 굳이 형님이라 하지 않아도 된다. 이를 몇 살 차이로 가를 것이냐 하는 것은 사람 관계에 따라 매우 다양할 것이다.

(나) 손위 동서에게

　　㉠ {동서/형님}(께서)는 몇 시에 오실 수 있겠습니까? (직접 가리킴)

　　㉡ {동서/형님}, 오늘 소주 한잔합시다. (부름)

(다) 손아래 동서에게

　　㉠ {동서/박 서방}은 몇 시에 올 수 있겠어(요)? (직접 가리킴)

　　㉡ {동서/박 서방}, 우리 오늘 소주 한잔하지(요). (부름) 〈1999.8.24.〉

[남편의 남형제] 아주버님과 도련님·서방님

남편의 남형제와 관련된 낱말은 남편과의 관계에 따라 다르다.

남편의 형은 혼인을 했건 안 했건 (시)아주버니 또는 시숙이다. 여럿일 때에는 큰아주버니, 둘째 아주버니, 막내 아주버니 등으로 구별한다. 높이지 않고 가리킬 경우에는 (시)아주버니라고 하고, 직접 가리키거나 부를 경우에는 아주버님이라 한다. 다음의 (가)가 그 보기이다. (「화법 표준안(1991)」에서는 높이지 않고 가리킬 경우에도 아주버님을 채택했는데, 이는 적절한 처리가 아닌 듯하다.)

(가) ㉠ 우리 (시)아주버니는 등산을 좋아하서. (남에게 간접 가리킴)

㉡ 어머님, **큰아주버니**는 아직 안 왔지요? (가족에게 간접 가리킴)

㉢ **아주버님**부터 먼저 말씀하시지요. (직접 가리킴)

㉣ **아주버님**, 차 한잔 드릴까요? (부름)

이럴 때에 큰아빠라고 하는 것은 참으로 유치할 뿐만 아니라 여러 가지를 혼란스럽게 한다.

남편의 아우는 혼인을 했건 안 했건 **시동생**이다. 시동생을 남에게 간접적으로 가리킬 때에는 이 낱말을 그대로 쓴다. 그러나 가족에게 말하거나 당사자를 직접 대할 경우, 시동생이 혼인을 하지 않았으면 **도련님**이라 한다. 혼인을 했다면 시동생을 어떻게 불러야 할까? 「화법 표준안」에서는 **서방님**으로 정했는데, 일반의 언어 느낌과는 거리가 있는 듯하다. 그보다는 아주버니가 낫지 않을까 한다. 남편의 형을 아주버님이라 부르니, 그 동생은 예사로 아주버니라 부르는 것이 훨씬 더 자연스러울 것 같다.

(나) ㉠ 우리 **시동생**은 내일 영국으로 떠납니다. (남에게 간접 가리킴)

㉡ 어머님, {**아주버니/서방님**}은 아직 안 왔지요?

(가족에게 간접 가리킴, 기혼)

어머님, **도련님**은 아직 안 왔지요? (가족에게 간접 가리킴, 미혼)

㉢ {**아주버니/서방님**}은 언제 가(시)겠어요? (직접 가리킴, 기혼)

도련님은 언제 가(시)겠어요? (직접 가리킴, 미혼)

㉣ {**아주버니/서방님**}, 전화 좀 받아 주세요. (부름, 기혼)

도련님, 전화 좀 받아 주세요. (부름, 미혼)

그리고 (나)의 시동생, 아주버니/서방님, 도련님 자리에 자녀 중심의 낮
말인 **삼촌**을 그대로 가져다 쓰는 어른이 많은데, 이는 적극적으로 피
해야 할 일이다.　　　　　　　　　　　　　　　　〈1998.4.1., 1999.8.25.〉

['남편의 남형제'의 아내] 동서와 형님

'남편의 남형제'의 아내는 동서이다. 여럿일 때에는 큰동서, 작은동
서, 둘째 작은동서, 막내동서와 같이 구분한다. 동서끼리의 서열은 남
편의 서열에 따르므로, 상대적으로 나이 적은 손위 동서가 있을 수 있
고 나이 많은 손아래 동서도 있을 수 있다.

손위 동서를 남에게 가리켜 말할 때에는 (큰)동서라 하고, 직접 가
리키거나 부를 때에는 형님이라 한다. 가족에게 가리켜 말할 때에는
어느 쪽을 선택해도 좋다.

(가) ㉠ 그 여인이 아마 김 과장의 **큰동서**지? (남에게 간접 가리킴)

　　㉡ 어머님, {**형님**/**큰동서**}는 어디 갔습니까? (가족에게 간접 가리킴)

　　㉢ **형님**은 김장을 언제 했어요? (직접 가리킴)

　　㉣ **형님**, 간장은 어디 있지요? (부름)

손아래 동서는 가리키건 부르건 동서라 한다.

(나) ㉠ 어머님, **동서**는 집에 있어요. (간접 가리킴)

　　㉡ 난 흰색이 마음에 드는데, **동서**는 어떤 색이 좋아? (직접 가리킴)

ⓒ 동서, 점심은 뭘 해 먹을까? (부름)

다만 나이가 자기보다 상당히 많을 경우, 손아래 동서라 해도 직접 대화할 때는 존대하는 것이 전통적인 말법에 맞다. 위의 경우라면 "좋아, 먹을까"보다는 "좋아요/좋으세요, 먹을까요" 정도로. 〈1999. 8. 26.〉

[남편의 여형제] 시누이와 형님

남편의 여형제는 **시누이**인데, 다른 경우와 마찬가지로 수식 요소를 붙일 수도 있다. 다음과 같이 보통의 상황에서는 **시누이**를 그대로 쓰면 된다.

(가) ㉠ 그 여자는 **시누이**들을 제 자식 키우듯이 키워 냈다.
　　 ㉡ 우리 **시누이**는 지난달에 결혼을 했어.
　　 ㉢ 이 사람이 제 **작은시누이**입니다.

그러나 직접 가리키거나 부르는 낱말은 대상에 따라 다르다. 손위 시누이는 혼인을 했건 안 했건 **형님**이라 한다. 시댁 사람들에게 가리켜 말할 때에도 그렇게 한다.

(나) ㉠ 어머님, **형님**은 아직 안 왔지요? (간접 가리킴)
　　 ㉡ **형님**은 그 소문을 믿으세요? (직접 가리킴)
　　 ㉢ **형님**, 이 국물 맛 좀 봐 주세요. (부름)

손아래 시누이는 혼인 여부에 상관없이 아가씨, 아기씨라 한다. 시댁 사람들에게 가리킬 때에도 그렇게 한다.

(다) ㉠ 아버님은 {아가씨/아기씨}하고 먼저 가세요. (간접 가리킴)

   ㉡ 아니, {아가씨/아기씨}는 자존심도 없어요? (직접 가리킴)

   ㉢ {아가씨/아기씨}, 전화 받으세요. (부름)

위의 시누이, 형님, 아가씨 자리에 고모를 갖다 붙이는 어른들이 많은데, 그것은 우리말을 무너뜨리고 세상사를 어지럽히는 짓이다.

〈1999.8.27.〉

['남편의 여형제'의 남편] 시누이 남편과 아주버님

'남편의 여형제'(시누이)의 남편을 가리키는 낱말은 별도로 있지 않다. 시누이 남편이라 할 수밖에 없다. 지난날에는 한 집안의 며느리와 시누이 남편 사이는 유난히 내외가 심했던 관계였기 때문에 그다지 문제가 없었던 모양이나, 사회가 많이 변하여 요즈음은 누구보다도 자주 어울려야 할 관계가 되었기 때문에 부름낱말에서 유난히 곤란을 겪고 있다.

다음과 같이 시누이의 남편을 간접적으로 가리킬 때에는 그냥 시누이 남편이라 한다.

(가) ㉠ 우승을 차지한 그 선수가 바로 우리 시누이 남편이서.

ⓛ 영미네 **시누이 남편**은 지난달에 해외에 나갔어요.

ⓒ 이 사람이 제 **작은시누이 남편**입니다.

시누이 남편이 매우 어색하게 느껴질 때에는, 아이의 이름을 빌려서 '아무개(의) 고모부(님)'라고 해도 된다. 그러니 여기까지는 큰 어려움이 없다.

직접 가리키거나 부를 때가 정말 문제이다. 「화법 표준안(1991)」에서는 아주버님 또는 ○○ 서방님을 선택하였다. 다만 아주버님은 손위 시누이의 남편에게만 쓸 수 있게 제한했다. 이것도 고심을 거듭한 끝에 얻은 결론일 것이다. 시아주버니(남편의 형)나 시동생(남편의 남동생)과 혼동될 염려가 있을 때에는 "문화동 아주버님, 교동 서방님, 홍 서방님"과 같이 그 앞에 성(姓)이나 동네 이름을 붙여 구별하면 된다고 했다.

(나) ㉠ 어머님, {아주버님/서방님}은 아직 안 왔지요? (간접 가리킴)

ⓛ {아주버님/서방님}은 그 말을 믿으세요? (직접 가리킴)

ⓒ 문화동 {아주버님/서방님}, 어머님께서 부르세요. (부름)

얼마나 이것을 현실화할지는 모르겠지만, 이 밖에는 다른 방도가 아직은 없어 보인다. 평상시에 입에 자주 올려 익히는 것이 좋겠다.

〈1999.8.28.〉

[형제자매] 오빠와 오라버니

형(兄)·제(弟)는 남자 동기를 뜻하고, 자(姉)·매(妹)는 여자 동기를 뜻하는 것이 보통이다. 그리고 일반적으로 형과 자는 손위를 가리키고, 제와 매는 손아래를 가리킨다. 그러나 때로는 남자와 여자의 구별 없이 형제라 하기도 한다. 이들을 일상생활에서 어떻게 부르고 가리키는지 모르는 사람은 없겠지만, 혹시나 해서 여기에 정리해 둔다.

여자로서는, 손위 남형제(兄)를 오빠, 오라버니라 하고 손아래 남형제(弟)는 동생이라 한다. 손위 여형제(姉)는 언니라 하고 손아래 여형제(妹)는 역시 동생이라 한다. 동생이라고만 해서 충분하지 않겠다고 생각되는 상황에서는 남동생, 여동생이라 하여 구분한다.

남자로서는, 손위 남형제(兄)를 형, 형님이라 하고 손아래 남형제(弟)는 아우, 동생이라 한다. 손위 여형제(姉)는 누나, 누이, 누님이라 하고 손아래 여형제(妹)는 동생, 누이동생, 여동생이라 한다. 그러나 어른에게 자기의 형과 누이에 대해서 말할 때에는 형님, 누님의 사용은 피해야 한다.

이런 낱말들은 대체로 부를 때와 가리킬 때에 두루 사용한다. 다만 남동생, 여동생, 누이동생은 부름낱말로 쓰지 않는다. 동생을 부를 때에는 이름을 그대로 부르지만 성년이 되고 나면 함부로 이름을 부르는 것을 피하는 것이 좋겠다.

지난날에는 오빠, 누나가 어린이들이 사용하는 말이었는데, 요즈음에는 어른들도 두루 쓰고 있다. 나는 오라버니라고 하는 사람을 보면 다시 한번 쳐다보게 된다. 〈1999.9.10.〉

[오라버니·남동생의 아내] 새언니와 올케

남형제의 배우자는 올케이다. 손위와 손아래를 가릴 것 없이 남에게 가리킬 때에는 이 낱말을 그대로 쓴다.

(가) 우리 올케는 봉사 활동에 몸을 바쳤어.

오라버니(兄)의 아내를 가족에게 말할 때와 직접 가리키거나 부를 때에는 새언니, 언니라고 한다. 그 사람이 자기보다 나이가 적어도 새언니이며, 늙어 할머니가 되어도 새언니이다. 새는 친언니와 구별하기 위하여 붙이는 것인데, 친해지면 그저 언니라 부르기도 한다. 그러나 가리킬 때에는, 듣는 사람이 혼란을 일으킬 수도 있으므로 그저 언니라고 하는 것을 피해야 한다.

(나) ㉠ 아버지, {새언니/올케}를 이리 보내 주세요. (가족에게 간접 가리킴)

㉡ 나는 녹차. 새언니는 뭘로 하겠어요? (직접 가리킴)

㉢ 새언니, 문 좀 열어 주세요. (부름)

남동생(弟)의 아내는 여러 경우에 두루 올케라 한다. 그런데 올케가 손아래라고 해서 마구 낮추어 말하는 것은 피해야 한다.

(다) ㉠ 아버지, 올케를 이리 보내 주세요. (가족에게 간접 가리킴)

㉡ 나는 녹차. 올케는 뭘로 하겠어요? (직접 가리킴)

㉢ 올케, 문 좀 열어 주세요. (부름)

일반에서는 오라버니의 아내를 올케라고 부르는 이도 있다.

〈1999.9.11.〉

[언니·여동생의 남편] 형부와 제부

언니의 남편은 형부(兄夫)이다. 형부는 '언니(兄)의 남편(夫)'이란 뜻인데, 이 낱말은 가리킬 때에나 부를 때에 두루 쓰인다.

여동생의 남편은 제부(弟夫)인데, 어떤 지방에서는 제랑(弟郎)이라 한다. 제부란 '동생(弟)의 남편(夫)'이란 뜻이고, 제랑은 '동생(弟)의 낭군(郎君)'이란 뜻이다. 둘 중에서 제부가 좀더 많이 쓰이는데, 아직까지 전폭적인 세는 얻지 못하고 있는 듯하다. 한편에서는 '김 서방' 식이 더러 쓰이고 있으나, 젊은이들에게는 매우 어색하게 받아들여지는 것 같다. 제부가 자기보다 나이가 꽤 많다면 마구 '해라' 하는 것은 바람직하지 않다.

〈1999.9.13.〉

[형·아우의 아내] 형수님과 제수씨

형의 배우자는 형수(兄嫂)이다. 통상적인 상황에서는 이 낱말을 그대로 쓰고, 직접 가리키거나 부를 때에는 아주머니, 아주머님, 형수(님) 중에서 골라 쓴다.

(가) ㉠ 우리 형수도 이번에 명예 퇴직을 했어. (남에게 간접 가리킴)

ⓛ 어머니, {형수/아주머니}는 어디 갔어요? (어머니에게 간접 가리킴)

ⓒ 그 문제를 형수님께서는 어떻게 생각하세요? (직접 가리킴)

ⓔ {형수님/아주머님}, 전화 받으세요. (부름)

아우(남동생)의 배우자는 제수(弟嫂) 또는 계수(季嫂)라고 한다. 여기
서 '계(季)'는 '끝'을 뜻하므로, 상황에 따라 계수는 형제가 여럿일 때
에 '막내아우의 배우자'만을 뜻하기도 한다. 이들을 가리킬 때에는
이 낱말을 그대로 쓰며, 직접 가리키거나 부를 때에는 제수(씨), 계수
(씨)라고 한다.

(나) ⓐ 이번에 우리 제수가 최고상을 받았습니다. (남에게 간접 가리킴)

ⓛ 아버지, 제수를 오라고 할까요? (아버지에게 간접 가리킴)

ⓒ 그 문제를 제수씨는 어떻게 생각하세요? (직접 가리킴)

ⓔ 제수씨, 전화 받으세요. (부름)   〈1999.9.14.〉

[누이의 남편] 매형과 자형, 매부와 매제

손위 누이의 남편은 매부, 매형, 자형이라 한다.

매부(妹夫)란 '누이(妹)의 남편(夫)'이란 뜻인데, 일찍부터 중부 지
방을 비롯한 여러 지역에서 '손위 누이의 남편'과 '누이동생의 남편'
을 두루 가리켰다. 그리고 매형(妹兄)은 '누이(妹)로 말미암은 형(兄)'
이란 뜻인데, 중부 지방에서 '손위 누이의 남편'에 대하여 써 왔다. 예
전부터 써 오고 있기는 하지만, 매(妹)가 일반적으로 '누이동생'을 뜻

한다는 점에서 보면 이 두 낱말에는 모순이 있다.

자형(姉兄)은 '누이(姉)로 말미암은 형(兄)'이라는 뜻인데, 주로 남부 지방에서 쓰였으나 지금은 여러 지방에서 적지 않은 세력으로 쓰이고 있다. 자(姉)와 형(兄)이 다 같이 손위를 가리키므로 자형에는 매부와 매형이 안고 있는 모순이 없다.

어떻든 손위 누이의 남편을 가리키거나 부를 때에는 매부, 매형, 자형을 그대로 쓰면 된다. 나는 자형을 권한다.

「화법 표준안(1991)」에서는 '누이동생의 남편'에 대한 명칭을 매부로 정하였다. 그런데 위에서 언급한 바와 같이, 매부(妹夫)란 '누이(妹)의 남편(夫)'이란 뜻으로서 손위 누이의 남편도 매부라 하니, 위아래가 변별되지 않아 혼란스러운 경우가 많다. 이런 문제를 극복하려면, 손위 누이의 남편을 자형이라 하듯이, 누이동생의 남편을 매제(妹弟)라고 해야 한다. 매제란 '누이동생(妹)으로 말미암은 아우(弟)'라는 뜻으로, 적지 않은 사람들이 사용하고 있다. 그러니 매제를 표준으로 인정해야 할 것이다.

누이동생의 남편을 직접 가리키거나 부를 때와 집안사람들에게 말할 때에는 매부, 매제라는 낱말을 그대로 쓰거나 '박 서방' 식으로 한다. 〈1998.11.11., 1999.9.15.〉

한자낱말 바꾸어 쓰기

대인과 어른, 소인과 아이

예전보다 많이 줄어들기는 했지만 아직도 대인, 소인이라는 낱말을 마땅하지 않게 쓰는 경우를 본다. 공원이나 공연장의 입장표 또는 그런 부류의 표를 파는 곳에서는 대인, 소인을 흔히 볼 수 있다. 마땅히 어른, 아이(또는 어린이, 학생)라고 해야 한다.

우리 낱말 대인(大人)은 본디 ① 인격이 훌륭한 사람을 가리키거나 ② 다른 사람을 직접 높여 부르거나 ③ 남의 아버지를 높여서 일컫는 말이다. 그러니 농이 아닌 바에야 아무나 보고 대인이라 하는 것은 무례이다.

글머리에 든 예는 ①~③의 뜻으로 쓴 것이 아니고, 토박이낱말 어른을 한자로 바꾸어서 대인이라 한 것이다. 그러나 이것은 바람직한 일이 아니다. 마땅한 것이 있는데도 억지낱말을 만들어 쓰는 것은 우리 토박이낱말을 위축시킬 뿐만 아니라 이미 형성되어 있는 어휘 체계에 혼란을 불러일으키기 때문이다.

소인(小人)도 마찬가지이다. 이 낱말은 예로부터 자기 자신을 낮추어 가리킬 때에 썼다. 자식이 부모에게, 또는 하인이 상전에게 말할 경우에 주로 썼다. 그런 낱말을 당당하게 자라나야 할 우리 어린이와 청소년에게 써야 할 이유가 없다.

어른, 아이·어린이·청소년·학생이라고 해야 할 자리에 대인, 소인이라 하는 것은 한자에만 사로잡혀 세상 물정을 올바로 보지 못한 결과라 할 수밖에 없다.　　　　　　　　　　　　　　　　〈1996.9.11.〉

대두유와 콩기름

어느 과자 봉지에 소맥분, 대두유, 정백당 따위가 인쇄되어 있는 것을 보았다. 과자의 원료를 그렇게 밝혀 놓은 것이다. 그런데 그 낱말들이 무엇을 가리키는지를 알아볼 사람이 얼마나 될까 생각해 보게 된다.

그런 글발은 소비자를 위한 것이다. 그러므로 여러 계층의 소비자들이 두루 알아보기 쉽도록 표현해야 한다. 먹거리는 모든 사람들과 관계되는 것이니 더욱 그래야 할 것이다. 그럼에도 그 같은 일이 쉬이 없어지지 않는 것이 매우 안타깝다. 일상의 음성언어에서는 그런 낱말을 사용하지 않으면서, 문자화하고 문서화할 때에는 굳이 한문 투의 낱말을 사용하는 것이다. 이것은 버려야 할 습관이다. 열린 사회, 열린 말글살이로 나아가는 길에 그것은 커다란 장애물이다.

우리들이 지향해야 할 바는 다음과 같은 것이다. 누구나 알 수 있게, 그리고 되도록이면 일상의 음성언어와 일치되게 해야 한다.

대두유(大豆油) → 콩기름   정백당(精白糖) → 흰설탕
소맥분(小麥粉) → 밀가루

곡물 가게에서도 이런 부류의 낱말을 많이 접할 수 있다. 그 역시
다음과 같이 바꾸어 쓰는 것이 바람직하다.

소두(小豆)   → 팥   흑태(黑太)   → 검은콩
대맥(大麥)   → 보리   백태(白太)   → 흰콩
정맥(精麥)   → 보리쌀   〈1998.3.6.〉

척사와 윷놀이

이번 설에도 다음과 같은 문구를 보았다.

대보름 맞이 주민 화합 척사 대회

이웃에 있는 몇 사람에게 '척사 대회'가 어떤 대회냐고 물어 보았는
데, 대체로 잘 모르겠다고 했다. 동네 사람들이 어울려 노는 잔치라고
짐작하는 이도 있었다.

여기 **척사**는 한자로는 擲柶로 표기한다. 擲은 '던지다'를 뜻하며,
柶는 원래는 '젓가락'을 뜻하는데 우리 나라에서는 '윷(가락), 윷짝'

의 뜻으로 쓰기도 한다. 그러니 글자 그대로의 뜻만 풀면 척사의 뜻은
'윷짝 던지기'이다. 토박이낱말 윷놀이를 한자에 기대어 그렇게 바꾸
어 놓은 것이다. 그것은 글살이를 한자로 하던 지난날에 어쩔 수 없이
선택했던 구차한 방법이다. 오늘날에는 윷놀이로 되돌리는 것이 마땅
하다.

   대보름 맞이 주민 화합 윷놀이 대회

   생각을 한 걸음만 더 앞으로 옮긴다면, '대회'도 그다지 필요하지
않음을 알 수 있다. 등위를 정하고 상을 주기 때문에 그랬는지는 모르
겠지만, 윷놀이라고만 해도 그런 의미가 충분히 드러난다. 〈1999.3.2.〉

조기 축구와 아침 축구

   아침 일찍 일어나 운동하는 사람이 많다. 남자들 중에는 축구를 즐
겨 하는 이가 많은데, 그런 축구를 흔히 '조기 축구'라 한다. 여기 조
기는 '일찍 일어남'을 뜻하며, 한자로는 早起로 쓴다.
   그런데 아침이나 새벽에 축구를 한다는 사실에 초점을 맞춘다면
'아침 축구'나 '새벽 축구'라고 할 수 있다. 이렇게 하면 이해하기가
더 쉬워진다. '아침 운동'이나 '새벽 운동'은 이미 널리 쓰고 있다.
   "조기 청소, 조기 체조"도 "아침 청소, 아침 체조"나 "새벽 청소, 새
벽 체조"로 바꾸고 보면 느낌부터 훨씬 더 상쾌해지는 것 같다.
   조기(早期) 교육, 조기 유학으로 시끌벅적하고 떠들썩한 세상에 '조

기 축구'만이라도 '아침 축구'나 '새벽 축구'로 바꾸어 상쾌함을 누렸으면 좋겠다. 의미가 아주 변별되니 그것도 큰 수확이다. 〈1999.4.6.〉

제위와 여러분

동창회 이름으로 발송된 편지 중에 첫머리가 다음과 같이 시작되는 것을 본 적이 있을 것이다.

동문 선·후배님 제위 여러분!

동문을 향한, 넘치는 애정과 급한 마음이 이런 표현의 원인이 됐을 것이라고 짐작은 하지만, 이 표현은 다음과 같은 문제를 안고 있다.

첫째, 제위는 諸位로서 여러분과 같은 말이다. 그러니 둘 중에 하나를 선택해서 써야 한다.

둘째, 동문과 선·후배님을 나란히 쓰는 것은 썩 좋은 방법이 아니다. 동문은 선·후배의 개념을 포괄하는 낱말이기 때문이다. 한번은 동문이라 하고, 그 다음번은 선·후배라 하는 방법은 있겠다.*

셋째, 선·후배님 다음에 제위나 여러분을 나란히 쓰는 것도 그다지 좋은 표현이 아니다. 이런 맥락에서 앞의 선·후배님이 여러 사람을 부르는 말이므로, 연이어 여러분이라고 부를 필요가 없다. 여러분을 살

---

* '동문(同門)'을 '동기(同期)'와 같은 낱말로 이해하거나 사용하는 사람들이 있는데, 사실은 전혀 그렇지 않다(53쪽 참조). 위의 '동문 선·후배님'은 그런 오해에서 비롯된 것이 아닌가 한다.

릴 의도라면 그 앞의 님을 **빼야** 한다.

요컨대 위는 상황에 따라 ㄱ~ㄷ에 중에서 하나를 선택하는 것이 바람직하다.

ㄱ. 동문 여러분!

ㄴ. 선·후배 여러분!

ㄷ. 선배·후배님!   〈1999.10.25.〉

시건 장치와 잠금 장치

옛날부터 사람들은 문이나 서랍 따위를 잠그고 여는 장치를 만들어 썼다. 우리 겨레는 잠그는 물건을 보통 **자물쇠** 또는 **자물통**, 여는 것을 열쇠라고 했다. 두 가지 중에서 더 중요한 것은 자물쇠·자물통이었다.

그런데 오늘날 여러 방면에서 시건 장치가 이 낱말을 대신하고 있는 형편이다. 관공서에서 쓰기 시작한 것으로 보이는데, 관청이니 좀 유식한(?) 말을 써야 한다는 생각이 작용했을 것이다. 그러나 결코 시건 장치가 더 유식한 말이 아니다. 게다가 시건(施鍵)이란 '열쇠로 엶'을 뜻하니, 보안을 위하여 '잠그는' 것이 중심인 실제의 현상과도 거리가 있다. (의미상으로 볼 때에 施와 鍵은 잘 어울리지도 않는다.) 그러므로 굳이 시건이라는 낱말을 쓸 필요가 없다.

한글 학회에서 지은 『우리말 큰사전(1992)』에서는 시건 장치를 잠금 장치라는 쉬운 말로 맞대어 놓은 바 있다. 때에 따라서는 자물쇠 장치라고 해도 될 것이며 잠글 장치도 괜찮겠다. 아예 한 발짝 더 나아가면, 한글 학회의 『쉬운말 사전(1984)』에서 보인 것과 같이 **잠그개**도 좋지 않을까 한다.

우리 토박이낱말이나 일상 어휘를 업신여기거나 한자로 대신하려는 생각은 하루바삐 씻어내야 하겠다. 〈1997.10.29.〉

케이크 **절단식**, 샴페인 **개방식**

이러저러한 행사장에 가면 서양식 진과자(생과자)를 높이 올려놓고 칼로 자르는 것을 볼 수 있다. 가족끼리 생일잔치를 할 때에도 그런 것을 흔히 한다. 그러나 찬찬히 따져 보아야 할 문제가 있다. 그런 의식이 꼭 필요한지? 반드시 그 서양식 과자를 가지고 해야 하는지?

그건 그렇다 치고, 그런 차례를 소개하는 말이나 글을 보면 보통 다음과 같다.

(가) 케이크 절단(식)

케이크도 **진과자**(물기가 조금 있으니까)나 **생과자**라고 할 수 있겠거니와, 특히 **절단**은 **자르기**라고 하는 것이 좋겠다. 일상 언어에서 '과자를 자르다'라고 하지 '과자를 절단하다'라고 하는 사람은 거의 없다. 그러므로 **자르기**라고 하는 것이 바람직하다. 그리고 식이라는 낱말을 붙이는 것은 군더더기이다. 과자를 자르는 차례는 전체의 식 가운데 한 부분이기 때문이다.

그런가 하면 젊은이들의 모임에 가 보면 다음과 같은 이름의 절차를 치르기도 한다.

(나) 샴페인 개방(식)

샴페인 병 뚜껑을 따는 차례를 가리키는 표현인데, 여기서도 개방이라는 말이 어울리지 않는다. 식을 덧붙이는 것도 마땅하지 않다.

　요컨대 일상의 말과 동떨어진 표현을 하지 말자는 것이다. 의식이니까 그런 표현을 써야 한다고 생각하거나, 그런 표현이 곧 점잖고 격식을 갖춘 것이라고 생각한다면, 그것은 중세 시대로 되돌아가자는 것과 다를 바가 없다. 일상의 말대로 표현하는 것이 자연스럽고 살가운 법이다.

〈1999.5.4.〉

날짐승 구제와 날짐승 잡기

　경북 지부는 날짐승 구제(驅除) 허가를 경북 지방경찰청에 신청했다.

새들이 농작물에 입히는 해가 너무 많으니 새 잡는 것을 허가해 달라고 신청했다는 보도 기사이다. 여기서 구제는 맥락에 알맞은 낱말이 아니다.

　전체 맥락으로 볼 때에, 구제로써 나타내고자 한 의미는 '총으로 쏴 잡아죽임'이 분명하다. 하지만 구제(驅除)는 '몰아냄, 없애 버림'을 뜻할 뿐 '잡아죽임'의 의미를 분명히 드러내 주지 못한다. 게다가 변별력도 떨어지고(그것을 염려하여 한자를 덧붙였지만 노력에 비하여 효과는 여전히 의문스럽다) 어렵기까지 하니, 이런 낱말을 굳이 사용해야 할 필요가 없다. 잡기라고 하면 쉽고 분명해진다.

우리의 말글살이가 이런 방향으로 나아가도록 힘써야 하겠다.

〈2000.8.28.〉

성대 묘사와 성대 모사와 말소리 흉내

다음은 일주일 전 어느 중앙 일간신문의 방송 관련 기사문에서 따온 것이다. 여기서 **성대 묘사**는 적절한 표현일까?

(가) 김영삼 전 대통령을 **성대 묘사**한 '황수관 박사의 가상 대담'도 아이디어가 돋보였다.

묘사(描寫)의 원의미는 '대상을 있는 그대로 그리기'인데, 뜻이 번져 나가 '있는 그대로 자세히 쓰기'를 나타내기도 한다. (나)에서 각각의 용법과 의미를 확인할 수 있다.

(나) ㉠ 그의 소설에는 도시 빈민가의 풍경이 잘 **묘사**되어 있다.
　　 ㉡ 김 화백의 인물 **묘사**력은 참으로 뛰어나다.

그러므로 '성대의 생김새'를 그림 도구로 그리거나 글로 써 내는 것이라면 **성대 묘사**라 해도 문제가 없다. 그러나 (가)에서와 같이 목소리를 흉내 내는 것을 성대 묘사라고 하는 것은 적절하지 않다.

근본 문제는 묘사에 있는데, 이와 발음이 비슷한 낱말로 모사(模寫)가 있다. 모사의 원의미는 '똑같이 베껴 그리기'인데, 뜻이 점점 확장되어 갖가지 복사나 모방을 의미하기도 한다. 이러한 의미 관계 속에서 성대 모사라는 표현이 등장하였다. '말소리 모방'을 그렇게 표현한 것이다.* 요즈음은 사람의 말소리만이 아니라 동물이나 물체의 소리를 흉내 내는 일까지도 이렇게 일컫곤 한다. 이로써 (가)의 성대 묘사는 성대 모사라고 해야 한 것을 잘못 표현한 것임을 확인할 수 있다.

그런데 (가)에는 또 다른 문제가 있다. '대통령을 성대 모사한'이라는 표현은 잘 봐 주어야 '대통령을 성대로 모사한'의 의미로 해석할 수 있겠는데, 사실은 '대통령의 성대(말소리)를 모사한' 행위를 그렇게 표현한 것이다. 요컨대 성대 모사라는 표현을 단독으로 사용할 때에는 그런대로 괜찮지만, "아무개를 성대 모사하－"라는 표현은 그냥 지나칠 수 없다. 적어도 다음과 같은 정도는 되어야 한다.

(가)′ 김영삼 전 대통령의 **성대를 모사한** '황수관 박사의 가상 대담'도 아이디어가 돋보였다.

다시 생각해 보면, 위와 같은 표현은 물론이요 성대 모사까지도 아주 적확한 표현이라 할 수 없다. 이미 모창(模唱, 模＝본뜨다, 唱＝노래부름)이란 낱말을 널리 쓰고 있는 데서 그것을 확인할 수 있다. 남의

＊ 성대는 말소리(음성)를 결정하는 데에 핵심적인 구실을 한다. 그러므로 일찍부터 '말소리'를 '성대'라고 표현하기도 했는데, 이는 문제될 것이 없다.

'노래 부르기(唱)'를 흉내 내는 것을 모창이라 하지, '성대'를 앞세워 성대 모창이라 하지 않는다. 거기에 비추어 보면, 남의 말소리(聲)를 흉내 내는 것도 성대 모사보다 모성(模聲, 模＝본뜨다, 聲＝소리)이라 하는 것이 좀더 합리적이겠다는 생각이 든다.

한 걸음 더 나아가 생각해 보면, 의미도 잘 떠오르지 않고 헷갈리기 쉬운 모사를 고집할 필요가 없다. 흉내 내-라는 익숙한 말이 있으니, 이를 살려 다음과 같이 하는 것이 더 바람직하다.

(가)″ 김영삼 전 대통령의 **말소리를 흉내 낸** '황수관 박사의 가상 대담' 도 아이디어가 돋보였다.

여기까지 내딛게 되면, 단독으로 표현할 경우에도 성대 묘사니 성대 모사니, 또는 **모성**이니 하는 논의가 부질없어진다. 말소리 흉내내기나 말소리 흉내면 충분하다. 모창도 노래 흉내(내기)이면 그만이다. 목소리나 노래만이 아니고 몸짓을 흉내 내기도 하는데, 그것은 **몸짓 흉내(내기)**이다.   〈1998.3.18., 2001.2.21〉

국감 수감과 국감 받음

(가) 공제회 국감 **수감**

이것은 어느 공제회가 국회의 국정 감사를 받았다는 보도 기사의 제목이다. 기사 본문 속에도 다음과 같은 구절이 있었다.

(나) 공제회는 12일 국회 교육위원회 회의실에서 제208회 정기 국회 국정
　　감사를 **수감하였다.**

　이런 경우에 '국감(國監) 수감'이나 '감사(監査)를 수감하다'는 바람
직한 표현이 아니다. 일상 언어와 거리가 멀고, '감'이 연이어 자리하
는 점 때문이다. 그리고 여기 **수감**은 한자 受監(受=받다)과 관련지어
서 이해해야 할 텐데, 웬만한 사전에는 이런 낱말이 실려 있지도 않다.
일상에서 편안하게 말할 때에는 이런 식으로 말하지 않는데, 연설을
하거나 글을 쓸 때에는 이런 식으로 나가는 일이 많다. 이는 결코 바람
직한 현상이라 할 수 없다. 글은 말에 일치시키는 것이 좋고, 일상의
표현과 공식상의 표현은 가까울수록 좋은 것이다.
　위와 같은 경우라면, 다음과 같이 평소의 말 그대로 표현해서 안 될
까닭이 전혀 없다. 아니, 이것이 훨씬 더 반듯한 말이다.

(가)′ 공제회 국감 **받음**
(나)′ 공제회는 12일 국회 교육위원회 회의실에서 제208회 정기 국회 국
　　정 감사를 **받았다.**　　　　　　　　　　　　　　　〈1999.10.22.〉

납득과 이해

　우리말 어휘 중에는 한자에서 비롯된 낱말, 다시 말하면 한자에 뿌
리를 두고 있는 낱말이 많다. 그런 낱말을 흔히 한자낱말(한자어)이라
한다. "명절, 인간, 국가, 경제, 애정, 가족, 애국심, 인생관"들은 모두

한자낱말이다.

그런데 이 같은 한자낱말 중에 '일본식 한자낱말'이라 일컫는 것이 있다. 그것은 일본 사람이 그들의 필요에 따라 그들의 한자 용법에 맞게끔 만들어 쓰는 한자낱말이다. 당연히 우리의 전통적인 한자 용법과는 거리가 멀 뿐만 아니라, 많은 경우 그것에 맞서는 우리 낱말이 이미 있다. 예를 들어, 납득(하다)은 일본식 낱말이요, 우리 낱말은 이해(하다)나 알아듣다이다. 심득 사항은 일본말이요, 알아 둘 일이 우리말이다. 세대(世帶)는 일본식 낱말이고, 가구(家口)가 우리 낱말이다.

나이 지긋한 사람들 사이에 아직도 오가고 있는 타합(打合)도 일본식 낱말이다. 의논(議論), 협의(協議), 상의(相議) 들이 우리 낱말이다. 어느 지역에서나 어렵잖게 접할 수 있는 대합실(待合室)도 일본어 찌꺼기이다. 우리 한자낱말로는 대기실(待機室)인데, 여기서 더 나아가 기다림방이라 써 붙인 역도 있다.

이처럼 일본식 한자낱말이 많지만, 사실 그것을 분별하는 것은 쉬운 일이 아니다. 그리고 일본 사람이 만들어 쓰기 시작했다고 해서 죄다 우리가 쓰지 말아야 할 것은 아니다. 그렇게 하면 당장 우리의 말글살이가 혼란스러워질 것이기 때문이다. 예를 들면 "기차(汽車), 방송(放送), 물리(物理), 배구(排球), 대통령(大統領), 은행(銀行), 세관(稅關), 연설(演說), 총무(總務)" 따위도 엄밀히 따지면 일본식 한자낱말이다. 하지만 지금으로서는 이것들을 사용하지 않을 수가 없다. 그러므로 이런 것은 말다듬기(언어 순화)의 대상, 곧 '일본식 한자낱말'에서 제외하는 것이 보통이다.

그러나 상대되는 우리말이 있는 일본식 한자낱말은 사용하지 말아야 한다. 그것을 분별하기가 쉽지는 않은데, 사전을 성실히 활용하면 많은 도움을 받을 수 있다. 일본식 한자낱말은 우리말 사전에 올림말로 실려 있지 않거나 비표준말로 처리되어 있다. 예를 들어 세대를 찾아보면 "세대(世帶)=가구(家口)"로 기록되어 있는데, 이러한 처리에는 세대가 비표준이라는 뜻이 깔려 있다. 비표준 한자낱말이라 해서 모두 일본식인 것은 아니지만, 이런 처리를 보면 일단은 경계심을 가질 수 있을 것이다. 〈1996.9.23~24., 1997.8.27.〉

일당과 일급·날삯

일요일 오전에 어느 방송국에서 '삶의 현장'이라는 프로그램을 방영한다. 이 프로그램에 호감을 가지는 시청자가 많은 듯하다. 그 이유는 일의 소중함과 땀의 신성함을 일깨워 준다는 점, 정당한 노동의 대가로 남을 돕는 대리 만족을 시켜 주는 점이 아닌가 한다.

그런데 한 가지, 일당이라는 자막과 표현이 늘 거슬린다. 이것을 한자로 표기하면 日當(日=날, 當=마땅하다)이 되는데, 이렇게 써 놓고 보면 흔히 알고 있는 '하루 품삯'이라는 의미와 전혀 관계가 맺어지지 않는다. 일본 사람이 쓰는 것을 그대로 따른 결과일 뿐이다. '한 주'의 품삯을 주급(週給)이라 하고, '한 달'의 품삯을 월급(月給)이라 하는 것과도 대비된다. 이런 관계를 따르면 '하루'의 품삯은 일급(日給)이 된다. 이것이 일당보다는 낫다.

내친김에 토박이낱말로 바꾸면 날삯이 된다. 한글 학회에서 지어 펴낸 『쉬운말 사전(1967)』에서는 일찍부터 그렇게 바꾸어 놓았다. '한 날의 품삯'이란 뜻이다.

일당(日當)의 원래 의미는 '하루에'이다. 그 뒤에는 수를 나타내는 요소가 오는데, 품삯만이 아니라 다른 것도 올 수 있다. 예컨대 하루에 쓰는 용돈을 '일당 3,000원'이라 할 수도 있고, 하루에 먹는 물의 양을 '일당 1.8리터'라 할 수도 있고, 하루에 찾아오는 고객의 수를 '일당 50명'이라 할 수도 있다. 이렇게 보면 유독 '하루 품삯'만을 일당이라 한 것부터가 합리적인 사용이 아니었음을 알 수 있다.

⟨2001.1.30.⟩

건배와 지화자

요즈음 갖가지 잔치를 시작할 때에 건배라는 차례를 갖는 것이 보통이다. 그리고 어떤 자리에서는 사회자가 어느 한 사람을 지정하여 "아무개께서 건배를 제의하겠습니다."라는 말을 하기도 한다.

이럴 때에 건배는 한자로는 乾杯(乾 = 마르다, 杯 = 잔)라고 쓴다. 그러니 "건배!"라고 외치는 것은 '잔을 말리자(비우자)!' 또는 '술을 마시자!'라는 뜻이 되는 셈이다. '건배를 제의하다'는 '잔 비우기를 권하다'나 술 마시기를 권하다'를 뜻한다. (그러니 이러한 의식은 술을 못 마시거나 안 마시는 사람에게는 적지 않은 부담이 될 수 있다.)

요즘에는 많은 사람들이 "(~을) 위하여!"나 "지화자!"라고 외치는 것을 본다. 지화자는 예로부터 흥을 돋울 때에 외치는 소리이다. 건배가 술을 마시는 사실에 초점을 맞춘 것이라면, 위하여나 지화자는 술을 마시는 목적이나 명분에 초점을 맞춘 구호라고 할 수 있겠다. 이렇게 볼 때에 건배보다는 위하여나 지화자가 훨씬 더 낫다. 물론 이보다 더 멋진 구호도 얼마든지 있을 것이다.

이제 "아무개께서 건배를 제의하겠습니다."를 대신할 말을 생각해 보자.

우리에게는 옛날부터 권주가(勸酒歌)가 있었다. 술 마시기를 권하는 뜻의 노래를 말한다. 그런 것을 되살려서 권주사(勸酒辭) 또는 권주의 말씀은 어떨까? 사회자는 "아무개께 권주사를 부탁드립니다."라든지, "이어서 아무개께서 권주의 말씀을 하시겠습니다."라고 하는 것이다. 그런 말로는 축하의 뜻이 충분히 드러나지 않거나 잔치 분위기에 걸맞지 않다고 생각되면 축배라는 낱말을 써서 "아무개께서 축배의 말씀을 하시겠습니다."라고 해도 좋겠다.

이와 같은 지명을 당한 사람은 그 자리에 알맞은 내용으로 인사말을 한 다음에 "(~을) 위하여!"나 "지화자!"를 외칠 것이며, 다른 참석자들은 이를 받아서 "위하여!"나 "절씨구!"로 화답할 것이다. 이렇게 하면 좀더 멋진 잔치가 되지 않을까? 〈1996.10.19., 10.22.〉

고수부지와 둔치

강가에는 둑이 있고, 둑을 따라서는 대개 펑퍼짐한 터가 있다. 인공적으로 강을 개발하면서부터는 그런 터가 많이 생겼다. 한강이 대표적인 사례이다. 한강을 대대적으로 개발하기 시작한 것이 1980년대인 듯한데, 그 무렵에 고수부지라는 말이 신문과 방송에 널리 쓰이기 시작했다. 한강 가에 조성된 터를 그렇게 일컬은 것이다.

그런데 고수부지(高水敷地)는 우리말의 어휘 목록에 있지 않았다.

더 중요한 것은 그 짜임새가 일본어 같다는 것이다. 특히 고수(高水)는 우리 한자의 개념으로는 그 의미가 쉬이 연상되지 않는다.

이 같은 비판이 확산되자 서울시에서는 고수부지를 사용하지 않기로 공식 결정하고, 대신에 '한강 시민 공원'이라는 표지판을 세웠다. 고수부지를 대신할 말을 찾기가 쉽지 않자 그 터의 기능이나 용도에 초점을 맞추어 이렇게 이름을 붙인 것이다. 그러나 고수부지와 시민 공원은 매우 다른 차원의 개념이다. 고수부지는 공원이 아닌 다른 용도, 이를테면 교통 시설 같은 것으로 사용될 수도 있다.

어쨌든 '한강 고수부지' 대신에 '한강 시민 공원'이라는 명칭이 공식화되었지만, 아직도 고수부지는 없어지지 않고 있다. 다른 강이 있는 지역에서는 더욱 그렇다. 예를 들면 춘천 지역 방송에서는 '공지천 고수부지'를 예사로 사용한다.

그런데 동아일보에서는 고수부지 대신에 둔치라는 낱말을 사용하고 있다. 둔치는 본디부터 우리 사전에 올려 있는 낱말이다. 우리 조상들이 늘 써 온 낱말인 것이다. 이것을 확산시켰으면 좋겠다. 한강 둔치, 공지천 둔치, 낙동강 둔치, 영산강 둔치, ……. 〈1996.12.26.〉

선착장과 나루터

광나루, 노들나루, 마포나루, 양화나루 들은 지난날 서울 한강 가에 있던 나루이다. 나루는 강이나 바다를 건널 때에 이용하는 곳으로, 다른 강가에도 여기저기 많이 있다. 나루에는 나룻배가 있기 마련이며, 나룻배가 들고 나는 곳을 나루터라고 한다. (딱히 나룻배나 나루터에 한정하지 않고 각종 배가 드나드는 곳을 배터라 하기도 한다. 그렇게 보면 나루터는 배터의 한가지가 된다.)

그런데 한강을 개발하고 유람선을 띄우면서부터 나루터는 간곳없고 선착장이 그 자리를 차지하게 되었다. 유람선이 들고 나는 곳마다 "여의도 선착장, 잠실 선착장, 마포 선착장" 식으로 이름을 붙인 것이다. 서울시에서 한 일이다. 수도인 서울에서 그러다 보니 다른 지방에서도 덩달아 그것을 쓰게 되었다. 이제 공식 문건에서 마포나루(터)와 같은 이름을 접하기가 어려운 지경이 되었다.

선착장은 한자로는 船着場(船=배, 着=닿다, 場=곳)으로 쓴다. 한자대로 풀이하면 '배가 닿는 곳'일 뿐이지 '떠남'의 의미는 없으니, 사실을 잘 나타내 주는 것도 아니다. 그럼에도 예로부터 익히 써 온 나루터가 있는데도 굳이 선착장을 꺼내 왔다. 그게 무슨 대수야 할지도 모르지만, 문제는 거기서 끝나는 것이 아니다. 나루터가 살면 토박이 낱말 뱃삯도 살게 되지만, 선착장으로 가면 도선료(渡船料)까지 불러올 개연성이 매우 커지는 것이다.

위에서 배터를 잠깐 언급했는데, 내가 사는 춘천에는 "중도 배터, 서면 배터"라는 곳이 있다. 오래전부터 그렇게 불러 왔다. 의암호 가운데 있는 중도로 건너가는 배를 타는 곳이다. 그런데 요즈음 이곳의 지방자치단체나 언론사에서 펼치는 각종 행사의 홍보에는 으레 "중도 선착장, 서면 선착장"으로 등장한다. 선착장이 나루터에 이어 배터까지 밀어내고 있는 것을 보니 가슴이 더욱 답답해진다.　〈1998.8.21.〉

기라성과 큰별

기라성이라는 말을 예사로 쓴다. 바로 며칠 전에도 꽤 이름있는 방송 사회자가 이 낱말을 쓰는 것을 들었다.

그 당시에는 **기라성** 같은 사람들이 참 많았지요.

일부 사전에는 **기라성**을 한자 綺羅星과 맞대어 놓았지만 **기라성**은 일본식 낱말이다.

일본어에는 '반짝이다'를 뜻하는 きら[기라]가 있는데, 거기에 별을 뜻하는 星[성]을 붙여 きら星[기라성]을 만든 것이다. 여기서 きら를 그것과 음이 같은 한자로 바꾸면 綺羅星이 된다. 하지만 어느 문자로 표기하든 '반짝이는 별'을 뜻하는 일본식 낱말이다.

우리말 사전을 펼쳐 보면 기라(綺羅)가 올려 있다. 이것은 아름답고 고운 비단, 또는 그 옷을 뜻한다. 綺羅星의 의미와는 거리가 있다. 문제의 **기라성**이 '비단별'을 뜻하는 것은 아니다.

기라성을 대신할 낱말을 생각해 보자. 먼저 **빛난별**이 떠오른다. 그런데 별이란 다 빛나지 않느냐는 반론이 있을 수 있다. 그 반론을 받아들인다면 **샛별**을 생각해 볼 수 있다. 새벽 동쪽 하늘에 찬란하게 보이는 별을 샛별(金星)이라 하므로 거기서 딴 것이다. 아니면 그저 **큰별**이라 할 수도 있겠다.

ㄱ. 그 당시에는 {**빛난별**/**샛별**} 같은 사람들이 참 많았지요.

ㄴ. 그 당시에는 **큰별**이 참 많았지요.

이렇게 해야 우리에게 훨씬 더 살가울 뿐만 아니라 의미도 쉽게 환기되는 상징 표현이 된다. 〈1997.8.20.〉

○○제와 ○○잔치

봄가을이 되면 각 지역에서 문화·예술 행사를 벌인다. 그런 행사들의 명칭을 보면 "한서제, 소양제, 군항제, 개천 예술제, 한산대첩 기념제" 따위와 같다. 이 밖에도 "철쭉제, 동백제, 인형극제, 단종제, 춘향제" 등등 참으로 많은데 대부분의 명칭이 ○○제이다. 여기 제는 한자로는 祭인데, 이는 우리의 전통적인 관념으로는 제사를 가리킨다. 여기에 생각이 미치면 이런 명칭에 문제가 있다는 것을 짐작하게 될 것이다.

행사 내용이 제사(祭祀)나 제의(祭儀)와 관계가 있다면 ○○제라는 명칭에 대하여 문제 삼을 것이 없다. 예를 들면, 오월에 벌이는 '강릉 단오제'를 비롯하여 "단종제, 춘향제"가 그런 성격을 띠고 있다. 그러나 대부분의 행사들은 제사가 중심이 아닌 듯하다. 그런 행사를 ○○제라고 하는 것은 바람직하지 않다. 각급 학교에서 벌이는 "대동제, 연극제, 음악제, 미술제, 방송제" 따위와 일반에서 흔히 벌이는 "가요제, 영화제, 연극제, 무용제" 등도 마찬가지다.

영어권에서는 시끌벅적·떠들썩한 행사를 보통 festival(페스티벌)이라 한다. 우리는 그것을 엉뚱하게도 제(祭)로 대체하고 있는 것이다. 우리의 상식으로 제(사)는 엄숙·조용·고요한 행사가 아닌가? 그럼에도 이렇게 된 것은 일본 사람이 그렇게 변통해 쓰는 것을 속내도 잘 모르고 따라서 쓴 결과이다.

그러면 제를 대신할 낱말로는 어떤 것이 좋을까?

먼저 잔치를 생각해 볼 수 있다. 잔치는 기쁜 일이 있을 때에 음식을 차리고 손님을 청하여 즐기는 일이다. 본디는 음식이 있어야 잔치가 되는 것이었지만, 이 낱말의 사용 범위를 좀더 확대하여, 음식과 상관없이 여러 사람이 모여서 함께 즐기는 갖가지 행사를 두루 잔치라 할 수 있다. 그 앞에 큰을 덧붙여 큰잔치라 해도 좋겠고, 잔치에 맞서는 한자낱말 향연을 사용할 수도 있겠다. "소양강 큰잔치, 한산대첩 기념 잔치, 벚꽃 큰잔치, 국제 영화 잔치, 한새벌 향연" 등이 그 보기이다.

다음으로는 한마당이 있다. 이 낱말은 여러 사람이 한데 모여서 함께 즐기는 모습을 잘 나타내 준다. 인형극 한마당, 방송 한마당, 미술 한마당, 유채꽃 한마당, 남산골 대동 한마당, …….

위와 같은 말들이 낯설게 느껴진다면 대회나 경연이라 할 수도 있겠다. 사실 예전에는 이런 낱말을 널리 사용했다. "예술 대회, 무용 경연, 국제 가요 경연" 등이 그 보기이다. 다만 경연(競演)은 솜씨를 겨루어서 상을 주는 잔치일 때에만 사용하는 것이 바람직하다.

모꼬지라는 토박이낱말도 있다. 널리 애송되고 있는 이상화의 시 「나의 침실로」는 "마돈나! 지금은 밤도 모르고 목거지에 다니노라 피곤하여 돌아가련도다."로 시작된다. 이 목거지를 지금은 모꼬지로 적고 있다. 이보다 훨씬 전인 서기 1518년에 간행된 『번역 소학』이라는 책에 '몯ㄱ지'라는 낱말이 나온다. 이를 미루어 보면 16세기 훨씬 전부터 이 낱말이 쓰인 것이 틀림없다. 이 낱말 '몯ㄱ지'는 '모으다(會)'와 의미가 같은 동사 '몯다'에서 비롯된 것으로 보인다. 그러니까 '몯ㄱ지'는 '어떤 목적으로 여러 사람이 한자리에 모이는 것'을 뜻하는 낱말이었음을 확인할 수 있다. 이것이 17~18세기에는 "뭇ㄱ지, 뭇거지, 뭇고지" 등으로 표기되었으며, 그 뒤로 "목거지, 먹거지" 등으로 표기가 바뀌었고, 지금은 **모꼬지**로 통일하여 쓰고 있다.

모꼬지의 내력에 대해서 살펴보았는데, 이것도 **제**의 대안이 될 수 있다. 요즈음 대학생들이 엠.티.(Membership Training)를 대신하여 이 낱말을 쓰고 있는데, 그것보다는 **제**를 대신하기에 더 알맞겠다. 큰골 **모꼬지**, 전국 인형극 **모꼬지**, 국제 영화인 **모꼬지**, 서울 그림 **모꼬지**, ……

제의 사용 범위가 너무 넓어 쉬이 고치기가 어려울지도 모르겠다. 그러나 이것은 우리말의 정상적인 사용법을 크게 벗어나 있다. 일본에서 흘러 들어온 것이다. 더 이상 이런 표현을 만들어 내지 말고, 이미 있는 것은 차츰 바꾸어 나가야 하겠다.　　　　　〈1996.10.4~5.〉

축제와 한마당

요즘 "축구 **축제** 한마당, 먹거리 **축제** 한마당"과 같은 행사를 심심찮게 접할 수 있다. 그런데 여기서 **축제**와 **한마당**을 나란히 놓은 것은 바람직하지 않다.

사실 **축제**(祝祭)는 일본식 낱말이다. 일본에서는 **축제**를 영어 낱말 festival과 같은 뜻으로 쓴다. 그러나 우리의 전통적인 상식으로 볼 때 祝祭(祝=빎, 祭=제사)라는 낱말 구조는 매우 어색하다. 그래서 이 낱말을 쓰지 말아야 한다고 주장하는 사람들이 적지 않다. 그 대안으로 나온 것이 (큰)잔치, 한마당, 모꼬지 또는 대회, 축전(祝典), 향연 들이다.

이렇게 볼 때에 축제 한마당은 불필요하게 같은 요소가 겹친 것임을 알 수 있다. 그러니 "축구 한마당, 먹거리 한마당" 또는 "축구 축제, 먹거리 축제"와 같이 어느 한쪽을 선택해야 한다. 다만 우리의 전통적인 한자 사용에 유의한다면 축제 쪽은 선택하지 않는 것이 좋겠다.*

〈1998.10.24.〉

사양과 명세

제품의 규격을 말할 때에 사양이라는 말을 흔히 쓴다. 냉장고가 있다면 그것의 용량이 몇 리터라든가 무게가 몇 킬로그램이라든가 냉장칸이 몇 칸이라든가 하는 따위를 그렇게 가리킨다. 세탁기, 자동차, 컴퓨터 등 제품을 가리지 않고 그런 말을 쓴다. 주택에 대해서도 그런 말을 사용하며, 건축물 따위의 시공 계획서나 설계 내용을 사양(서)이라 하기도 한다. 그런데 이것은 일본에서 들어온 한자낱말이다. 한자 仕樣에 뿌리를 두고 있는데, 이들을 아무리 맞추어 보아도 그 의미가 그려지지 않는다.

사양을 대신할 우리 낱말로는 내용, 명세, 속내 등이 있다. 어떤 제품의 규격 하나하나를 가리킬 때에는 "제품 내용, 제품 명세, 제품 속내" 등으로 표현하면 충분하며, 그런 것이 하나의 문건이나 서류로 되어 있다면 "제품 내용서, 제품 명세서, 제품 속내글" 등으로 표현하면 될 것이다. 또 그것이 표의 양식으로 된 것이라면 "제품 내용표, 제

---

* 북쪽에서는 '축전(祝典)'이라 한다. 참고할 만하다.

품 명세표, 제품 속내표" 등으로 표현하면 된다. 이렇게 하면 그것이 무엇을 가리키는지 알아보기도 훨씬 쉬울 것이다.

건축물의 시공이나 설계와 관련된 문건을 사양서라고 하는데, 이것을 대신할 우리 낱말로는 **명세서, 내용서, 방법서, 부속서** 등이 있다. 명세서는 전반적인 사항을 두루 다룬 문건을 가리킬 때에 알맞겠다. 시공 방법을 중심으로 한 문건이라면 **방법**서라고 하면 되고, 시공이나 설계의 내용을 중심으로 한 문건이라면 내용서라고 하면 된다. 그리고 본계획서나 본설계도에 딸린 세부 사항을 기록한 문서라면 부속서나 **명세서**라고 하면 될 것이다. 〈1997.1.25.〉

애매하다와 모호하다

아무런 의심 없이 사용하고 있는 말 중에 일본어 찌꺼기인 것이 적지 않다. 그 중에 애매(하다)라는 낱말이 있다.

우리말 사전을 펼쳐 보면 애매하다에 대하여 '아무 잘못 없이 책망을 받아서 억울하다'로 풀이하고 있다. 이것은 한자낱말이 아니고 우리 토박이낱말이다. 다음의 애매한이 바로 그런 뜻으로 쓰인 것인데, 이러한 사용에는 전혀 문제가 없다.

(가) ㉠ **애매한** 두꺼비 떡돌에 치이다.

㉡ 남원골 춘향이는 **애매한** 옥살이를 하였다.

㉢ 경찰이 **애매한** 학생들만 붙잡아 갔다.

그러나 다음과 같은 표현에는 문제가 있다.

(나) ㉠이번 시험 문제에는 애매한 것이 많았다.

㉡그 사람의 속셈이 무엇인지 참으로 애매하다.

㉢일본 관료들은 그 문제에 대하여 애매한 태도를 보이고 있다.

(나)의 애매는 한자로는 曖昧로 표기하는데 이는 일본식 한자낱말이다. 우리 한자낱말로는 모호(模糊)가 있다. 그러니 애매, 애매하다, 애매성보다는 각각 모호, 모호하다, 모호성을 쓰는 것이 바람직하다. 모호성은 때에 따라서는 중의성(重義性) 또는 이중성으로 대신할 수도 있다. 그러나 중의성, 이중성과 모호성의 개념이 완전히 일치하는 것은 아니다.

애매+모호(하다)도 바람직한 낱말이 아니다.   〈1996. 7. 19.〉

시합과 경기, 경합과 경쟁

남녀노소 할 것 없이 시합이란 낱말을 참 많이 쓴다. 최근에 나온 어느 사전에는 시합(試合)을 우리 낱말인 양 거두어 싣기도 하였다. 그러나 되도록이면 이 낱말을 쓰지 않는 것이 좋다. 그것은 일본 냄새가 진한 낱말이기 때문이다.

오늘날 대부분의 시합은 경기나 경주를 뜻하는 맥락에 쓰인다. (가)가 그 보기이다.

(가) ㉠ 이번 **시합**만은 꼭 이겨야 한다.

㉡ 마치 탁구 **시합**을 하는 것 같다.

㉢ 우리 달리기 **시합** 한번 할까?

이럴 때에는 두루 경기라고 하는 것이 바람직하다. 같은 한자낱말이 기는 하지만, 시합과 달리 '競(다툴 〔경〕)＋技(재주 〔기〕)'라는 구성이 우리의 전통적인 한자어의 구조에 들어맞으며, "경쟁, 경연, 경륜, 경정" 등의 또래 낱말과의 관련성을 포착하기가 쉽기 때문이다. ㉢과 같이 달리기인 경우에는 경주(競走)라고 할 수도 있다.

그리고 (나)에서 보듯이 시합하다 형식으로 쓰여 '겨루다'나 '승부 내다'를 뜻하는 일도 있다.

(나) 누가 문제를 빨리 푸는지 **시합**할까?

이런 경우에는 **겨루다**나 **겨루어 보다**로 대신하면 된다.

한편에서는 경합이라는 낱말을 즐겨 쓴다. 언론 매체에서 특히 즐 겨 쓰는 듯하다.

(다) ㉠ **경합**이 심한 12곳은 결정을 미루었다.

㉡ 선거를 앞두고 물밑 **경합**이 치열하다.

이 경합(競合)도 우리에게 긴요하지 않은 일본식 낱말이다. 우리 한자 낱말로는 경쟁(競爭)이 있고, 그 의미에 따라서 **다툼/다투기/다툼질, 겨룸/겨루기, 견줌/견주기** 들로 대신할 수도 있다.

(다)′ ㉠ {**경쟁/다툼**}이 심한 12곳은 결정을 미루었다.

㉡ 선거를 앞두고 물밑 {**경쟁/겨룸**}이 치열하다.

우리 낱말이 버젓이 있음에도 일본식 낱말을 더 자주 쓰는 현상은 바람직하지 못하다. 젊은이들이 눈과 귀를 크게 열면 충분히 바로잡아 나갈 수 있다. 〈1998.8.14., 2000.11.9.〉

수속과 절차

어떤 사전에는 다음과 같은 용례가 실려 있다.

(가) ㉠ 성호는 사관학교 입학 지원을 위한 **수속**을 **밟았다**.

㉡ 출감하던 날 나는 간단한 **수속**을 **거치고** 자유로운 몸이 되었다.

여기 수속(手續)은 우리 낱말 절차(節次)에 해당하는 일본식 한자낱말이다. 그러니 되도록이면 쓰지 말아야 한다.

(가)와 같은 맥락에서는 수속을 절차로 바꾸기만 하면 좀더 말끔한 우리말이 된다.

(가)′ ㉠ 성호는 사관학교 입학 지원을 위한 **절차**를 **밟았다**.

㉡ 출감하던 날 나는 간단한 **절차**를 **거치고** 자유로운 몸이 되었다.

그런데 공항에 가 보면 "탑승 수속을 받아 주시기 바랍니다." 라는 방송을 들을 수 있다. 수속만이 아니라 받아도 마땅하지 않다. 이를 바르게 다듬어 보면 "탑승 절차를 밟아 주시기 바랍니다."가 된다.

다음은 어제 어느 일간신문에서 본 것이다.

(나) 출국 **수속** 과정에서 미국 항공사 측과 마찰을 빚었다.

(나)도 수속을 절차로 바꾸기만 해서는 충분하지 않다. 곧 '절차 과정에서'라는 표현은 불완전하다. 이런 경우에는 다음과 같이 그 뒷부분을 거기에 알맞게 다듬어야 한다.

(나)′ 출국 **절차**를 밟는 중에 미국 항공사 측과 마찰을 빚었다.

수속하다라는 동사까지 쓰기도 하는데 그것은 절차를 **밟다**, 절차를 **거치다**로 바꾸어 표현해야 한다.

그런가 하면 (다)와 같이 써 붙인 가게가 많다.

(다) 비자 **수속**

외국에 나갈 사람들을 향하여, 비자(visa, 입국 허가증) 발급 받는 일을 대신해 주겠으니 찾아오라는 뜻으로 붙인 광고 문안이다. 수속 이외에도 다른 문제가 있어, 이 문안은 단순한 낱말 교체로는 해결이 되지 않는다.

단순히 낱말만 교체하면 '비자 **절차**'가 되는데, 이렇게 해서는 표현 의도가 잘 드러나지 않는다. 현실적인 사용 맥락을 고려한다면

'비자 발급 업무 대행'이라야 하겠다. 이렇게 하면 그 내용이 좀더 선명하게 드러난다. 이것이 너무 길어서 문제가 된다면 "비자 발급 대행, 비자 발급, 비자 대행"으로 줄여 쓰면 될 것이다.

요컨대 수속은 우리가 쓰지 말아야 할 일본식 낱말이며, 얼마든지 우리말로 대신할 수 있다. 〈1996.6.8., 2000.9.6.〉

입장과 태도·견해·주장

우리말 속에 입장(立場)이라는 낱말은 아주 넓게 뿌리를 내리고 있다. 신문이나 방송으로 접하지 않는 날이 하루도 없을 정도이다. 유심히 관찰해 보면, 유식하다는 사람일수록 그 말을 더 즐겨 쓰는 것을 알 수 있다.

그러나 이 낱말은 쓰지 말아야 한다. 왜냐하면 이것은 일본어 찌꺼기이기 때문이며, 그 뜻넓이가 너무 넓고 무차별적이어서 의사소통에 장애가 될 수 있기 때문이다. 몇 가지 보기를 들어 본다.

(가) 내 입장으로서는 그 사람을 탓할 수가 없다.

(나) 요즈음 우리 회사는 매우 어려운 입장에 놓여 있다.

(다) 사장님은 그 문제에 대하여 부정적인 입장을 가지고 있다.

(라) 수뇌부들이 재차 모였으나 끝내 입장 차를 좁히지 못했다.

(마) 원전 건설에 대한 우리의 입장

(바) 국제 정치의 입장에서 본 남북 통일 문제

(사) 나는 독도 문제에 대한 우리 정부의 입장을 밝힐 입장에 있지 않다.
　　　　　　　　　　　　　　　　　　　　　㉠　　　　　㉡

(아) 미국 **입장**으로서는 중국의 **입장**을 옹호할 수밖에 없다.
　　　　⑴　　　　　　　　　　⑵

　위에서 보듯이 입장은 여러 경우에 두루 쓰인다. 태도, 자세, 견해, 의견, 주장, 생각, 시각, 관점, 방침, 처지, 자리, 형편, 상황, 직책 들을 뜻한다. 이처럼 이 낱말의 뜻넓이는 거의 무제한적이다. 이 점은 효과적이고 정확한 의사소통에 장애가 된다.

　게다가 이것은 우리의 말살이에 전혀 필요하지 않은 남의 낱말이다. 우리말로도 넉넉히, 그리고 더 정확히 표현할 수가 있다. 그럼에도 굳이 입장을 쓸 필요가 있을까?

　(가)의 입장은 전혀 필요하지 않다. '내 입장으로서는'이 아니라 '나로서는'이라고 표현하는 것이 훨씬 우리말답다. 차선책은 입장을 처지로 바꾸는 것이다. (나)의 입장은 형편, 상황으로, (다)는 견해, 의견, 생각으로 써야 정확한 표현이 된다.

　(라)의 입장은 표현 의도에 따라 견해, 의견이나 시각으로 바꾸는 것이 바람직하며, (마)의 입장도 의견, 견해, 주장, 자세 중에서 표현 의도에 맞게끔 선택해서 써야 한다. (바)의 입장은 시각이나 관점이라고 해야 정확한 표현이 된다.

　(사)의 ⑴은 방침, 태도, 자세 중에서 하나를 골라 쓸 수 있을 것이며, ⑵은 처지, 자리, 직책의 뜻을 나타내고자 한 것으로 보인다. (아)의 ⑴은 전혀 필요하지 않고, ⑵은 표현 의도에 따라 방침, 태도, 자세, 견해, 의견, 주장, 시각, 관점, 처지 중에서 선택하여야 한다.

〈1996.7.31.~8.1.〉

미지급되다와 지급하지 않다

(가) 보건 당국자는 세균이 불검출되었다고 밝혔습니다.

며칠 전에 집단 식중독 사고를 보도하는 방송에서 들은 말이다. 불검출되었다는 공문서의 표현을 그대로 옮긴 결과로 보이는데 적잖이 어색하다. 검출되지 않았다가 자연스런 우리말이다.

(나) 중간 고사와 기말 고사 기간에는 강사료가 미지급됩니다.

(나)는 어느 공문서에서 본 것이다. 전체적인 문맥으로 볼 때에 강사료가 '아예 지급되지 않는다'는 의미를 나타내려 한 것이 분명하였다. 미지급(未支給)은 '아직 지급하지 않음'을 뜻한다. 마땅히 주어야 하는데 아직은 주지 않은 것을 미지급이라고 하는 것이다. (나)는 '아예 주지 않음'을 의미하는 표현이니 불지급합니다라고 하는 것이 옳다. 그렇게 하려면 그 앞 성분도 '강사료를'이라 해야 한다.

(나)′ 중간 고사와 기말 고사 기간에는 강사료를 불지급합니다.

그러나 위의 표현에도 좀더 손볼 부분이 있다. '지급하지 않음'을 군이 한자식으로 표현하면 불지급이 되고, 이 명사에 '-하다'를 붙이면 동사 불지급하다가 된다. 그러나 이 동사도 우리말답지 않다. 지급하지 않다라고 해야 자연스러워진다.

(나)″ 중간 고사와 기말 고사 기간에는 강사료를 지급하지 않습니다.

이외에도 불기소하다, 불출석하다, 불징계하다 등 '불(不)~하다' 짜 임새의 동사가 많은데, 되도록이면 각각 기소하지 않다, 출석하지 않 다, 징계하지 않다라고 하는 것이 바람직하다. 그러나 불공정하다, 불 성실하다, 불일치하다, 불유쾌하다, 불안전하다 들은 어색하지 않은데, 이들은 모두 형용사이다.

물론 (다)와 같이 명사로 쓰는 것은 문제가 없다.

(다) ㉠ 지난달 강사료 불지급 건수가 얼마나 되는가?

㉡ 우리 아버지에게는 불기소 처분이 내려졌다.

㉢ 그의 불출석으로 재판이 연기되었다.

(가)와 (나), (나)′는 검출되지 않다, 지급되지 않다, 지급하지 않다와 같은 표현을 피해 보겠다는 의식이 작용한 결과이다. 그러나 그런 의 식은 버려야 할 유산이다.

일상 언어에서는 그렇게 표현하지 않는데, 문서라고 해서 굳이 한 문식으로 줄여 기록해야 할 이유가 없다. 유심히 관찰해 보면 괴이한 말이나 잘못된 표현 중에는 그런 억지 의식에서 비롯된 것이 적지 않 다. 그리고 불지급과 미지급에서 보듯이 접두사 불(不)-과 미(未)-도 잘 가려 써야 한다.   〈1999.5.13~14.〉

타와 다른 사람

이 사람은 …… **타**에 모범이 되므로 이 상장을 드립니다.

이와 같이 '타에 모범이 되므로'라는 문구는 갖가지 상장이나 상패에서 어렵잖게 볼 수 있다. 그런데 여기에 두 가지 문제가 있다.

첫째, 타의 문제이다. 이는 한자 他를 소리대로 표기한 것이다. 표현하고자 하는 바는 '다른 사람'인데, 정작 사용한 것은 '다름'을 뜻하는 타인 것이다. 타는 온전한 낱말이 아니므로 제대로 된 표현이라 할 수 없다.

둘째, 타 뒤에 있는 조사 ─에의 문제이다. 타가 사람을 뜻하므로 그 뒤에는 조사 ─에게를 써야 한다. "아무개가 아무개에게 모범이 되다."가 바른 짜임새이다.

이와 같은 내용을 반영하여 다시 써 보면 다음과 같아진다.

이 사람은 …… **다른 사람**에게 모범이 되므로 이 상장을 드립니다.

그런데 여기서 '사람에게'는 또 다른 논란거리이다. "다른 사람에게 모범이 되다."만이 아니라 "다른 사람의 모범이 되다."도 옳지 않으냐는 반론이 있을 수 있다. 그렇다. 딱히 어느 쪽만이 바르다고 잘라서 말할 근거가 없다. 개인적으로 좀더 익숙한 표현이 있을 뿐이다.

〈2000. 1. 17.〉

두와 마리, 본과 그루

　우리 겨레는 우리 문자가 없던 시절에 이웃 겨레의 문자를 오랫동안 빌려 썼다. 한족(중국)의 문자인 한자를 빌려 쓴 것이다. 그런 역사 때문에 지금 우리에게는 잘못된 의식이 자리잡고 있다. 한자로 된 것이나 한자에 뿌리를 둔 것은 무조건 그럴듯하다거나 우리 전통의 것인 양 생각하는 버릇이 굳어 있는 것이다.

　방송이나 글에서 '돼지 다섯 두'라는 식의 표현을 접한 적이 있을 것이다. 이 경우의 두는 한자로 '머리'를 뜻하는 頭의 음을 한글로 표기한 것이다. '머리'는 마리와 통한다. 그러니 '돼지 다섯 두'는 '돼지 다섯 마리'라는 우리말을 한자로 옮겨 쓴 것임을 알 수 있다.

　"신사복 1착, 신발 한 족, 나무 세 본" 등이 모두 그런 부류의 보기이다. 착(着)은 벌이요, 족(足)은 켤레요, 본(本)은 그루이다. 꽃가게에서 쓰는 '장미 한 속(束)'도 '장미 한 묶음' 또는 '장미 한 다발'로 되돌려야 한다. 켤레, 묶음이 길어서 다 적기가 번거롭다면 켤, 묶으로 쓸지언정 족, 속과 같은 것은 쓰지 말아야 한다.

　논이나 밭의 넓이를 말할 때에 '열 두락'이라는 식으로 말하는 일이 있다. 두락은 斗落의 음을 한글로 적은 것으로, 우리 낱말 마지기를 한자로 표기한 것에 지나지 않는다. 마지기는 '한 말의 씨를 뿌릴 만한 넓이의 논이나 밭'을 뜻한다.

　이것 역시 우리 문자가 없던 시절에 어쩔 수 없이 한자를 빌려 우리말을 표기하던 방법이다. 곡식을 되는 말(→마)을 나타내기 위하여 斗(곡식의 양을 재는 '말'을 뜻함)를 끌어댔으며, 지기를 나타내기 위하여 落을 끌어댄 것이다. 지기는 본디 '(농사를) 짓다'에서 파생된 말인데, 그 뜻은 무시하고 [짓]이라는 소리만 위주로 하여 '지다'의 뜻으로 흔히 쓰이는 落을 끌어다 댔다. 이렇게 하여 마지기가 斗落[두락]으로 표기되기 시작했는데, 그런 다음에는 말(음성언어)까지도 아예 두락이 되어 버리고 본낱말인 마지기는 뒷전으로 밀려나게 되었다. 우리 한글이 널리 보급된 오늘날까지도 여전히 점잖게(?) 두락이 사용되고 있다.

이처럼 우리 둘레에는 아직도 우리말을 한자에 기대어 표기하거나 표현하는 일이 많다. 그러나 이것은 반듯한 우리말을 마구 비틀어 놓은 것에 불과하다. 우리 문자가 없던 시절에 어쩔 수 없어서 생각해냈던 방법이지, 오래도록 이어 가야 할, 가치 있는 방법이 아니다. 우리말의 참다운 모습과는 거리가 멀기 때문이다. 이제는 온전한 우리말을 찾아내고 거기에 힘을 불어넣어야 할 때이다.

〈1996.10.17~18., 1999.3.26.〉

수·미와 마리

앞에서 마리를 두라고 하는 문제에 대해서 이야기했는데, 그 밖에 다음과 같은 표현을 쓰기도 한다.

(가) 닭 50만 수
(나) 물고기 30만 수
(다) 치어 5만 미

여기 수와 미도 셈의 단위인데, 각각 한자 首와 尾에 뿌리를 두고 있다. 그러나 이것은 살아 있는 일상의 언어와는 거리가 매우 멀다.

돼지와 같은 길짐승만이 아니라 닭과 같은 날짐승을 셀 때에도 마리라고 한다. 수(首=머리)도 우리 토박이낱말 마리를 한자에 근거하여 에돌려 나타낸 것에 불과하다. 미(尾=꼬리)는 마리의 첫소리 마와 소리가 닮은 데다, 치어는 '어린 물고기'를 가리키니 '작음'을 뜻하기 위하여 빌려 온 것으로 보이는데, 우리말로는 마리라고 하면 그만이다.

(가)′ 닭 50만 마리

(나)′ 물고기 30만 마리

(다)′ 어린 물고기 5만 마리

요컨대 일상의 언어와 동떨어진 말을 쓰는 것은 우리 언어공동체에 벽을 만드는 결과를 불러오게 된다. 우리 사이를 갈라놓는 일은 되도록이면 피해야 한다. 〈1999.12.27.〉

산과 가루약, 정과 알약

○○산이라는 약품 상호를 보았을 것이다. ○○는 큰 글씨로, 산은 그 뒤에 조그만 글씨로 처리하는 경우가 많은데, ○○는 상호이고 산은 보통명사라는 것을 암시한다. 그런데 도대체 산이 뜻하는 것은 무엇일까?

어느 약품의 포장지를 보니 한글 표기가 있는 반대쪽 면에 pulvis라는 로마자 표기가 있다. 그래서 다시 영어 사전을 찾아 살펴보니, 이는 라틴어 낱말인데 영어로는 pulv라 하며, 흔히 사용하는 영어 낱말 powder와 같은 뜻이라고 풀이되어 있다. 그러고 보니 한자 散으로 표기해 놓은 것을 본기억이 난다.

그렇다, 산은 가루약에만 붙인다. 散에는 '흩음'의 뜻도 있기 때문에 일본이나 중국에서는 그렇게 사용하는 모양이다. 결국 우리는 저들을 그대로 붙좇아 속뜻도 잘 드러나지 않는, 괴상한 부호 산을 쓰고 있다. 우리에게는 쉽고 명쾌한 낱말 가루, 가루약이 있는데도 말이다.

정(錠), 환(丸)도 마찬가지다. 알, 알약이 훨씬 더 명쾌하고 쉽지 않은가?   〈2000.6.3.〉

졸과 졸업

학력을 기록할 때에 '한민고등학교 졸'이라는 식으로 적는 사람들이 많다. 각종 선거의 입후보자 경력 방송에서도 그렇게 나오는 것을 보았다. 기록만 그렇게 한 것이 아니라 아나운서가 읽는 것도 기록된 그대로였다. 그러나 이런 경우에 졸이라고 기록하는 것은 바람직하지 못하며, 말을 그렇게 하는 것은 더욱더 그렇다.

일상적으로 말할 때에는 "한민고등학교를 졸업했다."라고 하지, "한민고등학교를 졸했다."라고는 하지 않는다. "한민고등학교를 졸업했다."를 줄여서 적으면 '한민고등학교 졸업'이 되는 것이다. 기록할 때에나 말할 때에나 졸업이라고 하는 것이 바람직하다.

'한민고등학교 졸'이라는 기록은 한자를 단순한 기호처럼 즐겨 쓰던 시절의 유습일 뿐, 지켜 나가야 할 만한 가치가 있는 것이 아니다. 그런 기록은 일상 언어와 동떨어질 뿐만 아니라 일상의 음성언어까지 왜곡시키기 때문이다. 말을 왜곡시키는 사례는 먼저 보기를 든 경력 방송에서 본 그대로이다.

또 한 가지 고려해야 할 것은 졸(卒)의 뜻이다. 卒은 여러 가지 뜻을 나타낸다. 동사로 쓰일 때에는 '마치다'를 뜻하기도 하지만 '죽다'를 뜻하기도 한다. 졸업(卒業), 졸독(卒讀) 들에서는 '마침'을 뜻하고, 졸년(卒年), 졸도(卒倒), 졸서(卒逝) 들에서는 '죽음'을 뜻한다. 그러므로 졸업을 졸로 기록하는 것은 쓸데없는 오해를 제공할 수도 있다.

사람이 죽은 때를 기록할 때에 '1999년 9월 9일 졸'이라고 하는 것도 바람직하지 않다.

〈1997.12.8.〉

매·당과 마다

(가) 쓰레기 매 100kg마다 1,000원

어느 관공서 규정에 나오는 문구이다. 100kg은 쓰레기 무게를, 1,000원은 요금을 가리킨다. 쓰레기 100kg을 내버릴 때마다 (쓰레기를 내버리는 사람이) 처리 요금으로 1,000원을 내야 한다는 규정이다. 이런 맥락에서는 매(每)를 붙이지 않는 것이 바르다. -마다가 그 의미를 나타내고 있으므로 따로 매를 붙이는 것은 부스럼을 만드는 일이다. (가)와 같은 내용을 (나)와 같이 써 놓은 규정도 많다.

(나) 쓰레기 매 100kg당 1,000원

이런 경우에도 매는 쓰지 않아야 한다. -당(當)이 그 의미를 드러내
주기 때문이다. 그리고 -당보다는 -마다나 -에라는 우리말을 쓰는
것이 더 바람직하다.

(가), (나)를 바로잡은 것을 다시 써 보면 다음과 같다.

ㄱ. 쓰레기 100kg마다 1,000원

ㄴ. 쓰레기 100kg에 1,000원

'학급당 25명'과 같은 표현도 되도록이면 '학급마다 25명' 또는
'한 학급에 25명'으로 바꾸는 것이 바람직하다.　　　　〈1999.4.9.〉

총과 모두·통틀어

(가) ㉠ 그 부대에는 총 몇 대가 있는가?

　　㉡ 이번 행사에는 총 500만 원이 들었다.

예사로 이런 말을 하는데, 여기에 쓰인 총에 대해서 생각해 보자.

(가)에서 ㉠의 총을 무기로 받아들일 수도 있겠지만, 둘 다 '온통,
모두'를 뜻하는 총(總)이라고 전제한다. (가)와 같이 나열한 것이 한
가지일 때에는 '온통, 모두'의 뜻을 나타낼 장치를 따로 하지 않아도
정보가 충분히 전달된다. 그러니 듣기에도 사나운 총을 꼭 써야 할 필

요가 없다.

그러나 다음과 같은 경우는 좀 다르다.

(나) ㉠ 우리 시의 학생은 남자가 1,450명, 여자가 1,550명, **총** 3,000명입니다.

　　㉡ 이번 행사에는 홍보비 100만, 숙박비 200만, 교통비 100만, 행사

　　진행비 100만, **총** 500만 원이 들었다.

(나)는 먼저 세부 내용을 말한 다음에 그것을 합하여 다시 말하는 경우이다. 이처럼 앞에서 나열한 수를 합하여 다시 말할 때에는 이와 같은 형식을 쓸 수밖에 없다.

　그러나 (나)와 같은 경우라 하더라도 **총**보다는 **모두**나 **통틀어**를 쓰는 것이 더 좋겠다. 어감이 부드러울 뿐만 아니라 의미 전달 면에서도 더 쉽고 명료하기 때문이다. 다음에서 그것을 확인해 보자.

(나)′ ㉠ 우리 시의 학생은 남자가 1,450명, 여자가 1,550명, {**모두/통틀어**} 3,000명입니다.

　　㉡ 이번 행사에는 홍보비 100만, 숙박비 200만, 교통비 100만, 행사

　　진행비 100만, {**모두/통틀어**} 500만 원이 들었다.

　무기인 총(銃)을 함부로 쓰지 않아야 하듯이 총(總)도 함부로 쓰지 않는 것이 좋겠다. 꼭 써야 할 때에는 **모두**나 **통틀어**가 있다. 총이라 해서는 銃으로 오해될 소지도 없지 않다. 　　　　　〈1998.10.26.〉

주인 백과 주인 아룀

길거리를 지나다 보면 다음과 같은 글귀를 어렵잖게 보게 된다.

(가) 통행에 불편을 끼쳐 대단히 죄송합니다. 현장소장 **백**

(나) 이곳에 쓰레기를 버리지 마시오. 주인 **백**

이런 문구에 쓰인 백은 어떤 기능을 하는가? 어느날 학생들에게 이렇게 물어 보았다. 참으로 가지각색의 대답이 나왔다. '도장을 찍는 대신에 쓴 것'이라는 대답이 그 중 압권이었다. 백을 쓰는 사람들은 제대로 알고 쓰는지 궁금하지만, 대학생들이 이렇게 모를 정도라면 다른 방법을 생각해 볼 필요가 있다.

이런 경우의 백은 지난날 한자 白을 쓰던 유습이다. 주로 한자로 글살이를 하던 옛날에, 白은 우리말 '사뢰다, 아뢰다'를 표기하는 글자로 통용되었다. (가), (나)에서의 백은 그런 관습의 흔적이다. 그러나 우리말과 한글로 말글살이를 하는 오늘날에는 그 같은 구차한 방법을 쓸 까닭이 전혀 없다.

"현장소장 **백**, 주인 **백**"을 그대로 우리말로 바꾸면 "현장소장 **아룀**, 주인 **아룀**" 또는 "현장소장 **사룀**, 주인 **사룀**"이 된다. 그런데 아룀이나 사룀은 본디 '아랫사람이 윗사람에게' 알린다는 뜻을 나타낸다. 그러니 현장소장이나 주인이 자신을 낮추고 행인이나 이웃을 높이는 뜻에서 이렇게 쓴다면 문제 삼을 것이 없다. 그러나 그러한 차등 의식이 싫다면 아무것도 쓰지 않아도 된다. 이를 정리하면 다음과 같다.

(가)′ ㄱ. 통행에 불편을 끼쳐 대단히 죄송합니다. 현장소장 {**아룀/사룀**}

ㄴ. 통행에 불편을 끼쳐 대단히 죄송합니다. 현장소장

(나)′ ㄱ. 이곳에 쓰레기를 버리지 마시오. 주인 {**아룀/사룀**}

ㄴ. 이곳에 쓰레기를 버리지 마시오. 주인

상황에 따라서는 알림 정도로 쓰는 것이 무난할 경우도 있을 것이다. 그러나 그런 문구의 첫머리에 알림이라는 제목이 붙어 있다면 끝에 다시 알림을 쓰는 것은 자연스럽지 못할 것이다. 〈1997.10.28.〉

100개소와 100곳

문자언어와 음성언어 사이에는 차이가 있다. 그러므로 문자로 표기된 것을 읽을 때에는 음성언어답게 읽어야 한다. 쉬운 예를 들어 본다. '3사람'으로 적혀 있는 것은 [삼사람]이 아니라 [세사람]으로 읽어야 하며, '사과 7개'는 [사과 칠개]가 아니라 [사과 일곱개]로 읽어야 하는 것이다. 음성언어에서는 [삼사람]이니 [사과 칠개]니 하는 말을 하지 않기 때문이다.

그렇다면 '30개 사(社)'는 어떻게 읽는 것이 좋을까? [삼십개 사]라 할 수도 있겠으나 썩 좋은 읽기는 아니다. 그것보다는 [삼십개 회사]라 하는 것이 좋다. 그래야 의미가 분명하게 전달될 것이기 때문이다. [삼십]을 [서른]으로 바꾸어 [서른개 회사]라고 하면 더욱 좋겠다.

공사장 알림판 따위에서 개소(個所)라는 표기(표 양식에 쓰이는 일이 많음)를 본 적이 있을 줄 안다. 그러나 個와 所를 합친 이것은 낱말이 아니다. 굳이 표기하자면 '100개 소'와 같은 식으로 써야 한다. 즉 개는 앞의 숫자와 가까워야 하며 소는 띄어 써야 한다.

그렇다면 '100개 소'를 어떻게 읽어야 할까? [백개 소]라고 읽어서는 전혀 말이 되지 않는다. 이런 경우의 소(所)는 아예 군데나 곳으로 바꾸어 써야 한다. '100군데'나 '100곳'으로 표기하고, 각각 [백군데]와 [백곳]이라 말하는 것이 가장 올바른 방법이다. 굳이 '100개 소'로 표기된 것을 읽어야 하는 경우라 하더라도 [백군데]나 [백곳]이라고 읽는 것이 바람직하다.

표나 공문서 양식이라고 해서 군데나 곳이라는 우리말을 쓰지 못할 이유가 없다. 다음 대화가 얼마나 자연스러운지 확인해 보자.

"이번 홍수에 도로가 몇 군데 끊겼지요?"
"예, 지금까지 알려진 것만 해도 일흔 곳이 넘습니다."   〈1997.10.23.〉

98개교와 학교 98곳

전교생이 100명 미만인 학교가 97개교, 70명 미만인 학교만 해도 53개교에 이른다.

너나없이 이와 같은 표현을 예사로 쓴다. 아마 광복 후부터 계속 써 오고 있는 듯하다. 그러나 조금만 관심을 가지고 관찰해 보면 꽤 불합리한 점을 발견할 수 있다.

그것은 단위명사의 문제이다. 사과를 셀 때에는 n개라 하고, 자동차는 n대, 구두는 n켤레라고 세듯이 학교를 n개교라고 센 것인데, 개교는 마땅한 단위명사라 할 수 없다. 그것을 한자로 쓴다면 個校일 수밖에 없는데, 이는 한 낱말이 될 수 없다. 곱게 봐 주기로 하면 '개(個) 학교(學校)'의 준말이라고 할 수 있다. 그렇게 봐 준다 하더라도 'ㅇㅇ학교가 97개교'는 결국 'ㅇㅇ학교가 97개 학교'라는 말이 되어 버리니 깔끔한 표현이 아니다. 학교가 연거푸 등장하기 때문이다.

문제 해결의 단서는 일단 개교에서 찾아낼 수 있다. n개교를 n개 학교의 준말로 볼 수 있으니 n개교는 'n개 교'로 이해해야 한다. 다시 말하면 뚜렷이 의식하지는 못했다 할지라도, 우리는 학교를 세는 단위명사로 교(校)를 써 온 셈이다. 그런데 그 앞에 개를 붙임으로써 마치 사람을 셀 때에 n개 명이라 하는 것과 같이 우스꽝스러운 일이 되어 버린 것이다.

여기까지만 생각하면 당장은 어색하더라도 'ㅇㅇ학교가 97교' 식으로 표현하면 되겠다. 하지만 오늘날 다른 교육기관(이나 학교와 비슷한 기관)을 가리키는 명사 중에는 교 이외의 음절로 끝나는 것―탁아소, 유아원, 유치원, 어린이집, 대학, 대학원 등―이 많음에 부딪힌다. 이들을 세는 낱말까지 교로 하기는 어려우며, 그렇다고 각각 달리 세는 것도 무리이다. 이런 문제까지 생각하면 그런 기관들을 세는 단위명사로 두루 사용할 수 있는 것은 곳이라는 결론에 다다른다.

전교생이 100명 미만인 학교가 97곳, 70명 미만인 학교만 해도 53곳에 이른다.

음성언어에서는 "97곳, 53곳"은 각각 [아흔일곱곳, 쉰세곳]이라 해

야 자연스럽다. 〈1998.12.22.〉

생산고와 생산량·생산액

　개인은 물론이요 공공기관에서도 생산고, 수확고, 수출고, 판매고, 잔고, 매상고, 매출고 따위 낱말을 예사로 사용한다. 이들의 뜻은 두루 짐작하겠지만, 이들 낱말의 끄트머리에 쓰인 고에 대해서는 잘 모르는 이가 많은 것 같다. 여기에 쓰인 고는 한자로는 高로 적는데, 이는 일본어에서 비롯된 조각이다.

　이것은 대체로 '돈'을 뜻하며, 경우에 따라서는 '양'을 뜻하기도 한다. 그러니 우리말답게 표현하려면 각각 다음과 같이 표현해야 한다.

　생산고 → 생산액, 생산량

　수확고 → 수확량

　수출고 → 수출액, 수출량

　판매고 → 판매액, 판매량

　잔고 → 잔액, 남은돈

　매상고 → 매상액, 매상금, 매상량

　매출고 → 매출액, 매출금, 매출량

　그런데 이 중에서도 매상(賣上)과 매출(賣出)은 일본어 냄새가 아주 짙은 낱말이다. 믿을 만한 사전에서 판매로 대신할 것을 제시하고 있다. 그러므로 마땅히 매상액, 매상금, 매상량과 매출액, 매출금, 매출량

들은 쓰지 않아야 한다. 이들은 판매액, 판매량으로 돌려야 한다.

〈1997.12.3.〉

불과 달러

요즈음 나라 경제가 매우 위태로운 지경에 놓여 있다 한다. 신문을 펼쳐도 곳곳에 박혀 있는 弗 자가 유난히 눈길을 붙잡는다. 우리는 이 난관을 벗어나기 위하여 슬기와 힘을 모아야 하겠다. 그것이 쉬운 일은 아니겠지만 할 수 없는 일도 아니라고 본다.

두루 알다시피 미국 돈인 달러(dollar)를 나타내는 기호는 $이다. 그들은 $로 표기하고 [달러]라고 읽는다. 우리 돈인 '원'을 때에 따라 ₩으로 표기하는 것과 같다. 그런데 한편에서는 무슨 연유로 弗[불] 자를 쓰는 것일까? $기호를 받아들이는 과정에서, 그 원형대로 받아들이지 않고 굳이 한자를 빌려서 나타내려고 했기 때문이다. 한자 중에서 $와 비슷한 모양을 찾다 보니 弗이 된 것이다. 이것은 한자·한문 위주로 살아가던 시절의 아름답지 못한 유산이다.

이로 말미암아, 본래의 의미나 발음과는 전혀 관계가 없는 기호를 새로 하나 더 기억해야 하는 부담만 안게 되었다. 우리에게 달러와 불은 너무 다르지 않은가. 이로 인하여 얻는 것이라고는 아무것도 없을 듯하다. 돈을 다루는 과정에 이런 불합리한 처리를 해 왔으니, 오늘과 같은 경제적인 위기를 당하지 않았나 하는 생각까지 드는 요즈음이다.

요컨대 우리가 미국 돈을 弗로 표기하거나 불이라 해야 할 아무런 까닭이 없다. 달러나 $면 충분하다.

〈1997.12.9.〉

학생(學生)과 유인(孺人)

추석이면 각 가정마다 차례를 지내고 성묘를 한다. 그런데 무덤 앞 빗돌에 새겨진 성명의 머리에 있는 한자에 대해 관심 있게 생각해 본 사람은 많지 않은 듯하다. 남자의 경우에는 學生[학생], 여자의 경우 에는 孺人[유인]이라고 된 것 말이다.

그러나 남자라고 해서 모두 學生인 것은 아니고 간혹 'ㅇㅇ大夫' 등이 새겨진 경우도 있다. 여자의 무덤 앞에는 'ㅇㅇ夫人'이라고 새 겨진 것도 있다. 이것은 바로 당사자의 벼슬을 나타낸다. 벼슬을 지내 지 않은 남자와 그 아내의 경우 — 결국 대부분의 백성 — 에는 그 자리 를 비워 둘 수 없으니까 각각 學生, 孺人을 새겨 넣었던 것이다.

그러나 우리들이 지향하는 사회가 평등 사회인 이상 이런 관습은 벗어던져야 한다. 당사자의 성명을 당당히 그대로 쓰는 것이 바람직 하다. 더구나 孺人은 '남자에게 딸린 사람'이라는 평등하지 못한 인식 에서 비롯된 표현이기도 하다.

한마디 더 붙이자면, 이제 비문도 딱딱하고 공식적인 틀에만 맞추 려 하지 말고, 좀더 개성적이고 의미 있는 내용을 담는 방향으로 나아 가는 것이 좋겠다. 예를 들면 '늘 남에게 베풀기만 한 사람 홍길동' 정도는 어떨까?

〈1996.9.25.〉

일본어 찌꺼기 씻어 내기

뗑깡과 간질

어느 분으로부터 연속극 본 이야기를 들었다. 많은 사람들이 꽤 재미있게 보는 연속극이라 했다. 그런데 그 극 중에서 **뗑깡**이란 말을 예사로 쓰더라면서 매우 노여워했다. 그분이 들은 표현은 다음과 같았다.

왜 그렇게 **뗑깡**을 부리니?

이는 분별없이 함부로 행동하는 것을 두고 한 말이다.

예로부터 **지랄병**이라 일컬은, 위험하고 무서운 병이 있다. 갑자기 온몸에 경련이 일면서 정신을 잃고 게거품을 흘리면서 버둥거리는 병이다. 이 지랄병을 한자로 癎疾[간질] 또는 癲癎[전간]으로 표기하기도 하였다. 그런데 일본 사람은 이 癲癎을 [tenkan]으로 발음하며, 그

들 문자로 てんかん으로 표기한다. 뗑깡은 바로 이것에서 왔으니 우리로서는 버려야 할 일본어 찌꺼기이다.

원래 이들은 병명이었는데, 후대로 오면서 '마구 부리는 행패'나 '분별없이 함부로 날뜀'의 뜻을 나타낼 경우에도 지랄이나 뗑깡을 가져다 쓰게 된 것이다. 마구 행패를 부리거나 분별없이 함부로 날뛰는 모습이 도무지 아무런 조치도 할 수 없는, 간질 환자의 발작 증세와 비슷했기 때문이다. 그러니 뗑깡이 어떤 병인지를 안다면 '뗑깡(을) 부리다'라는 말을 함부로 할 수 없을 것이다.

뗑깡을 우리 낱말로 맞바꾸면 지랄(병)이나 간질이 되지만, 위와 같은 맥락에서는 '간질을 부리다'라고 할 수 없다. 지랄(병)으로 대신할 수밖에 없는데, 그럴 때에는 '(~을) 부리다' 형식이 아니라 '(~을) 하다' 형식을 취한다. '지랄(을) 하다'나 '지랄병(을) 하다'가 너무 저속하다고 느껴지거나 표현 의도를 적절하게 드러내 주지 못한다고 생각되면, 다음 중에서 알맞게 선택할 수 있다.

ㄱ. 행패(를) 부리다.
ㄴ. 생떼를 쓰다.
ㄷ. 억지를 부리다, 어거지를 부리다.
ㄹ. 억지를 쓰다, 어거지를 쓰다.

뗑깡은 무서운 병이다. 아무리 비유에 지나지 않는다고 하더라도 거기에 비유하는 것은 심해도 너무 심하다.　　〈1999.6.4~5.〉

곤색과 반물색

'검은빛을 띤 남빛'을 흔히들 곤색이라 한다. 지난날 학생복과 신사복 중에 이런 색상이 많았다. 그러나 그것은 우리들이 쓰지 말아야 할 일본어 찌꺼기이다.

그런 빛깔을 우리는 일찍부터 감색(紺色)이라 했다. 그런데 일본에서는 이것을 こんいろ라고 한다. いろ[iro]는 색이요 こん[kon]은 감이다. 곧 こん[kon]은 紺을 그들의 음운 체계에 맞추어 발음한 결과이다.

우리로서는 紺을 곤이라 할 필요도, 이유도 없다. 우리는 예로부터 써 온 대로 감이라 하면 그만이다.

그런데 감색에는 한 가지 무시하지 못할 약점이 있다. 감색이 과일의 한 가지인 감의 색을 연상시키기 때문에 의미 전달에 장애가 일어날 개연성이 많은 것이다. 그래서 감색 대신에 감청색(紺靑色)이라 하기도 한다. 그러나 엄밀히 따지면 감색과 감청색은 그 빛깔이 조금 다르다.

예로부터 우리 조상이 써 오던 말에 더 알맞은 낱말이 있다. 반물(색)이 그것이다. 이는 '검은빛을 띤 짙은 남빛'을 뜻하며 여러 사전에 실려 있다. 한자 사전에서는 紺을 '반물 감'이라 풀이하기도 하였다. 감색에서 일어날 수 있는 염려를 한꺼번에 싹 씻어 준다. 이제 당장 곤색은 씻어 내고 **반물색**을 올려 보자. 〈1996.12.28.〉

소라색과 하늘색

색깔을 일컬을 때에 자연이나 물체에 빗대어 말하는 경향이 있다. 하늘색, 바다색, 풀색, 흙색, 배추색, 겨자색, 벽돌색 따위가 그것이다. 심지어 똥색까지 있다.

이런 식으로 색깔을 나타낼 때에, 그 물체에 대하여 공통적인 인식이 마련되어 있지 않으면 엉뚱한 결과를 초래하게 된다. 예를 들면 벽돌색의 '벽돌'을 어떤 벽돌로 인식하느냐에 따라 그 색깔이 전혀 달라지는 것이다. 시멘트 벽돌로 인식한다면 회색 계통으로 받아들일 것이고, 흙 벽돌로 인식한다면 붉은 계통으로 이해할 것이다.

여성의 의복 중에는 이른바 소라색 계통의 색상이 적지 않다. 그런데 이럴 때의 소라를 소라고둥이나 그 껍질을 가리키는 것으로 아는 사람이 있다. 그런 사람은 소라색이 어떤 색깔인지를 모를 가능성이 많다. 소라고둥의 살과 껍질은 색깔이 전혀 다르기 때문이다.

그러나 여기서의 소라는 고둥과 아무런 상관이 없다. 그것은 하늘(쏘)을 가리키는 일본어 そら[sora]의 발음을 생각 없이 그대로 따라 한 결과이다. 그러니 소라색도 일본어 찌꺼기이다. 우리말에는 분명한 하늘색이 있다.

〈1997.6.9.〉

식사라와 앞접시

우리말 속에 도사리고 있는 일본어 찌꺼기는 존재하는 모습에 따라 크게 두 부류로 나누어 볼 수 있다. "입장(立場), 수속(手續), 개찰

(改札)" 따위와 같이 한자음으로 존재하는 것이 있고 "사라, 스메끼리, 다꾸앙" 따위와 같이 일본어 발음 그대로 들붙어 있는 것이 있다. 그런 것들이 서로 섞이기도 하며, 한편으로 우리 낱말과 섞여 새말이 되어 통용되기도 한다.

음식점에 가면 식사라라는 말을 들을 수 있다. 상에 차려 놓은 음식을 덜어 먹기 편하도록 사람 앞앞이 내놓는 빈 접시를 말한다. 식의 뿌리는 한자 食으로 이어지며, 사라는 접시를 가리키는 일본어 낱말 さら[sara]의 발음을 그대로 끌어온 것이다. 이런 식사라를 굳이 써야 할 이유가 없으며, 그 개념이 유별난 것도 아니다.

그것을 대신할 우리 낱말로 앞접시, 손접시, 덜접시/덜어접시 들을 생각할 수 있다. 앞접시는 사람 '앞앞이' 놓는다는 점에 착안한 것이며, 손접시는 '손으로' 집듯이 쉬이 음식을 먹도록 도와준다는 점에 착안한 것이다. 덜접시/덜어접시는 음식을 '덜어' 먹는 데에 사용된다는 사실에 초점을 맞춘 것이다. 〈1996.12.27.〉

쓰키다시와 초다짐거리

지금도 생선회를 파는 음식점에는 일본어 찌꺼기가 많이 남아 있다. 쓰키다시/쓰께다시도 그 가운데 하나인데, 내력을 아는지 모르는지 자랑스럽게 큰소리로 외치는 사람이 많다.

요즈음의 음식점 풍경을 유심히 살펴보아도 알 수 있는 바와 같이, 원래 생선 횟집에서는 본음식인 생선회를 내기 전에 간단한 음식을 내준다. 가게에 따라 차이는 있지만, 대개는 죽과 함께 간단한 생선구이

와 굴 따위를 내준다. 본음식을 준비하는 동안 우선 배고픔을 면하라는 뜻으로 주는 것이다. 이러한 음식을 일본에서는 つきだし라고 한다. 쓰키다시/쓰께다시는 여기서 온 것이다.

우리말 사전에는 초다짐(初−)이란 낱말이 있는데, 끼닛밥이나 좋은 음식을 먹기 전에 우선 배고픔을 면하려고 간단한 음식을 조금 먹는 일이라 풀이해 놓았다. 쓰키다시가 '음식'을 가리키는 데 비하여, 우리 낱말 초다짐은 '일'이나 '행위'를 가리키는 점이 다르다. 그러니 초다짐을 가지고 쓰키다시/쓰께다시를 대신하기는 다소 알맞지 않은 점이 있다. 그렇다면 초다짐거리라 할 수도 있다.

그런데 오늘날 우리 현실을 보면, 본음식이 나온 뒤에도 쓰키다시를 계속 내주거나 요구하는 일이 많다. 몇몇 책에서 쓰키다시를 대신할 우리 낱말로 곁들이를 권하는 것은 그 때문이다. 본음식에 '곁들여' 내주는 음식이라는 뜻을 담은 낱말이다.

어쨌든 쓰키다시/쓰께다시는 버리고 초다짐(거리)이든 곁들이든 우리 낱말로 바꾸는 것이 좋겠다.   〈2001.2.5.〉

기레빠시와 딸림안주 · 딸림반찬

음식점에 가서 음식을 시켜 보면 본음식 외에 이것저것 먹거리를 더 내주는 일이 있다. 생선 횟집에서 그런 일이 비교적 많이 볼 수 있는데, 더 내주는 것은 주로 안주나 반찬이다. 이런 음식들을 가리켜 기레빠시라고 하는 이가 많다.

기레빠시는 일본어 찌꺼기이다. 일본 사람은 이 낱말을 한자로는

切端(切[절]=자르다, 端[단]=끝)으로, 가나문자로는 きれっぱし[kireppasi]로 쓴다. 한자대로 풀면 '끄트머리를 자름' 또는 '잘라 낸 끄트머리' 정도의 뜻이 되겠다. 우리 음식점에 떠돌고 있는 기레빠시란 바로 그것을 흉내 낸 것으로, 생선회를 뜨고 난 나머지, 예컨대 뼈, 지느러미, 내장 따위로 만든 음식을 가리킨다. 어떤이는 그런 것과 함께 내주는 모든 음식을 통틀어 기레빠시라 하기도 한다.

위에서 보듯이 기레빠시는 우리 낱말 끄트러기나 자투리에 해당한다. (끄트러기에는 '쓰고 처진 나머지'라는 뜻도 있으며, 자투리란 '옷감 따위를 자로 재어서 팔고 난 나머지'를 말한다.) 그러므로 우리 음식점에 떠돌고 있는 기레빠시를 대신할 낱말로 우선 자투리 안주나 자투리 반찬을 생각할 수 있다. 이것은 기레빠시의 뜻을 그대로 살린 것인데 좀 긴 흠이 있다. 그래서 다시 그 기능을 중심으로 딸림안주나 딸림반찬을 생각해 본다. 본안주나 본반찬에 '딸려서' 내주는 것이라는 뜻이다.

요컨대 기레빠시는 그대로 눌러써야 할 필요가 없다. 이 점을 분명히 깨닫는다면 그 대안은 떠오를 것이다. 〈1998.7.30.〉

지리와 싱건탕·맑은탕

복국 식당에서는 보통 두 가지 국을 판다. 그 하나를 매운탕이라 하고 다른 하나를 지리라고 하는데, 그 맛도 꽤 다르다. 대구탕에도 그렇게 두 종류가 있는 것이 보통이다. "대구 매운탕, 복 매운탕", "대구 지리, 복 지리"로 구분한다. 매운탕은 국물에 고추장이나 고춧가루를 넣어서 얼큰하게 끓인 것을 말하고, **지리**는 맑은장국에 끓인 것을 가리킨다.

그런데 **지리**(ちり)는 일본어 찌꺼기이다. 나는 그동안 이것을 대신할 우리 낱말을 여러모로 궁리해 보았으나, 마땅한 것을 찾지 못하고 있었다. 개인적으로 매운탕보다는 이것을 더 좋아하는 편이므로 그 필요성이 더욱 절실했던 것인데, 최근 『국어 순화 용어 자료집』(1997년 12월, 문화체육부)에서 해답의 실마리를 얻게 되었다. 지리를 싱건탕으로 다듬어 놓은 것을 본 것이다. 이는 '싱거운 탕'을 줄인 것이 분명하며, '싱거운'은 '맵지 않은'을 에돌려 대신한 것이라 할 수 있겠다. 그 착상이 탁월하다. "대구 지리, 복 지리"보다는 "대구 싱건탕, 복 싱건탕"이 훨씬 그럴듯하게 들린다.

그런데 **싱건탕**은 그 국의 실체를 나타내는 데에 다소 미흡한 점이 있다. 언중의 의식 속에 '싱겁다'의 상대되는 낱말로 '짜다'가 뚜렷이 자리잡고 있기 때문이다. 다시 말하면 싱거운 것은 짠 것에 대한 상대 개념이지, 매운 것에 대한 상대 개념이 아니라는 말이다. 그래서 나는 한편으로 **맑은탕**을 생각해 본다. 매운 것과 맑은 것이 상대 개념이 아니라는 점에서 보면, 이것도 싱건탕이 지닌 문제를 그대로 지니고 있는 셈이다. 그러나 그 두 가지 음식의 결정적인 차이가 바로 국물에 있다는 점, 다시 말하면 매운탕은 '매운 장국'에 끓이고, 이른바 지리는 '맑은 장국'에 끓인다는 점을 떠올리면 **싱건탕**보다 좀더 낫지 않을까 한다.

어떻든 이제 지리는 그만 먹고 싱건탕이나 맑은탕을 먹었으면 좋겠다.

〈1998. 3. 7.〉

모리소바와 메밀사리

콩국수는 여름철의 별식이다. 땀을 흘리지 않고도 먹을 수 있어 간편하다. 나는 콩국수를 즐겨 먹는 편이다. 그런데 춘천 지역에서는 **콩물국수**라고 써 붙인 가게를 심심찮게 볼 수 있다. 국수 가락을 콩으로 만든 것이 아니라 보통의 사리에 콩물을 부은 것이니, **콩국수**보다 더 사실에 가까운 낱말이라는 생각을 한다.

사리는 밀가루로 만드는 것이 보통이지만 메밀가루나 칡가루 등으로 만들기도 한다. 그렇게 만든 사리를 어떻게 담아 내느냐에 따라 국수가 되기도 하고 냉면이 되기도 한다.

그런데 일본 음식 중에는 메밀가루로 만든 사리를 양념 간장에 담갔다가 꺼내 먹는 것이 있다. 그것을 그들은 もりそば[morisoba]라고 하는데, 우리끼리 말할 때에도 우리는 덩달아 **모리소바**라고 하는 일이 많다.

우리 낱말로는 **메밀사리**라고 하면 그만이다. **메밀국수**라고 해도 되겠지만, 국수란 (막국수는 좀 다르지만) 일반적으로 사리와 국물을 함께 섞어 만든 것을 가리킬 뿐만 아니라, 또 그런 음식이 따로 있기 때문에 그것과의 변별성에 문제가 있다.

특히 나이 든 사람 중에 **모리소바**를 즐겨 먹는 이가 많다. 앞으로 젊은이들은 **모리소바**를 먹지 말고 **메밀사리**를 먹기를 권한다.

〈1998.8.13.〉

낑깡과 금귤, 미깡과 밀감

낑깡이나 미깡을 예사로 사용하는 사람이 많다. 미깡은 지난날에 많이 사용했던 것 같고, 낑깡은 요즈음 젊은이들이 많이 사용하는 듯하다. 그런데 이것들은 일본어 찌꺼기이다.

낑깡은 한자낱말 金柑[금감]에 대응되는 일본어 발음, 곧 [kinkan](きんかん)을 한글로 표기한 것이다. 우리는 우리의 한자 발음대로 금감이라고 해야 한다. 다르게는 금귤(金橘)이라 하기도 하며, 과실이 작기 때문에 동귤(童橘)이라 하기도 한다. 식물 분류학에서는 금감나무와 탱자나무를 함께 묶어 '탱자나무 속(屬)'이라 한다.

미깡은 蜜柑[밀감]의 일본어 발음 [mikan](みかん) 그대로이다. 우리는 우리의 한자 발음대로 밀감이라고 해야 한다. 그런데 이를 귤(橘)이라고도 한다. 귤나무를 광귤나무, 당귤나무, 하귤나무, 유자나무, 오렌지나무, 레몬나무 들과 함께 묶어 '귤나무 속(屬)'이라 하는데, 이들 중에서 제주도를 비롯하여 우리 나라에서 재배하는 것은 대부분 귤나무이다. 그 품종은 대부분이 '온주 밀감'이라 한다.

금감나무·탱자나무 들과 귤나무·광귤나무·당귤나무·하귤나무·유자나무·오렌지나무·레몬나무 들은 식물학적으로 닮은 점이 많다고 한다. 그 과실도 그렇다. 그래서 이들을 한 무리로 묶어 '감귤류'라 한다. 우리 나라에서 생산되는 감귤류 중에서 가장 보편적인 것은 더 말할 나위도 없이 귤(나무)이다. 이런 까닭으로 일반에서는 귤을 곧 감귤이라 하기도 한다.

〈1998.4.2.〉

한바식당과 현장식당

어느 공사판 옆을 지나면서 보았다. 그 공사장 한쪽에는 번듯하게 한바식당이라는 알림판을 붙인 간이 건물이 있었다. 그동안 한바, 함바는 적잖이 접해 왔지만, 그처럼 번듯하고 미적 완성도가 높은 알림판에서 그것을 본 것은 처음이다. 일이 이 지경까지 된 것을 생각하니 씁쓸하기 이를 데 없었다.

한자에 근거한 일본어 낱말로 飯場이 있는데, 저들은 이를 はんば [hanba]라 한다. 그러니 한바/함바는 일본어 발음을 그대로 한글로 쓴 것이다. 飯場은 '밥 飯[반]'과 '마당 場[장]'을 합친 것이니 '밥집'이란 뜻인데, 일본에서는 공사 현장에 있는, 일꾼들에게 밥을 해 주는 식당을 그렇게 나타내는 모양이다. 그것을 밸도 없이 들여다가 한바집이니 한바식당이니 하고 있으니 한심하고도 씁쓸하다. 한바식당은 더더욱 그렇다. 속내를 알고 보면 '밥집밥집'이란 뜻이니 우스꽝스럽기도 하다.

공사 현장에 있는, 그런 밥집은 번듯하게 갖추어지지 않은 것이 보통이다. 그래서 지금은 공사장이 아니더라도 곳곳에 허투루 마련된 밥집도 그렇게 가리키는 것을 본다.

어떻든 우리는 이런 것을 쓰지 말아야 한다. 한바를 대신할 우리말로는 현장식당, 일꾼밥집 들이 제안되어 있다. 그 밖에 난장밥집, 난장식당, 한데밥집, 한데식당,* 일터밥집 들을 생각해 볼 수 있으며, 그냥 밥집이라 해도 안 될 것이 없다. 〈1998.7.25., 2000.7.7.〉

---

* 여기서 '한데'란 '집의 바깥'이나 '하늘을 가리지 아니한 곳'을 뜻한다.

요지와 이치개

요지는 일본어 찌꺼기이다. 저들은 한자로 楊枝라 쓰고 ようじ [yôzi]라 하는데, 우리가 그들의 발음을 그대로 따라 쓰고 있는 것이다. 이것을 갈음할 우리 낱말로는 어떤 것이 있을까?

오늘날 가장 널리 퍼져 있는 것은 이쑤시개이다. 이것은 겉으로 드러난 그대로 이와 쑤시개를 합친 낱말로, '이' ─ 좀더 정확히 말하자면 '잇새' ─ 를 쑤시는 데에 쓰는 물건임을 나타낸다. 그런데 여기서 쑤시-라는 낱말이 좀 마땅하지 않은 데가 있다. 어감이 부드럽지 못할뿐더러 그 작고 가느다란 모양새와도 잘 어울리지 않는다. 소중한 입 안에 넣어 잇새를 간단히 청소하는 것을 쑤신다고 하니 아무래도 마땅하지 않다. 그래서 내가 잘 아는 어떤 분은 몇 해 전에 다른 낱말을 제안했다.

이치개가 그것이다. 이것은 이와 치개를 합친 것인데, 치개는 치우+개에서 '우'를 줄인 것이다. 잇새를 말끔히 치우는 데 쓰는 물건임을 뜻한다. 이미 오래전부터 우리 조상들은 빗치개라는 낱말을 썼다. 이 낱말은 사전에도 올려 있는데, 빗살(머리빗) 틈의 때를 빼내는 데 쓰는 물건을 가리킨다. 옛날 우리 어머니들이 모두 하나씩은 지니고 있었던 물건이며, 그 반대쪽은 가르마를 탈 때에 썼다. 그 생김새나 용도가 오늘날의 이쑤시개와 매우 흡사하다. 그러니 이치개는 아주 생소한 낱말이 아닌 셈이다.

여러모로 생각해 볼 때 이쑤시개보다 이치개가 좀더 낫지 않을까 한다.

〈1997.5.13.〉

한소데와 반소매, 나시와 민소매

지하철에서 우연히 두 아가씨의 대화를 듣게 되었다. 한소데니 나시니 하는 소리에 주의가 끌렸던 것이다. 그들은 이것들이 일본어 찌꺼기인 줄을 모르는 듯했다. 그들만이 아니라, 여름철이 되면 그런 말을 사용하는 일이 적잖다. 옷 파는 사람들은 '나시 1장에 3,000원' 식으로 써 붙이기도 한다.

반소매를 일본 사람은 半袖(半=반 [반], 袖=소매 [수])나 はんそで로 표기하고 [hansode]라 발음한다. 반소매의 발음과 비슷하다. 여기서 반소매는 반소매옷의 준말이다.

소데나시도 적잖게 듣고 있는데, 소데가 일본어에서 왔듯이 소데나시 역시 일본어에서 온 것이다. 일본 사람은 '소매가 없는 옷'을 袖無나 そでなし로 표기하고 [sodenasi]로 발음한다. 여름철이면 젊은 여성들이 이런 옷을 즐겨 입는다. 한글 학회에서 펴낸 『쉬운말 사전(1984)』에서는 이것을 대신할 우리 낱말로 맨팔(옷)을 제시해 놓았다. 나는 민소매(옷)를 생각해 보았다. "민무늬, 민짜"에서 보듯이 민-은 '아무것도 붙어 딸린 것이 없음'을 뜻하는 접두사이다.

소데나시에서 앞부분을 떼어 버리면 나시가 된다. 나시만으로는 '없음(無)'을 뜻할 뿐이니, 참으로 엉터리없는 소리이다.

소매의 길이에 따라 옷을 나누면 긴소매(옷), 반소매(옷), 민소매(옷)로 나누어진다. 그런데 긴소매(옷)와 반소매(옷)를 긴팔과 반팔이라고 하기도 한다. 그러나 이는 신체 부위인 팔을 연상시키기도 하므로 피하는 것이 좋겠다. 특히 반팔은 섬뜩한 느낌까지 든다. 팔이 반이라니!

요컨대 한소데와 나시는 당장 반소매와 민소매로 바꾸고, 되도록이면 반팔도 입지 말자는 말이다. 〈1997.7.8., 2000.5.27.〉

단도리와 잡도리, 유도리와 융통성

10여 년 전, 내가 한글 학회에서 일할 때이다. 그때 살가운 우리 토박이낱말을 찾아 쓰는 일을 벌였다. 어느날 한 문필가로부터 반가운 편지를 받았는데 단도리를 추천하는 내용이었다. 그 편지를 보고 허탈해했던 기억이 지금도 생생하다.

이렇듯 우리 낱말과 일본 낱말을 분간하기는 쉽지 않다. 꽤 지식 있는 분이 그럴 정도이니 보통사람들은 더 말할 나위가 없다. 한 가지 방법은 사전을 열심히 찾아보는 것이다. 만약 그것이 우리말 사전에 올려 있지 않다면 일단 의심해야 한다. 또 하나의 방법은 일본어 찌꺼기를 모아 놓은 자료집을 찾아서 확인하는 것이다. 한글 학회에서 지어 펴낸 『쉬운말 사전(1984)』이 그런 자료집 가운데 하나이다. 또한 평소에 남의 충고에 귀를 기울이는 것도 한 방법이 될 수 있다.

단도리는 일본 사람이 段取り(だんどり)로 표기하는 낱말의 발음 [dandori]를 그대로 답습한 결과물이다. 원의미만 생각하면 채비, 준비로 바꾸어야 하겠으나, 실제로 단도리를 쓰는 맥락이 다양하여 딱히 그렇게 할 수 없는 경우도 많이 있다. 그럴 경우에는 잡도리 또는 뒷손질, 손질, 손보기 들을 고려해 보면 된다. 예를 들면 "태풍이 온다니까 집 단도리 잘해." 라는 표현에서는 잡도리나 손보기가 알맞을 것이다.

"그 사람, 유도리라고는 없어."에서와 같이 유도리(ゆとり)도 주변에서 자주 들을 수 있는 일본어 찌꺼기이다. 특히 젊은이들이 그 말을 많이 쓰는 것을 본다. 이것은 **여유**나 **융통성** 들로 바꾸어 써야 한다.

〈1997.7.10., 10.10.〉

삐까번쩍과 번쩍번쩍

많은 사람들이 아무 거리낌 없이 흔히 쓰는 낱말 중에도 일본어 찌꺼기가 있다. 사람에 따라서는 그런 것들을 매우 정답게(?) 느끼기까지 한다. 그러나 조금만 관심을 가지고 따져 보면 뭔가 수상하다는 것을 알아챌 수 있다.

방송에서도 삐까삐까라는 소리를 들을 수 있다. 삐까번쩍이라고도 한다. 그러니 이들의 짜임새는 각각 삐까+삐까, 삐까+번쩍임이 확인된다. 곧이어 삐까와 번쩍이 맞선다는 것을 알게 되며, 나아가 번쩍이 있는데 왜 삐까를 갖다 붙일까 하는 의문이 떠오르게 될 것이다. 그렇다면 사전을 찾아보아야 하며, 우리말 사전에 그 낱말이 없다면 우리 낱말이 아닐 가능성을 생각해야 한다.

우리말 사전에는 삐까가 없다. 삐까삐까는 일본어 ぴかぴか의 찌꺼기이다. 우리말 번쩍번쩍을 그들은 그렇게 표현한다.

'왔다리 갔다리'의 -다리도 일본어 찌꺼기이다.　　〈1997.2.11.〉

나라비와 줄서기, 쿠사리와 면박

(가) 학생들을 두 줄로 **나라비**를 세웠다.

위와 같은 말은 나이가 좀 드신 분들이 자주 쓰는 표현이다. 여기서는 나라비라고 했지만 어떤 사람들은 나라비줄이라 하기도 한다. 어느 쪽이든 쓰지 말아야 할 일본어 찌꺼기이다.

나라비는 일본어 낱말 並び(ならび)의 발음 [narabi]를 한글로 적은 것이다. 우리말로 바꾸면 줄서기가 된다. 줄보다는 줄서기에 가깝다. 그러므로 (가)와 같은 표현은 일본어 찌꺼기를 썼다는 결정적인 잘못과 함께 경제적인 표현이 아니라는 또 하나의 잘못을 범하고 있는 것이다. 그런 잘못은 다음과 같이 표현함으로써 깨끗이 해소된다. 그 앞에는 줄, 그 뒤에는 세우 –라는 낱말이 있으므로 나라비이든 줄서기이든 군이 끼워 넣을 필요가 없다.

(가)′ 학생들을 두 줄로 세웠다.

한편, 젊은 사람들은 다음과 같이 **쿠사리**라는 소리를 많이 한다.

(나) ㉠ 오늘 과장님한테 **쿠사리** 받았다.
　　㉡ 그렇게 **쿠사리**만 주면 어떡해?

(나)의 **쿠사리**도 일본어 낱말 腐り(くさり)의 발음 [kusari]를 한글로 표기한 것이다. 저들의 발음에 좀더 가까운 것은 **구사리**인데, 우리는 첫

소리에 힘을 더 들여 **쿠사리**라고 하는 일이 많다. 어떻든 이는 우리 낱말 **면박**에 해당한다. 실제 상황에서는 다음과 같이 '**면박**(을) 받다' 나 '**면박**(을) 주다' 형식으로 쓰이는 일이 많다.

(나)′ ㉠ 오늘 과장님한테 **면박**(을) 받았다.

㉡ 그렇게 **면박**만 주면 어떡해?

경우에 따라서는 '**야단**(을) 맞다'라고 하는 것이 더 어울리는 경우도 있을 것이다. ⟨1997.7.11.⟩

도끼다시와 인조석 바닥

다음과 같은 말을 더러 들어 보았을 것이다.

(가) 우리 회사 **도끼다시**는 너무 미끄러워.

(나) 우리 사무실 **도끼다시** 색깔은 회색이다.

여기서 말하는 **도끼다시**는 무엇을 가리킬까? 그 문맥으로 볼 때에 건축물의 바닥을 가리키는 듯하다. 그러나 모든 바닥을 가리키는 것은 아니고 인조석 바닥을 가리킨다. 시멘트 반죽과 대리석 잔조각을 섞어서 만든 바닥이다.

그런데 정작 **도끼다시**는 일본어 찌꺼기이다. 저들은 硏出(とぎだし)로 쓰고 [togidasi]라 발음하는데, 우리는 [gi]를 된소리로 바꾸어 도

끼다시라 하고 있다. 그러나 문제는 그 발음이 아니라, 원래 일본어의 그것은 오늘날 우리가 사용하는 것과는 매우 다르다는 것이다.

도기다시는 그 본래의 뜻을 살린다면 갈닦기, 갈아내기, 갈기로 바꾸어 써야 한다. 다시 말하면 본래 도기다시는 '돌 따위를 갈고 닦아서 윤을 내는 일'을 뜻한다. 그럼에도 우리는 많은 경우 '갈고 닦아 놓은 돌(바닥)'을 가리켜 도끼다시라 하고 있다. 도기다시의 의미를 제대로 알고 쓰는 것도 아니라는 것이 드러난다. 어느 모로 보든 도끼다시를 쓸 필요가 없다.

돌 따위를 갈고 닦아서 윤을 내는 '일'을 나타내려면 갈닦기, 갈아내기, 갈기, 갈아윤내기라 하고, 갈고 닦아 놓은 '바닥'을 가리키려면 인조석 바닥, 경우에 따라서는 대리석 바닥이라 하면 되겠다. 〈1997.9.11.〉

무뎃뽀와 무작정

요즈음 어느 학생의 글에서 무대보를 세 번이나 접했다. 나는 한참 생각한 끝에야 무뎃뽀를 그렇게 쓴 것임을 눈치 챌 수 있었다. '무대보 정신'이라고 했기 때문에 그것을 알아내는 데에 시간이 좀 걸렸던 것이다. 뒤에 그 학생을 만나서 물어 보았더니, 우리 나라 어느 영화를 보고 그 말을 알았다고 했다. 요즈음 그 영화와 함께 그 말이 매우 유행하고 있다는 것이었다. 그는 영화에서 들은 말을 무대보라고 썼던 것이다. 그러나 이것이 일본어 찌꺼기인 줄은 전혀 모르고 있었다.

무뎃뽀는 일본어에서 온 것이다. 일본에서는 無鐵砲(むてっぽう)로 쓰며 [muteppo]로 발음한다. 법도를 지키거나 절차를 갖추지 않고

제멋대로 마구 하는 행동이나 모습을 가리키며, 때로는 그런 행동을 하는 사람(이나 동물)을 뜻하기도 한다. 우리말로는 문맥에 따라 무모(無謀), 억지(로), 어거지(로), 우격(으로), 우격다짐(으로), 막무가내(로), 천둥벌거숭이 들로 바꾸어 쓸 수 있다.

우격으로 : 억지의 힘으로 무리하게.
우격다짐 : 억지로 무리하게 해대는 행위. 억지로 우기는 짓.
막무가내 : 도무지 어찌할 수 없음.
천둥벌거숭이 : 아주 주책이 없거나 앞뒤 가리지 않고 날뛰기만 하는 사람.

이처럼 원래 **무뎃뽀**는 부정적인 의미를 나타내지만, 그 영화에서는 긍정적인 의미로 쓰였다고 한다. 이것저것 따지지 않고 과감하게 도전하는 정신을 그렇게 표현했다는 것이다. 그렇다면 그 영화에서의 '무뎃뽀 정신'은 "무모 정신, 어거지 정신, 우격 정신, 막무가내 정신" 그 어느 것도 알맞지 않아 보인다. 이런 경우에는 '무작정 정신'이 어떨까?

〈1998. 2. 24.〉

대빵과 많이, 으이샤와 어기영차

오늘은 유서 깊은 어느 대학신문에서 "진심으로 대빵 추카드립니다."라는 큼지막한 문구를 보았다. 축하를 추카로 쓴 것은 애교로 보아 넘긴다고 하더라도 대빵에 대해서는 한마디 하지 않을 수 없다.

거기서 **대빵**은 일본어 낱말 鐵板(てっぱん)을 가리키는 것이 틀림없

어 보인다. 그것은 명사로서 '① 우두머리, 두목. ② 철판'을 뜻하는 데, 여기서는 ①의 의미가 '최고→많이'로 발전하여 부사처럼 사용된 것이다. 평소에도 학생들이 대빵/데빵을 예사로 쓰는 것을 보아 왔다. 젊은이들 사이에 이 같은 일본어 찌꺼기가 확산되는 것은 걱정스러운 일이 아닐 수 없다.

힘을 모을 때에 외치는 소리는 어떤가? 대부분 "으샤! 으이샤!"라고 한다. 일본 사람이 지르는 소리와 똑같다. 원래 우리 조상들은 "어기여차! 어여차! 엿차! 어기영차! 어영차! 영차!"라고 했다. 「뱃노래」 같은 민요를 들어 보아도 그것을 잘 알 수 있다.

몰라서 그랬다면, 이제부터라도 우리말에 관심을 가져 보자. 관심을 가지면 보일 것이다.　　　　　　　　　　　　　⟨1998.9.2., 10.17.⟩

앗사리와 솔직·깨끗

앗사리란 말을 예사로 쓰는 일이 많다. 그 보기를 들어 보면 다음과 같다.

(가) 나라면 **앗사리** 그 말을 해 버리고 말겠어.
(나) ㉠ **아싸리**하게 네 생각을 말해 봐.
　　 ㉡ 그 사람은 참 **앗싸리**하다.
　　 ㉢ 그는 **앗사리**한 사람이다.

여기 앗사리, 아싸리, 앗싸리는 일본어 낱말 あっさり[assari]를 한글로

표기한 것이다. 이는 부사로서 우리 낱말의 깨끗이, 산뜻이, 깔끔히에 해당한다. 우리말 속에 들여다 써야 할 아무런 필요가 없다. 그럼에도 앗사리만이 아니라 그 뒤에 '-하다'를 붙여 앗사리하다까지 거리낌 없이 쓰고 있으니 한심한 노릇이다.

이제 위의 말들은 각각 다음과 같이 우리말로 넉넉히 표현할 수 있음을 알았으리라 믿는다.

(가)′ 나라면 솔직히 그 말을 해 버리고 말겠어.

(나)′ ㉠ 솔직하게 네 생각을 말해 봐.

　　　 ㉡ 그 사람은 참 {솔직하다/깨끗하다}.

　　　 ㉢ 그는 {솔직한/깨끗한} 사람이다.　　　　　　〈1998.7.21.〉

다시와 맛국물, 도리와 독차지

다음과 같은 말도 예사로 접한다.

(가) ㉠ 다음에는 큰 멸치로 다시를 냅니다.

　　　 ㉡ 역시 국수에는 멸치 다시야.

(나) ㉠ 그 많은 상품을 혼자서 도리하겠다니?

　　　 ㉡ 이번에는 내가 도리를 해야겠어.

(다) 이번 장사는 잘해야 똔똔이라네.

그러나 여기서 다시, 도리, 똔똔은 일본어 찌꺼기이다. 각각 だし, と

り, とんとん의 일본어 발음을 한글로 표기한 것이다.

한쪽에서는 '다시 국물'을 즐겨 쓰기도 한다. 다시가 국물과 통한다는 것을 직관적으로 느끼기 때문일 것이다. 그렇다, 다시는 **국물** 또는 **맛국물**이다.

도리는 남녀노소 할 것 없이 여러 상황에서 쓰고 있다. 일상생활에서 쓰는 그것은 **독차지**나 **몽땅**, 문맥에 따라서는 **휩쓸-**로 바꾸어 쓸 수 있다.

뜬뜬을 대신할 말은 **본전치기** 또는 **본전**이다. 상황에 따라서는 '같음'을 뜻하는 자리에 **뜬뜬**을 쓰는 것을 본다.

요컨대 위의 말들은 각각 다음과 같이 우리말로 바꾸어 써야 한다.

(가)′ ㉠ 다음에는 큰 멸치로 **맛국물**을 냅니다.

㉡ 역시 국수에는 멸치 **국물**이야.

(나)′ ㉠ 그 많은 상품을 혼자서 **독차지**하겠다니?

㉡ 이번에는 내가 **휩쓸어**야겠어.

(다)′ 이번 장사는 잘해야 **본전(치기)**이라네.　　　　　　〈1998.4.17.〉

베다와 바탕

우리 낱말 중에는 남의 것이 많다. 그 중에는 필요한 것도 있지마는, 전혀 불필요한데 습관적으로 쓰는 것도 있다. 불필요한 것은 솎아 내야 한다.

최근에 청소년을 대상으로 만든 월간 잡지를 우연히 보게 되었다.

중등학교 여학생을 겨냥한 것으로 보였다. 주로 사진과 그림으로 꾸며져 있었다. 제작자를 소개하는 문구가 다음과 같이 되어 있었다.

베다 제작 : 홍길동

'베다를 제작한 사람이 홍길동임'을 밝힌 것이다.

그런데 젊은이들은 베다의 정체를 잘 모르는 모양이다. 나이 든 이들은 뻬다라고도 하는데, 인쇄 계통에서 흔히 써 온 일본어 찌꺼기이다. 지금으로서는 전혀 필요하지 않다. 우리말로는 바탕이다. 위는 그 지면의 바탕 무늬(나 그림)를 제작한 사람이 홍길동이라는 뜻이다. 바탕만으로 충분하지 않다고 생각되면 바탕그림, 바탕무늬라 하면 될 것이다.

ㄱ. **바탕** 제작 : 홍길동
ㄴ. **바탕무늬** : 홍길동

훨씬 명료하고 살갑지 않은가.   〈1998.9.7.〉

일본어 아닌 일본 낱말 1

우리에게는 일본에서 들어온 문물이 적지 않다. 19세기 말엽에서 20세기 중엽에 이르는 동안에 집중적으로 들어왔다. 그러나 그 중에는 원래 일본 것이 아닌, 서양 문물도 꽤 많다. 그러함에도 우리는 일본에서 건너온 것은 모두 일본 문물인 줄로 착각하는 일이 있다. 낱말에도 그런 것이 적지 않다.

서양 문물과 함께 일본에 들어간 서양 낱말은 일본어를 닮는 쪽으로 바뀌었다. 이는 매우 자연스러운 현상으로, 어느 언어에서든 다 나타나지만, 일본어는 음절 구조가 단순하기 때문에 원어와는 아주 다른 형태가 되는 일이 많다. 따라서 그렇게 된 서양 낱말을 접했을 경우, 보통사람들로서는 그것이 서양 낱말임을 눈치 채기가 여간 어렵지 않다. 그래서 그런 부류까지 통틀어 '일본어 낱말'이라 하는 일이 많다. 그러나 좀더 엄격히 가르면 '일본어스러운 서양 낱말'이라 할 수 있다. 다음에 그 구체적인 보기를 들어 본다.

(가) 가라	←	カラー	←	(영)collar.	옷깃, 깃
낫또	←	ナット	←	(영)nut.	암나사, 너트
니빠	←	ニッパー	←	(영)nipper.	니퍼, 족집게
니아까	←	リヤカー	←	(영)rear car.	손수레
다스	←	ダース	←	(영)dozen.	12개, 다스
마후라	←	マフラー	←	(영)muffler.	①목도리, 머플러, ②소음기, 머플러
바께스	←	バケツ	←	(영)bucket.	양동이
베니야	←	ベニヤ	←	(영)veneer.	합판, 베니어
빠데	←	パテ	←	(영)putty.	땜풀
빠루	←	バール	←	(영)bar.	노루발(못뽑이), 배척*
뻰찌	←	ペンチ	←	(영)pinchers.	(자름)집게
아이롱	←	アイロン	←	(영)iron.	다리미, 머리인두

잣꾸	←	チャック	←	(영)chuck.	지퍼
조끼	←	チョッキ	←	(영)jug.	잔
화이바	←	ファイバー	←	(영)fiber.	안전모
후라이	←	フライ	←	(영)fry.	①튀김, 부침, ②거짓말
후앙	←	ファン	←	(영)fan.	환풍기, 송풍기

(가)의 맨 앞쪽에 제시한 것이 우리말 속에 들어와 있는 일본 낱말의 형태이다. 각각 뒤쪽의 영어 낱말이 일본어를 거쳐 우리말 속에 들어온 것이다. 일본어 속에 들어가면서 영어 낱말은 일본어의 생태에 맞게끔 형태 변화를 겪었고, 그렇게 일본어스러워진 상태에서 우리말 속에 들어오면서 다시 변형을 겪었다. 그래서 원어의 발음이나 형태와 아주 달라져 버린 것도 있다. 이들은 되도록이면 쓰지 않는 것이 바람직하다. 각각 맨 뒤쪽에 제시한 것이 그 대안이다. 원칙적으로 우리말로 바꾸어 쓰되, 그것이 어려울 경우에는 영어 발음을 그대로 따르는 것이다.

(나)는 원어의 발음을 직접 수입해야 할 보기이다. 우리는 자유롭게 원어의 발음대로 표기할 수 있고 발음할 수도 있으니 일본 사람이 하는 구차한 방법을 따를 필요가 없다.

---

* '배척'은 동아일보 여규병 기자의 귀띔으로 알게 된 낱말이다. 내가 유니텔 「리의도의 말글밭」에 올린 글을 보고 나중에 알려 주었다. '노루발'은 그 모양이 '노루의 발'을 닮은 데에서 유래되었는바, 노루의 발이 양쪽으로 갈라져 있듯이, 그런 모양으로 생긴 장도리를 일찍부터 '노루발장도리'라고 했다. (사실은 노루만이 아니라 염소나 돼지의 발도 그런 모양이다.) 문제의 '빠루'는 쇠로 만든, 막대 모양의 연장인데, 한쪽의 끝이 노루의 발처럼 되어 있으며, 노루발장도리처럼 못을 뽑을 때에 그쪽을 많이 이용한다. 그래서 그것을 '노루발못뽑이'라고 하자는 의견이 있었던 것이다. 그런데 여규병 기자의 귀띔으로, '노루발못뽑이'를 생각해 내기 전부터 이미 우리말 속에는 '배척'이라는 낱말이 있었음을 확인하였다.

(나) 도나스	←	(영)doughnut.	도넛
밤바	←	(영)bumper.	범퍼
비니루	←	(영)vinyl.	비닐
사라다	←	(영)salad.	샐러드
샤쓰	←	(영)shirts.	셔츠
쎄무(가죽)	←	(영)chamois.	섀미(가죽)

(다)에 제시한 보기는 영어를 제외한, 여러 서양 언어의 낱말들이 (가)와 같은 과정을 겪은 것이다. 네덜란드어, 에스파냐어, 프랑스어, 독일어, 포르투갈어 들에서 비롯된 것들이다.

(다) 가라스	←	ガテス	←	(네)glas.	유리
갓빠	←	カッペ	←	(에)capa.	비옷, 덮개
고로께	←	コロッケ	←	(프)croquette.	크로켓
고뿌	←	コップ	←	(네)kop.	잔, 컵
니꾸사꾸	←	リックサック	←	(독)Rücksack	배낭
덴뿌라	←	テンプラ	←	(포)tempero.	튀김
란도셀	←	ランドセル	←	(네)ransel.	멜가방, 멜빵가방
레떼루	←	レシテル	←	(네)letter.	상표, 레테르
바리깡	←	バリカン	←	(프)bariquant.	이발기
쓰봉	←	ズボン	←	(프)jupon.	(양복)바지
조로	←	ジョウロ	←	(포)jorro.	물뿌리개
홋구	←	ホック	←	(네)hock.	걸단추, 호크

〈1998.5.30., 1999.6.15~17.〉

일본어 아닌 일본 낱말 2

서양 낱말이 일본어 속에 들어가면서 원형태가 짧아진 것도 있다. 이런 부류는 셋으로 나누어 볼 수 있다.

(가) (가라)꾸 ← (から)ク ← (영)cushion. 민쿠션(치기)

　　공구리 ← コンクリー ← (영)concrete. 양회반죽, 콘크리트

　　도란스 ← ドランス ← (영)transformer. 변압기

　　(돈)까스 ← (豚)カツ ← (영)cutlet. 돼지고기튀김(밥)

　　빵꾸 ← パンク ← (영)puncture. 구멍, 펑크

　　에끼스 ← エキス ← (네)extract. 진액

(가)는 서양 낱말의 앞부분만 취하고 뒷부분을 버린 보기들이다. 예컨대 도란스는 영어 낱말 transformer 중에서 trans 부분의 소리만을 흉내 낸 결과이다. 다음의 (나)는 이와 완전히 반대의 경우이다. 밋숀은 transmission 중에서 뒷부분 mission만 취한 결과이다.

(나) 밋숀 ← ミッション ← (영)transmission. 변속기

　　찟구 ← チック ← (프)cosmétique. 머리크림

　　홈 ← プラットホーム ← (영)platform. 플랫폼, 타는곳,
　　　　　　　　　　　　　　　　　　　　　　　타고 내리는 곳

(다)는 두 낱말로 구성된 언어형식에서 어느 한쪽만 취한 보기이다. 그러면서 동시에 (가), (나)와 같은 방법이 원용되기도 하였다. sand paper는 뒤쪽 낱말의 소리만 취함으로써 뻬빠가 되었다. shock absorber는 뒤쪽 낱말 absorber를 취한 다음에 다시 앞부분을 버림으로써 쇼바가 되었고, stainless steel은 앞쪽 낱말 stainless를 취하되 뒷부분을 버림으로써 스덴이 되었다.

(다) 뻬빠 ← ペーパー ← (영)sand **paper**. 사포, 속새

쇼바 ← アブショバ ← (영)shock ab**sorber**. 완충기

스덴 ← スデンレス ← (영)**stain**less steel. 안녹쇠, 스테인리스

이제까지 우리 생활 속에 비교적 널리 쓰이는 낱말 중에서 원래부터 일본어 낱말인 줄로 잘못 알고 있을 법한 낱말들에 대해서 살펴보았다.
〈1999.6.18.〉

고상홈과 전철 승강대

(가) **고상홈** 설치 구간에 대한 안내 말씀을 드리겠습니다.

열차에서 이와 비슷한 방송을 들은 적이 있을 것이다. 경춘선을 오가는 열차를 탄다면 청량리역을 떠나자마자 이런 방송을 듣게 된다.
그런데 나는 이런 방송을 들을 때면 그 전달 효과를 생각하곤 했다.

(나) 청량리역과 성북역 구간에는 **고상홈**이 설치되어 있어 위험하오니……

라는 말에서, 승객들이 **고상홈**이 무엇인지를 모른다면 그들에게 정확한 의미가 전달되지 않을 것이라는 생각을 한 것이다. 어느날 학생들에게 물어 보았더니, 역시 **고상홈**이 무엇인지를 아는 학생이 아무도 없었다. (사실은 그런 방송을 하는 사실조차 모르는 학생이 대부분이었다.) 한두 해도 아닌 세월 동안, 그런 방송을 당당히 내보내는 철도청이나 묵묵히 듣고 있는 시민들이나 모두 대단한 사람들이라는 감탄 섞인 한숨이 나온다. 정작 **고상홈**이란 무엇을 말하는 것인가?

지레짐작은 금물이다. 여기에 사용된 **홈**이란 구멍도 아니고, 영어 낱말 home도 아니다. 영어 낱말 platform(플랫폼)에서 비롯된 것이다. 영어권에서는 열차나 버스 타는 곳을 platform이라고 한다. 여느 역에서 흔히 보듯이 우리는 이미 많은 경우에 **타는곳**이라 하고 있다. 이 platform에서 앞부분 plat을 잘라 버린 것이 form이다. 이를 최대한 영어스럽게 발음하여 한글로 표기한 것이 문제의 **홈**인 것이다. 이러한 작업은 일본 사람들이 시작했으며, 우리는 아무 생각 없이 그것을 따르고 있다. 우리 주변에는 아직도 **타는곳**보다는 **홈**을 즐겨 쓰는 사람들이 있다.

다음으로, **고상**은 한자 高床을 생각해서 지은 것으로 짐작된다. 그것은 '보통보다 높음'에 착안한 것이 분명하다. 다 알다시피 보통열차와 전철은 타는곳의 높이가 다르다. 철로에서부터 객차 바닥까지의 높이는 같지만, 보통열차의 타는곳은 낮기(땅바닥과 같기) 때문에 두어 계단을 올라서야 객차 안으로 들어갈 수 있고, 지하철의 타는곳은 높기(객차의 바닥과 같기) 때문에 그냥 그대로 객차 안으로 들어설 수 있다. 전철을 타기가 쉬운 까닭은 바로 거기에 있다. 전철의 타는곳을 객차 바닥과 같게 높여 만든다. 이처럼 '높여 지은 플랫폼'을 **고상홈**

이라고 한 것이다.

이제 고상홈을 대신할 좋은 말을 생각해 보기로 하자. 첫째, 그 기능에다 초점을 맞추면 전철 타는곳이다. 타는곳을 승강대라고 한다면 전철 승강대라고 하는 것도 괜찮겠다. 둘째, 그 형태를 살린다면 높은 승강대라고 할 수 있다. 그 앞에 전철용이라는 수식어를 붙이는 방법도 있겠다. 고상 승강대보다는 의미 전달이 쉬울 것이다.

이런 어휘를 사용한다면 (가)와 (나)는 각각 다음과 같이 좀더 알기 쉬운 표현이 될 것이다.

(가)′ **전철 승강대** 설치 구간에 대한 안내 말씀을 드리겠습니다.

(나)′ 청량리역과 성북역 구간에는 **전철용 높은승강대**가 설치되어 있어 위험하오니……. 〈1998.7.31.~8.1.〉*

보루와 포

우리 나라에서는 담배 10갑을 한 묶음으로 포장한 것을 흔히들 보루라고 한다. 그러나 대부분의 사전에는 이 낱말이 올려 있지 않다.

한글 학회에서 지어 펴낸 『쉬운말 사전(1984)』에서는, 이것을 영어 낱말 board가 변한 것으로 처리하였다. 일본 사람이 ボール[bôru]라

---

* 1999년 10월 어느날, 경춘선 열차 방송에서 '고상홈' 대신에 '높은 승강장'이라 하는 것을 들었다. 개인적·개별적 선택인지, 철도청 차원의 조치인지, 어느날부터 그렇게 했는지 확인해 보지는 못했다. 그렇게 한 배경이나 계기도 모른다. 그러나 우리들과 생각을 같이할 뿐만 아니라 그 생각을 실천에 옮겼다는 점이 참으로 반갑고 느꺼웠다.

하는 것을 그대로 들여왔다고 본 것이다. 그들은 종이 상자나 골판지 상자를 '보루 바꼬'라고 한다. 그래서 한글 학회의 그 사전에서는 보루를 대신할 낱말로 포(包)를 권하고 있다. 담배 아홉 포, 담배 20포, 이런 식으로 하자는 것이다. 그러나 현실적으로는 포가 힘을 얻지 못하고, 보루가 여전히 널리 쓰이고 있다.

답답하여 북쪽에서 펴낸 우리말 사전을 펼쳐 보니, 뜻밖에도 보루를 그대로 실어 놓았다. 우리와는 사뭇 다른 해석을 한 것으로 보인다. 〈1998.7.18.〉

서양 낱말 다듬어 쓰기

커피와 coffee

"커피 드시겠어요?"라는 말을 할 때에 커피를 영어식으로 발음하는 사람들이 많다. [피]를 발음할 때에 영어 발음 [fi]를 발음하듯이 아랫입술을 윗니 끝에 갖다 붙이고 터뜨리는 것이다. 커피가 영어 낱말 coffee에서 왔다는 것을 알고, 원어에 충실하게 발음하려는 의지 때문이다. 물론 원어에 충실한 발음이 좋은 것이라는 생각이 뒷받침되어 있다.

그러나 우리끼리 "커피 드시겠어요?"라는 우리말을 할 때와 외국어로서 "Would you like a cup of coffee?"라고 말하는 것은 경우가 전혀 다르다. 우리말 속에 들여다 쓰는 영어 낱말은 우리말의 음소 체계에 맞게끔 재구조화되는 것이다. 우리말 속에 섞어 쓰는 커피의 [피]는 우리말의 '피(血)'를 발음하듯이, 그냥 윗입술과 아랫입술을 붙였다가 터뜨려 발음하면 그만이다.

라디오(radio)의 [라]를 발음할 때에 혀를 굴려서 발음하는 것도 바람직하지 않다.

요컨대 우리말 속의 영어 외래낱말을 외국어로서의 영어 낱말과 똑같이 발음할 필요는 없다. 〈1998.10.22.〉

파일과 화일

현행 「외래어 표기법(1986)」에서는 filament, file, filter, frypan, fuse와 같은 영어 낱말들을 우리말 속에 받아들여 표기할 때에 각각 필라멘트, 파일, 필터, 프라이팬, 퓨즈와 같이 적도록 규정하고 있다. [f]를 한글로 표기할 때에는 ㅍ으로 적도록 한 것이다. 이 규정은 표기만이 아니라 발음도 그렇게 해야 한다는 의미가 내포되어 있다.

이 규정은 비교적 잘 지켜지고 있지만, 개중에는 [f]를 [ㅎ]에 대응시키는 것이 영어 발음에 더 가깝다고 생각하는 사람들이 있다. 그뿐만 아니라 [f]를 발음할 때에 아랫입술을 윗니에 갖다 대었다가 터뜨리는 사람들도 있다. 그래야 원어 발음이 된다는 생각 때문일 것이다. 그러나 이런 생각이나 발음은 옳지 못하다. 이런 낱말들을 우리말 속에 사용하는 것은 외국어, 곧 영어로 말하는 것이 아니라는 사실을 충분히 깨닫지 못한 탓이다.

우리말에는 [f]와 똑같은 소리가 없다. [f]는 우리말의 [ㅍ]와 [ㅎ]의 중간쯤 되는 소리이다. 청각적인 느낌은 비교적 [ㅎ]에 가깝고, 조음 과정은 [ㅍ]와 더 비슷하다.

어떠한 한글 낱자로도 [f]의 소리값을 정확히 표기할 수가 없다.

한글 낱자는 우리말의 음소 체계에 근거하여 만들었기 때문이다. 그러니 어느 한쪽을 선택할 수밖에 없는데, 현행 「외래어 표기법」에서는 ㅍ을 선택했다. 그러므로 [f]를 발음할 때에도 그 규정을 따라 우리말의 [ㅍ]와 같이 발음하는 것이 옳다. 현행 표기법 이전에도 이러한 규정은 있었다.

〈1997.12.4.〉

버려야 할 파이팅

아이들이고 어른들이고 파이팅이라는 소리를 곧잘 외친다. 지난 월드컵 축구 대회와 관련된 여러 방송에서도 수없이 그 소리를 들었다. 경기를 시작하는 선수들도 파이팅, 경기하는 중에 응원하는 소리도 화이팅, 경기를 이겼을 때에도 파이팅! 중계방송을 하는 사람들까지 "우리 선수들의 파이팅이 대단하군요."라고 말했다.

파이팅/화이팅은 분명히 영어 낱말 fighting을 가리키는 소리이다. 더 말할 필요도 없이, 영어 낱말 fight는 '싸우다, 전투하다'를 뜻하고 fighting은 '싸움'을 뜻한다.

그러면 우리들은 무슨 뜻으로 파이팅/화이팅이라고 외치는가? 아주 넉넉히 받아들인다면, '싸우자' 또는 '싸우라'는 뜻으로 외치는 것이라고 볼 수도 있다. 경기를 시작할 때나 경기 중에 응원할 때에는 그런대로 맞아드는 것 같다. 그렇지만 경기에 이겼을 때에도 파이팅/화이팅이라고 외치는 것을 볼 수 있는데, 그럴 때에는 무슨 뜻으로 하는가?

경기가 아닌 다른 상황, 예를 들면 회사원들이 기분 좋게 술잔을 기울인다든지 산악 회원들이 산 정상에 올랐을 때에도 그렇게 외치고, 혼례 식장이나 찬송가 경연 대회장에서도 그렇게 외치는데, 그때에도 '싸우자, 싸우라'는 뜻으로 하는 것인가? 어느 일간신문에 초등학교를 소개하고 자랑하는 고정란이 있는데, 그 난의 이름이 "파이팅! 우리 학교"라고 되어 있었다. 이때에는 무슨 의미로 사용했을까? 아무래도 이와 같은 경우까지 '싸우자, 싸우라'는 뜻으로 외치거나 사용하는 것은 아닐 것이다.

이처럼 요즈음 우리 나라에 흔히 나돌고 있는 파이팅/화이팅은 상황에 맞지 않게 엉뚱하게 쓰이고 있다.

경기와 무관한 경우에 파이팅/화이팅을 외치는 것은 지극히 어색할 뿐만 아니라 섬뜩한 느낌을 준다. 우리 겨레가 언제부터 그렇게 싸우는 것을 즐겼는가! "파이팅! 우리 학교"는 너무 심했다는 느낌을 지울 수 없다.

앞에서 경기를 시작한다든지 경기 도중 응원할 때에 파이팅/화이팅을 외치는 것은 그런대로 맞아든다고 했지만, 정작 영어권 사람들은 그럴 때에 "Fighting!"이라고 외치지 않는다고 한다. 그러니 이럴 때에 파이팅/화이팅이라고 외치는 것도 남세스러운 일이다. 그뿐만 아니다. 운동 경기를 그렇게 즐겨 하는 우리에게 번듯한 응원 구호 하나 없다는 것은 얼마나 우스운 일인가!

우리말로 된, 제대로 된 구호, 상황에 맞는, 산뜻한 구호를 찾아 쓸 수 없을까? 많은 사람들이 이 문제에 관심을 가지기를 기대한다.

〈1997. 11. 12~13.〉

팩스와 전송(기)

팩스는 영어 낱말 facsimile에서 앞부분의 발음만을 한글로 표기한 것이다. 로마자로는 FAX라고 쓰기도 한다. 어떤이는 퍀스가 원어의 발음에 더 가까운 표기와 발음이라 말하기도 한다. 그러나 퍀스로 표기한다고 해서 영어가 되는 것이 아니며, 영어권 사람들이 더 잘 이해하는 것도 아니다. 더구나 한글 표기는 영어권 사람을 위한 것도 아니다. 우리 나라에서 정해 놓은 규정을 따르면 팩스라고 해야 한다.

그러나 좀더 나아가 생각해 보면 팩스든 퍀스든 FAX든 우리끼리 통용할 문서에는 사용할 필요가 없다. 아예 우리 낱말로 바꿔 쓰는 것이 바람직하다. 이미 한글 학회나 몇몇 관공서에서 하는 바와 같이, **전송**(電送) 또는 **전송기**라고 하면 넉넉하다. 서류를 보내는 방법이나 행위는 **전송**이며, 전송하는 데에 사용하는 기기는 **전송기**이다. 지금은 아마도 대부분이 방법·행위도 **팩스**라 하고, 그 기기도 **팩스**라고 하는 듯하다. 이에 비하여, 여기서 제안한 대로 하면 그것까지 변별할 수 있으니, 그 또한 적지 않은 수확이다. 전화와 전화기의 관계를 생각해 보면 수긍되리라 본다. 이제 명함을 만들 때에 '전화 : 98 - 7654'와 나란히 '전송 : 54 - 3210'을 인쇄하자.

그러나 모든 **팩스/퍀스/FAX**를 일률적으로 **전송**으로 맞바꿀 수 있는 것은 아니다.

(가) ㉠ 그 공문을 **팩스**로 보내 주세요.

㉡ 우리 회사 **팩스**가 고장이 났다.

(나) 어제 그 **팩스**를 좀 보여 주게.

(가)의 **팩스**는 각종 인쇄 자료를 전송하는 통신 장치, 통신 기기를 뜻하며, (나)의 그것은 전송된 내용이 찍힌 종이를 뜻한다. 팩스가 여러 가지 뜻으로 사용되고 있음을 확인할 수 있다. 맥락에 따라 각각 다음과 같이 바꾸어 쓰면 의미가 더 명료해질 것이다.

(가)′ ㉠ 그 공문을 **전송**해 주세요.

　　　㉡ 우리 회사 **전송기**가 고장이 났다.

(나)′ 어제 그 {**전송문/전송 문안**}을 좀 보여 주게.

오늘부터 **팩스**는 버리기로 하자.　　　　　⟨1997.11.27., 2000.3.16.⟩

플랭카드와 드림막·알림막

프랑카드, 플랑카드, 플랭카드라는 말을 많이 쓰고 있다. 그러나 그렇게 표기하거나 말하는 것은 잘못이다. 그것은 영어 낱말 placard에 근거하고 있기 때문이다. 영어 낱말 placard[plǽkɑːrd]의 발음을 한글로 제대로 표기하면 **플래카드**가 된다. placard에는 [ㅇ] 소리가 없다. [랑]이나 [랭]으로 발음하거나 표기할 수 없다는 말이다. 그러니 프랑카드, 플랑카드, 플랭카드가 잘못된 것이다.

플래카드가 현행 표기법에 맞는 표기이기는 하지만, 되도록이면 아예 우리 낱말로 바꾸어 쓰는 노력을 해야 하겠다. 한자낱말로는 **현수막(懸垂幕)**이라 하는데, '수직으로 늘어뜨린 막'이라는 뜻을 담은 것이다. 좀 더 쉬운 말로는 '아래로 처지게 드리운 막'이란 뜻을 살린 드리움막 →드림막이라 할 수도 있다. 현수막, 드리움막/드림막 들은 모양에 초점을 맞춘 낱말인데, 이와는 달리 기능에 초점을 맞추어 알림막이라 해도 좋을 것이다. 〈2001.1.27.〉

렌터카와 빌린차 · 차 임대

'렌터카 운전자'라는 표현을 어느 일간신문에서 보았다. '빌려 온 차를 운전하는 사람'이란 뜻으로 쓴 것이었다. 그런데 한편에는 렌터카라고 써 붙여 놓고 자동차 빌려 주는 사업을 하는 회사가 있다. '빌려 온 차'도 렌터카라 하고 '차 빌려 줌'을 뜻할 때에도 렌터카라 하니 아무래도 마땅치 않다. 두 경우를 렌트카라고 하는 이도 있으니 더욱 혼란스럽다.

영어권에서는 '차 빌려 줌'의 뜻을 Rent a car로 표현한다. rent는 동사요, a car는 그 목적어이니, Rent a car[렌트 어 카]는 동사구이다. 이 온전한 영어 표현 [렌트 어 카]를 들여와 렌터카도 만들고 렌트카도 만든 것이다. 렌터카와 렌트카를 변별적으로 사용하는 것도 아니다. 남의 말을 쓸데없이 들여다 씀으로써 혼란만 불러왔다.

'렌터카 운전자'의 그것은 빌린차라고 하면 그만이다. 굳이 임차차(賃借車)라고 할 것도 없다. 회사에서 써 붙인 그것은 차 빌려줌이나 차 임대라고 해야 분명해진다. 그런 사업은 차 임대업, 그런 일을 하는 회사는 차 임대 회사가 된다. 〈1999.4.24.〉

톨게이트와 요금소 · 관문

설날이나 추석 때가 되면 쉴새없이 방송에 등장하는 것이 톨게이트이다. '궁내동 톨게이트'는 그 중에서도 더 많이 등장한다. 이것을 우리말로 바꾸는 문제를 생각해 본다.

다 아는 바와 같이, 톨게이트는 영어로서 로마자로는 tollgate로 표기한다. toll과 gate가 합쳐진 낱말로 toll은 통행료를 뜻하고 gate는 문을 뜻하니, tollgate는 글자 그대로 '통행료를 받는 문(門)'이라는 뜻을 나타낸다. 통행료를 받는 곳이 대개 문 모양으로 되어 있기 때문에 그런 말이 생겨났을 것이다. 그러나 지금은 그 모양에 상관하지 않고 통행료 받는 곳을 두루 뜻한다.

한국도로공사에서 만들어 세운 표지판에는 요금 내는 곳 또는 요금 받는 곳으로 되어 있다. 이것은 톨게이트를 충실히 우리말로 옮긴 것이다. 문제는 이런 용어가 있음에도 방송인이나 일반인이나 한결같이 톨게이트만 쓰는 데에 있다. 참으로 안타깝다.

다른 원인이 있기도 하겠지만, 요금 내는 곳 또는 요금 받는 곳이라는 표현이 너무 긴 것이 가장 큰 원인이 아닌가 싶다. 실제로 말할 때에는 그 앞에다 '궁내동 요금 받는 곳'과 같이 땅이름을 넣는 것이 보통임을 생각해 보면, 이 말에 수긍하리라 본다. 이에 대하여 톨게이트는 네 글자이고 요금 받는 곳은 다섯 글자인데, 그렇게 긴 것도 아니라는 반론이 있을 수도 있다. 이에 대해서는 다음과 같은 재반론이 가능하다.

첫째, 톨게이트는 한 낱말이지만 요금 받는 곳은 세 낱말이라는 점이다. 이 점은 어떤 문구의 길이에 대한 느낌을 결정하는 데에 중요한 요인으로 작용한다. 둘째, 톨게이트는 (우리말 발음으로) 8개 음소인데, 요금 받는 곳은 14개 음소로 되어 있다. 음소의 수가 많은 만큼 발음하는 데에 노력이 더 드는 것이다.

그러므로 요금 받는 곳을 좀 짧게 줄이는 것이 바람직하지 않을까 하는 데에 생각이 미치게 된다. 요금소라고 하는 것이다. 그 앞에다 땅이름을 붙인다 해도 '궁내동 요금소' 정도이다. "여기는 다시 궁내동 요금소이다."라거나 "한 시간 뒤에 궁내동 요금소에서 만나자."라는 말도 훨씬 자연스럽게 발음되고 익숙하게 받아들여진다.

한편으로, 통행료를 내고 받는 곳이라는 거래적인 기능을 무시하고, 어떤 경계의 표시라는 지리적인 기능을 중심으로 대안을 생각해 볼 수 있다.

우리 한자낱말에 관문(關門)이 있다. 이는 국경이나 요새의 성문을 뜻하기도 하지만 지리적 경계에 세운 문을 뜻하기도 한다. 때에 따라서는 거기서 통행료를 받기도 했을 것이다. 이것을 되살려 써 보는 것은 어떨까? '궁내동 관문'과 같이.

요컨대 톨게이트라는 영어 낱말을 쓰지 말고 우리말을 쓰자는 것이다. 현실적으로 제 몫을 다 못 하고 있는 요금 받는 곳 대신에 요금소나 관문을 생각해 본다. 〈1997.2.18~19.〉

인터체인지 · IC와 나들목

고속도로와 함께 우리는 먼저 인터체인지와 아이씨, 그리고 IC를 접하게 되었다. 20여 년 동안 우리는 그것을 무심코 그대로 써 왔다. 하지만 수년 전부터 좀더 친근하고 알기 쉬운 우리 낱말 **나들목**으로 그것을 대신하자는 제안이 있었고, 오늘날 교통방송 쪽에서는 그 낱말이 보편화되어 있다.

그럼에도 신문에서는 여전히 IC가 대세를 이루고, 일반 방송에서도 나들목이 그다지 애용되지 않고 있는 듯하다. 아마 교통 관련 법규도 그런 상황이 아닐까 한다.

그런데 오늘 어느 일간신문에서 **나들목**을 만났다.

(가) 영동고속도로 양지 **나들목**에서 승용차로 5분 거리이다.

(나) 중부고속도로 곤지암 **나들목**에서 양평 쪽으로 20분 정도 들어가야 하는 게 단점이다.

한 기사에 이 낱말이 세 번이나 있는 것을 보면 마음먹고 사용한 것이 분명하다. 반가워서 몇몇 일간신문을 검색해 보았다. 그 결과, 1998년 말경에 하나둘 쓰이기 시작하여 1999년에 들어 빈도가 급격히 많아진 것을 알았다. 그러나 일간신문에서 **인터체인지**와 IC가 완전히 꼬리를 감춘 것은 아니다. 이제 더 많은 기자들이 안전한 **나들목**으로 드나들 것을 기대해 본다. 〈2000.7.13.〉

커브와 굽이

커브길, 급커브, 이는 평소에 흔히 쓰는 말이다. 전국 어디를 가든 차도 변에 이런 문구가 들어간 표지판이 있다. 이런 **커브**(curve)를 보면서, 이것쯤은 우리 낱말로 대신해야 하지 않을까 하는 생각을 해 왔다. 그리고 그것은 충분히 가능한 일이라는 것도 함께.

길은 사람이 만든 것이다. 우리 땅에도 까마득히 오래전부터 길이 있었으며 우리 겨레는 일찍부터 '길'이란 낱말을 써 왔다. 터전의 지형으로 볼 때에, 아마 우리 겨레는 곧은길보다 굽은길을 더 많이 접했을 것이니, **굽이돌다**, **굽이돌이** 들은 그와 관련된 낱말이다. 그럼에도 **커브길**이란 낱말의 필요성에 처음 직면했을 때에 **굽이길**을 생각하지 못한 것은 참으로 딱하고 안타까운 일이다.

그렇다, 우리 토박이낱말에는 **굽이**가 있고 **굽이돌이**가 있다. 구부러진 곳이 **굽이**요, 굽어 도는 곳이 **굽이돌이**이다. 이런 낱말을 살리면 커브는 얼마든지 우리 낱말 **굽이, 굽이길, 굽이돌이, 굽돌이**로 대신할 수 있다.

'몹시 심함'을 뜻하는 된-이라는 접두사가 있다. 몹시 심한 비탈을 **된비알**, **된비탈**이라 하고, 물결이 세차게 흐르는 여울을 **된여울**이라 하는 것이 다 그런 것이다. 이를 빌리면 급커브는 **된굽이**, **된굽이길**, **된굽이돌이**, **된굽돌이**로 대신할 수 있겠다.

피할 수 없는 외래낱말은 그대로 받아들여 써야 하겠지만, 커브쯤은 우리 낱말로 대신해야 하지 않을까? 그런데 어제 오전 뉴스 시간에 **굽이길**이라는 말을 들었다. 흔히 커브길이라 하는 것을 이렇게 말하는 것이었다. 참으로 반갑고 흐뭇했다. 굽이를 돌고 돌아 이제나마 **굽이길**을 쓰게 되었으니 다행이다.　　　　　〈2000.5.29., 2001.2.27.〉

냅킨과 깨끔지

napkin을 영어 사전에서 찾아보면 '천 조각, 기저귀, 작은 수건' 따위로 풀이되어 있다. 옛날에는 여성들이 달거리할 때에 (특별한 용품이 없었으므로) 주로 천 조각을 썼는데, 영어 문화권에서는 그 달거리용 천까지도 napkin이라 했던 모양이다. 그리고 그들은 식탁 위에 차려 놓는 천 조각은 table napkin이라 한다. 식사할 때에 무릎 위에 놓거나 앞을 가리는 데에 쓰는 그것이다.

그런데 우리는 대중음식점에서 손님을 위하여 내놓는, 흰 종이 조각을 냅킨(napkin)이라 한다. 무명천 조각이 아니라 손바닥만 한 종이를 가리켜 냅킨이라 하고 있는 것이다. 이는 합당하지 않다. 영어권에서 여성 용품을 가리키는 낱말이라고 생각하면 더욱 마뜩하지 않은 느낌이 든다.

그 재질이 바뀌었을 뿐이지 기능이나 용도는 그대로이므로, 종이로 되었다고 해서 냅킨이라 못 할 것은 없다고 생각할 수도 있다. 그렇기는 하다. 그러나 그렇게 한다고 해서 그 물건의 속성이 더 잘 드러나는 것도 아니며, 그런 말이 아니고도 넉넉히 표현할 수 있는데, 굳이 그것을 써야 할 이유가 없다.

어떤이는 휴지라 하면 그만이라고 하는데, 그것을 탐탁하게 여기지 않는 사람이 많은 듯하다. 그에 대비하여 나는 깨끔지라는 낱말을 생각해 보았다. '깨끗하게 닦는 데 사용하는 종이'라는 사실에 착안한 것이다.

또 하나의 대안은 입씻이이다. 입씻이 종이라고 해도 되겠지만 종이는 굳이 붙이지 않아도 좋겠다. 이것은 주로 입을 닦는다는 데에 착안하여 붙여 본 것이다.

　이것들보다 더 합당한 낱말이 있을지 많이 생각해 주기를 기대한다. 어떤 말이 되든 우리끼리 쓰다 보면 점차 주위로 번져 나가게 될 것이다.　　　　　　　　　　　　　　　　　　　　　〈1996.8.24~26.〉

커트라인과 합격선

　입시철이 되면 여러 사람의 눈과 귀를 붙잡는 낱말들이 있다. 아마 커트라인도 그 중에 하나일 것이다.

　커트라인은 로마자로는 cutline으로 쓴다. 그런데 이것은 본바닥 영어 낱말이 아니다. 일본 사람이 사용하는 것을 덩달아 쓰고 있는 것이다. 이런 따위의 낱말이나 표현을 흔히들 일본식 영어(Japanish)라고 한다. 영어권에서는 이 낱말을 전혀 다른 뜻으로 사용하고 있다. 사진 밑에 붙은 설명글 따위를 가리킬 때에 쓴다.

　광복한 지 반세기가 지났건만 아직도 우리는 아무 분별도 없이 일본을 붙좇고 있는 것이다. 아직도 영·한 사전을 만든다는 짓이 영·일 사전을 번역하고 있다는 말까지 들리는 지경이다.

　어쨌든 커트라인은 쓰지 않았으면 좋겠다. 그것은 제대로 된 영어 낱말이 아닐 뿐만 아니라, 힘을 가진 사람 중심의 사고 논리에 바탕하고 있기 때문이다. 예를 들면 학교 당국에서 응시생을 '잘라 버린다(cut)'는 논리가 바탕이 되어 있다. 이는 영어를 아는 우리 나라 사람들의 보편적인 느낌일 것이다.

　커트라인을 갈음할 낱말로는 합격선이 좋겠다. 그것은 (한자낱말이기는 하지만) 여러 사람들이 가장 널리 알고 있는 낱말이기 때문이다. 그리고 그 말의 의미를 '합격할 만한 선'이라고 본다면 응시자 중심의 느낌이 들기 때문이다. 〈1996.12.17.〉

주부와 튜브

츄리, 츄레라, 츄리닝, 츄브와 같이 우리 주위에는 '츄'로 시작되는 말이 예사로 쓰인다. 아마도 일본어의 영향이 아닐까 여겨지지만, 반드시 그렇게만 볼 수 없는 요인도 있다.

어쨌든 이들은 각각 영어 낱말 tree, trailer, training, tube의 소리를 흉내 낸 것이다. 트리, 트레일러, 트레이닝, 튜브라고 해야 할 것을 잘못 적고 잘못 발음하는 것이다.

언젠가 어느 사람이 주부라고 말하는 것을 듣고 어리둥절해한 적이 있다. 한참을 생각한 끝에 그것이 튜브를 뜻하는 것임을 알아낼 수 있었다. 튜브 → 츄브 → 추부 → 주부의 과정을 밟은 것이다. 츄레라는 어떻게 된 것인가? 트레일러 → 트레라 → 츄레라로 변한 것이다.

먼저, 이런 말들은 현행 「외래어 표기법(1986)」에 따라 표기하고 발음해야 한다. 다음으로, 알기 쉬운 우리 낱말로 바꾸어 보아야 한다. '옷'을 뜻하는 트레이닝은 훈련복, 체육복, 연습복 들로 바꾸어 쓰는 것이 훨씬 합리적이다. 트레이닝 그 자체만으로는 '연습, 훈련'을 뜻하기 때문이다. 트레일러와 튜브는 지금 당장 어느 낱말로 바꾸기가 어렵다. 이런 경우에는 그대로 사용하면서 더 좋은 낱말을 생각해 보아야 한다. 〈1996.12.24.〉

크리스마스 츄리와 성탄나무

올해도 어김없이 성탄절이 다가왔다. 그것을 절감하게 하는 것이 이른바 크리스마스 캐롤과 크리스마스 츄리이다. 우리가 기독교를 받아들인 지 긴 세월이 흘렀건만 아직도 크리스마스요, 캐롤이요, 츄리이다. 이런 말들을 우리에게 좀더 친근하게, 좀더 우리말답게 다듬을 수는 없을까?

캐롤은 영어 낱말 carol의 발음을 한글로 적은 것인데, 현행 「외래어 표기법(1986)」에 따라 표기하면 캐럴이어야 한다. 이는 '기쁨의 노래, 송가, 찬가' 등등의 뜻을 나타낸다. 그러니 크리스마스 캐롤은 크리스마스 송가나 크리스마스 찬가라고 하면 된다.

츄리는 영어 낱말 tree를 뜻하는 것이니 「외래어 표기법」에 따르면 트리로 적어야 한다. 여기에 유별난 뜻이 있는 것은 아니다. 그저 '나무'일 뿐이다. 그러니 크리스마스 츄리는 크리스마스 나무라고 하면 된다.

크리스마스는 무엇인가? 예수님의 탄생일이라고 알려진 12월 25일을 가리키는 말이다. 우리는 그날을 성탄절이라고도 한다. 이 낱말을 더 널리 사용했으면 좋겠다. 그렇게 하기로 하면 크리스마스 송가, 크리스마스 찬가 들은 성탄(절) 송가, 성탄(절) 찬가가 될 것이고, 크리스마스 나무는 성탄(절)나무, 성탄목이 될 것이다.

올해는 크리스마스 츄리를 만들지 말고 성탄나무를 만들어 놓고 성탄절을 맞이하는 것이 어떨까? 모두들 성탄나무와 함께 즐거운 성탄절이 되기를 빈다.

〈1996. 12. 23.〉

호치키스와 종이찍개

풀이나 철끈을 사용하지 않고도 종잇장을 묶어 주는 문방구가 있다. 그것을 흔히들 호치키스, 더러는 호찌께스라고 한다. 사무실과 교실은 물론이요 가정의 필수품이 되어 있다. 그런데 호치키스라는 명칭은 어떻게 생긴 것일까?

일본어 낱말이라고 대답하는 학생들이 꽤 많다. 영어 낱말 kiss(입맞춤)와 관련지어 풀어 보려는 학생들도 간혹 있다. 그러나 일본어 낱말도 아니며 보통명사도 아니다. Hotchkiss라는 고유명사에서 비롯된 것이다.

1826년부터 1885년까지 살다 간 미국 사람으로, 기관총과 기관포를 연구하고 개량·제작한 무기 발명가가 있다. 벤자민 호치키스(Benjamin B. Hotchkiss)이다. 그는 꺾쇠 모양의 철침을 이용하여 종잇장을 고정시키는 물건도 만들어 냈다. 그가 관여한 제품에는 자연스럽게 그의 성(姓)이 붙었다. 호치키스 기관포, 호치키스 스태플러(stapler)와 같이 고유명사가 상표 이름이 된 것이다.

그 후로 무기 제조 기술이 발달하면서 그의 무기류는 명성을 잃게 되었다. 하지만 호치키스 스태플러의 명성은 전날과 다름이 없었다. 이렇게 되니 그저 호치키스라고 하면 곧 호치키스 스태플러를 가리키게 되었다. 결국 상표 이름이 그 제품을 나타내게 된 것이다. 그래서 문제의 문방구를 호치키스가 아니라 스태플러라 하는 것이 옳다고 하는 이도 있다.

그러나 호치키스도 스태플러도 버리고 우리 낱말로 대체하는 것이 더 바람직하다. 이미 종이찍개가 더러 쓰이고 있으므로 거기에 좀더

힘을 불어넣으면 제자리를 굳건히 잡지 않을까 한다.　　〈1998.6.29.〉

이벤트 행사와 행사

어느 백화점에서 다음과 같은 방송을 들었다.

5층에서는 **이벤트** 행사인 작가 초청 사인회가 있습니다.

이벤트가 적잖은 사람들의 귀에 익어 있는 실정인데, 이제는 이벤트 행사라는 표현까지 횡행하고 있는 것이다. 그러나 이벤트(event)가 '행사'를 뜻하므로 이벤트 행사는 바람직한 표현이라 할 수 없다. 라인선(line 線)이 옳지 않은 것과 같은 이유이다.

줄곧 행사라고 해 왔는데, 10년쯤 전부터 주로 장사꾼들이 그 대신에 이벤트를 쓰기 시작하였다. 좀더 그럴듯하게 보일 수 있으리라는 속셈이 있었을 것이다. 그러나 내가 보기에는 이벤트와 행사의 내용이 다르지 않다. 그러므로 시민들을 속일 의도가 없다면 이벤트라고 표현할 필요가 없다. 그런 점에서 보면 위에서 이벤트 행사는 굳이 쓰지 않아도 좋다. '작가 초청 사인회'가 곧 행사이기 때문이다.

ㄱ. 5층에서는 작가 초청 사인회가 있습니다.

이것으로는 부족하다고 생각되면 다음과 같이 표현하면 될 것이다.

ㄴ. 5층에서는 **오늘의 특별 행사**(인) 작가 초청 사인회가 있습니다.

〈2000.5.6.〉

셀프와 스스로

요금은 선불, 물은 **셀프**

음식점에 가면 이런 문구를 종종 접할 수 있다. 애교스런 글씨로 눈길을 끌기도 한다. 하지만 좀더 생각해 볼 점이 있다.

첫째, 요금이란 말이 합당하지 않다. 물건을 가지거나 음식을 먹고 내는 돈은 요금이 아니라 값이다. 여기는 음식점이니 **음식값**이라 해야 한다.

둘째, 셀프에 대해서 생각해 본다. 이것은 영어 낱말 self-service를 줄여서 쓴 것이겠는데, 이것이 유일한 방법일까? 우리 낱말 **스스로**나 손수 또는 제각기가 더 많은 사람들에게 쉽지 않을까?

셋째, 선불도 먼저라고 하는 것이 더 낫지 않을까? 한편에서는 선불은 일본어 찌꺼기이므로 선급(先給)을 쓰도록 권하고 있기도 하다. 그런 것을 따지지 않더라도 이런 표어에는 먼저가 더 효과적이며 알맞다.

ㄱ. 음식값 먼저, 물은 스스로

ㄴ. 음식값 먼저, 물은 손수

ㄷ. 음식값 먼저, 물은 제각기

이렇게 하면 정녕 안 될까?　　　　　　　　　　　　　　〈2000.6.9.〉

멘트와 말

(가) 배경 화면 없이 멘트만 내보냈다.

(나) 그 문제에 대해서는 아무런 멘트도 없었다.

이러한 멘트를 영어 낱말이라 짐작하는 이가 많겠지만 영어에는 그
낱말이 없다. (가)와 같은 상황에 그런대로 들어맞을 만한 영어 낱말
로는 statement, comment, mention 같은 낱말들이 있다. 이런 낱말
의 꼬리나 머리 부분이 ment이다. 이것만 떼 내어 철자대로 발음한
데서 멘트가 생겨난 것으로 보인다. 누가 언제 이런 작업을 했는지는
알 수가 없다.

　어쨌든 멘트는 제대로 된 낱말이 아니다. 영어권 사람들이 사용하
는 낱말도 아니다. 설명, 해설, 해명, 표현, 발언, 언급, 인사, 음성, 언변
등등, 맥락에 맞게 우리 낱말로 표현하는 것이 바람직하다.

　멘트는 '오프닝 멘트'와 '클로징 멘트'를 낳았다. 처음에는 방송 관
련자들끼리 썼을 것인데, 어느새 그 울타리를 벗어나 일반 사회에서
도 들을 수 있다. 그냥 여는말, 시작하는 말, 시작 인사라 하고, 닫는말,
마무리 말, 마무리 인사, 작별 인사라고 하면 동티라도 나는가?

　　　　　　　　　　　　　　　　　　　　　　　　　〈2001.1.22.〉

남북한의 말다듬기

우리 나라 밖에서 들어온 낱말을 우리 낱말로 바꾸어 쓰려는 노력
은 남쪽과 북쪽에서 다 같이 해 왔다. 그런 작업을 흔히 '어휘 정리'
또는 '말다듬기'라고 한다.

여기서 몇몇 서양 낱말을 남쪽과 북쪽에서 어떻게 다듬어 놓고 있
는지 비교해 보자. (남쪽의 다듬은말은 1984년에 한글 학회에서 펴낸
『쉬운말 사전』에 실린 것이다.)

〈외래낱말〉	〈남쪽〉	〈북쪽〉
네트 오버(배구)	그물넘기	손넘기
노크	손기척, 똑똑	손기척
드라이클리닝	마른빨래	화학세탁
모자이크	조각무늬그림	쪽무늬그림
스카이라운지	—	전망식당
액세서리	장식품, 치렛감	치레거리
원피스	통옷	외동옷
코너킥(축구)	구석차기	구석차기
클로즈업	—	큰보임새
프리킥(축구)	자유축	벌차기

남북 사이에 전혀 다른 경우가 없지 않지만, 위와 같이 비슷한 경우나
아주 같은 경우도 있다. 이러한 사실을 알고 인정하는 것도 필요하다.

그러나 이렇게 책상머리에서 다듬는 작업이 중요한 것이 아니라,

일반 국민들이 다듬은말을 일상생활 속에서 사용하는 것이 중요하다. 체제의 속성상 북쪽에서는 비교적 철저히 생활화하는 편인데, 남쪽은 매우 자유롭다. 근래에 와서는 거의 무방비 상태에 있다고 해도 과언이 아니다. 이런 현상이 어디까지 갈 것인지 걱정스럽다.

〈1997.9.25.〉

현대판 창씨개명

며칠 전에 어느 일간신문의 독자란에 실린 글을 보고 너무 놀랐다. 슬픈 생각까지 들었다. 취학 전의 어린아이들을 맡아서 가르치는 어느 학원에서 어린아이의 이름을 모두 영어식 이름으로 바꾸었다는 것이다. '김철수'라고 하는 것이 아니라 '토머스 딕슨'이라고 한다는 것이다. 교육열(?) 높은 우리 나라 사람들이니, 가정에서도 덩달아 그 이름을 쓰리라고 본다. 영어를 효과적으로 가르치기 위한 방편이라고 했다.

왜정 때에는 일본에게 창씨개명을 당했는데, 세월이 흘러 이제는 우리 스스로 그 짓을 하고 있다. 이러다가는 우리말을 아예 버리고 영어를 국어로 하자는 말이 나올지도 모른다.

초등학교 교육과정에 '영어'를 정규 교과로 한다고 할 때에 여러 가지 걱정을 했지만, 저런 일까지 벌어지리라고는 미처 생각하지 못했다. 참으로 어이가 없다. 영어 교육이 필요하고 중요하다 해도 저런 식이 되는 것은 정말 큰일이다. 이른바 세계화가 저런 것이라면, 그것은 하지 말아야 한다.

정부나 국민이나 할 것 없이 다시 한번 깊이 자기를 살펴보아야 하겠다.

〈1996.9.12.〉

Lee Mun-se 콘서트와 이문세 독창회

며칠 전에 '이문세 **독창회**'라는 글자가 찍힌 알림그림(포스터)을 보았다. 일단 신선하게 느껴졌다. 곧이어 '왜 그럴까? 다른 알림그림과 크게 다를 바 없어 보이는 그것에서 왜 그러한 느낌을 받았을까?' 하고 생각하게 되었다. 그 까닭은 두 가지라는 결론을 얻었다.

첫째, 콘서트 따위가 아닌 **독창회**라는 낱말 때문이었다. 오늘날 많은 사람들이 "연주회, 음악회, 가요 발표회, 음악 발표회"보다는 콘서트를 비롯한 서양말 어휘를 즐겨 쓰고 있다. 라이브 콘서트까지 쓰는 형편이다. 이러한 외국 낱말의 홍수 속에서 **독창회**를 대했던 것이니, 느낌이 예사로울 수 없었던 것이다.

둘째, Lee Mun-se가 아닌 **이문세**라는 표기 때문이었다. 요즈음 로마자가 찍히지 않은 쪽지나 물건을 대하기는 참 어렵다. 국내에 있는 우리 나라 사람이 사용하는 평범한 일상 용품에까지도 로마자가 찍혀 있다. 이와 같은 로마자 홍수 속에서 한글 **이문세**가 찍힌 알림그림이니, 새롭지 않을 수 없었던 것이다.

그러나 이내 신선한 느낌은 쓴웃음으로 변했다. 대한민국 땅에서 한국 사람인 내가 **독창회**라는 우리 낱말에 느꺼워하는 것이 한심스러웠던 것이다. 이 땅에서 **이문세**라는 한글 표기를 보고 놀라워해야 하는 것이 우리의 현실이기 때문이었다.

〈1999.5.18.〉

흥미로운 낱말의 세계

닭갈비의 양면성

지난해 어느 일간신문에서 닭갈비란 낱말에 대한 글을 본 적이 있다. 그 글의 내용은 닭갈비란 낱말이 불가하다는 것이었으며, 그 근거는 대개 다음과 같았던 것으로 기억한다.

옛날부터 먹을 만한 것이 없는 것을 가리켜 계륵(鷄肋)이라 했다. 닭갈비는 그 '계륵'의 다른 이름이다. 사실 닭갈비는 소갈비나 돼지갈비와는 달리 먹을 것이 거의 없다. 뿐만 아니라 오늘날 닭갈비라면서 실제로 요리해 먹는 것을 보면, 닭고기 전체를 가지고 요리하는 것이지 닭갈비(닭의 갈비살)만을 가지고 하는 것도 아니다.

이 같은 지적은 전적으로 옳다. 그러나 그이가 잘 몰랐던 것이 있다. 나도 춘천에 와서 살기 전에는 잘 몰랐었다.

그 음식 이름에 **갈비**라는 낱말을 붙인 것은 요리 방법 때문이다. 음식의 재료가 닭갈비(닭의 갈비살)이기 때문에 **닭갈비**라고 한 것이 아니라는 말이다. 소갈비나 돼지갈비를 갖게 양념하여 굽듯이(이른바 '양념구이'), 닭고기를 그렇게 구워 먹은 데서 그런 이름이 붙었다고 한다. 그러니 음식 이름으로서의 **닭갈비**는 '음식 재료'를 나타내는 닭에 '요리 방법'을 뜻하는 **갈비**(구이)가 붙어 이루어진 것이다.

결과적으로 **닭갈비**는 매우 다른 두 가지 의미를 나타내게 되었다. 한편으로는 '닭의 갈비, 또는 거기에 붙은 살'을 뜻하며, 또 한편으로는 '닭고기를 가지고 만든 음식의 한 가지'를 뜻한다. 이 두 가지는 각각 별도의 낱말로 처리해야 할 것이다.

이처럼 낱말의 짜임새는 매우 다양해서 한쪽으로만 몰아 생각하다가는 엉뚱한 오해를 할 수 있는 여지가 많다. **메밀국수**의 재료는 메밀(가루)이지만 **칼국수**의 재료는 칼이 아니다. 그런가 하면 옥수수 가루로 만들었지만, 그 모양새를 따서 **올챙이국수**라고 일컫는 음식도 있다.

〈1997.3.19.〉

갈매기살의 실체

동물의 몸 안에는 가슴과 배 사이에 막이 있다. 그것은 힘살(근육)로 된 얇은 막인데, 양쪽의 내장을 갈라 줄 뿐만 아니라 숨쉬기에도 관여한다. 그것의 신축 운동으로 숨쉬기가 이루어지는 것이다. 이 막을 가리키는 한자낱말이 횡격막인데, 남쪽에서는 쉽게 **가로막**이라 하기도 한다. 그러나 북쪽에서 다듬은 말은 **가름막**이다.

서민들이 즐겨 구워 먹는 **갈매기살**은 날짐승 갈매기의 고기가 아니다. 그것은 바로 돼지의 횡격막을 이루고 있는 살이다. 그것을 갈매기살이라 일컫게 된 경위는 이러하다. 원초적 형태는 가로막＋살이었는데, 가장 먼저 두 낱말의 경계에 [ㅣ]가 첨가하여 **가로막이**＋살이 되었다. 다음 단계에서는 첨가된 [ㅣ]가 그 바로 앞의 [ㅏ]에 영향을 미쳐 가로맥이살→가로매기살이 된다. 끝으로 가로의 끝소리 [ㄱ]이 탈락하여 갈매기살이 된 것이다. 이를 정리해 보면 다음과 같다.

가로막＋살 → 가로막이＋살 → 가로맥이살／가로매기살 → 갈매기살

남쪽에서는 갈매기살을 표준 낱말로 처리하고 있으며, 안창고기라 하기도 한다. 그러나 북쪽에서 펴낸 사전에는 이런 낱말이 실려 있지 않다.

〈2001.1.6.〉

돌팔이의 기구한 역사

말은 시간을 따라 바뀌거나 없어지기도 하고 생겨나기도 한다. 그런 현상은 형태 면에서 일어나기도 하고 의미 면에서 일어나기도 하며, 두 측면에서 동시에 일어나기도 한다.

돌팔이는 상설 붙박이 가게가 발달하지 않았던 때에 생겨났다. 그 시절의 장사꾼 중에는 이곳저곳으로 돌아다니면서 물건을 파는 사람이 많았는데, 바로 그런 사람을 돌팔이라고 하였다. 그러니 돌팔이의 돌은 동사 '돌아다니다'의 첫 음절이고, 팔은 '팔다'의 조각임을 알 수

있다. 물건만이 아니라 기술이나 지식을 그렇게 파는 사람도 있었다. 어떻든 그런 시절에는 **돌팔이**가 그다지 부정적이지 않았다.

부정적인 의미는 후대로 오면서 형성되었다. 곳곳으로 돌아다니다 보니 한번 만난 소비자는 다시 보지 않을 수도 있다는 생각이 상행위에 알게 모르게 나타났던 것이다. 이런 연유로 **돌팔이**는 '제대로 자격을 갖추지 못한 엉터리 사람'이라는 매우 부정적인 뜻을 새롭게 획득하게 되기에 이르렀다. 오늘날은 주로 '무자격 의사'를 가리키지만, 다른 직업인에게 쓰기도 한다. 예컨대 돌팔이 강사, 돌팔이 선생, 돌팔이 의원(議員), 돌팔이 기술자 등.

껌팔이, 성냥팔이도 그 외형이 돌팔이와 같아 보이지만 내용적으로는 아주 다르다. 돌과는 달리 껌과 성냥은 명사로서 '팔다'의 대상이다.

〈1999.1.5.〉

족집게와 과외의 만남

입시철이 다가오면 서울 강남에서는 족집게 때문에 야단이 난다고 한다. 시험 날짜에 임박하여 시험에 나올 만한 내용을 점찍어 가르치는 과외 지도를 **족집게 과외**라고 하는데, 그것이 보통이 아니라는 것이다.

첫 음절을 [쪽]이라고 발음하는 일이 많으나 **족집게**가 표준이다. 지금과 표기 형태는 다르지만, 이 낱말은 15세기의 기록에서도 발견된다. 우리 겨레가 오래전부터 써 왔다는 것을 알게 해 준다. 원래 이것은 잔털이나 몸에 박힌 가시 같은 것을 뽑는 데에 쓰는 자그마한 집게이다. 쇠로 만들었으며 옛날에는 몸에 지니고 다녔다. 지금도 여성들이 화장 용구로 이용한다.

　나중에는 얼굴에 난 잔털을 쏙 뽑듯이, 남들이 잘 모르는 사실을 꼬집어 잘 알아내는 경우에도 이 낱말을 썼다. "그 점쟁이는 족집게야."와 같은 표현이 그런 보기이다.

　이와 같은 언어적 바탕이 족집게 과외라는 말을 태어나게 한 것이다. 족집게가 애초에는 몹쓸 것을 '뽑아 버리는' 것을 가리켰는데, 한두 차례 의미 전용을 거쳐 이제는 필요한(?) 것을 뽑아 '찍어 주는' 뜻으로도 쓰이고 있다.　　　　　　　　　　　　　　〈1998.9.4.〉

붉은 단풍, 노란 단풍

단풍은 다음과 같이 꽤 다른, 여러 가지 의미를 나타낸다.

(가) 오늘은 앞뜰에 **단풍** 한 그루를 심었다.
(나) **단풍**이 물든 금강산은 말 그대로 천하제일이다.
(다) 노란 잔디 위에 **단풍**이 간단없이 내려앉는다.

　원래 楓[풍]은 나무의 한 종류를 나타낸다. 木(나무)과 風(바람)이 결합된 구조는 그 문자가 바람과 관련 있음을 짐작하게 한다. 사실 그 나무는 바람에 약하며 바람 소리가 유별나다고 한다. 이렇듯 楓만으로도 그 나무의 이름이 되지만, 또 하나의 특징인 '붉은 잎'을 부각시키려는 의지가 작용하여 丹(붉을 [단])을 덧붙임으로써 丹楓[단풍]이라는 낱말까지 생긴 것이다. (가)의 단풍이 바로 나무의 한 종류를 뜻하는 보기이다. 그럴 때에는 **단풍나무**라고 해도 아무런 문제가 없다.

(나)의 단풍은 가을철에 나뭇잎이 붉거나 누르게 변하는 현상을 뜻한다. 처음에는 그러지 않았을 것이나, 나중에는 단풍나무 외에 다른 나무의 잎이 물든 것도 단풍이라 하게 되었고, 물드는 시기가 같은 데다 사람들 눈에 곱게 보이는 공통점 때문에 '노랗게' 변하는 현상까지도 단풍이라 하게 된 것이다. 요컨대 단풍의 뜻넓이가 아주 넓어졌다. 이런 의미를 나타낼 경우에는 보통 "단풍이 물들다, 단풍(이) 들다, 단풍(이) 지다" 형식을 취한다. 다만 '단풍(이) 지다'는 단풍잎이 떨어지는 것을 뜻하기도 한다.

(다)의 단풍은 단풍잎으로 바꿀 수 있다. 단풍잎은 단풍나무의 붉은 잎을 가리키기도 하고, 때로는 가을철에 붉거나 누르게 변한, 모든 나무의 잎을 가리키기도 한다. 그래서 심지어는 '노란 단풍잎'이라는 말까지도 한다.
〈1999.10.26.〉

주책은 있어야 좋은 것?

여러 사전에서 주책을 다음과 같이 풀이해 놓았다.

① 일정한 주견이나 분별력.
② 일정한 주견이나 분별 없이 마음대로 하는 짓.

②는 '주책이 없는 짓'으로 요약할 수가 있으니, 주견이나 분별력이

없는 것도 결국 주책인 셈이다.

도대체 주책은 있어야 좋은 것인가, 없어야 좋은 것인가? 주책이라고만 했을 때에는 그 의미를 어떻게 해석해야 할 것인가? 참으로 헷갈리게 하는 경우가 많다. 상황과 맥락에 따라 판단할 도리밖에 없다. 다음 각각의 의미를 생각해 보자.

(가) 그 사람은 **주책**이야.
(나) 그 사람은 **주책**도 좋아.
(다) 그 사람은 **주책없는** 짓을 잘 해.
(라) 그 사람은 **주책바가지**야.

(가)는 상황과 맥락이 없으면 부정적인 의미인지 긍정적인 의미인지 정확히 알기가 어렵다. 부정적으로 쓰는 일이 많기는 하지만 항상 그렇다고 단정할 수는 없다. (나)는 긍정적일 가능성이 많지만, 역시 맥락이 없이는 어디까지나 추측에 지나지 않는다. (다), (라)는 사전에서 부정적으로 풀이하고 있다. 〈1999.8.6~7.〉

독불장군은 강한 장군?

독불장군은 매우 다른 맥락에 두루 쓰인다.

(가) **독불장군**이란 말이 있듯이, 이 일의 성공 여부는 얼마나 많은 사람의 동의를 얻느냐에 달려 있다네.

(나) 김 부장은 막 나가는 **독불장군**이야. 부하들이 찍소리를 못 하게 해.

독불장군은 한자로 獨不將軍이다. 문자 그대로의 뜻은 '혼자서는 (獨) 장군(將軍)이 되지 못함(不)'이니, 원래 이 말은 '혼자 힘으로는 (어떤 일을) 도저히 해낼 수 없음'을 뜻했다. (가)가 그런 뜻으로 쓰인 보기이다.

그런데 이 말이 민간에 널리 퍼지면서 새로운 의미를 형성하게 되었다. 독불이 [독뿔]로 발음되면서, '혼자서는 장군이 되지 못함'이라는 의미는 희미해지고, '뿔이 하나인 장군'이나 '홀로 우뚝 솟은 장군'이라는 의미로 인식된 것이다. 결국 '한 무리에서 벗어난 외로운 사람'이나 '무슨 일이든 혼자서 처리하는 사람'을 가리키게 되었다. (나)가 그런 보기이다.

이처럼 오늘날 우리 남쪽에서는 **독불장군**을 꽤 상반된 맥락에 두루 사용하고 있다. 그런데 북쪽에서 펴낸 『조선말 대사전(1992)』에는 (가)와 같은 맥락만을 거두어 풀이하고 있다.   〈1998.12.18.〉

고등교육을 받는 대학생

우리 나라에는 초등 교육기관, 중등 교육기관, 고등 교육기관이 각각 있다. 1996년 3월 학기부터 초등 교육기관의 명칭을 '국민학교'에서 '초등학교'로 바꾼 것은 이미 잘 알려진 사실이다. 그런데 이와 관련하여 다음의 문제를 생각해 보게 된다.

법률적으로는 현행의 중학교와 고등학교를 합하여 **중등학교** 또는 중등 교육기관이라 하고, 대학을 고등 교육기관이라 한다. 여기에서 우리는 두 가지 사실을 확인할 수 있다. 첫째, 중학교와 중등학교는 그 개념이 매우 다르며, 둘째, 고등학교와 고등 교육기관이라는 말에서 고등의 내용이 다르다는 점이다.

그러므로 이들을 잘 구별해서 사용해야 한다. 고등학교에서 하는 교육은 중등교육이고, 대학에서 하는 교육은 고등교육인 것이다. 따라서 고등학교를 졸업한 사람을 가리켜 '고등교육을 받은 사람'이라고 하는 것은 잘못이다. 그리고 초등학교·중학교·고등학교를 줄여서 초·중·고등학교라고 하는 것도 피해야 할 표현이다. 엄밀히 따지면 그것은 초등학교·중등학교·고등학교의 준말이 되기 때문이다. 셋을 묶어서 말할 때에는 초·중·고교라고 하는 것이 합리적이다.   〈1996.7.15.〉

눈이 내리는 **강추위**

요즈음 강추위는 대체로 '강한 추위, 심한 추위'의 뜻으로 통용되고 있다. 강을 한자 強으로 인식하는 것이다.

그런데 사전을 펼쳐 보면 '강한 추위'를 뜻하는 강추위는 없다. 다른 강추위가 있는데, 그 풀이는 '강한 추위'가 아니라 '눈이 안 오고 몹시 추운 추위'라고 풀이되어 있다. 이 풀이에서 중심은 '눈이 오지 않음'에 있다. 그러니까 요즈음 신문과 방송에서 사용하는 강추위는 사전에 올려 있는 그것과는 다른 낱말, 곧 강추위(強-)이다. 이제 그 강추위도 사전에 올려야 할 것 같다.

한편, 비가 내리지 않고 볕만 쬐는 더위를 강더위라고 한다. 안주도 없이 마시는 술은 강술이다. 강소주, 깡소주도 그런 부류의 말이다. 시골 중에서도 아주 시골을 깡촌이라고 하는데, 이때의 깡-도 같은 부류이다. 순전히 보리만으로 지은 밥을 꽁보리밥이라고 하는데, 이때의 꽁-은 깡-이 변한 것이다. 이처럼 강/깡/꽁-은 비슷한 뜻을 나타내는 한 부류의 접두사이다. 이것은 강(强)과는 다르다. 〈1997.1.3.〉

술은 걸러도 술이지만

동사 거르다의 용법은 꽤 묘하다.

(가) ㉠ 술을 걸렀다.
　　 ㉡ 요즈음은 수돗물도 걸러서 먹어야 한다.
(나) 이 필터는 미세한 중금속까지 걸러 준다.

위에서 걸렀다, 걸러서, 걸러의 대상(목적어)은 각각 술, 수돗물, 중금속인데, 그 의미는 조금 다르다. (가)의 ㉠을 보자. 그 상태가 많이 달라지기는 하지만, 술은 거르기 전에도 술이고 거른 후에도 여전히 술이다. ㉡은 그 사정이 ㉠과 비슷하다. 거르기 전에는 '보통의 수돗물'이었고 거른 후에는 '깨끗한 수돗물'이 된다. 어쨌든 (가)의 거르다는 그 대상인 술과 수돗물을 아예 없애 버리는 것은 아니다. 그러나 (나)의 거르다는 중금속을 없애기 위한 행위이다.
　이처럼 거르다는 매우 다른 경우를 두루 표현한다. 거름 장치를 통과시키는 것도 거른다고 하며, 그 장치를 통과하지 못하도록 걸리게 하는 것도 거른다고 한다.

여과하다는 거르다와 비슷한 뜻을 지닌 한자낱말이다.

(다) 이것은 수돗물 **여과** 장치이다.

(라) ㉠ 중금속을 **여과하려면** 이 정수기를 쓰세요.

　　㉡이 필터는 끓인 물에서도 살아남는 유해 물질까지도 **여과해** 줍니다.

(다), (라)의 여과(하) – 의 용법은 각각 (가), (나)의 거르 – 와 같다. 각각 여과(濾過)는 거름으로, 여과하려면은 거르려면으로, 여과해는 걸러로 대체해도 의미에 차이가 없다.

그리고 걸러지다는 여과되다와 비슷하게 쓰인다. 다음에서 그것을 확인할 수 있다.

(마) 오줌은 콩팥(신장)에서 **여과된다**.

(바) 물과 포도당은 **여과되어도** 지방은 **여과되지** 않는다.

(마)의 여과되 – 를 걸러지 – 로 바꾸면 다음과 같이 되는데, 이는 (가)와 같은 용법이다.

(마)′ 오줌은 콩팥(신장)에서 **걸러진다**.

그러나 다음의 걸러지 – 는 (나)의 용법과 같다.

(바)′ 물과 포도당은 **걸러져도** 지방은 **걸러지지** 않는다.

물과 포도당은 거름 장치에 걸리고(따라서 거름 장치를 통과하지 못하고), 지방은 거름 장치에 걸리지 않고 통과한다는 것이 (바)´의 의미이다.

〈1999. 5. 11~12.〉

부사 **마냥**, 조사 **마냥**

마냥이라는 부사가 있다. 이 낱말은 여러 가지 뜻을 나타내는데, 그것을 대충 들어 보면 '① 느릿느릿. ② 줄곧. ③ 실컷. ④ 한 가지로 몹시' 들이다. (가)가 그 각각의 용례이다.

(가) ㉠ 이렇게 **마냥** 걷다간 오늘 안에 도착하지 못하겠다.
　　 ㉡ 온종일 **마냥** 노닥거리고만 있을 거야?
　　 ㉢ 그들은 **마냥** 웃으며 놀았다.
　　 ㉣ 하늘은 **마냥** 푸르기만 하였다.

㉠의 **마냥**은 '느릿느릿'이란 뜻으로 '걷다간'을 한정하며, ㉡의 그것은 '줄곧'이란 뜻으로 '노닥거리고만'을 한정하고 있다. ㉢의 그것은 '실컷'이란 뜻으로 '웃으며 놀았다'를, ㉣의 그것은 '한 가지로 몹시'란 뜻으로 '푸르기만'을 한정해 준다.

이와 같은 부사 마냥과는 전혀 다르게 사용되는 마냥이 있으니, (나)가 그 보기이다.

(나) ㉠ 그는 벙어리**마냥** 말이 없었다.

ⓛ 거울**마냥** 맑은 내린천 물이여.

ⓒ 그는 반평생을 놀부**마냥** 놀며 지냈다.

(나)의 –**마냥**은 각각 '벙어리, 거울, 놀부' 뒤에 붙은 조사이다. 그러므로 항상 그 앞의 명사에 붙여 써야 한다. 기본의미는 –**처럼**과 같다. 그러나 말맛은 사뭇 다르다.

이처럼 현실 언어에서는 부사 **마냥**과 조사 –**마냥**이 변별적으로 사용되고 있지만, 사전에서는 부사 **마냥**만 표준으로 처리하고 있다. 조사 –**마냥**을 표준으로 인정하지 않은 것은 합당한 처리가 아닌 듯하다. 북쪽 사전에서는 조사 –**마냥**도 표준으로 처리하고 있다.

〈1998. 1. 19.〉

2% 포인트와 2%

(가) 1월 말 현재, 예금 이자율이 작년 말에 비하여 **2% 포인트** 내렸습니다.

방송에서 자주 듣는 말이다. 그런데 여기서 포인트(P)를 왜 붙이는지 의아해하는 이들이 많은 듯하다. 결론부터 말하자면 **포인트**를 붙이는 것과 붙이지 않는 것의 차이는 엄청나다.

새빛 학교의 지난해 입학생이 1,000명이고 올해 입학생이 1,050명이라고 가정해 보자. 그렇다면 (나)와 같은 말은 사실이다.

(나) 새빛 학교의 올해 입학생은 지난해보다 50명 늘어났다.

그런데 이 표현으로는 1,000명 중에서 50명이 차지하는 비중을 알 수가 없다. 그것을 나타내는 한 방법으로 백분율(%)을 사용하는데, 1,000명 중에서 50명은 5%가 된다. 그래서 같은 사실을 (다)와 같이 표현하기도 한다.

(다) 새빛 학교의 올해 입학생은 지난해에 비하여 5% 늘어났다.

이제 (가)의 예금 이자율로 돌아간다. 지난해 말의 이자율이 10%였는데, 올해 1월 말의 이자율이 8%라고 가정해 보자. 이러한 사실을 (나)와 같은 식으로 표현한 것이 바로 (가)이다. 이럴 때에 포인트를 붙이지 않으면 아주 다른 의미가 되어 버린다. 포인트를 붙이지 않으면, 지난해 말의 10%에서 0.02%가 내렸다는 뜻이니, 결국 1월 말 현재 이자율은 9.98%가 된다. 8%와 9.98%는 엄청난 차이다. 그 차이를 좌우하는 것이 바로 포인트인 것이다.

그런데 10(%) 중에서 2(%)가 차지하는 비율은 20%이다. 이를 (다)와 같은 식으로 표현하면 (라)가 된다. 20% 내렸다니까 엄청 내린 것 같지만 사실은 10%에서 8%가 된 것이니, 결국 (가)와 같은 의미이다. 포인트 없이 표현하면 이렇게 된다.

(라) 1월 말 현재, 예금 이자율이 지난해 말에 비하여 20% 내렸습니다.

퍼센트(%)가 특별한 단위, 곧 비율을 나타내는 단위이기 때문에 이런 장치가 필요하다. 어떻든 포인트 있게 표현하는 것이 일반 사람들에게 혼란을 덜 주는 것 같다. 〈1999. 2. 4.〉

고리도 귀에 거니 귀걸이

오늘날 주로 여성들이 귀를 치장하는 물건을 귀걸이라 하기도 하고 귀고리라 하기도 한다. 사용 빈도는 귀걸이가 더 높으며, 따라서 귀고리에 낯선 사람이 많을 것이다. 그러나 사전에서는 두 낱말을 아주 다르게 풀이하고 있다.

귀걸이는 '귀에 거는 것'을 뜻한다. 동사 걸-(懸)에 접미사 -이를 붙여 걸이라고 표기한 데서 그 뜻이 잘 드러난다. 귀를 치장하기 위하여 귓바퀴에다 걸었던 데서 이런 낱말이 생겼다. 그런데 오늘날 사전에서는 대부분 '귀가 시리지 않도록 털가죽 따위로 만들어서 귀에 거는 물건'이라고만 풀이하고 있다. 귀마개라고도 이르는 것 말이다.

귀고리는 두 명사 귀와 고리가 합쳐진 낱말이다. 여기서 고리는 '기름한 물건을 휘어 맞붙여서 만든 물건', 곧 '둥근 모양'을 뜻하는데, 문고리, 열쇠고리라고 할 때의 그것이다. 그러니 귀고리는 지난날 귀에 거는 장신구의 모양이 주로 고리 모양이었던 데서 유래한 것 같다. 옛날에는 귀엣고리라고도 했으며, 한자로는 耳環(耳 : 귀 [이], 環 : 둥글 [환])으로 표기하였다.

그러니 귀걸이는 장신구를 착용하는 방법에 초점이 맞추어져 있고, 귀고리는 장신구의 모양에 초점이 맞추어져 있는 셈이다.

그런데 오늘날에는 종래의 귀고리까지 귀걸이라고 하는 일이 더 많은 듯하다. 그 까닭은 귀 치장품의 모양이 다양해진 데에서 찾을 수 있다. 고리 모양과는 아주 다른 갖가지 모양이 있는데, 그것들을 귀고리라 하는 것이 마땅하지 않다고 생각한 것이다. 그래서 귓불에 구멍을 뚫어서 걸든 귓바퀴에 걸든, 거는 것은 분명하므로 귀걸이라 하게 된 것으로 보인다.

그러나 대부분의 사전에서 귀 치장품을 가리키는 낱말로는 여전히 귀고리를 표준 낱말로 처리하며, 귀걸이는 귀마개를 가리킬 때에만 표준 낱말로 처리하고 있다. 하지만 현실을 두루 고려할 때에 귀걸이도 귀고리를 가리키는 표준 낱말로 인정해야 하겠다.　　　　〈1997.7.9.〉

반딧불이의 아름다운 반딧불

환경 운동 연합에서는 『함께 사는 길』이라는 월간 잡지를 펴내고 있다. 그 1997년 12월치에 보니 "11월 21일, 100여 명의 사람들이 모인 가운데 반딧불이 살리기 운동 선포식을 가졌다."는 내용의 토막 소식이 실렸다.

1970년대까지만 해도 반딧불은 여름밤이면 어디서나 눈만 뜨면 보였으나, 지금은 여름 한철을 다 지내도록 마음먹고 찾아도 구경을 할 수가 없다. 환경 오염으로 그 벌레들이 살기 어렵기 때문이다. 어떻든 그 기사에서 내 눈길을 유난히 끈 것은 반딧불이라는 낱말이다. 실수가 아니라 의도적으로 사용한 것이 분명했다. 왜 그런 낱말을 썼는지 생각해 보지 않을 수 없다.

흔히 알고 있는 반딧불은 어느 벌레가 발산하는 '불빛'을 가리키는 낱말이다. 여름밤 하늘에 날아다니는 것은 반딧불이 아니라 반딧불을 발산하는 '벌레'이다. 그러니 반딧불을 다시 보려면 그 불빛을 발산하는 벌레를 살려 내야 하는 것이다. 그 벌레를 뭐라고 하는가?

현실적으로는 개똥벌레와 반딧벌레가 세력이 큰 것 같다. 그 중에서, 남쪽의 사전에서는 개똥벌레를 표준 낱말로 처리하고(반딧벌레는 비표준 낱말로 처리), 반딧불은 '개똥벌레의 꽁무니에서 반짝이는 인(燐)의 불빛'이라고 풀이해 놓았다. (그런데 북쪽에서 펴낸 사전을 보니 개똥벌레는 아예 올리지 않고 반디벌레만을 올려놓았다.)

환경 운동 연합에서 이러한 처리를 존중했다면, 개똥벌레나 반딧벌레를 채택했어야 한다. 그러나 분명히 존재하는 이들 낱말을 사용하지 않았다. 개똥 또는 벌레라는 낱말이 혐오감을 줄 수도 있다는 점을 고려했기 때문이 아닌가 싶다. 그런 낱말은 이 운동을 펼쳐 나가는 데에 장애가 될 수 있다고 판단했을 것 같다. 그래서 반딧불이를 사용하기에 이른 것으로 추측된다.

그렇다면 반딧불이라는 낱말에는 문제가 없을까? 꽁무니에서 불빛을 발산하는 개똥벌레나 반딧벌레를 가리키는 또 다른 낱말 반딧불이에 대해서 생각해 보자. 이 낱말은 반딧불에 - 이가 붙어서 이루어진 것으로 볼 수 있다. 이런 경우의 - 이는 '사람' 또는 '사물'을 뜻한다. 우리 낱말 중에는 이런 방식으로 이루어진 것이 더러 있는데, 그 보기를 들어 보면 다음과 같다.

곰배팔+이 → 곰배팔이 = 곰배팔인 사람.

곱사등+이 → 곱사등이 = 곱사등인 사람.

애꾸눈+이 → 애꾸눈이 = 애꾸눈인 사람.

왕눈+이   → 왕눈이   = 왕눈(큰 눈)을 가진 사람.

말더듬+이 → 말더듬이 = 말을 더듬는 사람.

허풍선+이 → 허풍선이 = 허풍선 같은 사람.

삼발+이   → 삼발이   = 발이 세 개(삼발)인 것.

다음에서 확인되는 바와 같이 **반딧불이**도 이런 방식에 그대로 들어 맞는다.

반딧불+이 → 반딧불이 = 반딧불을 가진(발산하는) 것.

그러니 낱말 **반딧불이**는 우리말의 보편적인 조어 원칙에 따라 만들어 졌다고 할 수 있다.

이 낱말을 쓰기로 하면 "**반딧불이**가 내는 빛을 **반딧불**이라 한다."와 같은 표현을 하게 될 것이다. 이 표현에서 보듯 의미 변별에는 약간의 장애가 있을 것으로 보인다. 반면에 표준 낱말로 처리되어 있는 **개똥벌레**는 쉬이 **반딧불**을 연상시키지 못하게 하는 약점이 있다. 그런 점을 두루 고려하고, 아울러 환경 운동이 조그마한 벌레에게도 애정을 기울인다는 것을 적극적으로 드러내고자 한다면, **반딧벌레**라고 하는 것도 괜찮지 않을까 하는 생각이 든다. 〈1997.12.22~23.〉

꽃샘이 끝나니 잎샘이 오고

요 며칠 사이에 신문과 방송을 통하여 **꽃샘추위**라는 낱말을 많이 접했다. 여기서 **꽃샘**은 '꽃+샘'으로 분석되는데, 샘은 새암의 준말로 '자기보다 나은 처지에 있는 것을 미워하는 마음'을 뜻한다. 그러니 **꽃샘**의 뜻을 말 그대로 풀자면 '꽃이 피는 것을 미워하는 마음'이 된다. 그러나 이 낱말의 본뜻은 그게 아니다.

우리 한아비(조상)들은 초봄, 꽃이 필 무렵에 날씨가 변덕스럽게 추워지는 것을 다분히 인간 중심적으로 해석했던 것이다. 봄이 와서 꽃이 피는 것을 시샘한 겨울 날씨가 심술을 부리는 것으로 인식하였다. 꽃이 필 무렵에 추워지는 일, 또는 그 추위를 꽃샘이라 한 데에는 그러한 인식이 깔려 있다.

그러니 지난날에는 추위 없이 꽃샘만으로 추위를 뜻했다. 그런데 후대로 오면서 꽃샘에서 느끼는 추위의 정도가 매우 약해졌기 때문에 그 뒤에 추위를 덧붙임으로써 꽃샘추위라는 낱말까지 등장하게 된 것이다. 그러나 꽃샘이라고만 해도 충분할 맥락이 적잖이 있다.

잎샘이라는 낱말도 있다. 새잎이 나올 무렵에 추워지는 것을 그렇게 일컬은 것이다. 이 낱말의 생성 배경은 꽃샘과 같다. 〈1998.3.16.〉

김유정의 노란 동백꽃

아마 많은 사람들이 춘천 출신의 소설가 김유정의 소설 「동백꽃」을 읽어 보았을 것이다. 그런데 그 작품이 처음 나온 1930년대부터 지금까지 대부분의 사람들이 그 이름 동백꽃을 늘푸른나무(상록수)에 피는 빨간 꽃(더러는 흰 꽃도 있음)으로 알고 있다. 대중가요 「동백 아가씨」에 나오는 꽃, 다시 말하면 우리 나라 남쪽 지방에서 흔히 볼 수 있는 그 꽃으로 알고 있다는 말이다. 그러나 사실은 그렇지가 않다.

춘천 지역 사람들이 흔히 동박나무라고 일컫는 나무가 있다. 이것은 남쪽 지방에 흔한 동백(冬柏), 즉 늘푸른나무가 아니라 갈잎나무(낙엽수)이다. 꽃도 빨갛지 않고 노랗다. 초봄에 꽃이 피는데, 꽃의 크기도 자잘하다. 김유정의 소설에 나오는 꽃은 바로 동박(나무)의 꽃이다.

그런데 작품을 처음 발표할 때에 **동박**이 동백의 강원도 사투리인 줄로 잘못 알고서 **동박꽃**을 **동백꽃**으로 고쳤던 것 같다. 누가 그랬는지는 알 수가 없다. 그러나 오늘날 사전에도 그처럼 잘못 처리되어 있는 것을 보면, 그 당시부터 많은 사람들이 그렇게 생각했던 모양이다.* 당시 작품집의 표지에도 흔히 알고 있는 동백(冬柏)의 꽃이 그려져 있다.

김유정의 소설에서는 문제의 꽃에 대하여 다음과 같이 묘사하고 있다.

그 바람에 나의 몸뚱이도 겹쳐서 쓰러지며 한창 피어 퍼드러진 **노란** 동백꽃 속으로 폭 파묻혀 버렸다. **알싸한**, 그리고 **향긋한** 그 냄새에 나는 땅이 꺼지는 듯이 온 정신이 고만 아찔하였다.

첫째는, 꽃의 빛깔이 노랗다는 것이며, 둘째는, 꽃의 냄새가 알싸하면서도 향긋하다고 되어 있다. 사철 푸른 동백나무의 꽃을 이렇게 묘사할 수는 없다. 이로써 김유정의 **동백꽃**은 동백(冬柏)의 꽃이 아님이 충분히 증명된다. 지금이라도 그 이름을 **동박꽃**으로 돌리는 것은 어떨까?

사전에서는 "생강나무, 새앙나무, 생나무" 들을 올려놓고 있는데, 이 말들은 옛날부터 있었다. 여기서 '생강'은 양념이나 약재로 널리 쓰는 바로 그 뿌리를 가리킨다. 그것을 다르게는 '새앙'이라 하며, '생'은 그것의 준말이다. 그 '알싸한' 냄새가 생강과 비슷하다 해서 이런 이름이 붙여진 것 같다. **동박나무**는 바로 이 생강나무를 가리키

---

* '동박'을 '동백'의 사투리로 생각하고 보니, 동박을 '산동백(山冬柏), 개동백'이라 하기도 한다.

는 다른 이름이다. 그런데 오늘날 어느 사전에도 '동박나무 = 생강나무'의 관계를 풀이하고 있지 않다. 〈1996.11.11~12.〉

칼과 같음에도 갈치인 까닭

우리 나라 연안에서 많이 잡히는, 은백색의 기다란 바닷물고기가 있다. 주로 생선 상태로 구워 먹지만, 조려 먹기도 하고 말려서 요리해 먹기도 한다. 많은 사람들이 그 물고기를 **칼치**로 알고 있지만, 남쪽 사전에서는 한결같이 **갈치**를 표준 낱말로 처리하고 있다.

그것을 칼치로 인식하는 것은 칼과 관련짓기 때문이다. 아닌게아니라 거의 모든 사전의 풀이에 '몸이 긴 칼과 같이 홀쭉하고 얄팍하며'와 같은 설명이 포함되어 있다. 그뿐만 아니라 지난날의 한문·한자 문헌에는 刀魚(刀 = 칼 [도], 魚 = 물고기 [어])로 기록되어 있기도 하다. 그럼에도 갈치를 표준으로 처리하는 것은 예로부터 갈티 > 갈치라고 해 온 역사성을 존중하려는 생각 때문이다. 옛날에는 칼을 갈이라 했다.

한편 **갈티**를 裙帶魚[군대어]라 했던 기록이 있다. 裙[군]은 치마, 帶[대]는 허리띠를 뜻하니, 裙帶란 우리 치마의 위쪽에 둘러 댄 치마끈을 가리킨다. 그 물고기의 가늘고 긴 형상을 치마끈에 비유했던 것이다. 칼에다 비긴 것보다 더 적절한 듯하다. 오늘날의 가죽 허리띠를 생각하면 더욱 그런 생각이 든다. 여느 사전과는 달리, 1998년판 『연세 한국어 사전』에서는 '납작하고 긴 띠 모양의 은백색의 바닷물고기'라 풀이하였다.

그러나 북쪽에서는 남쪽과 달리 칼치를 표준으로 삼았다. 역사성보다는 현재의 사용 실태를 중시한 선택이다. 〈2000.7.20.〉

하룻강아지의 실제 나이는?

"하룻강아지 범 무서운 줄 모른다."라는 속담이 있다. 여기에서 하룻강아지는 '태어난 지 얼마 되지 않은 어린 강아지'를 가리킨다. "하룻망아지 서울 다녀오듯", "하룻비둘기 재를 못 넘는다." 따위의 속담도 있다. 이 하룻망아지, 하룻비둘기의 의미도 하룻강아지와 비례한다. "하룻망아지 서울 다녀오듯"은 '세상 물정도 모르면서 이것저것 하거나 보는 모습'을 비유하는 표현이다.

그러나 하룻강아지, 하룻망아지, 하룻비둘기의 원형태는 각각 하릅강아지, 하릅망아지, 하릅비둘기이다. 하릅은 동물의 나이 '한 살'을 가리키며, 여기 하릅~은 각각 '한 살짜리 ~'를 의미한다. 하지만 세월 따라 하릅의 사용 빈도가 낮아지면서 언중들은 그것을 하루(ㅅ)으로 잘못 인식하기에 이르렀다. 그래서 오늘날 많은 사전에서 하룻강아지, 하룻망아지, 하룻비둘기를 각각 하릅강아지, 하릅망아지, 하릅비둘기의 변한말로 처리한다. 하룻~ 형들을 표준으로 보는 것이다.

요컨대 하룻강아지는 '하루만 사는 강아지'를 의미하는 것이 아니라, '한 살짜리 강아지'를 뜻하는 하릅강아지가 변한 낱말이다. 하룻망아지, 하룻비둘기도 다 같다.

그 나머지 나이를 세는 낱말도 따로 있는바, 그것은 다음과 같다.

2살 = 이듭, 두릅, 두습	3살 = 사릅	4살 = 나릅
5살 = 다습	6살 = 여습	7살 = 이릅
8살 = 여듭	9살 = 아습, 구릅	10살 = 담불, 열릅, 여릅

이들 형태는 끝 음절이 [듭, 릅/롭, 습]으로 서로 비슷하다. 담불만이 아주 다를 뿐이다. 그런가 하면 이들은 흔히 수효를 세는 토박이 수사, 곧 하나, 둘, 셋, 넷, 다섯, 여섯, 일곱, 여덟, 아홉, 열과 각각 닮았다. 이듭과 구릅은 각각 한자 수사 이(二)와 구(九)를 닮았으며, 담불만이 이들 수사와 관련이 없다.

　평안북도에서는 '한해살이풀'을 하릅나무라고 하며, 제주도에서는 '여섯 살 된 수소'를 여습부렝이라고 한다. 황해도에서는 '2년 된 숭어, 3년 된 숭어'를 각각 그저 이듭, 사릅이라 한다. 그리고 그런 나이가 된 개체(동물)를 가리킬 때에는 하릅이, 이듭이, 사릅이, 나릅이, ……, 담불이·열릅이와 같이 나이 낱말 뒤에 - 이를 붙이기도 한다.

〈2000.6.1~2.〉

허튼가락이 산조가 되기까지

　요즈음은 우리 전통 음악이 국민들의 적잖은 호응을 얻고 있는 듯하다. 반가운 일이 아닐 수 없다. 그런데 그 중에 산조라는 것이 있다. 가야금 산조, 대금 산조, 피리 산조 등의 연주가 흔히 행해진다. '산조춤'도 있다고 한다. 산조란 무슨 뜻일까?

　한자로는 散調라고 쓴다. 한자 그대로 풀이하면 '흩어 버리는(散)

가락(調)'이 된다. 그러나 애초부터 모든 소리는 공중으로 흩어지는 법인데, 유독 위의 몇몇에 대해서만 '흩어 버리는 가락'이라고 했을 것 같지는 않다.

애초에 이것은 토박이낱말로 허튼가락이었다. 허튼이란 '헤프게, 함부로, 쓸데없는, 되지못한' 따위의 뜻을 나타낸다. "허튼계집, 허튼 맹세, 허튼사람, 허튼소리, 허튼수작"에서 그런 용례를 더 확인할 수 있다. 그러니 본디 허튼가락이란 '특별한 격식이 없이 즉흥적으로 행하는 연주'를 뜻했던 것 같다. 거기서 뜻이 번져 '악보 없이 행하는 연주'를 가리키게도 되었다.

그 낱말을 그대로 전승시켜 왔으면 좋을 텐데, 한자에 깊이 물들어 있던 지난날에 이것을 기록하는 과정에서 散調가 되어 버렸다. 허튼을 소리가 비슷한 '흐튼→흩은'으로 잘못 알고 그것을 뜻하는 한자 散을 갖다 붙인 것이다. (가락은 제대로 옮겨서 調가 되었다.)

이처럼 우리 토박이낱말을 한자로 기록하는 과정에서 엉뚱하게 바뀌어 버린 경우가 매우 많다. 요즈음 우리 음악계에서 허튼가락이란 본디 낱말을 많이 쓰려고 노력한다는, 흐뭇한 소식이 들린다.

〈1996.12.13.〉

볶을 복, 복을 볶는다고?

[보끌복]이라는 말을 들었거나 사용한 경험이 있을 것이다. 이 [보끌복]의 기저형을, 많은 사람들이 볶을 복(福)이라고 생각하는 것 같다. 한편에서는 '복(福)을 볶다니?'라는 생각에 고개를 갸우뚱거리는

사람도 있을 듯하다.

그러나 애초에 붂을 복이라는 말은 없었다. 그것은 복불복이 잘못 알려진 것이다. 복(福)과 불복(不福), 곧 '복'과 '복 아님'이라는 상반된 의미를 지닌 두 요소가 합쳐진 낱말(복＋불복)이다. 사전에서는 '복분(福分)의 좋거나 좋지 아니한 정도'로 풀이하고 있는데, 이런 의미로 사용되는 보기는 (가)와 같다.

(가) ㉠ 사람마다 타고난 복불복이 다른 거라네.

ㄴ 복불복은 이미 정해져 있는 거야.

그런데 일상적으로는 이런 말보다 (나)와 같은 표현을 더 많이 사용하는 듯하다. 제비뽑기 같은 것을 하는 상황에서 하는 말이다.

(나) 복불복이야. 아무거나 뽑아.

이런 맥락에서는 복불복의 의미가 (가)와는 좀 다른데, '복이거나 아니거나'를 의미한다. 〈1998.10.12.〉

산수갑산으로 야밤도주

"나중에 산수갑산엘 가더라도 먼저 먹고 보자."는 말을 흔히 한다. 여기서 '산수갑산엘 가더라도'의 의미는 '몹시 어렵고 힘든 지경에 놓이더라도' 정도가 될 것이다. 바꾸어 말하면 산수갑산은 '몹시 어렵고 힘든 지경'을 뜻하는 셈이 된다. 그렇다면 이 낱말이 어떤 연유로 그런 의미를 획득하게 되었을까?

여기 산수갑산은 삼수갑산이 와전된 것이다. 삼수(三水)와 갑산(甲山)은 함경남도에 있는 지역의 명칭이다. 백두산 밑에 압록강을 끼고 있는 지역으로, 기후도 예사롭지 않다. 지난날에는 중앙에서 멀리 떨어져 있을 뿐만 아니라 그곳까지 가는 길이 험하여 귀양처로 이름을 날렸다. 그런 연유로 '삼수·갑산(에) 가다'라는 표현이 '귀양 가다'의 의미를 획득하게 되었고, 더 나아가 삼수갑산이 '몹시 어렵고 힘든 지경'이라는 의미까지 획득하게 된 것이다. 이러한 삼수갑산이 일부에서 산수갑산(山水甲山)으로 잘못 쓰이고 있다.

"마침내 아버지는 온 식구를 데리고 야밤도주하기로 결심하였다." 와 같은 말도 흔히 쓴다. 여기 야밤도주는 '남의 눈을 피하여 밤에 몰래 도망함'을 뜻하는 것일 텐데, 이것도 야반도주(夜半逃走)의 잘못이다. 야반(夜半)은 '밤의 중간 무렵인 한밤중'을 뜻한다. '깊은 밤'을 뜻하는 낱말로 야밤(夜-)은 있지만, 야밤도주를 표준 낱말로 처리한 사전은 없다.　　　　　　　　　　　　　　　　　　〈1999.10.6.〉

콩과 보리도 구별 못 하는 쑥맥

'어리석고 못난 사람'을 가리켜 숙맥이라 한다. 쑥맥으로 아는 사람도 있는데, 그것은 표준 낱말이 아니다. 이 낱말은 쑥과는 전혀 관계가 없다. 그러면 숙맥은 어떻게 해서 생성된 것일까?

이 낱말은 한자로 菽麥이라 쓴다. 菽[숙]은 콩을 뜻하고, 麥[맥]은 보리를 뜻한다. 그러니 숙맥을 글자대로만 풀면 '콩과 보리'가 되는데, 이것이 어떻게 '어리석고 못난 사람'과 관련되는지 쉬이 이해가 되지 않을 것이다.

菽麥은 菽麥不辨[숙맥불변] — 不辨은 '분별하지 못함' — 에서 비롯된 말이다. 숙맥불변이란 '콩인지 보리인지를 구별하지 못함'을 뜻하는 한자 숙어이다. 콩과 보리는 몸체나 잎 모양, 그리고 알곡의 생김새까지 매우 다르다. 이처럼 매우 다른 콩과 보리도 구별하지 못할 만큼 분별력이 무디다는 것을 비유적으로 표현한 것이 **숙맥불변**이다.

이 **숙맥불변**에서 불변이 떨어져 나가고 숙맥만 남아서 '분별력이 없는 사람→어리석고 못난 사람'을 뜻하게 된 것이다.　　〈1997.3.13.〉

경위는 물이다?

사리가 분명한 것을 일컬어 흔히들 '경우가 바르다'라고 한다. 이때의 경우를 한자로 境遇라 쓰고, '어떤 때' 또는 '어떤 상황이나 사정'을 뜻하는 낱말로 아는 사람도 있다. 그러나 이 낱말은 그것과 관련이 없으며 '경우가 바르다'도 바른 표현이 아니다.

다 알다시피 중국에는 황하라는 큰 강이 있다. 그 위쪽 지역인 섬서성에는 황하를 향하여 흐르는 경수(涇水)와 위수(渭水)라는 강이 있다. 그런데 예로부터 이 강의 물빛은 매우 대조적이었다고 한다. 경수의 물빛은 흐리고 위수의 물빛은 맑았다는 것이다.

바로 여기에서 하나의 낱말이 생기게 되었다. 경위(涇渭)가 그것이다. 경수와 위수의 물빛이 확실히 구별된다는 사실에서 '사물의 구별'을 뜻하는 말로 전용된 것이다. 그리고 한 걸음 더 나아가 물질적인 구별만이 아니라 '사리나 언행의 분별'을 뜻하기에 이르렀으며, 이에 더하여 '사리의 분별이 올바르거나 언행이 반듯한' 것을 '경위가 바르다'라고 표현하게 되었다. '경우가 바르다'는 바로 이것을 잘못 이해한 결과이다.

'경위가 바르다'의 상대 개념은 '경위가 비뚤어지다'가 아니라 '경위가 없다'이다. 물론 '경우가 없다'도 잘못된 표현이다.   〈1997.2.26.〉

독수공방하는 남자들의 시대

독수공방이란 말을 예사로 쓴다. 한자로는 獨守空房으로 표기하는데, 글자 그대로 풀이하면 '혼자서(獨) 빈방(空房)을 지킴(守)'이라는 뜻이 된다. 그런가 하면 독숙공방(獨宿空房)이라는 말도 있다. 이를 한자 그대로 풀이하면 '빈방(空房)에서 혼자서(獨) 잠(宿)'이라는 뜻이 된다. 용례는 다음과 같다.

(가) **독수공방**에 정든 님 기다리듯 한다.
(나) **독숙공방** 5년 만에 시골 생활을 면할 수 있었다.
(다) 이젠 **독수공방**하는 데에는 이력이 났지.

다 같이 남편과 아내가 한방에 거처하지 못하는 상황이 설정되어 있다. 다만 **독수공방**의 주체는 여성이고, **독숙공방**의 주체는 오히려 남성이거나 남녀 구분이 없다. 그러나 생활 여건이 많이 달라진 오늘날에는 그렇게 구분하기가 어렵다. 남편과 아내가 한방에 거처하면서도 혼자 자는 일이 많을뿐더러 남편이 빈방을 지키며 아내를 그리워하는 경우도 많기 때문이다. 〈1998.12.19.〉

붉은 꽃 한 떨기, 홍일점

다음에는 **유일한 홍일점** 김희자 씨를 소개합니다.

여러 사람을 차례로 소개하는 상황에서, 다른 이는 모두 남자이고 '김희자'만 여자일 때에 한 말이다. 공중파 방송에서까지 이와 같은 표현이 심심찮게 등장하고 있다. 그러나 이는 반듯한 표현이 아니다.

홍일점이란 '여러 남자들 중에 홀로 끼어 있는 여자'를, 때로는 '여럿 중에서 특별히 뛰어남'을 뜻한다. 그러니 위의 보기에서 유일한은 불필요한 요소이다. '유일한 여자'를 생각하면서 '유일한 홍일점'이라 한 것으로 보이지만, **홍일점**이 '오직 한 여자'를 뜻하기 때문에 이렇게 표현해서는 안 된다. '유일한 여자'라고 하면 문제가 없겠다. 이상을 정리하면 다음과 같다.

ㄱ. 다음에는 **홍일점** 김희자 씨를 소개합니다.
ㄴ. 다음에는 **유일한 여성** 김희자 씨를 소개합니다.

홍일점(紅一點)이란 애초에 '붉은 꽃 한 떨기'라는 뜻으로 쓰였다. 북송의 정치가이자 시인인 왕안석이 萬綠叢中紅一點[만록총중홍일점1 — 수많은 푸른 풀 속에 붉은 꽃 한 떨기 — 라고 읊은 데서 비롯된 것이다. 여기서 '푸른 풀'은 '남자' 또는 '보통'을, '붉은 꽃'은 '여자' 또는 '뛰어남'을 비유하는 쪽으로 발전되어 쓰이고 있는 것이다.

동양의 전통적인 음양론에서는, 남성은 양(陽)이요 빨간색(紅)으로, 여성은 음(陰)이요 파란색(靑)으로 본다. 그런 관점에서 보면 '유일한 여성'은 홍일점이 아니라 청일점이어야 한다. 그러나 홍일점은 왕안석의 시구에서 비롯된 것이다.   〈1999.1.2.〉

약관 20세의 총각, 방년 20세의 처녀

사람의 나이를 가리키는 낱말 가운데 약관과 방년이 있다. 다 같이 '스무 살'과 관련이 있다.

지난날 처녀와 총각을 어른으로 공인해 주는 의식을 치렀다. 총각은 상투를 틀어 갓(冠)을 쓰게 하고, 처녀는 쪽을 찌게 했던 것이다. 그 의식을 관례(冠禮)라고 하며 20세에 치렀다. 여기서 약관(弱 : 20세, 冠 : 갓)이란 말이 생겼는바, 문자 자체의 뜻은 '20세에 갓을 씀'이다. 그 약관이 나중에는 '남자 나이 20세'를 가리키게 되었다.

예나 지금이나 여자를 꽃에 비유하는 것은 크게 다르지 않다. 그래서 여자의 한창 나이를 방년(芳 = 꽃다움, 年 = 해)이라 한다. '꽃다울 나이'란 뜻이다. 그런데 옛날에는 20세 전후를 한창 나이라고 생각했으니, 방년이란 결국 '여자의 20세 전후'를 가리키는 셈이다. 그러니 여자에 대해서는 "방년 19세, 방년 21세" 따위의 표현도 가능하다.

〈2000.3.17.〉

문신한 사람은 경친 놈?

사전에서는 동사 경치다를 대체로 '몹시 심한 꾸지람이나 나무람을 듣다' 정도로 뜻풀이하고 있다. 경치게 형으로 쓰일 때에는 '몹시, 매우'의 뜻을 나타낸다. 그 용례는 다음과 같다.

(가) ㉠ 그런 일 또 하면 경칠 줄 알아라.
　　 ㉡ 공연히 객기 부리다가 경치지 마세요.
(나) 저놈은 위장이 경치게 좋은 모양이여!

이 낱말은 경+치다로 분석되며 경은 한자 黥의 음을 표기한 것이다. 요즈음은 스스로 좋아서 몸에다 문신이란 것을 하는 사람들이 있는데, 옛날에는 형벌로 얼굴이나 팔뚝에 죄명을 새겨 넣었다. 매우 심한 형벌 가운데 하나였다. 먹물(墨)을 썼기 때문에 그것을 墨刑[묵형]이라 했고 한 글자로는 黥[경]으로 표기했다. 그러니 경치다의 원의미는 '얼굴이나 팔뚝에 죄명이 새겨지는 형벌을 당하다'였던 것이다. 그것이 '심한 형벌을 받다'로 번지고, 다시 '몹시 심한 꾸지람이나 나무람을 듣다'로까지 번진 것인데, 오늘날은 원의미로 쓰이는 일이 거의 없다.

'경칠 놈'은 '심한 나무람이나 꾸지람 또는 형벌을 받아야 할 사람'을 뜻한다. 만약 원의미를 살려 표현한다면, 오늘날 제 몸에 문신을 새겨 넣은 이들은 '경칠 놈'이 아니라 '경친 놈'이 된다. 〈1999. 10. 2.〉

주리는 틀고 주리경은 치고

옛날 형벌 중에는 주리라는 것도 있었다. 주리는 주뢰(周牢)가 변한 것이다. 우리 역사극에서 쉬이 보는 바와 같이, 주리는 두 다리를 묶고 그 사이에 막대 두 개를 끼워 비트는 것이다. 주리를 당하는 사람의 아픔은 말할 수 없이 컸을 것이다. 그때에 사용하는 막대를 주릿대 또는 주릿방망이라고 했다. 여기서 유래된 표현이 여럿 있다.

첫째, 경(黥)을 가하는 것은 '경을 치다'라고 함에 비하여, 이 경우에는 '주리를 틀다'라고 하였다. 이 형벌은 두 다리를 '비트는' 것이었기 때문이다. 그런데 의미가 점점 번져 '주리를 틀다'는 '매우 심한 벌을 받다 → 매우 심한 꾸지람이나 나무람을 듣다'를 뜻하게까지 되었다. 여기서 '매우 심한'은 주리를 당할 때의 아픔과 연관된다.

(가) ㉠ 무릎이 꺾인 건 **주리를 틀렸기** 때문이었다.

㉡ 저, **주리를 틀** 놈들이 있나?

그런데 주리를 경(黥)의 한가지로 보아 주리경이라고도 했다. 이 낱말을 써서 표현할 때에는 "**주리경을 당하다, 주리경을 치다**"라고 했다.

(나) ㉠ 밤낮 남편에게 **주리경을 당하는** 그 여자가 가여웠다.

㉡ 저, **주리경을 칠** 놈을 봤나?

한편으로 '주리를 틀다'는 몸을 비비 꼬아 대는 모양을 나타내기도 한다. 긴 시간 한자리에 앉아 있어야 하는 상황에서 자세를 바로 하지 못하고 몸을 비틀었다 풀었다 하는 것을 묘사하는 표현이다. 이는 주리를 당할 때에 아픔을 참지 못하여 몸을 꿈틀거리는 모양과의 유사성에서 유래한 표현이다.

(다) ㉠ 나는 지긋지긋한 대학 생활을 **주리를 틀며** 간신히 마쳤다.
　　　 ㉡ 30분이 지나자 아이들은 (가만히 앉아 있지 못하고) **주리를 틀기** 시작했다.

둘째, '견디기 어려운 것을 억지로 참다'를 뜻하는 표현으로 '주리 참듯 하다'라는 것이 있다.

셋째, '몹시 불량한, 또는 그래서 멀리하고 싶은 사람'을 비유하여 '주릿대 같은 놈'이라 했다. 주릿대가 사람들에게 주는 공포감이 어느 정도였던지 짐작하게 하는 표현이다.

넷째, '심하게 혼나다'를 '주릿방망이 맛을 보다'라고 하며, '주릿대를 안다'도 비슷한 뜻을 나타낸다. '주릿대를 안기다'는 '아주 심한 벌을 주다'를 뜻한다.

이로써 지난날 주리가 서민들에게 얼마나 무서운 형벌이었는지 짐작할 수 있다.

〈1999. 10. 4~5.〉

돼지 멱따는 소리

목의 앞쪽을 멱이라 한다. '돼지 멱따는 소리'라고 할 때의 동사 멱따다는 여기서 생겨났는데, 원래 멱+따다는 '멱을 터지게 하다'를 뜻한다. 멱을 터지게 하는 방법은 멱을 찌르거나 진집(가느다란 작은 틈)을 내는 것인데, 어느 쪽이든 그것을 당하는 동물은 말할 수 없이 아파하며 소리를 지르고 발버둥을 칠 것이다. 여기서 '돼지 멱따는 소리'라는 말이 생겨난 것이니, 돼지의 멱을 딸 때에 '돼지가 발버둥을 치며 울어 대는 소리' 같다는 뜻이다. 사람이 지르는 소리가 아니다.

멱살이란 주로 사람에 관하여 쓰는데, '멱 아래에 있는 살'을 뜻한다. 거기서 뜻이 번져 멱살을 여민 '옷깃'도 멱살이라 한다. 여기서 멱살잡이와 멱씨름이 생겨났으니, 각각 '멱살이나 옷깃을 움켜잡는 것'과 '멱살이나 옷깃을 잡고 싸우는 짓'을 뜻한다.

총선거가 다가오니 여기저기서 '돼지 멱따는 소리'를 질러 대는 사람들이 많아진다. 또다시 전국 곳곳에서 멱살잡이와 멱씨름이 벌어진다. 이제 선거와 관련해서는 이런 낱말들이 더 이상 쓰이지 않게 되기를 기대해 본다. 〈2000.3.18.〉

결혼식 피로연은 왜 할까?

요즈음 혼례 치르는 것을 보면, 대체로 식이 끝난 다음에 음식 잔치를 벌인다. 그 음식 잔치를 흔히 피로연이라 한다. 그것을 피로연이라 하는 까닭을 학생들에게 물어 본 적이 있다. 몇몇 학생에게서 "여러 손님들이 식에 참석하느라고 피로했을 테니 그것에 보답하기 위하여 벌이는 잔치이기 때문"이라는 대답을 들었다. 그 대답을 듣고는 피로연의 뜻을 그렇게 알고 있는 사람이 적지 않겠다는 생각을 했다.

그러나 피로연은 披露宴이라는 한자에서 비롯된 낱말로, 지침이나 나른함을 뜻하는 피로(疲勞)와는 아무런 관련이 없다. 피로(披 = 알리다, 露 = 드러내다)는 '널리 알림'을 뜻한다. 다시 말하면 혼인이나 출생과 같이 좋은 일을 널리 알리기 위하여 베푸는 잔치를 피로연이라하는 것이다. 그러니 "홍길동 혼인 피로연, 공영오 출생 피로연"과 같은 표현을 할 수 있으며, 그 행사의 내용에 따라 연(宴) 대신에 회(會)라고 할 수도 있다.

어린아이의 돌잔치도 '출생 피로연', 곧 출생을 널리 알리는 잔치인 셈이다. 〈1997. 10. 21.〉

망자를 위한 **사갑 잔치**

수신자를 어리둥절하게 하는 초청장이 적잖이 나도는 것이 요즈음 우리 사회의 한 모습이다. 사갑 잔치 초청장도 그런 것의 하나가 아닌가 한다. 돌아가신 아버지나 어머니의 환갑이 되는 해에, 살아 계신 분의 환갑잔치 하듯이 행사를 벌여 놓고 사람들을 초청하는 것이다.

이런 초청장을 받고 그 행사에 참석하는 사람은 어떤 마음 자세로 가야 할지 참으로 어리둥절할 수밖에 없다. 초청인이 잔치라고 한 것을 보면 일단 축하의 자리로 이해해야 할 것 같지만, 그래도 마음이 개운하지는 않다. 환갑도 되기 전에 일찍 세상을 떠난 분의 명복을 비는 마음을 가져야 할지, 고인 없이도 훌륭히 장성하여 근사한 잔치를 마련한 자식들을 축하하는 마음을 가져야 할지, 또는 그 밖에 다른 의미를 부여해야 할지 명쾌한 판단이 서지 않는다. 만약 부조금을 가지고 간다고 할 때에 겉봉에 뭐라고 써야 할 것인지가 당장 문제이다.

사갑은 한자로는 死甲일 것이며, 이것은 '돌아가신(死) 이의 환갑(還甲)'이라는 뜻으로 붙인 것이 분명해 보인다. 그렇다면 그 행사는 산 사람을 위하여 베푸는 환갑잔치와 같은 셈이다. 이렇게 정리하고 나면, 사갑 잔치란 우스꽝스러운 행사라는 결론이 된다. 본디 환갑잔치란 환갑까지 오래 산 것을 기념하고 축하하는 자리인데, 환갑까지 살지 못하고 일찍 돌아가신 분을 위하여 축하 잔치를 베푼다는 것은 앞뒤가 맞지 않는다.

한편으로, 갑사라는 행사를 하는 이들도 있다. 한자로는 甲祀로 쓰는데, 돌아가신 이의 예순한 살(甲)이 되는 해에 올리는 제사(祭祀)를 말한다. 여느 해에도 제사를 지내지만 그해에는 좀 크게 지내는데, 이를 갑사라고 하는 것이다. 제사를 여느 해보다 좀 크게 지낸다는 말은 직계 가족만이 아니라 친척들에게도 널리 알리고 이웃이나 친지들도 초청한다는 뜻이다. 하지만 이것은 어디까지나 제사이다.

우리 겨레에게는 예로부터 제사 때에도 이웃끼리 돕고 친척이나 친지가 참례하는 풍습이 있었다. 그러므로 이러저러한 사연이 있어 굳이 친척이나 친지를 초청한 가운데 갑사를 치러야 하겠다면 그럴 수 있는 일이다. 그러나 요즈음 같은 사람살이에서는 사람들을 초청하려면 낮에 초청할 수밖에 없다. 그러니 제사는 당일 밤에 지내고, 손님맞이는 그 다음날이나 전날 낮에 하는 것이 좋을 것이다. 그래도 결국 제사 음식을 나누어 먹는 셈이 된다. 그런 자리에 참석하는 손님이라면 기본적으로 고인의 명복을 비는 마음을 가져야 하지 않을까?

이렇게 본다면, 사갑 잔치라는 것도 제사 의식이 전제된 것이라면 크게 어색하지는 않겠다. 그러나 잔치라는 이름은 아무래도 어울리지 않는다.

〈1997.4.3~4.〉

시험 치는 데도 야구 방망이가 좋아?

대학 수능 시험이 며칠 앞으로 다가왔다. 격려의 뜻으로 주변에서 수험생에게 선물을 하기도 한다는데, 그 중에는 야구 방망이도 있다는 말을 들었다. 흔히 시험(을) 치다라는 표현을 하니까, 치다라는 낱말에 근거하여 '잘 치라'는 뜻으로 야구 방망이를 선사한다는 것이다. 돋보기를 선사한다고도 하는데, 그것은 시험(을) 보다라는 말에 근거한 것일 테다.

그런데 시험(을) 치다는 시험(을) 치르다에서 [르]가 줄어든 것이다. 그러나 아직 대부분의 사전에서는 시험(을) 치다를 표준으로 다루지 않는다. 최근에 발행된 어느 사전에서 시험(을) 치다를 거두어 실은 것을 처음 보았다. 앞으로는 이러한 쪽으로 정리되어 갈 듯하다. 〈2000.11.10.〉

블랙박스와 검은돈의 색깔

비행기에 장착되어 있는 자동 비행기록 장치를 흔히 블랙박스라고 한다. 그러나 그 상자가 검정색이 아니라는 것을, 이제는 알 만한 사람들은 안다. 그 상자의 겉 색깔은 대개 오렌지색인데, 사고가 났을 때에 눈에 잘 띄게 하려는 목적이라고 한다. 그럼에도 그 명칭이 오렌지색 박스가 아니라 블랙박스인 것은 그 장치가 여러 가지 비밀과 의문을 풀어 주는 자료를 담고 있기 때문이다. 즉 블랙박스는 물체의 상태, 곧 색깔이 아니라 그 기능에 초점이 맞추어진 명칭이다.

아직 한 낱말로 거두어 실은 사전이 드물지만, 토박이낱말에도 검은돈이 있다. 검은돈을 '색깔이 검은 돈'이라고 생각하는 사람은 많지 않을 줄 안다. '비밀스럽게' 주고받거나 '정당하지 못한 방법으로' 오가는 속성을 비유한 것이다. 사실은 그런 돈일수록 깨끗한 지폐일 가능성이 더 높다. 붕어빵에 붕어가 없듯이 검은돈에는 검정색이 묻어 있지 않다. 돈을 받을 때에 조심해야 할 까닭이다. 〈1999.6.12.〉

여보, 여기 보오

젊은 부부들은 배우자를 여보라고 부르는 것을 쑥스러워하는 경향이 강하다. 여보는 감탄사인데, 그 원뿌리는 "여기 보오."라는 어엿한 문이다. 여는 '여기'의 준형태, 보는 '보(視)+오'의 준형태이다. 이런 과정을 밟아 형성된 낱말들이 더 있는데, 그것을 살펴보면 다음과 같다.

(가) 여기 보+오   → 여보오   → 여보

    여기 보+시오   → 여보시오

    여기 보+십시오   → 여보십시오   → 여봅시오

    여기 보+게   → 여보게

    여기 보+시게   → 여보시게

    여기 보+세요   → 여보세요

이제 여보를 사용하는 상황에 대하여 생각해 보기로 하자. 오늘날의 언어 현실을 보면 여보는 부부 사이의 부름낱말(호칭어)로 널리, 많

이 사용되고 있다. 그러나 위에서 보는 바와 같이, 원래 이 낱말은 '하오' 할(예사높임) 위치에 있는 사람을 부를 때에 사용했다. (나)에서 보듯이, 지금도 그런 상황에서 사용하고 있다.

(나) ㉠ 여보, 내 말 좀 들어 보오.
　　 ㉡ 여보, 그렇게 바빠 어딜 가오?

　개인에 따라 언어 느낌이 조금씩 다르기는 하겠지만, 여보에는 상대를 높이는 뜻이 배어 있으므로 두루 쓸 만하다. 그런데 나이 든 부부 사이라고 해서 모두 여보라고 부르지는 않는 것 같다. 육영수 여사는 박정희 대통령을 평생 "여기 보세요."나 "이것 보세요."라고 불렀다 한다.

　(가)에서 여기 자리에 이것이 들어가 줄어들면 각각 이보(오), 이보시오, 이보십시오, 이보게, 이보시게, 이보세요가 가능하다. 그러나 여보류에 비하여 사용 빈도는 낮아 보인다. 　　　　　　　〈1998. 2. 16~17.〉

달아서 단감, 단단해서 단감?

　나는 어릴 적에 단감이라는 낱말을 괴이하게 여겼다. "감이라면 응당 단 과일인데, 그 앞에 단은 왜 붙나?" 하는 생각을 했다. 단을, 맛을 나타내는 형용사 달다의 활용형으로 해석했던 것이다. 상당한 시간이 흐른 뒤에야 잘못된 해석임을 깨달았다.

　여기서 단은 상태를 나타내는 형용사 단단하다에서 온 것이다. 그러니 단감이란 '단단한 감'을 가리킨다. 그와는 달리 흠뻑 익어서 말랑말랑한 감은 연시(軟柿)라고 한다. 글자 그대로 '연한 감'이라는 뜻인데, 단감의 짜임새에 맞추어 연감이라 하기도 한다. 홍시(紅柿)는 연시의 일종이니 빨갛게 익은 감을 가리킨다.

살얼음은 어떤가? 여기서 살은 피부를 뜻하는 명사가 아니라 부사 살짝에서 비롯된 것으로 보인다. '살짝 언 얼음'이라 하여 살얼음이라 하는 것이다.

오늘날 대부분의 사전에서 야산을 한자 野山(野 = 들)에서 온 것으로 처리하고 있는데, 여기 야는 형용사 야트막하다의 첫 음절을 딴 것으로 보는 것이 사실에 더 가까울 듯하다. 그렇게 보면 야산은 짜임새가 단감과 아주 같은 낱말이다.　　　　　　　　　　　〈2000.12.4.〉

팔방에서 불어오는 토박이말, 바람

동·서·남·북을 가리키는 토박이낱말이 있다. 그것을 짝 지워 보면 다음과 같다.

　동 = 새
　서 = 하늬
　남 = 마
　북 = 노(높)

부는 방향에 따라 붙여진 바람의 이름은 다음과 같다.

동풍 = 샛바람

서풍 = 하늬바람, 갈바람

남풍 = 마파람

북풍 = 높바람, 뒷바람, 뒤울이

이것을 중심으로 펼쳐지는 여덟 방위의 바람 이름을 모두 보이면
다음과 같다.

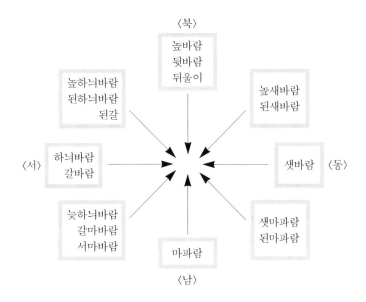

위의 그림을 통하여 **남동풍·북동풍·남서풍·북서풍**에 대응되는 토박
이낱말은 각각 동·서·남·북의 토박이낱말이 둘씩 짝 지워져 있음을
알 수 있다. 다만 된과 늦은 방향을 가리키는 낱말이 아니다. 그리고
서마의 서는 한자 西에서 온 것으로 보인다.

방향을 가리킬 때에는 바람을 떼고 **샛마**(남동), **높새**(북동), **늦하늬**

(남서), 된갈(북서)이라 한다. 바람을 가리킬 때에도 꼬박꼬박 **바람**을 붙이지 않고 방향을 가리키듯이 표현하기도 한다. 〈2000.1.7~8.〉

10은 열도 되고 십도 되고

10시 10분으로 적혀 있는 것을 읽을 때에 [열시 십분]이라 하는 것이 보통이다. 똑같은 10을 읽는데도 시(時) 앞에서는 [열]로 읽고, 분(分) 앞에서는 [십]으로 읽는 것이다. 물론 말을 할 때에도 마찬가지이다. 이것이 정상적인 우리말이다.

하나, 둘, 셋, 넷, 다섯 따위를 '토박이 수사'라 하고 일, 이, 삼, 사, 오 따위를 '한자 수사'라 한다. 그런데 이 두 수사를 가려 쓰는 기준이 한결같지 않다. 그러나 대체로 뒤따르는 단위명사에 따라 결정되는 경우가 많다. 곧, 우리 겨레가 비교적 오랫동안 써 온 단위명사는 토박이 수사를 선택하고, 그 사용의 역사가 비교적 짧은 단위명사는 한자 수사를 선택하는 경향이 강하다. 시와 분이 그 전형적인 보기이다.

우리 겨레가 오래전부터 사용해 온 단위명사 중에는 토박이낱말이 많다. 그런 단위명사는 토박이 수사와 어울리는 경향이 더욱 강하다. 그러나 한자낱말 중에도 오래전부터 써 오는 것이 있다. 시(時)도 그 가운데 하나이며 필(匹), 평(坪), 척(隻), 쌍(雙) 들도 그런 보기이다. 반면, 19세기 말엽부터 서양에서 들어온 단위명사 **센티미터**(㎝), **미터**(m), **킬로미터**(㎞), **그램**(g), **킬로그램**(㎏), **시시**(cc), **노트**(knot) 등등은 대부분 한자 수사를 선택한다. 분(分)도 그런 보기이다.

그러나 위와 같은 경향이 한결같은 것은 아니다. 수가 크면 (단위명사에 따라 크고 작음의 기준이 다르기는 하지만) 한자 수사로 말하는 것이 자연스러운 경우가 많다. 25시를 [스물다섯시]라 하지는 않는다. 〈1997.3.24.〉

세는 낱말도 가지가지

셈 단위를 나타내는 낱말은 꽤 다양한데, 셈 대상의 성격을 기준으로 볼 때에 그것은 크게 두 부류로 나누어진다. "책 열 권, 돼지 다섯 마리, 연필 20자루" 들에 쓰인 권, 마리, 자루와 같이 개체의 낱낱을 세는 낱말이 있는가 하면 "조기 열 두름, 달걀 20꾸러미" 들에 쓰인 두름, 꾸러미와 같이 개체의 묶음을 한 단위로 세는 낱말이 있다. 묶음 단위의 낱말은 그 내용을 잘 모르면 의사소통에 큰 장애를 받게 된다.

둘(2)을 한 묶음으로 나타내는 낱말로 다음과 같은 것이 있다.

매 : 젓가락 한 쌍.
켤레 : 신, 버선, 방망이 따위의 두 짝.
손 : 통배추 따위의 크고 작은 것 2통.
손 : 생선 2마리. 대개 큰 것과 작은 것을 끼움.

열(10)을 한 묶음으로 나타내는 낱말로 다음과 같은 것이 있다.

꾸러미 : 달걀 10개.
죽 : 옷이나 그릇 따위 10벌.

동 : 먹 10장, 붓 10자루, 생강 10접.

두름 : 산나물 따위를 열 줌(모숨) 정도로 엮은 것.

뭇 : 생선 10마리나 미역 10장.

열둘(12)을 한 묶음으로 나타내는 낱말로 다음과 같은 것이 있다.

다스(dozen) : 연필 12자루, 양말 12켤레.

스물(20)을 한 묶음으로 나타내는 낱말로 다음과 같은 것이 있다.

권(卷) : 한지 20장.

축 : 말린 오징어 20마리.

쾌 : 북어 20마리.

두름 : 물고기를 10마리씩 두 줄로 엮은 20마리.

스물넷(24)을 한 묶음으로 나타내는 낱말로 다음과 같은 것이 있다.

쌈 : 바늘 24개.

쉰(50)을 한 묶음으로 나타내는 낱말로 다음과 같은 것이 있다.

거리 : 오이, 가지 따위의 50개.

동 : 무명, 베 따위의 50필.

백(100)을 한 묶음으로 나타내는 낱말로 다음과 같은 것이 있다.

동 : 백지 100권, 곶감 100접.
접 : 채소, 과일 따위의 100개.
채 : 가공하지 않은 인삼 100근.

이 중에서 물고기 따위와 관계되는 낱말은 손, 뭇, 축, 두름, 쾌인데, 대체로 볼 때에 손의 10배가 두름이며, 손의 1,000배(두름의 100배)가 동이다. 동은 조기, 청어 등의 2,000마리를 나타내는 낱말이다.

김(해초)을 세는 낱말에는 장과 톳이 있다. 잘 알다시피 장은 김의 낱장을 셀 때에 쓰는 낱말이다. 톳은 그보다 큰 단위인데, 여기에는 좀 문제가 있다. 전에는 일반적으로 40장을 1톳이라 했다. 그러나 요즈음에는 100장을 1톳이라 하는 일이 많은 듯하다. 사람살이가 변하면서 셈의 기준이 달라진 것이다. 그러므로 "40장 한 **톳**, 100장 한 **톳**"과 같이 구분해서 사용하는 것이 좋겠다.

무게를 나타내는 근도 이와 경우가 비슷하다. 보통은 600그램을 1근이라 하지만, 경우에 따라서는 375그램을 1근이라 하기도 한다.

〈1996.9.10. , 1998.7.6〜7.〉

토박이낱말로 굳은 한자 낱말

우리 낱말 중에는 한자에 뿌리를 둔 것이 적지 않다. 흔히 쓰는 낱말 중에서 몇 개를 찾아 보이면 다음과 같다.

밉상　　(←-相)	살풀이 (←煞-)
독수리 (←禿-)	결코　　(←決-)
친하다 (←親-)	이롭다 (←利-)
곳집　　(←庫-)	툇마루 (←退-)
행여　　(←幸혀)	귀찮다 (←貴-)

위의 낱말들은 각각 (　) 속에 있는 한자에 근거하고 있다. 그러나 많은 언중은 이러한 사실을 의식하지 못한다.

다음 낱말들도 거슬러 올라가면 한자에 뿌리가 닿는다.

붓	(←筆[필])	먹	(←墨[묵])
띠	(←帶[대])	베	(←布[포])
무늬	(←紋[문])	퇴짜	(←退字[퇴자])
보배	(←寶貝[보패])	밑천	(←-錢[전])
토시	(←套袖[투수])	모시	(←木絲[목사])
사탕	(←砂糖[사당])	배추	(←白菜[백채])
주춧돌	(←柱礎[주초]-)	주책	(←主着[주착])
미루나무	(←美柳[미류]-)	지루하다	(←支離[지리]-)
괜히	(←空然[공연]히)	괴롭다	(←苦[고]-)
괜찮다	(←關係[관계]치 않다)		

이들 낱말은 본디 한자음이 변했거나 형태가 줄어든 것들이다. 지금 단계에서는 토박이낱말과 동등하게 처리한다. 원뿌리를 고집하여 (　　) 속의 한자로만 표기하여 왔다면, 이들은 아직까지 한자낱말로

머물러 있을 것이다. 괜찮다, 괜히와 같은 낱말은 생성되지 못했을 것이다.

〈1999.2.11.〉

너무도 가식 없는 **색이름**

오늘날 사람들은 수많은 색깔을 사용한다. 사람살이의 발전과 비례하여 색의 종류가 자꾸 늘어 온 것이다. 따라서 색이름도 늘어나게 되었다.

언제부터인지는 모르겠으되, 초기 단계에는 빨강, 노랑, 파랑, 검정, 하양, 나중에는 보라 정도의 색이름이 쓰였을 것이다. 그러나 이 같은 이름 붙이기는 색깔이 늘어나면서 한계에 다다랐고, 그 결과 주황, 황적, 자주, 연보라, 청록과 같은 이름이 생기게 되었을 것이다. 그러나 그것도 곧 한계에 부딪힐 수밖에 없었다. 그 앞에다 수식 어구를 붙여 보기도 했지만, 그러한 방법은 색깔의 분화와 증가를 따라가기에 제약이 많았다.

그러자 주변에 널려 있는 갖가지 사물에 견주어 색이름을 나타내는 일이 보편화되었다. 사실 이 방법은 초창기부터 자연스럽게 채택되었을 것이다.

겨자색, 꽈리색, 씀바귀색, 호박색, 귤색, 아욱색, 선인장색, 오이색, 토마토색 들은 식물의 이름에서 따온 것들이다. 금색, 은색, 구리색, 옥색, 모래색, 벽돌색 들은 광물의 이름에서 따온 색이름들이다. 동물의 이름에서 따온 것으로는 새우색, 까마귀색, 까치색, 꾀꼬리색, 따오기색, 소리개색 들이 있다. 김색, 도토리색, 꿀색, 계란색이 있는가

하면 돌김색, 도토리묵색, 벌꿀색, 노른자색이 있다. 피색, 곶감색, 고구마색, 시멘트색도 있고 심지어 똥색도 있다. 이런 부류의 색이름은 매우 많다.

그러나 이름만 듣고는 구체적으로 어떤 색을 가리키는지 알 수 없는 경우가 허다하다. 특정 낱말이 가리키는 것이 그 사물의 어느 부분인지 짐작되지 않는 경우가 많다. 그래서 공부가 필요한 것인데, 꽈리색의 꽈리는 '잘 익은 꽈리 열매'(매우 진한 주황 계통)를 가리키고, 새우색의 새우는 '삶아 익힌 새우의 껍질'(진한 주황 계통)을 가리키며, 까치색의 까치는 '까치의 깃털'(짙은 남색 계통)을 가리킨다. 그렇다면 고동색은 어떤 색을 가리킬까?

고동색의 고동을 물속에 사는 동물(우렁이와 비슷한 것)로 아는 이도 있는 듯하다. 그러나 그것은 한자낱말 古銅(古 = 옛, 銅 = 구리)에 뿌리를 두고 있다. 그러니 여기서 고동은 '헌 구리'를 가리키며 영어로는 old copper라고 한다. '(빨강을 띤) 어두운 갈색'을 오래된 구리와 같다 하여 고동색이라 하며, 그것은 구리색보다 더 어두운 빛깔이다.

〈2000.11.13~14.〉

깐깐오월에는 미끈유월을 생각하고

어느새 6월이 되었다. 오늘은 24절기 가운데 아홉째인 망종(芒種), 음력으로는 5월 4일이다. 낱말 망종은 벼, 보리, 밀과 같이 까끄라기가 있는 곡식을 가리킨다.

지난날 농가에서는 이 무렵이 되면 보리와 밀, 벼와 관련해서 일거리가 많았다. 보리는 익어 가고, 벼는 모심기를 해야 했기 때문이다. 바로 그런 연유로 벼, 보리, 밀을 가리키는 **망종**이 절기 이름으로까지 발전한 것이다.

한편으로 여기서 **깐깐오월**이란 말이 생겼다. 농경을 주업으로 하였으니, 보리가 익어 가고 볏모가 자랄 대로 자란 음력 5월이 되면, 이것저것 챙기고 돌봐야 할 것이 많아서 매우 바쁠 수밖에 없었기 때문이다. 다시 말하면 5월에는 깐깐하게 챙길 것도 많고, 한편으로 시간은 몹시 지루하고 힘들게 지나간다는 뜻으로 한 말이다. 그러나 그럴 때에는 앞으로 다가올 6월, 7월, 8월을 생각하며 고되고 힘든 시간을 참아 넘겼다.

그래서 6월을 가리켜 **미끈유월**이라 했다. 6월은 밀과 보리를 거두고 모 심는 데 바빠서 어떻게 지나가는지 모르게 미끈하게 지나가 버린다는 뜻이다. 7월은 **어정칠월**이라 했다. 논밭에서 어정어정하는 사이에 지나가 버린다는 뜻이다. 8월은 **건들팔월**이라 했는바, 가을걷이에 바빠서 건들바람 모양으로 어느덧 휙 지나간다는 뜻으로 한 말일 것이다. 실제로 그랬다기보다 그렇게 되기를 바란 것인지도 모른다. 우리 한아비들은 고되고 힘든 살이를 이런 마음가짐으로 참고 견뎌 냈던 것이다.

이 밖에 '**어정섣달**에 **미끈정월**'이라는 말도 있다. 섣달은 한겨울이라 별로 하는 일이 없으니 여기저기 어정어정 돌아다니면서 보내게 된다는 뜻이고, 정월은 설을 쇠고 대보름을 지내면서 기분이 들뜨게 되니 언제 가는지 모르게 지나간다는 뜻일 것이다. ⟨2000.6.5.⟩

항구가 강구로 되기까지

안뒷산에서 바라보는 통영항 강구(江口) 풍경은 더없이 고풍스러웠다.

어릴 적에도 부두가 있는 바닷가를 어른들이 '강구 안'이라 하는 것을 늘 들어 왔는데, 며칠 전 고향 친구가 보내온 지역신문에서 다시 접했다. 세상 물정에 눈떠 갈 청소년 시절부터 '강구 안'이란 말에 의문을 가졌다. 강구(江口)란 강물이 큰 강이나 호수, 바다로 흘러 들어가는 어귀를 말하는데, 통영항은 그런 지형이 아니기 때문이었다.

오늘 한자 사전을 펼쳐 보고 비로소 그 의문을 풀었다. 오늘날 흔히 [항]으로 읽는 한자 港의 본음이 [강]이었다. 그러니 내가 어린 시절 들어 온 '강구 안'은 '港口[항구] 안'을 말하는 것이다. 물론 오늘날 강구(港口)는 표준 낱말로 대우 받지 못한다.

요컨대 위의 강구(江口)는, 港의 음이 [항]으로 바뀌었음에도 港口를 여전히 [강구]로 읽어 온 유산이다. 港과 [강]의 옛 관계를 모르고 강구의 뿌리를 江口라고 짐작한 것이다. 〈2000.6.10.〉

상대방과 상대편, 그게 그걸까?

상대방(相對方)이란 낱말을 널리 사용하고 있다. 국가에서 편찬한 교과서도 예외는 아니다. 그러나 믿을 만한 사전에서는(최근에 나온 것까지도) 이 낱말을 상대편으로 돌려놓고 있다.

우리 나라 최초의 대사전인, 한글 학회에서 지은 『큰사전(제3권,

1950)』에는 상대방이 올려 있지 않다. 상대편과 상대자만 올려 있다. 이보다 먼저 나온, 이윤재 선생이 지은 『표준 조선말 사전(1947)』에도 상대방은 없다. 이 같은 사실을 보면, 그 당시만 해도 상대방은 우리 언중들 사이에 널리 쓰이지 않았다는 것을 확인할 수 있다. 일본 낱말이기 때문에 사전 편찬자들이 의도적으로 거두어 싣지 않았을지도 모른다.

이 낱말을 사전에 올리기 시작한 것은 그 뒤부터이다. 이것의 사용 빈도와 범위가 그만큼 넓어졌다는 것을 뜻한다. 그러나 대부분의 사전에서, 이 낱말에 대한 풀이는 따로 하지 않고 상대편과 맞대어 놓았다. 상대편의 풀이와 같으니 그것을 보라는 뜻이다. 북쪽에서 1992년에 펴낸 『조선말 대사전』에서도 이러한 처리를 확인할 수 있다. 이와 같은 처리의 이면에는 상대편의 사용을 권장하는 뜻이 숨어 있다.

〈1998. 4. 4.〉

지게미와 쌀겨를 함께 먹으며 살아 온 아내

아내를 가리키는 표현 중에 조강지처라는 것이 있다. 이는 한자로는 糟糠之妻로 쓰는데, 여기서 糟는 지게미, 糠은 쌀겨를 뜻하며, 之는 조사 '-의'의 기능을 한다. 그러니 문자대로만 풀면 조강지처의 뜻은 '지게미와 쌀겨의 아내'가 된다. 물론 이것은 이 말의 진정한 뜻이 아니다.

지게미는 술을 만들 때에 모주를 짜내고 남은 찌꺼기이며, 쌀겨는 벼의 껍데기이다. 잘사는 사람들의 상식으로, 그것은 먹지 않고 버리는 것이었다. 그러나 지난날 못살던 사람들은 그런 것을 먹고 살았다.

조강지처는 바로 이와 같은 생활상에서 비롯된 말이다. '(남이 버리는) 지게미나 쌀겨로 겨우 끼니를 이으며 함께 살던 아내', 다시 말하면 '구차하고 천할 때에 고생을 함께 겪은 아내'라는 뜻이다. 그 말에는 어려움을 함께 겪어 온 아내를 소중하게 대접해야 한다는 공동체의 바람이 담겨 있는 셈이다.

개중에는 조강지처를 '젊은 시절에 만난 아내', 또는 '처음 혼인한 아내'의 뜻으로 아는 이가 있는 듯하다. 그러나 원뜻은 그렇지 않다.

〈1998.7.29.〉

근하신년, 두 번씩 인사하는 연하장

누구나 근하신년이라는 문구를 많이 접했을 텐데, 이것의 뜻을 제대로 모르는 사람이 더러 있는 것 같다.

이것을 한자로는 謹賀新年이라 쓴다. 이 謹賀新年은 한문 문장이다. 여기서 賀는 '하례하다, 경하하다'를 뜻하는 동사이고 新年(새해)은 그 목적어이다. 그러니 賀－新年은 '새해를 하례하다' 또는 '새해를 축하하다'를 뜻하는 문이다. 謹은 '삼가, 조심하여'를 뜻하는 부사로 동사 賀를 한정해 준다. 주어는 문장을 쓴 사람인데 생략되어 있다. 결국 謹－賀－新年은 "삼가 새해를 하례드립니다." 또는 "삼가 새해를 경하(축하)합니다."라는 우리말을 한문(한어)으로 표현한 것이다.

그런데 요즈음은 근하신년이나 謹賀新年을 하나의 무늬처럼 사용하는 경향이 있다. 문구점에서 파는 연하장을 보면, 근하신년이나 謹

賀新年을 인쇄해 놓고, 다시 그 아래나 옆에 "희망찬 새해를 맞이하여 …… 기원합니다."라는 문구를 적어 놓았다. 이 같은 것을 볼 때에 그다지 좋은 느낌이 들지 않는다. 같은 말을 두 번 반복해 놓은 셈이기 때문이다. 물론 우리말을 한글로 적는 것이 더 정답게 느껴질 것이다. 중국인은 恭賀新年[공하신년]이라 쓰기도 한다.　　　　〈1997.1.11.〉

치사도 세월 따라

각종 의식에는 갖가지 말씀이 따른다. 식사, 축사, 격려사, 환영사, 송별사, 답사 등이 그것이다. 언제부터인지(그리 오래된 것은 아닌 듯) 치사라는 것을 넣기도 한다. 그것은 대체로 의식을 주최한 사람보다 높은 직위의 사람이 하는 것으로 통용되고 있는 것 같다. 예를 들어 정부의 어느 부처에서 주최한 행사라면 대통령이나 국무총리가 하는 말씀을, 대기업의 어느 계열사에서 주최한 자리라면 회장이 하는 말씀을 치사라고 하는 모양이다. 그러나 이러한 치사에는 문제가 있다.

이 낱말은 한자로는 致詞 또는 致辭로 적는데, 사전에는 '① 경사가 있을 때에 임금께 올리는 송덕의 글. ② 궁중음악에서 악인이 풍류에 맞추어 올리는 찬양하는 말' 정도로 풀이되어 있다. 이 같은 뜻풀이는 치사와 관련하여 두 가지 사실을 확인시켜 준다. 그것은 옛날부터 쓰였으며, 아랫사람이 임금을 찬양하는 말이나 글을 뜻한다는 것이다. 이에 기대어 생각해 보면, 오늘날 여러 자리에서 치사라고 하는 것은 원의미와는 반대로 사용하고 있다는 결론에 다다르게 된다.

오늘날 치사를 쓰게 된 배경에는, 높은 분이 하시는 말씀을 격려사니 축사니 하는 평범한 낱말로 표현하는 것은 결례라는 의식이 깔려 있다. 그래서 좀 유별난 낱말을 찾는 중에 **치사**를 만난 것으로 보인다. 그러나 그러한 생각이 바람직한지는 따져 보아야 하겠다. 그저 '대통령 말씀'이라 하든지, 아니면 그 성격에 맞게끔 **축사나 격려사**라고 하는 것이 좋지 않을까?

한편 **치사**를 致詞나 致辭가 아닌 致謝(고맙다고 사례함)로 보고 사용할 여지도 있다. 그러나 그것은 위와 같은 상황과는 더욱더 거리가 먼 낱말이다.

〈1998.11.7.〉

한문 구조를 이룬 낱말

우리 낱말 중에는 한문 구조를 이룬 것이 많다. 예를 들면 **독서**(讀書)는 사전에 하나의 낱말, 즉 명사로 처리되어 있지만, 속을 들여다보면 讀(읽다)은 서술어요, 書(책)는 그 목적어이다. 그러니 讀書는 하나의 문(주어가 생략된)인 셈이다. 두 음절로 된 낱말 중에 이런 구조를 이루고 있는 것은 상당히 많으며 세 음절로 된 것도 있다.

(가)는 세 음절로 된 것들 중 서술어(P)-목적어(O)의 의미 구조를 이루고 있는 낱말들이다. 우리 낱말로서의 뜻은 'O를 P하다'이다.

(가) P-O

동-거취(同–去就) : 거취를 함께함(同).

망-사생(忘–死生) : 생사(죽고 삶)를 잊음(忘).

수-소문(搜–所聞) : 소문을 더듬어 찾음(搜).

제 – 백사(除 – 百事) : 백사(온갖 일)를 제쳐 놓음(除).

(나)는 세 음절로 된 것들 중 서술어(P)–부사어(A)의 의미 구조를 이루고 있는 낱말들이다. 우리 낱말로서의 뜻은 'A(로/에/도록) P하다'이다.

(나) P – A

폐 – 일언(蔽 – 一言) : 일언(한 마디)으로 덮음(蔽).

등 – 용문(登 – 龍門) : 용문에 오름(登).

유 – 종신(流 – 終身) : 종신하도록 귀양살이함(流).

(다)는 세 음절로 된 것들 중 서술어(P)–주어(S)의 의미 구조를 이루고 있는 낱말들이다. 우리 낱말로서의 뜻은 'S가 P하다'이다.

(다) P – S

몰 – 상식(沒 – 常識) : 상식이 없음(沒).

몰 – 염치(沒 – 廉恥) : 염치가 없음(沒).

무 – 기한(無 – 期限) : 기한이 없음(無).

무 – 소식(無 – 消息) : 소식이 없음(無).

무 – 자식(無 – 子息) : 자식이 없음(無).

그리고 위의 낱말들은 모두 그 뒤에 –하다가 붙으면 동사나 형용사가 되는데, 의미적으로 –하다는 맨 앞에 있는 P 요소와 직접 관계를 맺게 된다. 예를 들면 수소문–하다는 '소문을 더듬어 찾다'를 뜻

하는 동사가 되며, 몰염치 – 하다는 '염치가 없다'를 뜻하는 형용사로
쓰인다.   〈1997.12.12.〉

물망초의 뿌리는?

물망초라는 식물이 있다. 한자로는 勿忘草로 쓰는데, 勿忘 + 草의
구조로 보아야 할 것 같다. 勿은 '말다(금지)'를 뜻하는 조동사이며 忘
은 '잊다'를, 草는 '풀'을 뜻하니, 낱말 물망초의 문자적인 뜻은 '잊지
말라는 풀'이다. 이 꽃을 나타내는 영어 낱말은 forget-me-not이다.
'나를 잊지 말라'는 뜻이다. 두 낱말의 뜻이 비슷한 셈이다. 이런 낱
말은 어떻게 생겨났을까?

독일에는, 이 꽃과 관련하여 이런 전설이 전해 오고 있다.

옛날 다뉴브 강가를 한 쌍의 남녀가 거닐었다. 강 한가운데 있는 섬에 예
쁜 꽃이 피어 있었다. 청년은 그 꽃을 애인에게 쥐어 주고 싶어 강을 헤엄
쳐 건너가 그 꽃을 뜯었다. 그러나 되돌아오는 도중에 급류에 휘말리게
되었다. 청년은 마지막 순간에 '나를 잊지 말라'는 한마디와 함께 그 꽃
을 강 언덕에 있는 애인에게 던져 주었다. 그 처녀는 강물 속으로 사라진
청년을 생각하면서 일생 동안 그 꽃을 몸에 지니고 살았다.

그래서 그 꽃을 독일어로 Vergissmeinnicht라 하게 되었다는 이야기
이다.

그 낱말을 우리 식으로 띄어 쓰면 vergiss **mein** nicht가 된다. 이를

영어로 번역하여 forget-**me**-not이 되었고, 한문으로 번역하여 勿忘(草)이 된 것이다. 원어를 충실히 번역했다면 물망초가 아니라 물망아초(勿忘**我**草)가 되었을지도 모른다.　　　　　　　〈1998.6.19.〉

등용문은 문이 아니다

학원 이름 중에 **등룡문**이 있는 것을 기억한다. 그런데 또 다른 데서는 **등용문**이라고 쓴다. 이 둘은 다른 말일까, 아니면 같은 말일까? 같다면 어느 것이 바른 표기일까?

결론부터 말해서, 한자로 登龍門으로 쓰는 낱말이라면 **등용문**이 바른 표기이다. 이 낱말의 짜임새는 登+山[등산]과 똑같이 登+龍門[등용문]으로 나누어진다. 등+산의 의미가 ‘산에 오름’이듯이 등+용문의 의미는 ‘용문에 오름’이다. 登龍+門[등룡+문]이 아니라는 말이다.

그러므로 용문(龍門)이 무엇을 뜻하는지를 알면 등+용문의 의미가 명확해질 것이다. 용문은 땅 이름이다. 중국 황하의 상류에 있는 험한 급류 지점을 말한다. 잉어가 그곳을 거슬러 올라가면 용(龍)이 된다는 속설이 있다. 그래서 그곳을 용문이라 한 것이다. 그러니 등+용문의 문자적인 의미는 ‘잉어가 용문에 오름’이다.

지금은 이 말을 ‘사람이 높은 지위에 오름’을 뜻하는 쪽으로 사용하고 있다. 따라서 **등산**+하다가 가능하듯이 ‘높은 지위에 오르다’ 또는 ‘명예와 귀함을 누리다’ 등의 뜻을 나타내고자 할 때에 **등용문**+하다라는 표현을 쓸 수 있다.

어떻든 **등용문**은 문 이름이 아니다.　　　　　　　〈1997.2.5.〉

실락원과 복락원을 아는가?

『실락원』과 『복락원』을 접해 본 사람이 많을 줄 안다. 영국의 밀턴이 지은 장편 서사시의 이름이다. 『실락원』은 서기 1667년에 간행되었고, 『복락원』은 그 속편인데 1671년에 간행되었다고 한다. 그런데 그 이름에 대해서 관심을 가지는 이는 많지 않은 것 같다. 이제 그 문제를 생각해 보기로 한다.

이들을 한자로는 각각 失樂園, 復樂園으로 표기한다. 주변 사람들에게 그 뜻을 물어 보았더니, 실락원은 '즐거움(樂)을 잃어버린(失) 동산(園)'으로, 복락원은 '즐거움(樂)을 다시 찾은(復) 동산(園)'으로 생각하는 사람이 많았다. 아주 적은 수는 '낙원(樂園)을 잃어버림(失), 낙원(樂園)을 다시 찾음(復)'이라고 했다.

그런데 실락원의 원이름은 Paradise Lost이고 복락원의 그것은 Paradise Regained이다. 그러니 Paradise Lost는 '잃어버린 낙원'을 뜻하며, Paradise Regained는 '다시 찾은 낙원'을 뜻한다는 것을 알 수 있다. 많은 사람들이 알고 있는 것과는 아주 다르다. 우리에게 실락원(즐거움을 잃어버린 동산)과 복락원(즐거움을 다시 찾은 동산)이 들어와 자리잡게 된 과정은 다음과 같이 추정된다.

失樂園과 復樂園은 일본 사람이 먼저 만든 것으로 보인다. 원이름의 의미를 각각 '잃어버린 낙원'과 '다시 찾은 낙원'으로 번역한 다음 '잃어버린' 자리에 失을 넣으면 失+樂園이 되고, '다시 찾은' 자리에 復을 넣으면 復+樂園이 되는 것이다. 즉 저들은 失과 復이 각각 그 뒤의 樂園을 수식하는 구조로 만든 것 같다.

그런데 우리는 失樂園과 復樂園이 수입되었을 때에 失樂(즐거움을 잃어버린)과 復樂(즐거움을 다시 찾은)이 각각 園(동산)을 수식하는 구조, 곧 실락＋원과 복락＋원으로 오해한 것이다. 그 속내를 제대로 알아챘다면 '잃어버린 낙원'과 '다시 찾은 낙원'으로 번역했을 것이다.

〈1998. 11 23〜24.〉

둘째 마당

우리말의 바탕을 살려 반듯하게 표현하기

뜻이 겹치는 낱말과 표현

모음집

어느 은행에서 다음과 같은 이름이 붙은 소책자를 보았다. 찾아오는 손님들을 위하여 마련해 놓은 듯했다.

예금 거래 약관 모음집

내용을 살펴보니 이름 그대로, 예금 거래에 관한 여러 가지 약관을 모아 엮은 것이었다. 그러니 모음집이라는 말이 문제가 된다.

여기서 집(集)이란 갖가지 글이나 문서를 모아 놓은 책을 뜻한다. "문집, 시집, 논문집, 법령집" 같은 낱말의 집이 그런 기능을 한다. 모음은 우리 토박이낱말로서 집(集)을 대신할 수 있다. 그래서 여러 학교에서는 문집(文集)을 토박이낱말로 글모음이라 하기도 한다. 이렇게 볼 때에 모음집은 비합리적이요 비경제적임을 알 수 있다. 같은 의미를 뜻하는 두 요소를 겹쳤기 때문이다.*

　다음과 같이 모음과 집을 선택적으로 사용하는 것이 바람직하다.

　ㄱ. 예금 거래 약관 모음
　ㄴ. 예금 거래 약관집　　　　　　　　　　　　　　　　〈1998.9.3.〉

모래 적사함

　비탈길 가에 모래를 쌓아 둔 것이 있다. 겨울철에 미끄럼을 방지하기 위하여 마련해 둔 모래이다. 그런 모래를 담아 놓은 큰 상자에다 모래 적사함이라고 써 놓은 것을 여러 곳에서 보았다. 자그맣게 집을 만들어 그 안에 쌓아 두기도 하고 노천에 쌓아 두기도 하는데, 그런 곳에서는 모래 적사장이라는 팻말을 볼 수도 있다.

　적사함이나 적사장은 아직 사전에 올려 있지 않다. 짐작하건대 이들은 각각 한자 積沙函[적사함], 積沙場[적사장]을 생각하면서 만들었을 것이다. 여기서 積과 沙는 각각 '쌓다'와 '모래'를 뜻하니, 적사의 의미는 '모래를 쌓다'이다. 그러니 적사함은 '모래를 쌓아 둔 함'이요, 적사장은 '모래를 쌓아 둔 곳'을 뜻하는 것이 된다. 따라서 모래 적사함과 모래 적사장에서 모래는 필요하지 않다. 그 뒤에 모래를 뜻

---

* '역전앞'과 같은 것을 '곶감겹말'이라 이름 지은 학자가 있다. '역전(驛前)'이 곧 '역 앞'이란 뜻인데 그 뒤에 또 '앞'을 붙인 것이 마치 꼬챙이에 감을 겹쳐 꽂아 놓은 곶감과 같다 하여 그렇게 불렀다. 이 곶감겹말 가운데 더러 표준 낱말로 인정한 것도 있지만, 대부분은 표준으로 인정하지 않는다. '역전앞'은 표준으로 인정하지 않는 대표적인 보기인데, '모음집'도 이렇게 처리할 수밖에 없다.

하는 사(沙)가 있기 때문이다. 적사함, 적사장만으로도 그 의미는 넉넉히 드러난다.

그러나 적사함, 적사장에는 약점이 있다. 일반인이 얼른 알아보지 못할 수 있는 것이다. 이 점에 착안하면 적사함보다는 모래함이 더 적합하다는 결론을 얻게 된다. 더 쉽고 부드럽다. 적사장은, 그것이 집이라면 모래집, 노천이라면 모래덤이라 하면 되지 않을까 한다. 덤은 더미를 줄인 것이다. 모래집은 이미 다른 뜻으로 쓰이는 낱말이기는 하지만 혼동을 일으킬 염려는 없을 것으로 본다. ⟨1997.6.10.⟩

교수·학습 지도

교사는 수업을 위하여 나름대로 계획을 세우는데, 그 계획을 문서로 작성한 것을 종래에는 학습 지도안이라 해 왔다. 그것은 학습 지도와 안을 합친 용어이다. 학습 지도는 교사가 하는 활동이니, 그 용어에는 교사 중심적인 사고가 짙게 깔려 있다.

그러나 벌써 오래전부터, 교사가 일방적으로 '지도'해 나가는 수업은 바람직하지 않은 것으로 보고, 교사(교수자)와 학생(학습자)의 상호작용을 강조하고 있다. 그러한 개념을 좀더 충실히 드러내기 위하여 종래의 학습 지도 대신에 교수·학습이라는 용어를 사용한다. 그러니 그것을 위한 계획서는 당연히 교수·학습안이 되는 것이다.

그런데 아직도 그것을 교수·학습 지도안이라고 하는 교사가 적지 않다. 교사 중심의 학습 지도라는 용어에 깊이 빠져 있는 데다 나중에 보편화된 교수라는 용어의 속내를 잘 모른 채 형식만 가져다 쓰기 때문으로 보인다. 학습 지도와 교수의 기본의미는 같다. 그러므로 두 용어를 겹쳐 교수·학습 지도라고 하는 것은 역전앞과 같이 불합리하다.

〈1998.7.1.〉

탄신일

많은 사람들은 탄신일의 뜻을 '이름있는 사람이 태어난 날' 정도로 알고 있는 것 같다. 그러나 이런 의미의 탄신+일은 올바른 말이 아니다. 이 낱말을 구성하는 신(辰)과 일(日)의 기본의미가 다 같이 '날'이기 때문이다. 그러므로 둘 중에서 하나만 선택하는 것이 바람직하다. 다시 말하면 탄신(誕辰)이나 탄일(誕日)이라 하는 것이 옳다. 탄생일(誕生日)로 대신할 수도 있다. (탄생은 출생의 높임낱말이다.)

그런데 엄격히 말하자면 신과 일의 의미는 조금 다르다. 일에는 높임의 뜻이 없지만 신에는 높임의 뜻이 있다. 생일(生日)은 예사낱말이고 생신(生辰)이 높임낱말인 것은 거기에 원인이 있다. 탄일(誕日)과 생일(生日) 중에서는 탄일이 높임낱말이다. 이 네 낱말을 굳이 높임의 정도에 따라 나열해 본다면 생일, 생신, 탄일, 탄신의 순서가 될 것이다.

탄신일을 잘못 쓰는 범위가 매우 넓다. 정부 공문서를 비롯하여 믿을 만한 단체에서 만든 달력에도 "석가 탄신일, 기독 탄신일, 충무공 탄신일"이라고 되어 있는 지경이다. 물론 이것들은 바람직하지 않다. ○○ 탄신, ○○ 탄일, ○○ 탄생일 중에서 하나를 골라 써야 할 것이다. 불교계에서는 이미 오래전부터 '부처님 오신 날'로 바꾸어 부르고 있다.

〈1996.10.2.〉

실내 체육관

이제 우리 나라에도 체육 활동의 장소가 많이 생겼다. 그것은 크게 실내 장소와 실외 장소로 나누어지는데, 실외 장소를 보통 운동장이라 하고, 실내 장소를 체육관이라 한다. 그런데 체육관을 실내 체육관이라 하는 것을 자주 접한다. 또 공식 명칭이 ○○ 실내 체육관인 곳도 적지 않다.

그러나 실내 체육관은 올바른 말이 아니다. 그 까닭은 역전앞이 올바르지 않은 것과 같다. 체육관이라 할 때의 관(館)이 '집, 실내'를 뜻하므로, 그 앞의 실내는 전혀 필요하지 않다. 체육관이면 충분하다. 서울, 대전, 부산에는 각각 "장충 체육관, 충무 체육관, 구덕 체육관"이 있다.

공식 명칭이 ○○ 실내 체육관으로 된 곳이 있다면, 하루바삐 ○○ 체육관으로 고쳐야 한다. 그래야 또 다른 실내 체육관이 생겨날 여지를 줄일 수 있다.

실내 빙상장이나 실내 축구장은 잘못된 말이 아니다. 장(場)은 '실내'를 뜻하지 않기 때문이다. '실외 빙상장'과 '실외 축구장'이 있는 것을 떠올리면 쉬이 이해가 될 것이다. 〈1996. 10. 21.〉

관계로 인하여

관계(關係)의 용례를 사전에서 확인해 보면 "외교 관계, 문학 관계 책, 관계를 맺다, 관계를 가지다" 정도로 되어 있다. 그런데 끝에 보면

'까닭으로'의 뜻을 나타낸다고도 하고, 다음과 같은 용례를 제시하고 있기도 하다.

(가) 우천 **관계로** 오늘 행사를 연기합니다.
(나) 날씨가 몹시 추운 **관계로** 각 학교에서는 임시 휴교에 들어갔다.

그러나 (가), (나)를 반드시 이렇게 표현해야만 하는 것은 아니다. 개인적인 취향이야 제각기 조금씩 다르겠지만, 각각 다음과 같이 표현하는 것이 더 많은 사람들에게 친근하게 받아들여질 것이다.

(가)′ ㄱ. 비 **때문에** 오늘 행사를 연기합니다.
ㄴ. 비가 오기 **때문에** 오늘 행사를 연기합니다.
ㄷ. 비가 **오므로** 오늘 행사를 연기합니다.
(나)′ ㄱ. 날씨가 몹시 추운 **까닭으로** 각 학교에서는 임시 휴교에 들어갔다.
ㄴ. 날씨가 몹시 춥기 **때문에** 각 학교에서는 임시 휴교에 들어갔다.
ㄷ. 날씨가 몹시 **추워서** 각 학교에서는 임시 휴교에 들어갔다.

(가), (나)와는 달리, 다음과 같은 표현은 바람직하지 않다.

(다) 우천 **관계로 인하여** 오늘 행사를 연기합니다.
(라) 날씨가 몹시 추운 **관계로 인하여** 각 학교에서는 임시 휴교에 들어갔다.

관계로와 의미가 같은 **인하여**를 뒤에 겹쳐 썼기 때문이다. 〈1997.9.26.〉

진위 여부, 생사 여부, 성패 여부

이른바 '북풍 사건'으로 신문 지면이 매우 뜨겁다. '이대성 문건'이 원본(진짜)인지 조작된 것(가짜)인지를 두고도 여야 간에 공방이 치열하다. 이를 보도한 어느 일간신문의 기사에서 다음과 같은 표현을 보았다.

(가) ㉠ 그 문건의 **진위 여부**부터 가려내야 한다.

　　 ㉡ 그것이 문건의 **진위 여부**를 좌우한다.

여기 보인 **진위 여부**는 이 신문에서만이 아니라 흔히들 사용하는 표현이다. 그러나 올바른 표현이라 할 수 없다. 진위와 여부를 나란히 사용했기 때문이다.

진위(眞僞)가 곧 '참(眞)과 거짓(僞)'을 뜻하고, 여부(與否)는 '그렇고 그렇지 아니함'을 뜻한다. 이처럼 진위와 같이 상반된 개념을 함께 지닌 낱말 뒤에는 여부를 쓰지 말아야 한다.

다음에서 보듯 (가)는 진위만으로 충분하다. 진위가 이미 '이것 아니면 저것'의 의미를 내포하고 있기 때문이다.

(가)' ㉠ 그 문건의 **진위**부터 가려내야 한다.

　　 ㉡ 그것이 문건의 **진위**를 좌우한다.

이제 다음과 같은 표현도 바람직하지 않음을 알아차렸을 것이다.

(나) ㉠ 등산객의 **생사 여부**는 아직 확인되지 않았다.

㉡ 우리 연구소의 운명은 그 실험의 **성패 여부**에 달렸다.

생사(生死)가 '삶과 죽음', **성패**(成敗)가 '성공과 실패'라는 상반된 개념을 함께 뜻하는 낱말이기 때문에 (나)에서는 각각 **생사**, **성패**만으로 넉넉하다.

그러나 ○○ 여부라는 표현 자체가 틀린 것은 아니다. 다음과 같은 맥락에서는 이렇게 써야 한다.

(다) ㉠ 문건 내용의 **진실 여부**를 검토해야 한다.

㉡ **사실 여부**를 떠나 그런 소문이 돈다는 것 자체가 문제이다.

위에서 ㉠의 **진실 여부**는 '진실인지 진실이 아닌지'를 뜻하며, ㉡의 **사실 여부**는 '사실인지 사실이 아닌지'를 뜻한다. 여기에서 **진실**과 **사실**은 상반된 두 개념을 함께 가진 낱말이 아니라는 데에 유의해야 한다. 이처럼 ○○ 여부가 제대로 쓰인 보기를 몇 가지 더 들면 다음과 같다.

(라) ㉠ 선원들의 **생존 여부**를 알려 주시오.

㉡ 이 사업의 **성공 여부**는 여러분의 손에 달려 있다.

㉢ 그 제도의 **실시 여부**는 아직 결정하지 않았다. 〈1998. 3. 23.〉

반달곰이 야생인지 여부

(가) 그 반달곰이 야생인지 여부를 조사하고 있습니다.

오늘 아침에 방송에서 들은 말이다. 충북 어느 야산에서 새끼 반달곰을 발견했다는 소식을 전하는 중에 하는 말이었다.

이 표현에서 ~인지와 여부를 함께 쓴 것은 바람직하지 않다. 여부(與否)는 '그러함과 그렇지 않음'을 뜻하며, 일반적으로 그 앞에 명사를 요구하기 때문이다. 몇 가지 용례를 들면 다음과 같다.

(나) ㉠ 사실 여부 : 사실인지 사실이 아닌지

　　　㉡ 성공 여부 : 성공했는지 성공하지 못했는지

　　　㉢ 생존 여부 : 살아 있는지 살아 있지 않은지

이렇게 놓고 보면 ~인지 ~아닌지 또는 ~하는지 ~못 하는지와 여부는 선택적으로 사용해야 함이 잘 드러난다. 그러니 (가)의 '야생인지 여부'는 일반적인 질서를 벗어난 것이 된다.

바로잡는 방법은 위에서 드러났다. ~인지 아닌지 형식과 ~여부 형식 가운데서 하나를 선택해야 한다. 두 가지를 다 써 보면 다음과 같다.

(가)′ ㄱ. 그 반달곰의 야생 여부를 조사하고 있습니다.

　　　ㄴ. 그 반달곰이 야생인지 아닌지(를) 조사하고 있습니다. 〈2000.5.1.〉

최고 200mm 이상의 비

곳에 따라 **최고** 200mm **이상**의 비가 내리겠습니다.

이는 기상 예보 방송에서 어렵잖게 들을 수 있는 말이다. 그런데 내릴 비의 양을 선명하게 이해하기 어렵다. 최고와 이상을 함께 썼기 때문이다.

전체적인 맥락으로 볼 때에 위의 표현은 '200mm 이상의 비가 내리는 곳도 있겠음'을 알리려 한 표현이었다. 그러한 의미를 전달하려 한 것인데, 최고라는 불필요한 낱말을 사용함으로써 반듯함과 명료성을 놓치고 말았다. 최고란 '정도가 가장 높음'을 뜻하는데, 그 뒤에 '200mm 이상'이라는 최저선을 제시하였으니, 서로 모순되는 것은 당연하다.

여러 가지 표현으로 고쳐 볼 수 있는데, 최고라는 낱말은 그리 필요하지 않다.

ㄱ. 곳에 따라 200mm **이상**의 비가 내리겠습니다.
ㄴ. 곳에 따라 200mm가 **넘는** 비가 내리겠습니다.
ㄷ. 200mm **이상**의 비가 내리는 곳도 있겠습니다.

ㄱ～ㄷ에서 보듯이 **최고**를 넣지 않아야 표현이 한결 반듯하고 의미가 선명해진다.   〈1999.10.13.〉

~까지 마감하다

(가) 마감은 7월 16일 오후 5시까지입니다.

(나) 신청서 접수는 5월 30일까지 마감합니다.

위와 같은 표현을 어렵잖게 접할 수 있다. 그러나 제대로 된 표현이라 할 수 없다.

마감은 '어떤 일을 끝막음'을 뜻한다. 그것은 특정한 '시점'에 벌어지는 일이지, 일정한 '기간'에 벌어지는 일이 아니다. 이에 비하여 '(~부터) ~까지'는 '동안'을 나타낸다. 그러므로 마감과 -까지는 직접 호응할 수 없다. 이런 맥락에서는 조사 -까지를 쓸 필요가 전혀 없다.

이를 바르게 고쳐 보면 다음과 같다. (가)'의 마감 시각은 맥락에 따라서 마감만으로도 충분할 수 있다.

(가)' 마감(시각)은 7월 16일 오후 5시입니다.

(나)' 신청서 접수는 5월 30일에 마감합니다.

요컨대 마감을 사용할 때에는 어느 시점, 예컨대 'ㅇ월 ㅇ일'이나 'ㅇ월 ㅇ일 ㅇ시'를 나타내야 하므로 -까지를 함께 쓰는 것은 바람직하지 않다.

〈1998.4.25.〉

접수 받다

(가)와 같이 **접수**와 **받다**를 겹쳐 사용하는 일이 매우 많다.

(가) 오는 25일까지 원서를 **접수 받는다**.

이러한 잘못의 원인은 접수의 의미를 분명히 모르는 데에 있는 듯하다. **접수**(接受)는 '접하여 받아들임'을 뜻한다. 그러므로 그 뒤에 **받다**를 함께 쓰는 것은 잘못이며, **받다**를 쓰려면 **접수**를 쓰지 말아야 한다. 다음이 바른 표현이다.

(가)′ ㄱ. 오는 25일까지 원서를 **접수한다**.
　　　 ㄴ. 오는 25일까지 원서를 **받는다**.

그런가 하면 (나)와 같은 표현도 자주 접한다.

(나) 신청 **접수**는 내달 5일까지 **받는다**.

외형적으로 **접수**와 **받다**가 떨어져 있지만 내용상으로는 (가)와 다르지 않다. (나)′의 ㄱ과 같이 **받는다**를 바꾸거나, 아니면 ㄴ과 같이 표현을 아주 바꾸는 방법도 있다.

(나)′ ㄱ. 신청 **접수**는 내달 5일까지 **한다**.
　　　 ㄴ. 내달 5일까지 신청을 **접수한다**.

접수는 사용 빈도가 높고 범위가 넓으므로 그 의미와 용법을 명확
히 이해해 두어야 하겠다.   ⟨2000.3.29.⟩

인수 받다

올해 시드니 올림픽 대회가 끝났다. 4년 뒤에 아테네에서 다시 만나
기로 약속하며 올림픽기를 그쪽으로 넘겨주었다. 올림픽기를 주고받
는 의식은 매우 엄숙하고 장중한 분위기 속에서 치러졌다. 그 광경을
중계방송하는 가운데 우리 나라 아나운서는 다음과 같은 말을 했다.

22명의 여사제들이 올림픽기를 **인수 받기** 위하여 중앙 무대로 오르고 있
습니다.

여기서 **인수 받기**는 합리적인 표현이 아니다. 인수(引受)의 의미가
'물건이나 권리를 넘겨받음'이기 때문에 그 다음에 다시 받기를 붙이
는 것은 옳지 않다. 반대로 **받기**를 살리려면 인수를 버려야 한다. 둘
가운데 한쪽을 선택하여 다음과 같이 표현하는 것이 바람직하다.

ㄱ. 22명의 여사제들이 올림픽기를 **인수하기** 위하여 중앙 무대로 오르고
   있습니다.
ㄴ. 22명의 여사제들이 올림픽기를 **(넘겨)받기** 위하여 중앙 무대로 오르
   고 있습니다.

한편, 인수는 '넘겨줌'을 뜻하는 인계(引繼)와 합쳐지면 인계인수가
된다. 그러니 인계인수(引繼引受)는 '넘겨주고 넘겨받음'을 뜻한다.
이로써 인계인수를 하려면 상대가 필요함을 알 수 있다. 그런데 일상
의 말글살이를 유심히 관찰해 보면 인계라고 해야 할 것을 인계인수
라고 하거나, 반대로 인수라고 해야 할 것을 인계인수라고 하는 잘못
을 자주 접할 수 있다. 인계인수를 인계와 인수, 두 낱말로 나누어 이
해하면 그런 잘못을 줄일 수 있을 것이다.　　　　　　〈2000.10.2~3.〉

중요시여기다, 문제시여기다

(가) 그들은 의리를 매우 중요시여긴다.

이런 표현에서 중요시여기다도 곳감겹말이다. 여기서 겹친 요소는 시
와 여기다이다. 시는 한자 視에 대응되는데, 그 뜻이 곧 '보다, 여기
다'이므로 뒤따르는 여기다와 겹치는 것이다. 이런 문제를 고치려면
중요시하다라고 하거나 중요하게 여기다라고 해야 한다.

(가)′ ㄱ. 그들은 의리를 매우 중요시한다.
　　　 ㄴ. 그들은 의리를 매우 중요하게 여긴다.

이와 똑같은 문제를 지니고 있는 말에는 문제시여기다, 등한시여기
다, 신성시여기다 들이 있다. 이들은 각각 문제시하다, 등한시하다, 신
성시하다로 바꾸어 사용하거나 문제로 여기다, 문제로 삼다, 등한하게

여기다, 등한히 여기다, 신성하게 여기다 등으로 바꾸어야 올바른 표현이 된다. 한 가지 용례를 들어 보면 다음과 같다.

(나) 그런 것을 문제시여기면 일을 못 하지요.
(나)′ ㄱ. 그런 것을 문제시하면 일을 못 하지요.
　　　ㄴ. 그런 것을 문제로 여기면 일을 못 하지요.
　　　ㄷ. 그런 것을 문제로 삼으면 일을 못 하지요.　　〈1996.12.10.〉

이해타산을 따지다

어떤 일이 이(利)가 되는지 해(害)가 되는지를 헤아려 보는 것을 이해타산을 따지다라고 표현하는 것을 본다. 의미는 그런대로 전달이 되겠지만 합리적인 표현은 아니다. 역전앞과 비슷한 문제를 내포하고 있기 때문이다.

이런 표현의 가장 직접적인 원인은 타산이란 낱말의 뜻을 정확히 알지 못하는 데에 있어 보인다. 타산(打算)의 기본의미는 '이가 되는지 해가 되는지 셈을 해 봄'이다. 물론 따지다는 타산하다보다는 뜻넓이가 넓지만, 여기서의 따지다는 타산하다의 뜻과 다르지 않다.

바람직한 표현은 타산하다와 따지다 중에서 하나만 사용하는 것이다. 이해를 타산하다라고 하거나 이해를 따지다라고 하면 될 것이다. 이런 표현이 알맞지 않다고 생각된다면 이해관계를 {타산하다/따지다}라는 정도로 표현해도 된다. 타산하다, 따지다를 아주 버리고 이해를 셈하다, 이해(관계)를 저울질하다, 이해(관계)를 가늠하다 등등으로 표현할 수도 있겠다.

반복되는 말이지만, 이처럼 같은 뜻을 나타내는 둘 이상의 요소를 겹쳐 사용하는 표현은 피하는 것이 좋다. 비합리적이며 비경제적이기 때문이다. 〈1997.4.14.〉

자매결연을 맺다

대한항공 참사 보도 기사에 다음과 같은 표현이 나왔다.

> 우리 교민들과 **자매결연을 맺은** 괌 현지인들의 도움이 컸다.

여기서 **자매결연을 맺은**이라는 표현은 곶감겹말이다. 결연(結緣)이 곧 '인연을 맺음'을 뜻하는바, 결의 의미와 맺은의 의미가 겹쳐 있다. 이러한 표현은 피하는 것이 좋다.

합리적으로 표현하려면 **결연하다**와 **맺다** 중에서 한쪽을 선택해야 한다. 다음에 그것을 다시 써 본다.

> ㄱ. 우리 교민들과 **자매결연한** 괌 현지인들의 도움이 컸다.
> ㄴ. 우리 교민들과 **자매(관계)를 맺은** 괌 현지인들의 도움이 컸다.

위에서 보듯이 **자매결연하다**를 선택하는 것이 더 자연스럽다. 결연하다를 버린다면 ㄴ보다는 ㄷ과 같이 하는 것이 좀더 자연스럽다.

ㄷ. 우리 교민들과 **자매의 연**을 맺은 괌 현지인들의 도움이 컸다.

〈1997.8.18.〉

시범 보이다

시범 보이다라는 표현을 예사로 한다. 어느새 국가에서 만든 교과서에도 이런 표현을 쓰고 있다. 그러나 합리적인 처리라 할 수 없다.

시범은 한자 示範에서 온 낱말이다. 示의 뜻은 '보이다'이며, 範은 '모범, 전범, 본'을 가리킨다. 그러므로 示範이 뜻하는 바가 곧 '모범을 보임'이다. 그런 의미를 지닌 낱말에 다시 보이다를 붙여 시범 보이다라고 하는 것은 비합리적인 표현이다. 맥락에 따라 **모범을 보이다**나 **본을 보이다**, 또는 **시범(을) 하다**로 표현하는 것이 바람직하다. 보기를 들어 보면 다음과 같다.

(가) 어른들이 먼저 절약 운동의 **시범을 보여야지**.

　　→ 어른들이 먼저 절약 운동의 {모범/본}을 보여야지.

(나) 교수님이 직접 춤동작을 **시범 보였다**.

　　→ 교수님이 직접 춤동작을 **시범하였다**.

(다) 교관의 명령에 따라 조교가 총검술 **시범을 보였다**.

　　→ 교관의 명령에 따라 조교가 총검술 **시범을 하였다**.

　　→ 교관의 명령에 따라 조교가 총검술을 **시범하였다**.

교수·학습 방법 중에 '설명하기―시범 보이기―질문하기―활동하기'로 명명된 일련의 과정이 있다. 다른 셋은 한결같이 '-하기' 식으로 명명함에도 시범에서는 말을 왜곡하면서까지 그 틀을 깨뜨리고 있으니, 참으로 한심한 생각이 든다.

그러나 시범적과 모범적은 뜻이 다르다. 다음 두 표현의 뜻 차이를 생각해 보면 그것을 확인할 수 있을 줄 안다.

(라) 그 제도는 강원 교육청에서 **시범적으로** 실시하였다.

(마) 그 제도는 강원 교육청에서 **모범적으로** 실시하였다.

(라)의 **시범적으로**는 '시험 삼아' 내지는 '본보기나 사례를 보여 주기 위하여'를 뜻하며, (마)의 **모범적으로**는 '모범이 될 만하게'나 '잘'을 뜻한다. 그러니 시범을 무조건 **모범**으로 바꿔서는 안 된다.

〈1998.11.12., 2000.10.17.〉

부상을 입다, 부상당하다

너나없이 다음과 같은 표현을 예사로 한다.

(가) 그는 이번 교통사고로 큰 부상을 입었다.

그러나 **부상을 입다**는 바람직한 표현이라 할 수 없다. 왜냐하면 부상과 입다의 의미가 겹치기 때문이다.

부상(負傷)의 뜻이 '상처를 입음, 몸을 다침'이다. 부상에서 파생된 동사 **부상하다**는 '상처를 입다, 몸을 다치다'를 뜻한다. 의미상으로 볼 때에 부상(하다)에 입다의 의미가 내포되어 있는 것이다. 그러니 부상과 입다를 함께 쓰는 것은 합리적인 표현, 경제적인 표현이라 할 수 없다. 둘 중에서 한쪽을 선택하는 것이 합리적이며, 아예 다치다를 사용하는 방법도 있다.

(가)′ ㄱ. 그는 이번 교통사고로 큰 **상처를 입었다.**

ㄴ. 그는 이번 교통사고로 크게 **부상하였다.**

ㄷ. 그는 이번 교통사고로 크게 **다쳤다.**

그런가 하면 다음과 같은 표현도 예사로 통용되고 있다. '부상한 사람이 5명'인 사실을 (나)와 같이 표현하는 것이다. 그래도 될까?

(나) 그 사고로 **부상당한** 사람이 5명이다.

우리말에는 엄연히 다음과 같은 낱말의 짝이 있다.

감금하다 ― 감금당하다   거절하다 ― 거절당하다
구속하다 ― 구속당하다   모욕하다 ― 모욕당하다
배신하다 ― 배신당하다   살해하다 ― 살해당하다
이용하다 ― 이용당하다   점령하다 ― 점령당하다
침략하다 ― 침략당하다

이들 각 동사의 짝은 서로 상대적인 의미 관계에 있다. 예를 들면 '점

령하는' 쪽이 있으면 반드시 '점령당하는' 쪽이 있다는 말이다. 이럴 때에 앞쪽 ~하다 들을 능동사, 뒤쪽 ~당하다 들을 그에 맞서는 피동사라고 한다.

그러나 모든 동사가 이런 대립을 보이는 것은 아니다. 부상하다의 의미는 '몸을 다치다'이니 그 자체로 피동사스러운 면이 있다. 이런 경우에는 군이 ~당하다 형태를 사용할 필요가 없다. 아니, 이런 형태를 사용하지 않아야 한다. 같은 의미로 두 형태를 섞어 사용하면 위와 같은 낱말 체계에 혼란을 줄 수 있기 때문이다.

요컨대 부상(을) 입다와 부상당하다는 올바른 형식이 아니다. 부상하다라고 하는 것이 바르다.　　　　　　　　　〈1998.5.19., 2001.2.16.〉

해금이 풀리다

한국에서 일본 대중문화의 **해금이 풀리는** 등 양국 관계가 빠르게 좋아지고 있다.

오늘 아침 어느 일간신문에서 본 기사문이다. 언뜻 볼 때에는 번듯한 것 같지만, 조금만 주의를 기울여 보면 곧 문제점이 드러난다.

먼저 해금이 풀리는을 생각해 본다. 해금(解 = 풀다, 禁 = 금하다)은 '금지하던 것을 풂'을 뜻하는데, 그 뒤에 풀리는이 또 붙었으니 문제가 된다. 해금과 풀리는 중에서 한쪽만 선택해야 한다.

문제점을 간단히 해소하는 방법은 해금을 선택하여 해금되는이라고 하는 것이다. 그렇게 하려면 그 앞의 조사 ─의를 ─가로 바꾸어야 한다. 다시 써 보면 다음과 같다.

ㄱ. 한국에서 일본 대중문화가 **해금되는** 등 양국 관계가 빠르게 좋아지고 있다.

이에 반하여 **풀리는**을 선택하면 그 앞에 금지되었던 대상을 밝혀 주어야 한다. 위의 기사문에는 그것이 명시되어 있지 않은데, 전체 맥락을 볼 때에 '(대중문화의) 수입'이 분명하다. 그러므로 '수입 금지'를 풀리는의 주어로 삼아야 한다. 바로잡아 써 보면 다음과 같이 된다.

ㄴ. 한국에서 일본 대중문화의 수입 금지가 풀리는 등 양국 관계가 빠르게 좋아지고 있다.

지금까지 수입을 금지했는데 그것을 풀었다는 뜻이니, 마땅히 이런 정도로 표현해야 한다. 〈2001.2.1.〉

교육을 가르치다

우리말 사전에서는 **교육**을 대체로 '가르쳐 기름'이나 '가르쳐서 지식을 줌' 정도로 풀이해 두었다. 그럼에도 다음과 같은 표현을 종종 접하게 된다.

(가) 그 나라에서는 인간적인 **교육**을 가르치고 있다.

(나) 우리 학교에서는 외부 강사가 음악 교육을 가르치고 있다.

보통사람은 말할 것도 없거니와, 방송인의 말이나 일간신문의 지면에서도 이런 표현을 자주 접할 수 있다. 한순간의 실수로 보아 넘길 만한 경우도 없지 않지만, 잘못인 줄을 모르고 지나치는 경우도 있는 듯하다.

교육에는 가르침의 의미가 내포되어 있다. 그러므로 교육을 가르치다는 의미가 중복되므로 합리적인 표현이 아니다. 교육과 가르치다 중에서 어느 한쪽을 선택하여 표현하는 것이 바르다. 그러나 (가)와 같은 경우에는 교육을 선택할 수밖에 없으니 가르치고를 쓰지 말아야 한다.

(가)′ 그 나라에서는 인간적인 교육을 (시행)하고 있다.

(나)는 교육과 가르치다 중에서 어느 쪽을 선택해도 좋고, 아주 다르게 표현할 수도 있다.

(나)′ ㄱ. 우리 학교에서는 외부 강사가 음악을 가르치고 있다.
　　　ㄴ. 우리 학교에서는 외부 강사가 음악을 교육하고 있다.
　　　ㄷ. 우리 학교에서는 외부 강사가 음악 교육을 담당하고 있다.

의미가 똑같지는 않지만, 문맥에 따라서는 가르치고, 교육하고 대신에 지도하고로 대체할 수도 있을 것이다.

(가), (나)와 같은 표현을 하게 되는 원인은 낱말의 뜻을 허투루 생각

하는 데에 있다. 각 낱말의 뜻을 정확하고 명확히 확인하는 것이 중요
하다. 〈1998.5.18., 2000.3.22.〉

공부를 배우다

중앙정부의 어느 부에서 발행한 소식지에서 다음과 같은 제목을
보았다.

다양한 언어 체험으로 배우는 국어 공부

너나없이 이런 실수를 저지를 개연성을 조금씩은 안고 있다. 그러나
내가 관찰한 바로는 위와 같은 실수는 일과성이 아니다. 여기서 문제
가 되는 것은 배우는과 공부인데, 다른 상황에서도 공부를 배우다 따
위의 표현을 적잖게 들어 왔다. 아이들은 더 말할 것도 없고, 어른들
까지 그런 말을 별 생각 없이 한다.

배우는 공부가 적절하지 못한 까닭을 따져 보자. 이 말은 "밥을 먹
다, 책을 읽다"가 각각 "먹은 밥, 읽은 책"이 되는 것과 같이 공부를 배
우다가 변형된 것이다. 공부를 배우다는 배우다의 대상이 공부로 되어
있는데, 바로 이것이 자연스럽지 못한 점이다. 배우는 행위가 곧 공부
이기 때문이다. 그 점은 "국어를 배우다, 역사를 배우다, 수영을 배우
다" 들이 자연스러운 것과 견주어 보면 쉬이 확인할 수 있다. 그러므
로 다음과 같이 바꾸어야 한다.

ㄱ. 다양한 언어 체험으로 배우는 국어

ㄴ. 다양한 언어 체험을 통한 국어 공부

요컨대 공부를 배우다의 대상으로 표현하는 것은 자연스럽지 못하다. ㄱ, ㄴ에서 보는 바와 같이 그 둘은 선택적으로 사용해야 한다.

〈1999.6.30.〉

보고를 말씀드리다

회의에는 '결과 보고'라는 것이 있고, 의식을 진행할 때에는 '경과 보고'라는 것이 있다. 그럴 때에 사회자나 그런 차례를 맡은 사람이 다음과 같이 말하는 일이 많다.

(가) 먼저 지난 회의 결과 보고부터 말씀드리겠습니다.
(나) 다음에는 총무 이사께서 경과 보고를 말씀드리겠습니다.

순서지나 회의 자료에 '결과 보고' 또는 '경과 보고'라고 되어 있을지라도, 그 내용을 말할 때에 (가), (나)와 같이 말하는 것은 바람직하지 않다. 보고와 말씀드리다의 의미가 겹치기 때문이다. 두 가지 가운데 한쪽을 선택하여야 배달말다운 표현이 된다. 그렇게 생각하고 나면, 다음과 같이 여러 표현이 가능함을 알 수 있다.

(가)′ ㄱ. 먼저 지난 회의 결과 보고부터 하겠습니다.

ㄴ. 먼저 지난 회의 결과부터 **보고하겠습니다.**

ㄷ. 먼저 지난 회의 결과를 말씀드리겠습니다.

(나)′ ㄱ. 다음에는 총무 이사께서 경과 보고를 하겠습니다.

ㄴ. 다음에는 총무 이사께서 경과를 **보고하겠습니다.**

ㄷ. 다음에는 총무 이사께서 경과를 말씀드리겠습니다.

아무 생각 없이 문안의 표현을 그대로 따르면 언제든 저와 같은 일을 불러일으킬 개연성이 있다. 문자 표현과 음성언어 사이에는 차이가 있다는 점을 잊지 말아야 하겠다. 〈1999. 11. 30.〉

소위 말하는

소위(所謂)는 흔히 쓰는 낱말이다. 그러나 이 낱말의 뜻을 제대로 모르는 사람이 많은 듯하다. 所謂에서의 所는 '바'를 뜻하는데, 이는 영어의 관계대명사처럼 수식하는 말을 뒤쪽에 거느린다. 여기서는 謂(이르다, 말하다)의 수식을 받는다. 그러니 소위의 원뜻은 이른바, 말한바이다.

다음 표현을 살펴보기로 하자.

그 사람이 **소위 말하는** '도박의 제왕'이야.

위에서 소위 말하는은 비경제적인 표현이다. 소위와 말하는은 같은 뜻을 나타내기 때문이다. 이를 바로잡으려면 둘 중에서 어느 한쪽을 선택하면 된다. 위의 경우 소위를 선택하면 다음과 같은 표현이 가능하다.

ㄱ. 그 사람이 {소위/이른바} '도박의 제왕'이야.

다음과 같이 말하는을 선택하여 그 앞에 다른 요소를 보충하는 방법도 있다.

ㄴ. 그 사람이 세상에서 말하는 '도박의 제왕'이야.
ㄷ. 그 사람이 흔히 말하는 '도박의 제왕'이야.

이 같은 사정을 충분히 이해한다면 소위 이른바라거나 소위 이르는 따위도 피해야 할 표현임을 쉬이 수긍하리라 본다.   〈1997. 11. 3.〉

손을 놓은 채 수수방관하다

(가) 두 그림은 구도가 거의 대동소이하다.
(나) 공무원들은 손을 놓은 채 수수방관하고 있다.

이런 표현을 심심찮게 접한다. 그러나 대동소이나 수수방관의 뜻을 정확히 이해한다면 적절한 표현이 아니라는 것을 금방 알아차릴 수 있을 것이다.

대동소이(大同小異)는 '대개 같고 조금 다름'을 뜻한다. 대동소이+

하다는 형용사로서, 상태·모양·성질 따위가 아주 비슷하거나 거의 같은 것을 나타낼 때에 쓴다. 대동소이하다 자체에 '아주 비슷하다' 또는 '거의 같다'의 뜻이 내포되어 있다는 말이다. 이렇게 보면 (가)가 적절하지 못한 것은 거의와 대동소이를 나란히 썼기 때문임을 알 수 있다. (가)는 다음의 셋 가운데 하나를 선택해야 한다.

(가)′ ㄱ. 두 그림은 구도가 **대동소이하다**.
　　　ㄴ. 두 그림은 구도가 **아주 비슷하다**.
　　　ㄷ. 두 그림은 구도가 **거의 같다**.

수수방관(袖手傍觀)에서 수수는 '손을 소매 속에 넣음'을 뜻한다. 수수방관+하다는 '마땅히 해야 할 일에 아무런 간여도 하지 않고 그대로 버려두다'를 뜻한다. 그러니 (나)는 손을 놓다와 수수방관하다가 의미상으로 겹쳐 있는 구조이다. 이를 바로잡으면 다음과 같다.

(나)′ ㄱ. 공무원들은 손을 놓고 있다.
　　　ㄴ. 공무원들은 **수수방관하고 있다**.

요컨대 (가), (나)와 같은 표현을 하는 원인은 각각 **대동소이하다**와 **수수방관하다**의 뜻을 대충 알았던 데에 있다. 낱말 하나하나의 뜻을 정확하게 이해하고 익히는 것이 필요하다. 〈1999.11.25.〉

매 학기마다

다음의 "매 학기마다, 매 분기마다"도 곶감겹말이다.

(가) 매 학기마다 대학 등록금이 오른다.
(나) 매 분기마다 이사회에 보고하여야 한다.

매(每)와 ‑마다의 의미가 다르지 않다. 그러므로 다음과 같이 "학기마다, 분기마다"와 "매 학기, 매 분기" 중에서 한쪽을 선택적으로 사용하는 것이 바람직하다.

(가)′ ㄱ. 매 학기 대학 등록금이 오른다.
　　　 ㄴ. 학기마다 대학 등록금이 오른다.
(나)′ ㄱ. 매 분기 이사회에 보고하여야 한다.
　　　 ㄴ. 분기마다 이사회에 보고하여야 한다.

이와 같이 매로 말미암은 겹침은 매우 많다. "매 해마다, 매 시간마다, 매 주마다, 매 회계연도마다, 매 학급마다, 매 제품마다" 들이 모두 그런 보기이다. 다 같이 매와 ‑마다 중에서 하나만을 쓰는 것이 합리적이다. 그리고 어느 쪽을 써도 어색함이나 문제가 없는 경우라면 ‑마다를 선택하여 "해마다, 시간마다, 주마다, 회계연도마다, 학급마다, 제품마다" 들을 쓰는 것이 좋겠다. 더 우리말답고 부드럽기 때문이다.
〈1997. 1. 20., 3. 15.〉

소원하는 바, 맡은 바 소임

(가) 너희들이 소원하는 바가 무엇이니?

(나) 모름지기 맡은 바 소임을 다해야 한다.

이런 말을 습관적으로 하는 사람이 있다. 여기서 소원하는 바, 맡은 바와 소임에 대해서 생각해 보기로 한다.

(가)의 소원은 한자 所願(所＝바·것·곳, 願＝바라다)에 뿌리를 둔 낱말로, 그 의미는 '바라는 바(것)'이다. 이처럼 소원에는 그에 뒤따르는 바의 의미까지 내포되어 있다. 그러니 소원하는 바는 합리성과 경제성을 모두 잃었다. 바라는 바, 원하는 바, 소원 중에서 하나를 선택하는 것이 바람직하다.

(가)′ ㄱ. 너희들이 {원하는 바/바라는 바}가 무엇이니?

ㄴ. 너희들의 소원은 무엇이니?

(나)의 소임은 한자 所任(任＝맡다)에 뿌리를 둔 것인데, 이 낱말의 의미는 '맡은 바'이다. 그러니 의미상으로 바로 앞에 있는 맡은 바와 완전히 겹친다. 다음 중에서 하나를 선택하는 것이 합리적이다.

(나)′ ㄱ. 모름지기 {맡은 바/맡은 일}을 다해야 한다.

ㄴ. 모름지기 소임을 다해야 한다.

ㄷ. 모름지기 맡은 임무를 다해야 한다.

강조하거나 다시 설명하기 위하여 일부러 (가), (나)와 같은 표현을 해야 할 경우도 간혹 있을 수 있지만, 습관적으로 그런 표현을 하는 것은 바람직하지 않다. 우리에게는 우리말을 더욱더 합리적으로 발전시키고, 우리 말글살이를 좀더 경제적으로 해 나가야 할 책무가 있다. 〈1999.12.11.〉

구단주까지 총출동

야구 경기 소식을 전하는 방송에서 다음과 같은 말을 들었다.

오늘 경기장에는 구단주**까지 총**출동하였습니다.

매우 중요한 경기이기 때문에 구단주까지 직접 경기장에 나왔다는 것을 강조하는 뜻으로 하는 말이었다.

이 표현에서 −까지와 총(總)−은 의미상으로 겹쳐 있다. 조사 −까지는 최후의 1인인 구단주가 나왔다는 뜻을 나타낸다. 그것은 구단주 아래의 나머지 직원이나 관계자들이 '모두' 출동하였음을 내포하고 있다. 그러므로 그 뒤에 '모두, 온통, 통틀어'를 뜻하는 접두사 총−을 다시 붙이는 것은 바람직하지 않다. −까지만으로도 충분하다.

만약 '총출동'을 꼭 살려야겠다면, 다음과 같이 표현을 바꾸어야 한다. 이럴 때에도 '전 직원이 총출동'이라는 표현 따위는 피하는 것이 합리적이다.

오늘 경기장에는 구단주를 **비롯하여** 직원들이 **총출동**하였습니다.

여기서 문제 삼은 용례를 강조 표현으로 보아 넘길 수 있지 않느냐는 반론도 있을 수 있다. 그러나 합리적인 방법을 두고 굳이 그런 표현을 고집하는 것은 바람직한 일이 아니다. 〈1999. 10. 20.〉

200여 편이 **넘다**, 한 달**여** **남짓**

(가)와 같은 말을 접하고도 예사로 넘기는 이가 많다. 그러나 잠깐만 생각해 보면 합리적인 표현이 아님을 알아낼 수 있다.

(가) 그는 평생 200여 편이 **넘는** 소설을 썼다.

문제는 여(餘 = 남다, 나머지)와 **넘는**을 나란히 쓴 데에 있다. '200여'가 '200이 넘음'을 뜻하는데, 그 뒤에 다시 **넘는**을 쓴 것은 **역전앞**과 다를 바가 없다. 다음에서 보는 바와 같이, 여와 **넘다** 중에서 한쪽만을 선택하는 것이 바람직하다.

(가)′ ㄱ. 그는 평생 200여 편의 소설을 썼다.
　　　ㄴ. 그는 평생 200편이 **넘는** 소설을 썼다.

그런가 하면 (나)와 같은 표현도 자주 접한다.

(나) 불이 산을 삼켜 버린 지 한 달여 **남짓**.

여기 '한 달여 남짓'도 (가)와 똑같은 문제를 안고 있다. '한 달여'라고 하거나 '한 달 남짓'이라고 하는 것이 바람직하다.

이처럼 간단한 조각 –여(餘)도 유의해서 사용해야 한다. 계속해서 (다)를 살펴보기로 하자.

(다) 20수 년**여**를 감옥에서 보냈다.

'20수 년'은 '20년이 조금 넘는 햇수'를 뜻한다. 통상적으로 21∼24년이다. –여는 '남짓'을 뜻하니, '20수 년여'란 굳이 봐 주고자 하면, 기본으로 21∼24년은 되고 거기에 몇 달이 더 있다는 뜻이 된다. 그러나 '20수 년' 자체가 어림셈인데 거기에 '몇 달'이란 기간을 덧붙이는 것은 아무런 의미가 없다. 강조 표현이라고 할 수도 없다. 표현 의도도 그런 것은 아닐 것이다.

결국 (다)는 다음과 같이 해야 할 것을 잘못 표현한 것으로 볼 수밖에 없다. 둘 다 감옥에서 20년이 조금 넘는 햇수, 곧 21∼24년을 보냈다는 뜻이 된다.

(다)′ ㄱ. 20수 년을 감옥에서 보냈다.
　　　ㄴ. 20여 년을 감옥에서 보냈다.

그러나 '20년여'는 '20여 년'이나 '20수 년'과 다르다. '20년여'란 최저 20년은 되지만, 거기에 '몇 달'이 더 있다는 뜻이다. 그러나 21

년은 못 된다. 〈1999.3.1., 2000.2.9.〉

100억여 원, 100여 억 원

(가) 100억여 원
(나) 100여 억 원

(가)와 (나)를 같은 표현으로 여기는 이가 많을 줄 안다. 그러나 그렇지 않다. 대략적인 수를 나타내며 그 수가 100억을 넘는다는 점은 같으나, 넘는 정도가 아주 다르다. 그 열쇠는 -여에 있다.

여기서 -여(餘)는 남짓이나 이상과 통하는데, (가)에서는 '100억' 뒤에 붙어 있고 (나)에서는 '100' 뒤에 붙어 있다. 그러니 (가)는 '100억'을 넘고 (나)는 '100'을 넘는다는 뜻이다. 이것은 작은 차이가 아니다. 극단적으로 말하자면, (가)는 100억에서 1이 넘는 '100억 1원'일 수도 있다. 이에 비하여, (나)는 100을 넘되 그것은 적어도 억대이니 최소한 '101억 원'은 된다. 두 표현 사이에는 1억 원이라는 차이가 생기는 것이다.

예컨대 '200만 8,745명'과 '209만 5,032명'이 있다 할 때에, 이를 각각 '만'까지만 나타내고자 하면 어떻게 해야 할지를 생각해 보자. '200만 8,745'에서 만 이상의 자릿수는 200이다. 그 나머지 8,745는 만 단위가 아니다. 그러니 '200만여 명'이 된다. 이에 비하여 '209만 5,032'는 만 이상의 자릿수가 209이니 200만하고도 9만이 더 있다. 그러므로 '200여 만 명'이 되는 것이다. 정리하면 다음과 같다.

(다) 200만 8,745명 → 200만여 명

(라) 209만 5,032명 → 200여 만 명

- 여의 위치를 잘 분별하여 표현하고 해석해야 할 이유가 여기에 있다.

있다. 〈1998.12.30.〉

약 3천 가량, 약 2년 남짓

(가) 그 장사를 하려면 **약** 3천 **가량**이 필요하다.

(나) 그가 세상을 떠난 지 **약** 2년 **남짓** 지났다.

이런 말을 예사로 하지만, 여기서 '**약** 3천 **가량**'이나 '**약** 2년 **남짓**'은 명료한 표현이 아니다.

약과 가량, 남짓은 다 같이 수량을 대강으로 나타낼 때에 쓰는 낱말이다. 그러니 (가)의 '**약** 3천 **가량**'은 같은 의미를 가진 두 요소가 불필요하게 겹쳐졌다는 점에서 역전앞과 다르지 않다. 다음과 같이 어느 한쪽만 쓰면 충분하다. ㄴ에서 가량은 정도로 바꾸어 쓸 수도 있다.

(가)′ ㄱ. 그 장사를 하려면 **약** 3천이 필요하다.

ㄴ. 그 장사를 하려면 3천 **가량**이 필요하다.

'**약** 3천'이나 '3천 **가량**'은 3천에 조금 모자랄 수도 있고 3천을 조금 넘을 수도 있는 수량을 나타낸다. 그 두 가지 경우 중에서 3천을 조금 넘는 경우만을 나타내고자 하면 남짓이나 -여를 써서 "3천 남짓, 3천여"라고 한다.

여기에 비추어 보면 (나)의 '약 2년 남짓'에서 약은 불필요한 요소임을 알 수 있다. 2년이 넘었다는 사실을 굳이 밝히고자 할 때에는 다음의 ㄱ과 같이 표현하며, 2년을 넘었는지 넘지 않았는지를 굳이 밝히지 않으려면 다음의 ㄴ과 같이 표현하면 된다.

(나)′ ㄱ. 그가 세상을 떠난 지 2년 남짓 지났다.

　　　ㄴ. 그가 세상을 떠난 지 약 2년이 지났다.

요컨대 수량을 표현할 때에 약과 가량, 남짓을 함께 쓰면 의미가 불분명해진다. 일부러 그럴 목적이 아니라면 함께 쓰는 것을 피해야 한다. 　　　　　　　　　　　　　　　　　　　　　　　　〈1998.5.11.〉

-겠-의 남용과 오용

-겠-은 '① 추측·예상, ② 의지·의도'의 의미를 나타내는 중간어미(선어말 어미)이다.

(가) 영이가 책을 읽는다.

(나) 영이가 책을 읽겠다.

(다) 나는 책을 읽겠다.

먼저 (가)와 (나)를 비교해 보자. 서술어가 각각 "읽는다, 읽겠다"로 다르다. (가)에는 '추측·예상'이나 '의지·의도'의 의미가 전혀 없는데, (나)에는 '추측·예상'의 의미가 뚜렷하다. 그러한 차이는 −는−과 −겠−의 차이이다. 이로써 −겠−은 일어나지 않았거나 확인되지 않은 일을 추측·예상하는 데에 사용된다는 사실을 확인할 수 있다.

이제 (다)를 (나)와 비교해 보자. 주어가 각각 '나'와 '영이'로 다르다. −겠−이 주어 '나'와 어울리면 주어의 강한 의지를 나타내게 된다. (다)에서는 '누가 뭐래도 나는 책을 꼭 읽고 말겠다'는 의지가 강하게 느껴짐을 확인할 수 있다. 그런데 아직 일어나지 않은 일에 대해서 말한다는 점은 (나)와 같다.

이제 (라)를 살펴보기로 하자.

(라) 다시 한번 감사의 말씀을 드리겠습니다.

이것은 꽤 이름난 어느 방송 사회자가 한 말이다. 출연자에게 고맙다는 인사를 하고 난 뒤에, 또다시 고맙다는 인사를 하면서 하는 말이었다. '말씀을 드리는' 사람은 화자 자신이다. 그러므로 드리겠습니다가 문제가 된다. 화자 자신과 '같은 공간에' 있는 청자에게 '바로 그 시각에' 고맙다는 인사를 하면서 −겠−을 사용한 것은 올바르지 않다. (나), (다)에서 살펴보았듯이 −겠−은 일어나지 않은 일에 대한 것을 말할 때에 사용하는 요소이기 때문이다. 표현 의도와 상관없이 (라)를 그대로 해석하면 '지금은' 감사하지 않고 '나중에' 감사하겠다는 뜻이 된다. 마땅히 다음과 같이 말해야 한다.

(라)′ 다시 한번 감사의 말씀을 드립니다.

꼭 방송이 아니더라도, 이러저러한 자리에서 사회를 볼 때에 이런 말투를 습관적으로 쓰는 일이 많으므로 주의해야 하겠다.

〈1997.12.10.〉

바라겠습니다

(가) 늦게 오신 분은 앞으로 나오시기 **바라겠습니다**.
(나) 국민 여러분의 많은 참여를 **바라겠습니다**.

유명한 사회자도 이와 같은 표현을 서슴없이 써 대는 것을 본다. 말하는 '그 시각에' 자신의 '바라는 마음'을 드러내면서 그런 식으로 표현하는 것이다. 하지만 그럴 때에 **바라겠습니다**라고 하는 것은 잘못이다.

본래 중간어미 –겠–은 화자 자신의 의지를 나타내거나 어떤 사실을 추정할 때에 사용한다. "나는 이 책부터 읽겠다."는 화자 자신의 의지를 나타낸 것이며 "내일은 비가 오겠다."는 내일 비가 온다는 사실을 추정·추측한 표현이다.

(가), (나)는 화자 자신의 '의지·희망'을 표현한다. 의지·희망을 표현하는 경우에 –겠–을 사용할 수는 있다. 그러나 그에 앞서 동사가 '희망'을 뜻하는 **바라**–인 점을 놓치지 말아야 한다. 이런 조건에서는 –겠–을 다시 쓸 필요가 없다. "나는 영미가 돌아오기만 기다리겠

다."는 올바른 표현이지만 "나는 영미가 돌아오기만 바라겠다."는 자연스러운 표현이 아니다. 아주 특수한 상황이 아니면 "나는 영미가 돌아오기만 바란다."라고 해야 한다. 그러므로 (가), (나)도 마땅히 다음과 같이 말해야 한다.

(가)′ 늦게 오신 분은 앞으로 나오시기 **바랍니다.**
(나)′ 국민 여러분의 많은 참여를 **바랍니다.**   〈1996.9.30.〉

바라고 싶다

설날 연휴에 텔레비전을 보면서, 오늘날 우리 방송 언어에 정말 문제가 많다는 것을 다시 한번 실감하였다. 외국 낱말의 남용은 더 말할 나위가 없지만, 우리말도 반듯하게 구사하지 못하는 사례를 적잖게 보아 왔다. 그런데 이번에는 다음과 같은 말을 들었다.

시청자에게 **바라고 싶은** 말씀, 없으세요?

사회자가 출연자에게 이렇게 묻는 것이었다. 여기 바라고 싶은은 우리말이 아니다. "하고 싶다, 읽고 싶다, 만들고 싶다" 들에서 알 수 있듯이, 싶다는 ~고 뒤에 쓰여 '~할 마음이 있음'을 나타낸다. 그러나 바라다와 싶다는 의미가 비슷하기 때문에 나란히 쓸 수 없다. 다음과 같이 표현해야 우리말다워진다.

ㄱ. 시청자에게 **하고 싶은** 말씀, 없으세요?

ㄴ. 시청자에게 **바라는** 말씀, 없으세요?

저와 같은 표현을 한 사람의 순간적인 실수라고 볼 여지도 있지만, 여러 정황으로 미루어 볼 때에 그렇게 치부하고 넘어갈 문제가 아니었다. 특히 방송인은 언어 사용에 더욱더 많은 관심과 노력을 기울여야 할 것이다.

〈1999. 2. 18.〉

나뉘어지다

보통사람들의 글에서만이 아니라 전문 학자가 집필한 책에서까지도 다음과 같은 표현을 종종 대하게 된다. 이때의 **나뉘어지-**는 바르게 사용된 것이 아니다.

(가) 그것은 다시 세 종류로 **나뉘어지고**

(나) 사원들의 의견은 세 갈래로 **나뉘어진다.**

예를 들어 접다는 능동사이고, 이 말의 피동사는 접히다이다. 보다 : 보이다, 갈다 : 갈리다, 안다 : 안기다 들이 다 그런 관계이다. 이들은 다음과 같이 사용된다.

(다) ㉠ 영이는 책을 **보았다.**

  ㉡ 철이는 매우 슬퍼 {**보이었다/보였다**}.

(라) ㉠ 어머니가 아들을 안는다.

　　㉡ 아들이 어머니에게 안긴다.

이럴 때의 -이-, -기-, -리-, -히- 들을 피동 접미사라고 하는데, 우리말에는 이처럼 접미사의 개입으로 새낱말이 생성되는 일이 많다. 한편, 다음과 같이 -어지-*로 피동의 뜻을 나타내기도 한다. (마)의 ㉡에서 접미사 대신에 -어지-가 개입되어 있음을 확인할 수 있다.

(마) ㉠ 다리가 끊기다.

　　㉡ 다리가 끊어지다.

이제 (가), (나)로 돌아가 보자. 나뉘어지-는 일단 나뉘+어지-로 분석된다. 이러써 피동 형식 -어지-가 개입되어 있음을 확인할 수 있다. 그런데 나뉘-는 능동사 나누-에 접미사 -이-가 개입되어 생성된 피동사 나누+이-의 준말이다(나누+이-→나뉘-). 그러니 나뉘어지-는 피동사 나뉘-의 어간에 다시 피동 형식 -어지-가 붙은 형식임이 드러난다. 이런 것은 합리적인 언어 사용법이라 할 수 없다. (가), (나)는 각각 다음 중에서 한 가지를 선택하는 것이 옳다.

(가)′ ㄱ. 그것은 다시 세 종류로 나뉘고

　　　 ㄴ. 그것은 다시 세 종류로 나누어지고

---

* 보통 '-어'는 본동사의 어미, '지-'는 보조동사의 어간으로 처리한다. 그러니 원칙적으로는 '지-'는 띄어 써야 한다. 하지만 일찍부터 '지-'를 붙여 쓰는 일이 널리 퍼져 있다. 여기서는 그런 관습을 따른다.

(나)′ ㄱ. 사원들의 의견은 세 갈래로 **나뉜다.**

ㄴ. 사원들의 의견은 세 갈래로 **나누어진다.**

ㄱ은 피동사로 표현한 것이고, ㄴ은 피동 형식 – 어지 – 로 표현한 것이다. 아마도 ㄴ이 더 많은 사람들에게 자연스럽게 느껴질 것이다. 그러나 ㄱ도 잘못된 말이 아니다. 〈1996.7.8.〉

불리우다

(가) ㉠ 그는 예로부터 해동공자라 **불리우는** 사람이다.

㉡ 그는 친구들로부터 걸어 다니는 사전이라고 **불리웠다.**

(나) 선생님은 곧잘 아이들에게 애국가를 **불리웠다.**

눈에 익고 귀에 익은 말들일 것이다. 위의 불리우는, 불리웠다의 기본형은 다 같이 불리우다이다. 하지만 그 의미는 다르다. (가)의 불리우다는 '부름을 받다'(피동)를 뜻하고 (나)의 불리우다는 '부르게 하다'(시킴, 사동)를 뜻한다.

그러나 우리 사전들에서는 그 같은 뜻을 나타내는 불리우다를 표준 낱말로 인정하지 않는다. 어떤 것을 뜻하든, 다시 말하면 피동사이든 사동사이든 불리다 형태만을 표준 낱말로 처리한다. 그렇게 보는 근거는 이렇다. 타동사 부르다가 있고, 여기에 피동·사동 접미사 –이– 가 붙어 부르+이+다가 되었으며, 이것이 몇 가지 변동 과정을 거쳐 불리다가 된 것이다. 여기까지가 1단계라면, 불리다에 또다시 피동·

사동 접미사 -우-가 겹친 것이 불리+우+다이다. 2단계인 셈이다. 그러니 사전에서는 2단계의 형태 변화를 표준으로 인정하지 않고 있는 것이다.

어떻든 불리다의 활용형은 다음과 같다.

불리+고
불리+게
불리+도록
불리+는
불리+어   →   불려
불리+어야   →   불려야
불리+었다   →   불렸다

그러니 (가), (나)를 표준으로 고치면 각각 다음과 같이 된다.

(가)′ ㉠ 그는 예로부터 해동공자라 **불리는** 사람이다.
　　　㉡ 그는 친구들로부터 걸어 다니는 사전이라고 {**불리었다**/**불렸다**}.
(나)′ 선생님은 곧잘 아이들에게 애국가를 {**불리었다**/**불렸다**}.

불리우다를 표준으로 인정할 것인지에 대해서는 폭넓은 논의가 필요하다.
〈1998.10.9.〉

지워지다

다음에서 보는 바와 같은 **지워지다**라는 말을 자주 접할 수 있다.

(가) ㉠ 그 작업이 일단 마무리 **지워졌다**.
　　㉡ '최창집 죽이기' 소동이 일단락 **지워졌다**.

그런데 (가)의 **지워지다**는 잘못된 것이다. 그 까닭을 생각해 보기로 한다.

위의 표현은 다 같이 피동문이며, 주어는 각각 '작업이'와 '소동이'이다. 이를 능동문으로 바꾸면 이들은 각각 '작업을'과 '소동을'로, 다시 말하면 목적어로 바뀌게 된다. 그리고 서술어도 능동사로 바뀐다.

(가)에 각각 대응되는 능동문을 적어 보면 다음과 같다.

(나) ㉠ 그 작업을 일단 마무리 **지었다**.
　　㉡ '최창집 죽이기' 소동을 일단락 **지었다**.

(나)에 쓰인 **지었다**의 기본형은 **짓다**이다. 그런데 능동사 **짓다**에 대응되는 피동사가 따로 없다. 그러므로 **짓다**는 피동문에서 –어지–의 형식, 곧 짓+어지+다가 된다. 그런데 짓–은 불규칙 활용을 하기 때문에 **짓어지다**의 최종 형태는 **지어지다**가 된다. 이로써 (나)의 피동문인 (가)는 각각 다음과 같이 되어야 함을 확인할 수 있다.

(가)′ ㉠ 그 작업이 일단 마무리 **지어졌다**.

　　㉡ '최창집 죽이기' 소동이 일단락 **지어졌다**.

(가)의 지워지다는 지어지다의 잘못이지만, 그것과는 다른 지워지다가 있다.

다음에서 확인해 보기로 한다. '등에 물건을 얹다, 책임을 맡다' 따위를 뜻하는 동사로 지다가 있는데, 이것의 사동사(시킴동사)로 지우다가 있는바, 용례를 살펴보면 다음과 같다.

(다) 그에게 문제 해결의 책임을 **지우다**.

(다)의 사동사 지우다에다 '피동'의 의미를 더하고자 할 때에도 -어지- 형식을 취하는데, 다음이 그 용례이다. 이는 잘못된 것이 아니다.

(라) 그에게 문제 해결의 책임이 **지워지다**.

(라)의 지워지다는 지우+어지+다의 준말이니 지우다의 피동 형식이다. 이에 비하여 (가)′의 지어지다는 짓다의 피동 형식(짓+어지+다)이었다. 그러니 지어지다인지 지워지다인지 혼동될 때에는, 그 원천이 되는 지우다와 짓다로 환원시켜 생각해 보면 해결의 실마리를 얻을 수 있다.　　　　　　　　　　　　　　　　　〈1998. 12. 28.〉

쓰여지다

다음 중에서 어느 것이 표준일까?

(가) ㉠ 역사가 **쓰여지기** 전에는
　　㉡ 역사가 **써지기** 전에는
　　㉢ 역사가 **쓰이기** 전에는

위의 물음은 (나)와 같은 능동문을 피동문으로 고쳐 표현할 때에 어떻게 하는 것이 표준인가 하는 문제로 귀결된다.

(나) (사람들이) 역사를 **쓰기** 전에는

능동사 쓰다의 피동사는 쓰이다이다. "꺾다, 보다, 파다" 들의 피동사가 각각 "꺾이다, 보이다, 파이다"인 것과 같은 이치이다. 이렇게 보면 (가)의 ㉠~㉢ 가운데서 ㉢이 표준이 된다.

그런데 피동 형식을 만드는 방법에는 피동사를 쓰는 외에 - 어지- 를 이용하는 방법이 있다. "넘다, 뚫다, 나누다, 다듬다" 들의 피동 형식으로 각각 "넘어지다, 뚫어지다, 나누어지다, 다듬어지다"를 쓰는 것은 일반적인 현상이다. 이런 방법을 이용하면 쓰다에서는 또 하나의 피동 형식 쓰어지다 → 써지다가 얻어진다. 이 형식을 (가)와 같은 맥락에 쓰면 ㉡이 된다. 그러나 사람에 따라 ㉡과 ㉢의 말맛을 좀 다르게 느끼기도 할 것이다.

㉠의 쓰여지기는 쓰이어지기로 환원되는데, - 이 - 는 ㉢의 그것과

같고, -어지-는 ⓛ의 그것과 같은 요소이다. 결국 ⓣ은 피동 형식을 두 번 겹쳐 쓴 셈이니 표준이라 할 수 없다.   〈1999.11.6.〉

생각되어지다, 사용되어지다

요즈음 글월에서 발견되는 두드러진 병 가운데 하나가 -되어지다를 남발하는 것이다.

(가) 이러한 현상은 더욱 심화될 것으로 **생각되어집니다.**
(나) 문제들이 점차 **개선되어지고는** 있지만 그 효과는 미지수이다.
(다) 올해의 최고 작품으로 **선정되어질** 가능성이 높다.
(라) 만화에서 **사용되어지는** 언어

위와 같은 표현들이 아무렇지도 않게 예사로 통용되고 있다.
동사 **생각되다, 개선되다, 선정되다, 사용되다** 들에는 피동의 뜻이 내포되어 있다. 생각하다, 개선하다, 선정하다, 사용하다 들과 비교해 보면 쉽게 알 수 있다. 한편으로 넘어지다, 엎어지다, 끊어지다 들에서 보듯이 -어지- 형식 역시 '피동'의 뜻을 나타낸다. 이렇게 분석해 놓고 보니 생각되어지다, 개선되어지다, 선정되어지다, 사용되어지다 들에는 피동 형식 -되-와 -어지(다)가 겹쳐 있는 것이 드러난다. 이것은 합리적인 말이 아니다.
위와 같은 경우에는 -되(다)만으로 충분하다. -어지-는 쓰지 말아야 한다. 다음과 같이 고치고 나면 표현이 훨씬 더 간결하고 명료해진다는 것을 알 수 있다.

(가)′ 이러한 현상은 더욱 심화될 것으로 **생각됩니다**.
(나)′ 문제들이 점차 **개선되고는** 있지만 그 효과는 미지수이다.
(다)′ 올해의 최고 작품으로 **선정될** 가능성이 높다.
(라)′ 만화에서 **사용되는** 언어   〈1997.10.24.〉

홍길동 님 귀하

초청장이나 편지를 받아 보면, 겉봉에 '홍길동 님 귀하'나 '박영숙 사장님 귀하'라고 쓴 것이 적잖다. 여기서 님과 귀하를 겹쳐 쓴 것은 잘못이다. 이 자리에서는 그 둘의 기능이 같기 때문이다.

두루 아는 바와 같이, 님은 그 앞의 말에 '높임'의 뜻을 더해 주는 형태소이다. 그런데 편지 겉봉에 쓰는 귀하도 님과 같은 기능을 한다. '홍길동 귀하'에는 '홍길동 님'과 똑같이 높임의 뜻이 들어 있다. 그러므로 역전앞처럼 '홍길동 님 귀하'도 잘못이다.

요컨대 '홍길동 님'이나 '홍길동 귀하', '박영숙 사장님'이나 '박영숙 사장 귀하'라고 쓰는 것이 바르다. 귀하라고 하면 좀 딱딱한 느낌이 들지만, 어느 것을 쓸 것인가는 각자가 알아서 할 일이다.

이런 경우에 쓰는 귀하를 '김수영 앞'이나 '박영호에게'에서의 앞이나 -에게와 같이, -께 대신 쓰는 것으로 아는 사람이 있는데, 그렇지 않다. 그리고 '홍길동 님께'나 '박영숙 사장님께'와 같이 -께를 밝혀 쓸 수도 있지만 굳이 그럴 필요는 없다. 어차피 편지 받을 사람의 주소를 적는 자리가 정해져 있기 때문이다.

편지 겉봉에 '홍길동 님 귀하'가 없어지지 않는, 한 가지 원인은 봉투의 양식에 있다. 회사에서는 자기 상호와 주소를 인쇄하면서 아예 귀하라는 문구까지 인쇄한 고유 봉투를 사용하는 것이 보통이다. 그런 겉봉에 받을 사람의 성명만을 자필로 쓰고 말면, 그 뒤에 귀하가 있기는 하지만 그것은 자신이 쓴 것이 아니기 때문에 수신자에 대한 높임의 뜻을 충분히 표현하지 않았다는 생각이 들어서 굳이 님을 자필로 쓰는 것이다. 그래서 결과적으로 '홍길동 님 귀하'라는 잘못이 생긴다.

겉봉에 귀하라는 문구를 인쇄하지 않으면 이런 잘못을 예방할 수 있을 것 같다. 그게 훨씬 더 합리적이다. 귀하 두 자를 인쇄해 놓았다고 해서 글 쓰는 품을 엄청 줄여 주는 것도 아니다. 사용자가 알아서, 또는 필요에 따라서 님, 귀하, 귀중을 자유롭게 쓸 수 있도록 열어 놓는 것이 좋겠다. 〈1996.5.27., 1997.1.4.〉

부적절하거나 부정확한 표현

세종 대왕 **탄신 600돌**

탄신일을 자주 접하다 보니(378쪽 참조) 탄신(誕辰)을 탄생(誕生)과 같은 의미의 낱말로 오해하는 경우가 많다. 둘의 발음이 닮은 것도 그런 오해에 한몫을 하는 것 같다. '퇴곡 선생 **탄신** 100주년'과 같은 표현이 그런 오해의 결과이다. 이런 경우에는 탄신이라 해서는 안 된다. '퇴곡 선생 **탄생** 100주년'이라 해야 한다. 이는 '퇴곡 선생이 태어나신 지 100년째'라는 뜻을 나타낸다. ('율계 선생이 돌아가신 지 60년째'라는 뜻을 나타내려면 '율계 선생 서거 60주년'이라고 표현해야 한다.)

정부에서는 올해 1997년을 '세종 대왕 **탄신** 600돌'이라 명명하고 여러 행사를 벌이고 있다. '**탄신** 600돌'과 같은 표현이 잘못되었음은 위에서 이야기한 바와 같다. 그런데 여기에는 또 다른 문제가 있다. 세종 대왕이 태어나신 해가 서기 1397년(양력 5월 15일)이므로

'1997년－1397년＝600'과 같은 셈을 하여 600을 얻은 것이니, 이 셈에는 틀림이 없다. 그러나 600 앞에 탄신을 놓으면 사정이 달라진다.

탄신은 생일의 높임낱말이고, 생일은 '세상에 난 날'이다. 그러므로 세종 대왕의 첫 번째 탄신은 서기 1397년 5월 15일이며, 다음 해인 1398년 5월 15일은 두 번째 탄신이 된다. (생일잔치는 보통 두 번째 생일부터 한다.) 이렇게 계산하면 1997년 5월 15일은 601번째 탄신이 되는 것이다. 탄신을 기준으로 하면 600이란 셈이 맞지 않다는 말이다.

탄신을 탄생으로 바꾸면 문제가 해소된다. 세종 대왕이 태어나신 다음 해인 1398년 5월 15일은 세종 대왕이 탄생한 지 1년, 곧 1돌이 되는 날이다. 이런 식으로 계산하면 1997년(5월 15일)은 세종 대왕이 탄생한 지 600돌이 되는 해다. '세종 대왕이 탄생한 지 600돌'을 줄이면 '세종 대왕 탄생 600돌'이 된다. 이 표현을 다시 '세종 대왕 나신 600돌'로 바꾸어 쓸 수도 있다.　　　　　　　〈1997.3.29.〉

축수연

우리 겨레는 예로부터 사람이 태어난 해와 간지(干支)가 같은 해를 다시 맞으면 환갑이라 했다. 띠(地支, 12가지)가 같은 해는 12년마다 맞이하지만, 천간(天干, 10가지)까지 같게 되는 해는 60년 만에 맞이하게 되는데, 그것을 환갑(還甲) 또는 회갑(回甲)이라 한 것이다. 그리고 환갑이 되는 해, 곧 예순한 살부터 먹는 나이를 '남의 나이'라고도 했다. 여기서 우리 겨레는 사람의 한평생이 60년이며, 예순한 살이 되는 해부터는 또 다른 한평생이 시작된다고 인식했다는 것을 엿볼 수 있다.

이런 즈음에 잔치가 빠질 수 없었다. 정해진 한평생을 다 채우도록 산 것을 기리고 기뻐하며, 다시 시작하는 한평생을 건강하게 살기를 빌고 바라는 뜻을 담은 잔치를 벌였다. 이 잔치를 **환갑잔치** 또는 **회갑잔치**라고 한다. 환갑이 되기 전에도 생일잔치를 벌이기는 하였지만, 그해에는 그것과는 사뭇 다른 잔치를 크게 벌였다. 이런 풍습은 오늘날까지 이어져 오고 있다.

오늘날 그런 초대에 응하여 참석할 때에는 부조금을 가지고 가는 것이 예사이다. 그럴 때에 부조금을 넣은 봉투의 겉봉에다 **축수연** 또는 祝壽宴*이라 쓰는 일이 많다. 그런데 이렇게 쓰는 것이 바람직한 것일까? 그렇지 않다.

축수연은 잘못된 표현이다. 이는 **축**과 **수연**으로 나누어지는데, 수연(壽宴)이란 오래 산 것(壽)을 축하하며 더 오래 살기를 비는 뜻으로 벌이는 잔치(宴)를 의미하기 때문이다. 예를 들어 혼례식 부조금 봉투에 **축혼인식**이라 쓰지 않는다. 졸업식을 마친 사람에게 말을 건넬 때에도 "졸업을 축하한다."고 하지 "졸업식을 축하한다."고 하지 않는다. **축수연**이라고 쓰는 것은 **축혼인식**이나 **축졸업식**이라고 쓰는 것과 다를 바가 없다. 그러니 축혼인, 축졸업이라고 하는 이치를 따라 **축수**(祝壽)라고 해야 한다. (오늘날 祝이 담당하는 의미는 '축하하다'와 '빌다'이다.)

그런데 수연은 '환갑' 잔치에 한정해서 쓰는 경향이 있다. 그러나

---

* 壽筵(筵=댓자리)으로 쓰기도 한데 이 밖에 壽醼과 壽讌으로 쓰기도 했다. 醼과 讌은 모두 '잔치'를 뜻한다.

넓게 보면 어르신의 장수를 축하하며 더 오래 살기를 빌기 위해 벌이는 잔치는 모두 수연의 범주에 든다. 다만 몇몇 경우에 별칭이 있는데, 일흔 살(고희)에 벌이는 잔치를 고희연, 일흔일곱 살(희수)을 기념하여 벌이는 잔치를 희수연이라고 하는 따위가 그것이다. 가장 소박한 이름은 칠순잔치, 팔순잔치, 구순잔치 들이다.

그러므로 환갑잔치만이 아니라 다른 잔치에도 **축수**라는 표현을 쓸 수가 있다. 잔치 자리가 아닌 경우에도 물론 사용할 수 있다. 예를 들면 어머니의 예순여섯 살 생신 때에 옥 반지를 사 드릴 때에도 그 포장지에 **축수**라고 쓸 수 있다는 말이다. 그러나 "더욱더 평강하게 오래오래 사시옵소서."와 같은 식으로 써서 안 될 것이 없다. 개인적으로 살갑고 좋은 말을 얼마든지 만들어 쓸 수 있다. 있지도 않은 틀에 굳이 얽매이려는 생각이 문제이다.　　　　　　　　〈1997.2.27.~3.1.〉

수고의 박수

어느 명망 있는 방송 진행자가 다음과 같이 말하는 것을 보았다.

이분들에게 **수고의 박수**를 부탁드립니다.

방청객을 향하여, 출연자에게 박수를 보내 달라고 청하는 말이었다. 그분은 이런 표현을 습관적으로 하는 듯이 보였다. 그러나 수고의 박수는 마땅한 표현이라 할 수 없다.

응원의 박수, 격려의 박수, 감사의 박수는 흔한 표현이고 동의의 박수, 다짐의 박수라는 표현도 가능하다. 박수의 상황에는 반드시 박수하는(박수를 보내는) 사람 A와 그 박수를 받는 사람 B가 있게 마련이다. 예컨대 응원의 박수는 A가 '자신이 (B를) 응원하는 뜻'으로 B에게 보내는 박수를 의미한다. 동의의 박수는 A가 '자신이 (B에게) 동의하는 뜻'으로 B에게 보내는 박수라는 의미이다. 다른 것도 이치가 같다.

여기에 수고의 박수를 비추어 보면, 방청객이 '자신이 수고하는 뜻'으로 출연자에게 보내는 박수라는 의미가 되어 버린다. 도대체 논리가 서지 않을뿐더러 화자가 표현하려는 의미와도 상반된다. 수고한 사람은 출연자이고 그 값으로 박수를 받아야 할 사람도 출연자인데, 정작 방송 진행자의 표현은 '방청객이 수고하는' 구조가 되어 버린 것이다.

이처럼 수고의 박수는 우리의 보편적인 언어 상식과 용법을 벗어나 있는 표현이다. 다음에서 보듯이 격려의 박수나 감사의 박수라고 하는 것이 맞다.

ㄱ. 이분들에게 {격려/감사}의 박수를 부탁드립니다.

만약 수고라는 말을 꼭 넣어야 하겠다면 다음과 같이 관형어로 배치해야 한다.

ㄴ. 수고하신 이분들에게 {격려/감사}의 박수를 부탁드립니다. 〈2000.7.1.〉

아침 조회, 저녁 조회

학생들은 아침 조회라는 말을 예사로 쓴다. 심지어는 저녁 조회라는 말까지 쓰는 지경이 되었다. 조회를 '의례적인 모임' 정도로 받아들인 결과이다.

원래 조회(朝=아침, 會=모임)는 '아침 모임'을 뜻한다. 학교나 직장 또는 일터에서 일과를 시작하기 전에 전체 구성원이 모이는 것을 말한다. 옛날에 신하들이 아침에 모여 임금을 배알하던 것도 조회라고 했다. 학교에서는 조례(朝禮)라고도 한다. 이에 비하여, 일과가 끝난 뒤에 모이는 것을 종회(終=마침)라 하며, 학교에서는 종례(終禮)라고도 한다.

이처럼 조회, 조례는 아침에 하는 것이므로 아침 조회, 아침 조례는 마땅한 말이 아니다. 저녁 조회는 더욱 부당하다.

그런데 조회, 조례와 종회, 종례보다 더 좋은 말은 없을까? 특히 초등학교나 중학교 학생들에게 살갑게 다가갈 수 있는 말이 있었으면 좋겠다. 모두 함께 생각해 보기를 바라며, 이미 그런 말을 쓰고 있다는 소식이 들리기를 기대한다. 〈1998.12.9.〉

피로 회복제

피로 회복제라는 말은 꽤 오래전부터 써 왔다. 지금도 자그마한 병에 넣어진 음료가 그 이름으로 유통되고 있다. 그런데 주의를 기울여 따져 보면 문제가 있는 표현임을 알아차릴 수 있다.

이럴 때의 피로는 한자 疲勞에 근거한 것이며, 기본의미는 '지침, 피곤'이다. 그런데 피곤이나 지침은 '풀어야' 할 대상이지 '회복해야' 할 대상이 아니다. 회복은 '이전 상태로 되돌리거나 원상태를 되찾음'을 뜻한다. "건강 회복, 국토 회복, 주권 회복"과 같은 표현은 모두 그 같은 뜻에 근거한 것이다. 요컨대 피로는 풀어야(해소해야) 할 대상이다. 그러니 피로 회복제가 아니라 피로 해소제라고 하는 것이 합리적이다. 아니면 아예 관점을 바꾸어 기운 회복제라고 하는 방법도 있다.

이 대목에서 '피로 해소와 기운 회복'을 줄여서 피로 회복이라 하는 것으로 이해하면 될 것 아니냐는 반론이 있을 수도 있겠지만, 그렇게 넘어가기에는 우리말의 이치가 너무나 분명하다.

오늘 어느 일간신문에서 피로 회복을 영어 restoration of fatigue로 번역한 것은 잘못이라는 지적을 보았다. 수출용 인삼 제품을 소개하는 데에 이런 표현이 있었던 모양이다. 늦게나마 잘못을 발견했으니 다행이긴 하지만, 한편으로는 남의 말로 바꿀 때에만 유난을 떠는 것 같아 좀 씁쓸하다. 〈1997.10.22., 2000.2.10.〉

노폭 감소

지난 일요일 자동차를 타고 가다가 노폭 감소라는 주의 표지판을 보았다. 공사 중인 곳에, 길의 너비(폭)가 좁아지므로 주의하라는 뜻으로 세운 표지판이었다. 그것을 보면서 매우 어색하다고 느꼈다. 노폭과 감소의 어울림이 자연스럽지 않았다.

감소는 한자로 減少로 쓰는데, 여기서의 少는 多(많다)에 상대되는 '적다'를 뜻한다. 적다·많다가 쓰이는 경우는 (가)와 같다.

(가) ㉠ 그 학교는 입학 정원이 너무 {적다/많다}.

　　 ㉡ 오늘부터 이 도로의 차로가 두 개로 {적어졌다/많아졌다}.

　　 ㉢ 나는 가진 돈이 너보다 {적다/많다}.

　　 ㉣ 우리 회사 수출량은 그 회사보다 {적어요/많아요}.

이로써 적다·많다는 수효나 양 따위를 나타내는 데에 쓰는 낱말이라는 것을 확인할 수가 있다.

노폭, 곧 '길의 너비'는 수효나 양이 아니다. 따라서 (나)와 같은 표현은 매우 부자연스럽다.

(나) ㉠ 여기는 노폭이 {적다/많다}.

　　 ㉡ 여기서부터는 노폭이 {적어집니다/많아집니다}.

노폭을 말할 때에는 좁다·넓다라고 하지 적다·많다라고 하지 않는다. 노폭이 적다가 잘못이므로 노폭 감소라는 표현도 잘못이다.

노폭이든 감소든 한쪽만 선택해야 한다. 노폭을 선택한다면, 넓었다가 좁아지는 곳을 알리는 표지판에는 **노폭 좁아짐**, 원래 폭이 좁은 곳에 세우는 표지판에는 **노폭 좁음** 또는 **노폭 협소**라고 써야 할 것이다. 한편 감소를 선택한다면 **차로 감소**라고 해야 옳다.　　〈1997.6.4.〉

의혹을 밝히다

요즈음 대중매체를 끊임없이 타고 있는 표현 가운데 하나로 의혹을 밝히다가 있다. 활자 매체나 영상 매체나 음성 매체나 할 것 없이 한보 그룹과 대통령의 아들을 중심으로 한 여러 사건들의 의혹을 밝히는 문제로 경쟁을 벌이고 있는 듯하다. 진실을 알고 싶어하는 국민들의 욕구도 매우 강하다. 그런데 이 표현에 문제는 없을까?

『우리말 큰사전』에서는 의혹(疑惑)의 뜻을 '의심하여 분간하지 못함. 또는 그런 생각'으로 풀이하고 있다. 의심의 뜻과 공통된 점이 많다. 그런데 우리는 의심을 밝히다라는 표현을 하지 않는다. 의심을 풀다라고 하는 것이 상식이다. 확실히 몰라서 믿지 못하거나 이상하게 생각하는 상태가 의심이며, 그런 상태를 해소하는 것을 의심을 풀다라고 표현하는 것이다. 의혹은 의심과 비슷한 상태를 나타내는 낱말이므로, 의혹의 상태를 해소하는 것을 뜻하는 표현으로는 의혹을 풀다 또는 의혹을 해소하다가 합당하다. 상황에 따라서는 의혹(의심스러운 점)을 말하다라는 표현을 의혹을 밝히다로 대신할 수도 있겠으나, 이것은 매우 특수한 경우가 될 것이다.

밝혀야 할 것은 의혹이 아니라 진실이다. 우리가 해야 할 것은 '진실을 밝혀 의혹을 푸는' 일이다. 어처구니없게도 의혹을 밝히다라는 표현은 국회 청문회를 비롯하여 우리 정치·사회의 모습을 그대로 보여 준 것이 아닌가 하는 생각이 들기도 한다. 날이 갈수록 진실이 밝혀지는 것이 아니라 그야말로 의혹만 더 드러났기 때문이다.

요컨대 의혹은 풀어야 하고 진실은 밝혀야 한다. 이 두 가지 행위는 수단과 목적이라는 밀접한 관계를 이루고 있다. 그러나 의혹을 밝힌

다거나 진실을 푼다는 것은 올바른 말이 아니다.　　　　　〈1997.4.25.〉

역임하고 계시다

역임(歷任)은 '여러 벼슬을 차례로 지냄'을 뜻한다. 그러니 역임이나 역임하다는 이미 지났거나 확정된 사실을 말할 때에 쓰는 것이 보통이다.

> (가) 그분은 원주여고 교사로 시작하여 홍천고 교장, 인제군 교육장, 도의회 의장 등을 역임하셨다.

이처럼 역임은 과거에 맡았던 직이나 직업을 차례대로 나열하는 맥락에 사용한다.
　그런데 간혹 다음과 같은 말을 접할 수 있다.

> (나) 인제군 교육장을 역임하고 계신 홍길동 선생님을 소개합니다.
> (다) 그 친구는 지금 연합회 회장을 역임하고 있다네.

'발화(말하는) 시점'의 직책을 말하면서 역임이란 낱말을 사용하는 것은 올바른 표현이 아니다. 다음과 같은 정도로 말하는 것이 좋겠다.

> (나)′ ㄱ. 인제군 교육장이신 홍길동 선생님을 소개합니다.
> 　　　 ㄴ. 인제군 교육장으로 봉직하시는 홍길동 선생님을 소개합니다.

ㄷ. 인제군 교육장으로 **계신** 홍길동 선생님을 소개합니다.

(다)′ㄱ. 그 친구는 지금 연합회 회장 일을 **보고** 있다네.

ㄴ. 그 친구는 지금 연합회 회장이라네.

(나), (다)와 같은 잘못은 역임의 뜻을 명확히 알지 못하기 때문에 빚어지는 것으로 보인다. 낱말 하나하나의 뜻을 정확히 알도록 노력해야 한다.

〈1998. 11. 2.〉

적재적소에 배치하다

(가) 인재를 적재적소에 배치한다.

일상에서 흔히 쓰는 표현이다. 그런 만큼 이에 대해서 문제의식을 가지는 이도 그리 많지 않을 것이다. 그러나 **적재적소**의 의미를 잘 생각해 보면, (가)가 그다지 적절한 표현이 아니라는 것이 드러난다.

적재(適材)는 '(어떠한 일에) 알맞은 인재'를 뜻하고, **적소**(適所)는 '알맞은 일자리나 임무'를 뜻한다. 그러니 **적재적소**(適材適所)는 '알맞은 인재에 알맞은 일자리'라는 의미가 된다. 그러므로 서술어 배치한다의 위치어로 **적재적소에**가 쓰인 (가)와 같은 표현은 의미상으로 반듯하지 못한 표현이다. 더구나 그 앞에 목적어 '인재를'이 있기 때문에 너그럽게 보아 넘길 여지가 없다. 인재와 적재는 다 같이 '사람'을 뜻하니 둘 중에서 한쪽을 선택해야 한다. 곧 다음과 같이 표현해야 반듯해진다.

(가)′ ㄱ. 인재를 (능력에 따라) 적소에 배치한다.

　　　ㄴ. 적재를 (찾아내어) 적소에 배치한다.

그러나 (나)와 같은 맥락에서는 **적재적소**를 그대로 사용할 수 있다.

(나) ㉠ 그 회사에서는 **적재적소**의 인사 원칙을 철저히 지킨다.

　　㉡ 인사에서 **적재적소**만이 유일한 방법은 아닐 것이다. 〈1999.10.28.〉

일문일답을 받다, 질의응답을 받다

(가) 다음에는 기자들의 **일문일답**을 받겠습니다.

(나) 발표문을 낭독한 뒤에 기자들의 **일문일답**에 응했다.

위와 같은 표현을 종종 접한다. (가)는 기자 회견장 같은 데에서 사회자가 하는 말이며, (나)는 신문 보도 기사에서 수습한 것이다.

　여기서 일문일답은 그 뒤의 동사와 잘 어울리지 않는다. 일문일답(一問一答)은 '한 번 묻고 한 번 대답하기', 다시 말하면 물음과 대답이 교대로 반복되는 것을 뜻한다. 그럼에도 (가)는 질문을 '받는' 것만 진술하였고, (나)는 질문에 '응하는(답하는)' 것만 서술하였으니 올바른 표현이라 할 수 없다. 각각 다음과 같이 고치는 것이 좋겠다.

(가)′ 다음에는 기자들과 일문일답을 하겠습니다.

(나)′ 발표문을 낭독한 뒤에 기자들과 일문일답을 했다.

연구 발표회나 토론회에서는 간혹 (다)와 같은 말을 들을 수 있다.

(다) 이어서 청중 여러분의 질의응답을 받겠습니다.

이 같은 말에도 (가), (나)에서와 같은 문제가 내포되어 있다. 질의응답이란 '묻고 대답하기'이다. 청중들은 질의를 하고, 발표자는 그 질의에 대답을 하는 것이다. 그러니 (다)는 다음과 같이 고쳐야 한다.

(다)′ ㄱ. 이어서 청중 여러분의 질의를 받겠습니다.
　　　ㄴ. 이어서 **질의응답**의 차례입니다. 청중 여러분께서는 질의하여 주시기 바랍니다. 〈1998.1.12.〉

염두해 두다

기본적으로 글은 음성언어를 시각화한 것이다. 그러므로 어느 사람에게 음성언어가 잘못 인식되어 있으면 그 사람의 글이나 표기에 그것이 나타나기 마련이다. 그리고 음성언어에서는 잘 드러나지 않던 잘못이 표기에서는 분명히 드러나는 경우가 많다. 다음은 어느 젊은이의 글에서 발견한 것이다.

그는 그런 것을 오래 **염두해** 두지 않았다.

이것을 보고 처음에는 깜짝 놀랐지만 조금 뒤에는 그럴 수도 있겠다는 생각이 들었다. 요즈음의 언어생활은 음성언어가 중심을 이루고 있다는 것에 생각이 미쳤기 때문이다.

낱말을 이루는 두 가지는 의미와 형식이다. 형식은 음성과 표기, 두 측면을 다 같이 잘 익혀야 한다. 여기서 보듯이 발음만 대충 알고 있다가는 표기할 일이 생겼을 때에 잘못을 범하기 쉽다. 위는 다음과 같이 표기해야 할 것을 잘못 적은 것이다.

그는 그런 것을 오래 **염두에** 두지 않았다.

염두해와 염두에는 발음상으로 또렷이 변별되지 않는다. 그러나 염두하다라는 낱말은 없으므로 '염두해 두다'라는 말도 있을 수 없다. 염두(念頭)란 '마음속'을 뜻한다. 그러니 '염두에 두다'는 '마음속에 새겨 두다'를 뜻한다.

〈1997.10.25.〉

필요로 하다

(가) 북한 사람들이 **필요로 하는** 것은 양식이다.
(나) 빵을 **필요로 하는** 사람에게는 빵을 주어야 한다.
(다) 그들은 정직한 지도자를 **필요로 한다**.

(가)~(다)에서 보듯이 필요로 하다라는 말은 많은 사람들에게 상식처럼 통하고 있다.

그러나 이것은 영어 동사 need에 맞도록 우리말을 왜곡한 결과이다. 우리말에는 형용사 필요하다가 있으며, 이 형용사를 사용하면 문의 전체 구조가 달라져야 한다.* 그것을 보이면 다음과 같다.

(가)′ 북한 사람들에게 필요한 것은 양식이다.
(나)′ 빵이 필요한 사람에게는 빵을 주어야 한다.
(다)′ 그들에게는 정직한 지도자가 필요하다.

비슷한 내용일지라도 언어마다 그것을 표현하는 형식이 다르다. 남의 말을 중심에 두고 우리말을 거기에다 꿰어 맞추는 것은 바람직한 일이 아니다. 이런 점에 좀더 주의를 기울일 필요가 있다.

〈1998.7.9.〉

수여를 받다

(가) 홍길동 회장, 교육학박사 학위 수여

지난 토요일 어느 일간신문에 실린 광고문의 제목이다. 내용을 보니 홍길동 회장이 학위를 받은 사실을 알리는 것이었다. 그런 내용을 드러내는 제목에 수여라는 낱말을 쓴 것은 매우 큰 잘못이다.

수여(授 = 주다, 與 = 주다)는 '줌'을 뜻한다. 그러니 학위를 받은 사

---

* '필요로 하다'를 아예 버리고, 그 대신에 '원하다'나 '요구하다' 등을 사용할 수도 있다. 그렇게 하면 표현 의미는 좀 달라진다.

실을 표현할 때에 쓸 수 없다. 사실과는 달리 '학위를 주었다'는 뜻이 되어 버리기 때문이다. (가)와 같은 사실을 표현하고자 할 때에는 다음과 같이 '학위 받음'이라고 하면 충분하다. 반드시 한자낱말을 써야 하는 것도 아니고, 그래야만 권위가 세워지는 것도 아닌데, 굳이 한자낱말을 찾다 보니 이런 잘못만 저지르게 된다. 답답하고 한심한 일이 아닐 수 없다.

(가)′ 홍길동 회장, 교육학박사 학위 **받음**

그래도 꼭 한자낱말을 써야 하겠다면 **취득**(取得)이라고 하면 된다. 간혹 '학위 수득'이라 하는 것을 보는데, '(이론이나 기술 따위를) 닦아서 체득함'이라는 수득(修得)의 뜻풀이와는 꽤 동떨어진 맥락이다.

수여(授與)와는 한자가 다른 수여(受 = 받다, 與 = 주다)도 있으나, 이것은 '주고받음'을 뜻한다. (가)의 수여가 이것이라 해도 맥락에 적합하지 않은 것은 마찬가지이다.

그런가 하면 학위 수여 식장에서는 보통 '학사 보고'라는 것을 하는데, 다음과 같은 말을 흔히 한다.

(나) 박사 학위 10명, 석사 학위 30명, 학사 학위 400명, 모두 440명이 학위 **수여**를 받게 되었습니다.

총장이 학위를 '수여'하고 학생이 '받을' 것이니 수여를 받다라고 표현한 것이라 할지도 모르겠으나, 그것은 형식을 아주 무시해 버리는 억지이다. 다음과 같이 수여를 빼 버리면 모든 문제가 해소된다.

(나)′ 박사 학위 10명, 석사 학위 30명, 학사 학위 400명, 모두 440명이 학
　위를 **받게** 되었습니다.　　　　　　　　〈1999.11.17., 2000.2.11.〉

태풍이 빠져나갈 예정

(가) 2시쯤이면 태풍이 완전히 빠져나갈 **예정**입니다.

사흘 전에 기상 예보 방송에서 이런 말을 들었다. 한순간의 실수로 보
아 넘길 수도 있겠지만, 방송의 영향력이 적지 않을뿐더러 요즈음은
하도 요상한 표현을 많이 하기 때문에 매우 염려스럽다.
　두루 알다시피 예정(豫定)은 다음과 같이 사용하는 것이 바르다.

　(나) ㉠ 우리는 내일 떠날 **예정**입니다.
　　　 ㉡ 결선 대회를 11월 중순에 개최할 **예정**이다.
　　　 ㉢ 곧 마지막 열차가 도착할 **예정**이다.

(나)에서 예정을 수식하는 절의 구조를 살펴보자. ㉠의 서술어는 '떠
날'이며, 그것의 주체(행동주)는 '우리', 곧 사람이다. ㉡의 서술어는
'개최할'이며, 그것의 주체는 생략되어 있지만 사람인 것이 분명하
다. ㉢의 서술어는 '도착할'이고 그것의 주체는 '열차'인데, 열차는
사람은 아니지만 사람의 의지대로 움직이게 할 수 있다. 이처럼 예정
을 수식하는 절의 주체는 사람이거나 사람의 의지대로 움직일 수 있
는 것이다.

다시 (가)로 돌아가 보자. 예정을 수식하는 절의 서술어는 '빠져나갈'이며, 그것의 주체는 **태풍**이다. 그런데 태풍은 사람도 아니고 사람의 의지대로 움직이는 것도 아니다. 태풍의 진로를 사람들이 예정해 (미리 정해) 놓고 태풍을 불러일으킨 것이 아니라는 말이다. 그러니 태풍과 예정을 이런 관계로 구성하는 것은 배달말의 상식을 벗어난 것이다. (가)는 다음과 같이 말해야 할 것을 잘못 말한 것이다.

(가)′ ㄱ. 2시쯤이면 태풍이 완전히 빠져나갈 **것으로 보입니다**.

ㄴ. 2시쯤이면 태풍이 완전히 빠져나갈 **것으로 예상됩니다**.

ㄷ. 2시쯤이면 태풍이 완전히 빠져나갈 **듯합니다**. 〈2000.9.1.〉

혼자서 범행을 모의하다

지난 10일부터 범행을 **모의한** 것으로 드러났다.

이는 매우 익숙한 표현일 줄 안다. 하지만 **모의하다**의 사용에 유의할 점이 있다.

오늘날 사전에서는 **모의**(謀議)를 '남몰래 꾀하고 의논함' 또는 '남몰래 모여서 의논함' 정도로 뜻풀이해 놓고 있는데, 좋지 않은 맥락에 쓰이는 경우가 대부분이다. 여기서 '의논'에 유의할 필요가 있다. 그것은 혼자서 하는 행위가 아니라, 두 사람 이상 모여야 할 수 있는 행위이다.

요즈음 신문이나 방송의 표현을 관찰해 보면, 단독 범행을 보도하는 맥락에서까지 모의하다를 접하게 된다. 그러나 혼자서 계획하고 실행한 범행에 대하여 모의하다를 쓰는 것은 합당하지 않다. 그런 경우에는 계획하다라고 해야 한다. 〈2000.5.31.〉

일본인 출신 페루 대통령

남미 북서쪽에 자리한 나라 페루의 대통령은 후지모리인데, 그에 관하여 다음과 같이 쓴 신문 기사를 보았다.

후지모리는 일본인 출신이다.

현재 후지모리는 분명히 페루 국민이다. 그러니 일본인 출신으로 전달하려고 한 정보가 무엇인지 분명하지 않다. 일본인이 '일본 국민'을 뜻할 수도 있고, '일본 민족'을 뜻할 수도 있기 때문이다.

첫째, '일본 국민'을 뜻하고자 했다면 다음과 같이 표현하는 것이 옳다.

ㄱ. 후지모리는 일본 출신이다.

이것은 전에는 일본 국민이었는데 지금은 아니라는 뜻을 품고 있다.

둘째, '일본 민족'(저들은 스스로 '대화족'이라 함)을 뜻하고자 했다면 다음과 같은 표현이 좀더 낫다.

ㄴ. 후지모리는 일본인이다.

ㄷ. 후지모리는 일본(민)족이다.

그러나 일본인은 '일본 국민'의 뜻으로도 사용하기 때문에 ㄴ의 정보
는 여전히 이중적일 수 있다.   〈2000.9.2.〉

토요일마다 가끔

다음은 어느 중앙 일간신문에서 본 것이다.

(가) A는 토요일마다 B와 함께 가끔 등산을 했다.

위의 표현에는 '때의 간격'을 뜻하는 낱말이 두 개 있다. –마다와 가
끔이 그것이다. 그런데 이 둘의 의미는 상반된다. 의미적으로 상반
되는 '토요일마다'와 가끔을 한 문에 같이 썼으니, 정보가 명료하지
않다.

앞에서는 조사 –마다를 씀으로써 A와 B가 토요일에는 '빠짐없이'
함께 등산을 했다는 의미가 되었다. 그런데 뒤에서 부사 가끔을 쓴 것
은 토요일마다 빠짐없이 등산한 것이 아님을 말한 것이 된다. 따라서
이 표현은 사려 깊은 독자에게는 신빙성이 없는 것으로 치부되고 말
것이다. '토요일마다' 등산을 했다는 것인지, '어떤 토요일에 가끔'
등산을 했다는 것인지 알 수 없으므로 표현이 서투르다는 지적을 면
할 길이 없다.

'토요일마다' 등산을 했다면 가끔을 사용하지 말고 "A는 토요일마다 B와 함께 등산을 했다."라고 해야 할 것이며, '어떤 토요일에 가끔' 등산을 했다면 -마다를 사용하지 말고 "A는 토요일{에는/이면} B와 함께 가끔 등산을 했다."는 정도로 표현해야 할 것이다.

그러나 다음과 같은 표현에는 아무런 잘못이 없다.

(나) A는 집집마다 가끔 선물을 돌렸다.

'집집마다'는 '장소'를 뜻하므로 가끔과 의미적으로 충돌하지 않기 때문이다.

〈1997.4.24.〉

보다 잘 먹기 위하여

(가) 불행한 일이지만, 많은 사람들은 보다 잘 먹기 위하여, 남보다 앞서기 위하여 살아가는 듯하다.

이 말에는 보다가 두 번 쓰였다. 그러나 앞쪽의 보다는 적절하지 않다.
뒤쪽의 보다는 명사에 붙은 조사이다. (나)에서 확인할 수 있듯이, 이러한 용법은 매우 정상적이며 보편적이다.

(나) ㉠ 그 여인은 꽃보다 예쁘다.
　　 ㉡ 부모님의 은혜는 산보다 높다.

(가)에서 앞쪽의 보다는 뒤따르는 부사 잘을 한정하고 있다. 우리말에서 부사를 한정하는 것은 부사이므로 이 보다는 부사가 되는 셈이다. 그러나 정작 우리말에는 보다라는 부사가 없다. 북쪽 사전을 포함하여 근래에 나온 일부 사전에서 부사 보다를 인정하기도 하지만, 아무래도 마뜩하지 않다. 부사 보다는 일본말에서 들어온 것으로, 얼마든지 우리 낱말로 대신할 수가 있기 때문이다.

(가)´ 불행한 일이지만, 많은 사람들은 더 잘 먹기 위하여, 남보다 앞서기
　　　위하여 살아가는 듯하다.

이처럼 부사 앞에 놓이는 보다는 조사 –보다와 변별되도록 더, 좀더, 더욱더, 한층 더 등으로 바꾸어 쓰는 것이 바람직하다.　　　〈2000.9.4.〉

–에 있어서

(가)에서 –에 있어서라는 부분이 꼭 필요한지 따져 보자.

(가) 자원이 부족한 후진국에 있어서의 경제 개발 계획은 더욱 신중하게
　　　추진해야 한다.

조금만 생각해 보면 –에 있어서가 불필요하다는 것을 알게 될 것이다. 다음이 훨씬 더 깔끔하고 우리말답다.

(가)′ 자원이 부족한 후진국의 경제 개발 계획은 더욱 신중하게 추진되어
야 한다.

위와 같이 불필요한 – 에 있어서를 사용하는 사례는 꽤 많다. 또 다
른 예를 보기로 한다.

(나) ㉠ 고속철도 건설 사업에 있어서는 안전성이 더욱 요구된다.
　　㉡ 이 난국을 타개해 나가는 데에 있어서 가장 중요한 것은 무엇인가?
　　㉢ 그 문제를 해결하는 과정에 있어 많은 잡음과 오해가 있었다.

(나)의 있어서(는), 있어는 필요하지 않다. 그것을 빼 버리면 훨씬 더
깔끔해진다. 그러나 그 앞에 있는 – 에는 살려 두어야 한다.

(다) 이 정책을 추진함에 있어서는 시민 여러분의 적극적인 참여가 꼭 필
요합니다.

(다)도 있어서만 빼 버리면 반듯한 표현이 되는데, 다음과 같이 아주
다르게 표현하는 방법도 있다.

(다)′ 이 정책을 추진하려면 시민 여러분의 적극적인 참여가 꼭 필요합니다.

– 에 있어서 따위의 표현은 일본말의 영향이라는 지적이 많다.
〈1997.12.1., 1998.12.12.〉

입장을 분명히 하다

입장(立場)은 일본식 낱말이며, 뜻넓이가 너무 넓어서 의미가 분명히 드러나지 않는다(242~243쪽 참조). 그런데 요즈음 대중매체에서는 이 낱말이 더욱더 횡행하고 있다. 무차별적이라 할 정도이다.

A의원은 내각제에 반대하는 **입장을 분명히 하였다.**

이처럼 **입장을 분명히 하다**라는 표현까지 매일 신문과 방송에 오르내리고 있다. 여기서 입장은 견해, 의견 등으로 바꾸어야 한다. 그렇게 바꾸기로 하면 하였다도 거기에 걸맞게 **밝혔다**나 **천명하였다**라고 하는 것이 자연스럽다. 고친 것을 다시 써 보면 다음과 같다.

A의원은 내각제에 반대하는 **견해를 분명히 밝혔다.**

우리말 감각이 보통 수준만 되어도 어느 것이 더 분명하고 자연스러운지 금방 느낄 수 있으리라 본다.　　　　　　　　　　〈1999. 4. 29.〉

입장을 정리하다

(가) 일일이 맞대응하지 않는다는 **입장을 정리하였다.**

여기서 **입장을 정리하다**는 그동안 우리가 방송이나 신문을 통하여 수 없이 접하고 있는 표현이다.

　이 표현을 사용하는 경우는 대체로 어떤 문제에 대하여 여럿으로 표출된 견해나 주장을 어느 한쪽으로 모았을 때이다. 어떤 문제에 대한 해결 방법이나 대책, 또는 기본 노선이나 방침을 정했을 때에도 사용한다. (가)에서는 '일일이 맞대응하지 않는다'는 것이 여러 가능성 가운데서 최종적으로 조정·채택된 결론이다. 그러한 사정을 '～다는 입장을 정리하다'라고 표현하는 것은 사실을 제대로 전달하는 것이 아니다. 다음과 비교해 보자.

　(나) ㉠ 일일이 맞대응하지 않는다는 **방침을 정했다.**
　　　 ㉡ 일일이 맞대응하지 않는다는 **노선을 채택하였다.**
　　　 ㉢ 일일이 맞대응하지 않는다는 **결론을 내렸다.**
　　　 ㉣ 일일이 맞대응하지 않는다는 **쪽으로 의견을 모았다.**

　요컨대 (가)와 같이 사실과 다르게, 또는 불분명하게 표현하지 말고, (나)와 같이 실제로 전개된 사실에 부합하게끔 선택적으로 표현하는 것이 바람직하다.

　다음은 요즘 방송에서 자주 접하는 표현이다.

　(다) 민주당에서는 어제 운영회의를 열어 요즈음 거론되고 있는 내각제 개헌에 **반대 입장을 정리하였다.**

이런 표현을 아무런 맥락 없이 들었다면, 의미 해석을 어떻게 해야 할까? 아마도 다음 둘 중에서 어느 한쪽으로 해석할 것이다.

(라) ㉠ 민주당에서는 …… 반대하는 의견들을 모두 제거하였다.

㉡ 민주당에서는 …… 반대하는 여러 의견들을 한가지로 통일하였다.

㉠은 결과적으로 찬성 쪽으로 의견을 모았다는 뜻이 되고, ㉡은 반대하는 여러 의견이나 논리를 하나로 통일했다는 뜻이 된다. 이처럼 (다)는 그 의미가 매우 모호하고 불완전하다.

　문제가 여기에서 끝나는 것이 아니다. 여러 차례에 걸친 나의 경험으로는, (다)는 (라)의 의미로 한 표현이 아니었다. (마)의 의미를 그렇게 표현한 것이었다.

(마) 민주당에서는 …… 반대하기로 의견을 모았다.

　(마)의 의미는 (라)의 ㉡과 비슷한 것 같지만 꽤 다르다. (마)는 당내에 반대 의견도 있고 찬성 의견도 있는데, 반대 쪽으로 의견을 통일했다는 것이다. 이에 비하여 (라)의 ㉡은 (회의의 쟁점이 찬성/반대에 있는 것이 아니고) 반대 논리를 하나로 통일했다는 것이다.

　선문답도 아니고, 대중 언론 매체의 보도 문장에서 이런 불완전하고 모호한 표현이 자주 쓰이고 있다는 것은 예사로운 문제가 아니다. 달리 정확하게 표현할 방법이 없다면 모르겠으되, 그런 길이 있음에도 두루뭉수리 길로 가고 있으니 참으로 한심하고 답답한 일이다. 요즈음의 정치 현실을 그대로 반영하고 있는 셈일까?

〈1999.3.19., 2000.3.23.〉

입장을 재확인하다

(가) ㉠ 김 대통령은 오늘 기자 간담회를 갖고 국정 전반에 관한 입장을
   밝힙니다.
   ㉡ 이 자리에서 김 대통령은 지속적인 개혁 추진 입장을 재확인할 것
   으로 보입니다.

(가)는 이틀 전에 텔레비전 방송에서 들은 내용을 간추린 것이다. 원래는 연속되는 두 문인데, 여기서는 보기 쉽게 나누었다. ㉠의 입장(立場)은 견해라고 하는 것이 정확하며 ㉡의 입장은 의지라고 하는 것이 바람직하다.

여기서 더욱 문제가 되는 것은 재확인하다이다. ㉡의 뜻인즉, 개혁을 지속적으로 추진하겠다는 의지를 다시 한번 분명히 밝힐 것으로 예측된다는 것이다. 이런 맥락에서 재확인하다는 적절하지 않다. (나)에서 보듯이 (재)확인하다는 자기 아닌 다른 사람이나 사물을 통하여 이루어지는 행위이다.

(나) ㉠ 철호는 선생님에게 시험 날짜를 재확인하였다.
   ㉡ 영미는 국어사전을 통하여 그 낱말의 뜻을 재확인하였다.

그러나 (가)의 ㉡에서 전달하고자 한 내용은, 대통령이 기자들에게 개혁 추진 의지를 거듭 밝힌다는 것이다. 이를 재확인하다라고 하는 것은 당치 않다. 거듭 밝히다라고 하거나 재천명하다를 써야 한다. 그러니 (가)의 ㉡은 다음과 같이 고쳐야 한다.

(가)′ ⓛ 이 자리에서 김 대통령은 지속적인 개혁 추진 **의지를** {거듭 **밝힐**/**재천명할**} 것으로 보입니다.

이틀 전 어느 중앙 일간신문의 기사에서도 (다)와 같은 표현을 보았다.

(다) 문화부 관계자에 따르면, 신 장관은 27일 발렌티 회장과 만나 "스크린 쿼터는 한국 영화 산업의 발전을 위해 필요하다."는 **입장을 재확인한** 것으로 알려졌다.

여기서도 (가)에서와 같은 문제점이 발견되는바, 그것을 짚어 본다.

첫째, 여기 입장은 **방침** 또는 **견해, 의견**으로 대체할 수 있겠다. 그런데 **방침**이라고 했을 때와 **견해, 의견**이라고 했을 때에는 그 의미가 사뭇 다르다. **방침**은 큰따옴표 안의 내용(스크린 쿼터는 한국 영화 산업의 발전을 위해 필요하다.)이 문화부 차원의 공식적인 것임을 함의하며, **견해, 의견**은 그것이 신 장관의 개인적인 것임을 함의하는 농도가 짙다. 이렇게 본다면 (다)는 사실을 분명하게 보도하지 못한 흠도 아울러 안고 있다.

둘째, **재확인한**이 문제이다. 문맥으로 볼 때에 큰따옴표 안의 말은 신 장관이 한 것이 분명하다. 발렌티 회장에게 그런 내용을 재차 밝힌 것이다. 그러므로 **재확인한**이 아니라 **재천명한**이나 **거듭 밝힌**이라고 해야 한다. 맥락에 따라서는 **재확인시켜 준**이라고 할 수도 있겠다.

두 가지 문제점을 바로잡아 (다)를 다시 써 보면 다음과 같다.

(다)′ ㄱ. 문화부 관계자에 따르면, 신 장관은 …… 는 (방침을/견해를) 재
천명한 것으로 알려졌다.

ㄴ. 문화부 관계자에 따르면, 신 장관은 …… 는 (방침을/견해를) 재
차 밝힌 것으로 알려졌다.

ㄷ. 문화부 관계자에 따르면, 신 장관은 …… 는 (방침을/견해를) 재
확인시켜 준 것으로 알려졌다. 〈1998.8.26., 1999.3.31.〉

가출아, 부랑아, 비행아, 학대아

보건복지부 관계자는 "실제 가출아, 부랑아, 비행아, **학대아** 등은 이보다
훨씬 더 많을 것"이라고 추정했다.

두어 주 전에, 영아를 사고파는 실태를 보도한 어느 신문 기사 중에서
본 표현이다.

여기서 학대아는 "가출아, 부랑아, 비행아" 들과 균형이 맞지 않는
다. 이들은 각각 '가출한 아이, 부랑하는(일정한 거처 없이 떠돌아다니
는) 아이, 비행을 저지른 아이'를 뜻한다. '가출, 부랑, 비행'은 각각
그 아이의 행위이다. 거기에 비추어 보면 학대아는 '(누군가를) 학대
하는 아이'라는, 전혀 엉뚱한 의미가 되어 버린다. 그러나 그것은 위
의 표현에서 나타내려 한 정보가 아니다. 위에서 나타내려 한 뜻은 분
명 '(누군가로부터) 학대를 받는 아이'이다.

그러니 여기서는 학대 받는 아이라고 하는 것이 바르다. 굳이 한자
낱말로 나타내고자 하면 피학대아라고 할 수 있겠다.

보건복지부 관계자는 "실제 가출아, 부랑아, 비행아, **학대 받는 아이** 등은 이보다 훨씬 더 많을 것"이라고 추정했다.

우리 말글을 둘러보면 주객을 뒤바꾸거나 관점을 뒤섞어 표현함으로써 엉뚱한 결과를 초래하는 경우가 많다. 어미나 조사를 살려서 생각해 보면 그런 오류를 많이 줄일 수 있다. 어미나 조사는 우리말의 매우 중요한 특징임을 잊지 말아야 하겠다. ⟨1998.4.7.⟩

열차가 도착하여 정차되겠습니다

다음은 열차 방송에서 흔히 들을 수 있는 말이다.

이 열차는 잠시 후에 대전역에 **도착하여** 5분 동안 **정차되겠습니다.**

이 말이 여전히 방송되고 있는 것은 다음 두 가지 사실을 반증하는 것이 아닌가 한다. 대부분의 사람들이 이 말에 대해서 아예 문제의식을 가지지 못하거나, 문제 제기를 귀찮아하는 것이다.

이 문의 주어는 '이 열차'이며, 이에 대한 서술어는 **도착하다**와 정**차되다**이다. 다시 말하면 이 문은 "이 열차는 도착하다."와 "이 열차는 정차되다."가 합쳐진 것이다. 그런데 주의해야 할 것은 한쪽의 서술어 **도착하다**는 능동사이고, 다른 한쪽의 서술어 **정차되다**는 피동사로 되어 있다는 점이다.

이처럼 한 표현에서, 하나의 주어에 대하여 동등한 지위에 있는 서술어가 서로 다른 태를 가지게 하는 것은 올바르지 못하다. 일치시켜야 한다. 그리고 특별한 의미를 표현해야 할 경우가 아니라면 능동사를 사용하는 것이 좋다. 위의 문은 **도착하다**를 기준으로 **정차되다**를 능동사 **정차하다** 쪽으로 바꾸는 것이 좋겠다. 그렇게 다시 써 보면 다음과 같다.

이 열차는 잠시 후에 대전역에 **도착하여** 5분 동안 **정차하겠습니다.**

영어를 가르치거나 배울 때에는 태의 일치에 관심을 많이 두는데, 우리말에서는 도무지 관심을 두지 않는다. 물론 우리말은 영어와 다르므로 무조건 영어를 따라야 할 것은 없지만, 이런 경우에는 태를 일치시키는 것이 옳다.
〈1997.4.9.〉

시설을 건설하다 발견된 유물

(가) 이 유물은 정수장 시설을 **건설하다 발견된** 것입니다.

한 보름 전, 밤 9시 뉴스 시간에 이와 비슷한 표현을 들었다. 우리 나라 어느 지역에서 구석기 시대의 유물이 발견된 것을 보도하는 내용이었다. 그런데 그것은 짤막한 표현이지만 제대로 된 말이 아니다. 무엇이 문제일까? **발견된**이 문제이다. 이 부분을 **발견한**으로 해야 올바른 말이 된다.

(가)에 표현된 중요 사실은 두 가지이다. "정수장 시설을 **건설하**

다."와 "이 유물을 발견하다."이다. 두 행위의 주어는 동일한데 생략되어 있다. 이 둘을 접속어미 -다로 이으면 (나)가 된다.

(나) [(아무개가) 정수장 시설을 건설하]+다 [(아무개가) 이 유물을 발견하]

그런데 뉴스의 초점은 '이 유물'이므로 이를 맨 앞으로 이동하여 강조(주제화)하면 (다)와 같이 된다. 이는 매우 반듯한 구조이다.

(다) 이 유물은 [(아무개가) 정수장 시설을 건설하]+다 [(아무개가) 발견하]

(가)는 (다)에서 **발견하**-를 **발견되**-로 바꾼 결과 두 문의 접속 관계가 아주 헝클어져 버린 표현이다. 〈2000.6.28.〉

세분화했던 것이 도별로 통합됐다

이달에 시·군의 지역 전화번호가 일제히 바뀌었다. 여러 매체를 통하여 이 사실을 홍보하고 있는데, 방송에서 다음과 같은 말을 들었다.

서울과 제주, 그리고 6대 광역시는 지역 번호를 그대로 쓰고, 나머지는 시·군 단위로 **세분화했던** 것이 도별로 **통합됐습니다.**

이를 듣고 어색하게 느낀 이가 적지 않을 줄 안다. 그 어색함은 **세분화했던**과 **통합됐습니다**에서 보듯이 -하다와 -되다의 불일치에서 비롯된다.

　이 표현에서 '세분화'의 대상과 '통합'의 대상은 동일하다. 다 같이 '지역 전화번호'이다. 그러니 같은 문에서 앞쪽을 능동사 세분화했던으로 표현했으면 뒤쪽도 거기에 맞추어 **통합했습니다**라고 해야 한다.

　ㄱ. 서울과 …… 시·군 단위로 **세분화했던** 것을 도별로 **통합했습니다**.

　이와는 달리, 앞쪽을 피동사 세분화됐던으로 고쳐 뒤쪽 동사에 일치시킬 수도 있다.

　ㄴ. 서울과 …… 시·군 단위로 **세분화됐던** 것이 도별로 **통합됐습니다**.

그러나 위와 같은 경우에 - 되다로 바꾸는 것은 바람직하지 않다. 앞절 '지역 번호를 그대로 쓰고'와도 균형을 맞추어야 하기 때문이다.

〈2000.7.12.〉

개발하기 위하여 조성된다

　부산군에서는 이것을 특산품으로 **개발하기** 위해서 내년부터 산돌배나무 재배 단지가 **조성됩니다**.

어느 방송에서 위와 같이 보도하는 것을 들었다. 평소에 일반 사람들이 자주 범하는 실수를 어엿한 방송에서도 똑같이 저지르고 있는 것이었다.

위에서 문제가 되는 것은 **조성됩니다**이다. 이것과 대비되는 낱말은 **개발하-**(능동사)인데, 그것의 주어는 분명 '부산군'이다. 그리고 의미로 볼 때에 **조성됩니다**의 주어도 '부산군'일 수밖에 없다. 부산군에서 재배 단지를 조성한다는 뜻이므로, 표현 형식도 거기에 맞게끔 **조성합니다**(능동사)로 표현해야 한다. 그렇게 되면 '재배 단지가'의 성분도 거기에 맞게 조정해야 한다. 이를 바르게 고쳐 써 보면 다음과 같다.

부산군에서는 이것을 특산품으로 **개발하기** 위해서 내년부터 산돌배나무 재배 단지를 **조성합니다.**

이러한 이치는 상식이요 기본이다. 크게 의식하지 않더라도 자동적으로 이렇게 되어 가야 한다. 요컨대 특별한 경우를 제외하고는, 한 문에서 같은 낱말을 주어로 하는 서술어는 같은 형식을 취해야 한다.

〈2000. 12. 22.〉

백일장이 **개최되어** 정신을 **기리다**

(가) 1990년 문화부에서는 가산 이효석의 생가가 있는 마을을 시범 문화 마을로 **지정하였으며**, 1993년에는 평창군에서 가산의 흉상과 문학비를 건립하여 가산 공원을 **조성하였다**.

(나) 해마다 9월 초 메밀꽃 필 무렵이면 효석 백일장이 **개최되어** 효석의
　　문학 정신을 **기리고 있다**.

(가)와 (나)는 한 편의 소개글 속에 연이어 있는 문이다. 그런데 (나)의
'효석 백일장이 개최되어'라는 부분이 전체의 흐름에서 벗어나 있어
매우 부자연스럽다.

　(가)는 두 개의 절이 대등하게 이어져 있다. 주어와 서술어만 써 보
면, 앞절은 '문화부에서는 **지정하였으며**'이고, 뒷절은 '평창군에서 조
성하였다'이다. 두 절의 서술어가 다 같이 능동 형식인 - 하다로 되어
있다.

　(나)도 두 절로 이루어져 있는데, 앞절의 주어와 서술어는 '백일장
이 개최되어'이고, 뒷절의 그것은 '(아무개가) 기리고 있다'이다.

　전체의 흐름으로 볼 때에, 그 앞뒤에 있는 나머지 절과는 달리 셋째
절, 곧 '백일장이 개최되어'가 피동 형식을 취하고 있으니 부자연스
러울 수밖에 없다. 그 부자연스러움을 해소하려면 능동 형식 '백일장
을 개최하여'로 바꾸어야 한다. 주어는 아마도 '평창군에서'가 아닐
까 싶은데, 굳이 드러내지 않아도 좋다.

　요컨대 (나)는 다음과 같이 바꾸어야 제대로 된 문이 된다.

　(나)´ 해마다 9월 초 메밀꽃 필 무렵이면 효석 백일장을 **개최하여** 효석의
　　　문학 정신을 **기리고 있다**.　　　　　　　　　　　　〈1998. 4. 13.〉

8·15 해방

1945년 8월 15일을 가리켜 어떤이는 '8·15 해방'이라 하고, 어떤이는 '8·15 광복'이라 한다. 줄곧 '8·15 해방'이라 해 왔는데, 대체로 10여 년 전부터 '8·15 광복'을 더러 쓰기 시작했다. 그런데 해방과 광복 사이의 거리는 매우 멀다.

사전에서는 해방의 뜻을 다음과 같이 풀이하고 있다.

해방 : 꼼짝 못 하게 얽어 매었던 것이나 가두었던 것을 풀어 놓음.

그러니 여기서 파생된 동사 해방하다의 뜻은 '~ 것을 풀어 놓다'이며, 해방되다의 뜻은 '~ 것에서 풀려나다'이다. 이런 관점에서 본다면 1945년 8월 15일에 우리는 '해방된' 것이다. 몇몇 강대국들의 도움으로 우리는 일본의 사슬에서 풀려난 것이다. 다시 말하면 '8·15 해방'이라는 말에는 우리가 남의 도움으로 풀려났다는, 곧 수동적인 의미가 가득 담겨 있다. 그 밑바닥에는 우리를 풀어 준 몇몇 강대국들 (어쩌면 일본까지 포함하여)에 대한, 강요된 감사의 뜻이 깔려 있다고도 볼 수 있다. 이렇게 이해할 때에 '그럼에도 이 표현을 계속 써야 하는가?' 하는 문제에 부딪히게 된다.

광복은 다음과 같이 풀이되어 있다.

광복 : 잃었던 나라나 국토를 다시 회복함.

그러니 광복하다는 능동사이다. 그것은 주체적인 행위이다. 제대로 알고 쓴다면, 피동사 광복되다를 꼭 써야 할 일은 많지 않을 것이다. 이렇게 볼 때에 '8·15 광복'이라는 표현은 우리가 '능동적으로' 우리 나라를 되찾았다는 것에 의미의 중심이 있다.

사실 우리 겨레는 나라를 되찾기 위하여 안팎에서 갖가지 노력과 피 나는 투쟁을 했다. 많은 목숨을 바쳤다. 그런 노력이 하늘을 움직이고 이웃을 움직였던 것이다. 우리들이 될 대로 되라 하고 가만히 있는데, 강대국들이 알아서 나라를 찾아다 준 것이 아니다. 그러므로 1945년 8월 15일은 '8·15 해방'이 아니라 '8·15 광복'이다. 〈1997.8.14.〉

마지막 주 토요일

날짜 약속을 할 때에 '어느 달의 첫째 주 금요일'이니 '매달 마지막 주 토요일'이니 하는 식으로 정하는 일이 많다. 그런데 이렇게 약속하 다 보면 해석하기에 따라서 일주일이 차이 날 수 있다. 아마 이런 혼 란을 겪은 일이 적지 않을 것이다.

일	월	화	수	목	금	토
				1	2	3
4	5	6	7	8	9	10
11	12	13	14	15	16	17
18	19	20	21	22	23	24
25	26	27	28	29	30	

위와 같은 달이 있다고 가정해 보자. 이런 달의 '첫째 주 금요일'에 누구와 만나기로 약속했다면 2일에 약속 장소로 나가야 할까, 9일에 나가야 할까? 참으로 난감하다.

그뿐이 아니다. '매달 마지막 주 토요일'에 어떤 돈을 주고받기로 계약을 했을 때에, 이런 달에는 어떻게 해야 할까? 마지막 주에는 토요일이 없으니 말이다.

이렇게 볼 때에 '첫째 주 금요일'이나 '마지막 주 토요일'이란 표현에는 말썽의 소지가 있음을 알 수 있다.

이러한 말썽의 소지는 주에 있다. 괜한 것을 덧붙임으로써 정보 공유에 혼란을 초래한 것이다. "어느 달의 첫(째) 금요일, 매달 마지막 토요일"과 같은 식으로 표현하면 간단하고 명료해진다. 위와 같은 달이라 하더라도 '첫 금요일'은 2일이고, '마지막 토요일'은 24일이라는 데에 이의를 달 사람은 아무도 없을 것이다. 〈1996.6.5.〉

쓰레기를 버리지 맙시다

쓰레기를 버리지 맙시다.

이는 누구나 쉽게 하는 말이다. 그리고 누구나 이 말을 들으면 그 뜻을 안다. 따라서 이 말이 잘못됐다고 이의를 제기하는 사람도 아마 없을 것이다.

그런데 한편으로 "제발 쓰레기 좀 (쌓아 놓지 말고 그때그때) 버려."라는 말도 한다. 여기서 어리둥절해진다. 쓰레기는 버리는 것이 옳은가, 버리지 않는 것이 옳은가?

그럼에도 사람들은 별 탈 없이 살아간다. 때론 쓰레기를 버리기도 하고, 때론 쓰레기를 버리지 않기도 하면서 말이다. 그때그때 상황에 알맞은 의미를 구성해 낸다는 증거이다. 그러나 우리말을 좀더 합리적인 방향으로 발전시켜 나가야 한다는 점에서 보면, 최대한 명료한 표현을 하는 것이 좋다.

쓰레기란 본디 버려야 할, 쓸모없는 물건을 가리킨다. 그러니 쓰레기는 버리는 것이 옳다. 재활용할 수 있는 물건이라면 그것은 이미 쓰레기가 아니다.

이렇게 볼 때에 일상에서 대하는, 위와 같은 표현에는 문제성이 있다. 쓰레기 버리는 것을 아예 '금지'하는 의미로 해석될 수도 있기 때문이다.

그런 문제를 간단히 해소하고 의미를 좀더 명료하게 나타내는 방법이 있다. **함부로**라는 부사를 끼워 넣는 것이다.

ㄱ. 쓰레기를 **함부로 버리지 맙시다.**

이렇게 하면 '쓰레기를 가려 버리자.'는 의미가 구성된다. 다음과 같이 표현을 아예 바꾸는 방법도 있다.

ㄴ. 쓰레기는 **정해진 곳에다 버립시다.**　　　　　　　〈1997. 2. 3~4.〉

중경상을 입다

다음은 신문과 방송을 통하여 예사로 접해 온 표현이다.

이 사고로 10여 명이 중경상을 입었습니다.

그런데 곰곰 생각해 보니 바람직하지 않은 점이 있다. 중경상을 입었습니다 부분을 따져 보기로 한다.

사전에서는 중경상을 보통 '중상과 경상'으로 풀이한다. 중상(심한 상처)과 경상(가벼운 상처)을 합쳐 중경상이라 하는 것이다. 그러니 중경상은 결국 '모든 상처'를 뜻하며 중경상을 입다의 기본의미도 '상처를 입다'와 같은 셈이 된다. 다시 말하면 위의 표현은 다음과 같은 말이다.

ㄱ. 이 사고로 10여 명이 상처를 입었습니다.

그런데 사람에 따라 상처를 입다의 의미를 '다치다'보다 훨씬 가볍게 받아들일 수도 있다. 그런 상황에 대비한다면 부상하다가 나을 수 있다.

ㄴ. 이 사고로 10여 명이 부상하였습니다.

그러나 어떤 식으로 표현하든, 더 중요한 것은 사고가 났을 때에 경상자와 중상자의 수를 구분하지 않고 통틀어 보도하는 문제이다. 시청자에게 가장 궁금한 것은 (사망자는 물론이요) 중상자의 수이고, 그것을 알려 주면 사고의 크기나 정도를 짐작하기도 쉬울 것이다. 사고 현장에서 당장 경상과 중상을 구분하기가 쉽지 않은 것은 이해하지만, 작정만 한다면 방법은 있을 것이다. 다음에서 보듯이 '두세 명은 중상'과 같은 말을 덧붙이면 되지 않을까 한다.

ㄷ. 이 사고로 10여 명이 **부상했는데, 두세 명은 중상**이라 합니다.

요컨대 중상과 경상은 작은 차이가 아닌데도 그것을 구분하지 않고 보도하는 것은 바람직하지 않다. 〈2001. 2. 20.〉

회장으로 계시다

여러 사람들이 모인 자리에서 누군가를 소개할 때에 대개는 성명과 직장이나 직위를 말한다. 그 밖에 그 사람의 취미나 특기, 나이, 가족 상황 등 다양한 항목을 포함시키기도 하지만, 격식을 갖추어야 할 자리에서는 직장과 직위를 중요하게 다루는 것이 보통이다.

그런데 직위 또는 직함을 소개할 때에 다음과 같은 식으로 말하는 일이 적지 않다.

이분은 초롱 봉사회 회장**으로 계시는** 홍길동 님입니다.

이런 표현에 대해서 많은 사람들이 별다른 문제의식을 가지지 않는 것 같다. 언뜻 보기에는 그렇게 보인다. 그러나 좀더 유심히 관찰해 보면 무언가 잡히는 것이 있다.

계시는이라는 표현이 문제이다. 봉사 단체일 경우에는 '회장으로 계시는'이라는 표현이 더욱 마땅하지 않다. 왜냐하면 그런 직함은 봉건 시대에 임금이 내린 벼슬이 아니라, 다른 사람을 위해서 열심히 일해야 하는 자리이기 때문이다. '회장으로 계시는'이라는 표현에서는 그 직함을 벼슬자리로 생각하는 그림자가 느껴진다. 직함에 걸맞은 책무는 다하지 않고 권위나 권력만 챙기려는 듯한 느낌이 들게 한다.

민주 사회에서는 이 모든 느낌들이 청산되어야 한다. 우리들의 언어에서부터 새로운 싹이 돋아나게 해야 한다. 이런 경우에는 다음과 같이 표현하는 것이 어떨까? (물론 계신을 있는이라고 하는 것이 더 적절한 경우도 있을 것이다.)

이분은 초롱 봉사회 회장(의) 일을 맡아 보고 계신 홍길동 님입니다.

오늘날 우리에게는, 봉사회 회장만이 아니라 높고 낮은 모든 직함이나 직위를 저마다 '잠시 맡아 보고 있다'는 마음가짐이 절실히 필요하다는 생각이 든다. 〈1997.1.31.〉

비지정 관광지

교외로 나들이를 해 보면 입장료를 받지 않는 곳이 드물다. 거저 드나들 수 있는 계곡이나 산이 없을 정도이다. 자연이나 문화재의 값어

치를 그만큼 올려 치게 된 결과로 받아들이는 것이 정신 건강에도 도움이 될지 모르겠다.

그런 곳에는 일반적으로 법적인 지위가 부여되어 있다. 국립 공원에서부터 도립 공원, 시립 공원, 군립 공원 들이 있고, 국민 관광지라는 것도 있다. 그 밖에 각종 문화 유적지와 사적지도 있을 것이다. 어쨌든 이런 곳들은 일정한 법으로 지정되어 있으며, 이런 곳에서는 그 법에 근거하여 입장료를 받는다.

그런데 비지정 관광지라는 표지판 앞에서는 어리둥절해진다. 비지정(非指定)이 '지정하지 않음'을 뜻하기 때문이다. 이런 것을 접하면 "거참, (법적으로) 지정하지도 않은 장소에서 도대체 누가 제멋대로 공공연히 입장료를 받아 챙기는가?" 하는 생각에 쓴웃음이 나온다. 물론 어느 개인이 사사로이 철조망을 쳐 놓고 입장료를 받아 챙기는 것은 아닐 것이다. 그러나 비지정 관광지라는 명칭에는 위법을 공공연히 자행하는 듯한 오해를 불러일으킬 소지가 다분히 있다. 만의 하나라도 국민들에게 그 같은 의혹의 소지를 남기는 것은 바람직하지 못하다.

비지정이란 낱말을 쓴 것은 국민 관광지나 국립 공원, 도립 공원, 시립 공원, 군립 공원과 같은 곳이 아니라는 사실을 드러내기 위함일 것이다. 다시 말하면 국민 관광지부터 군립 공원까지는 '법으로 지정한' 관광지임에 비하여, 그곳은 그런 관광지가 아님을 나타내려 했다는 말이다. 언뜻 보면 꽤나 정직하고 겸손한 듯하지만, 실은 관료주의에 찌든 발상이다.

통상적으로 그렇듯이 법을 좀더 포괄적으로 이해하고 적용한다면, 동사무소나 면사무소, 또는 어느 마을에서 어느 곳을 관리하기 위하여 어떤 조치를 하는 것도 법의 테두리 속에 포함시킬 수 있다. 그렇게 생각하면 **비지정**이라는 위법적인 수식어를 버리고, 당당히 ○○ 관광지나 ○○ 공원, 또는 ○○ 놀이터라는 이름을 붙일 수 있다. 이렇게 하는 것이 여러 위법적인 오해의 소지를 없앨 뿐만 아니라 관리를 더욱 투명하게 하는 데에도 도움이 될 것이다. 〈1997.4.12.〉

최고 5년 이하의 징역

흔히 접해 온 말인데, 며칠 전에도 방송에서 그 같은 말을 들었다.

그런 짓을 하면 **최고** 5년 **이하**의 징역을 받게 됩니다.

여기서 **최고**를 사용한 것은 '5년'을 강조하기 위한 장치로 볼 수 있다. 그만큼 무거운 벌을 받을 수 있으니 '그런 짓을' 하지 않게 조심하라는 의미를 전달하려 한 것이다.

하지만 정작 이 표현에서는 그런 의미가 충분히 드러나지 않는다. 그 원인은 이하에 있다. 이하가 끼어들어 최고로써 나타내려 한 의미를 희석시켜 버리고 말았다. 그런 짓을 해 봐야 '겨우 5년' 정도의 징역을 받는다는 뜻으로 전달될 수 있는 것이다. 여기서 '5년 이하의 징역'은 법조문을 그대로 옮겨 쓴 것이 분명하다. 그러니 어쩔 수 없는 것으로 치부해 버릴 수도 있겠다.

그러나 일상의 말글에서 무조건 법조문을 곧이곧대로 옮겨야 할 이유는 없다. 그것보다는 표현의 정확성이나 효과를 높이는 것이 더 중요하다. 물론 법조문의 내용까지 제멋대로 바꾸는 것은 안 되겠지만. 이렇게 볼 때에 표현 의도를 충분히 드러내려면 다음과 같이 이하를 붙이지 않아야 한다.

그런 짓을 하면 **최고** 5년의 징역을 받게 됩니다.

이렇게 표현해야 그런 짓을 하면 '5년까지'의 징역을 받을 수도 있다는 뜻이 잘 드러난다. 그리고 이렇게 해도 '5년 이하'라는 법조문의 내용이 훼손되거나 왜곡되지 않는다.　　　　　　　　〈1997. 11. 10.〉

1년 6월

법조문에서 "1년 6월 이하의 징역에 처한다."와 같은 식의 표현을 흔히 사용하고 있다. 여기서 6월이란 '여섯 달', 곧 어떤 기간을 가리킨다. 그러나 이처럼 기간을 가리켜 6월이라 하는 것은 잘못이다.

1년이나 1550년과 같은 표현은 두 가지 다른 뜻으로 사용된다. 특정한 '해'를 뜻하기도 하고(그 앞에 '단기'니 '서기'니 하는 낱말이 놓이기도 함), '기간'을 뜻하기도 한다(그 뒤에 '동안'이 함께 쓰이기도 함). 그러니 기간을 나타내는 1년 6월에서 1년이 반드시 잘못되었다고 할 수는 없겠다. 그런데 6월은 왜 문제가 되는가?

오늘날 우리말에서 6월은 영어 낱말 June과 같이 특정한 달의 명칭이다. 기간을 뜻하는 데에 사용하지 않는다. 다 알다시피 기간을 나타내고자 할 때에는 여섯 달이나 6개월이라 한다. 이처럼 이치가 분명한

데, 법조문에서는 6월과 6개월을 여전히 구분하지 않고 있다.

기간을 나타내고자 할 때에는 마땅히 1년 6개월이라 해야 한다. 아예 '년'을 버리고 열여덟 달이나 18개월과 같이 표현하는 방법도 있다.

〈1997. 3. 28.〉

~ 하는 자

신문에 난 사원 모집 광고를 보면 다음과 같은 문구가 수두룩하다.

(가) ㉠ 병역의 의무를 마친 자

㉡ 컴퓨터 처리 능력이 뛰어난 자는 우대함

(나) 박사 학위 소지자는 우대함

이 중에서 (가)에는 문제가 있다. 여기서 사용한 자는 한자 者에서 온 것으로, 하나의 명사이다. 그런데 현대 우리말에서 자는 '다른 사람을 좀 얕잡아 일컫는 말'이다. 사람보다는 놈에 가깝다. "그자, 저자, 이자" 등이 어느 경우에 쓰이는지를 생각하면 금방 이해가 될 것이다. 그러므로 (가)는 반듯한 표현이라 할 수 없다. 각각 "~ 마친 사람, ~ 뛰어난 사람"이라 표현하는 것이 바람직하다.

신입 사원도 아니고 회사의 대표, 또는 대학의 교수를 초빙한다면서 (모신다면서) 내놓은 광고에까지 그와 같은 식으로 표현하는 것은 참으로 상식 없는 처사이다. 이런 경우에는 좀더 깍듯이 대우하여 "~ 마친 분, ~ 뛰어난 분"이라 표현하는 것이 더욱 좋을 것이다.

그런데 (나)의 소지자는 사정이 좀 다르다. 물론 가장 바람직한 것은 아예 표현 방식을 바꾸어 '박사 학위를 가진 {사람/분}'이라고 하는 것이다. 그러나 (나) 자체로도 크게 문제가 되지는 않는다. 이 경우의 자는 명사보다는 접미사로서의 성격이 강하며, 말맛도 얕잡는 느낌이 진하지 않다. 졸업자, 합격자, 운전자, 생산자, 소비자 등등의 낱말이 다 그렇다.

내 경험에 비추어 보건대, 법령이나 규정에서는 '~(하)는 자'와 같은 표현을 피할 수 없으며, 또 반드시 그렇게 해야 한다고 생각하는 사람이 적지 않다. 그러나 법령이나 규정이라고 해서 반드시 그렇게 해야만 할 까닭이 없다. 법이 국민 위에 군림하여 국민을 얕잡아 본다면 그것이야말로 큰일이다. 그것은 민주주의 정신에 어긋난다.

법령에서는 관습이 중요하다는 견해가 있을 수도 있다. 그러나 관습도 올바르지 못하면 마땅히 바로잡아 나가야 한다. 우리의 법률이나 법령 속에는 봉건적이며 권위적인 요소가 매우 많다. 우리 스스로의 손으로 그렇게 한 것도 있고, 외부의 힘에 의해서 그렇게 된 것도 있다.

이렇게 볼 때에 각종 법률이나 규정의 표현도 (다)와 같은 방향으로 나아가는 것이 바람직하다.

(다) ㉠ 기간 안에 신고하지 않은 **사람**

　　㉡ 마약을 만들거나 판 **사람**

　　㉢ 음주 운전을 한 **사람**

　　㉣ 1년 이상의 징역형을 받은 **사람**　　　　　〈1996.9.19~20.〉

고객명, 확인란

우리는 갖가지 서식 속에서 살아가고 있다. 개인적으로 만들어 쓰는 것도 더러 있지만 공적인 것이 훨씬 더 많다. 표로 된 것도 있고 그렇지 않은 것도 있다. 예금 청구서, 세금 고지서, 전화요금 납부 고지서, 호적 등본 신청서, 혼인 신고서, 출생 신고서, 학생 생활 기록부, 시험 답안지, 가계부, ……. 이런 서식들을 유심히 살펴보면 불필요한 내용도 있거니와 언어 면에서 볼 때에 비경제적인 점도 있다.

"호주, 점포"라고 하면 될 것을 "호주명, 점포명"이라 하는 것도 그 가운데 한 가지이다. "회사명, 과목명, 담당자명, 고객명" 등도 마찬가지이다. 이름이나 성명을 뜻하는 명을 덧붙이지 않더라도 서식에서 그것이 뜻하는 바를 두루 알 수가 있다.

그러나 고객 성명과 고객 번호, 과목 이름과 과목 번호를 각각 따로 적어야 하는 경우가 있다. 이럴 때에는 "고객 번호, 과목 번호"와 구별해야 하기 때문에 "고객명, 과목명"이 필요하다. 그러나 이런 경우에도 "고객 성명, 과목 이름"이라고 하는 것이 좋겠다.

표나 칸을 만들고 그 위나 옆에 "성적란, 확인란"이라고 표기하는 것도 그렇다. 그 아래나 옆에 빈칸이 있으므로 굳이 란을 덧붙일 필요가 없다. "성적, 확인"이라고만 해도 빈칸이 어떤 용도에 쓰이는지를 넉넉히 알 수 있다.

말 한 마디, 글자 한 자라도 따져 보고 합리적으로 사용해야 하겠다.

〈1999.6.23.〉

입금표의 단위 표시

나는 은행 같은 데에 가서 헤매는 일이 많다. 특히 입금표 따위를 쓸 때에 1,000원대만 넘어가면 뒤(오른쪽)에서부터 "일 십 백 천 만 십 만 백만……" 하는 식으로 손가락을 짚어 가며 칸을 세어 본 다음에야 금액을 쓴다. 아마도 나 혼자만 겪는 불편이 아닐 것으로 짐작한다. 그런 짓을 할 때마다 나는 "왜 이럴까? 은행에서 조금만 마음을 쓴다면 여러 사람들의 불편을 덜어 줄 텐데!" 하는 생각을 한다.

간단한 방법이 있다. 돈머리를 적을 칸의 위에다 "……, 백만, 십만, 만, 천, 백, 십, 일"이라는 글자를 인쇄해 두는 것이다. 이렇게 하면 아무리 셈 감각이 둔한 사람들일지라도 어려움 없이 자기 일을 볼 수 있지 않을까?

이미 그런 양식을 만들어 사용하는 기관도 많이 있다. 그러나 아직도 여러 사람의 불편을 강요하는 데가 적지 않기 때문에 이야기를 꺼내 본 것이다. 말과 글, 특히 일상적인 말과 글에서는 상대편을 배려하는 마음이 넉넉해야 한다. 그것은 사회의 성숙도와 비례한다.

〈1996.8.28.〉

3,000천 원

(가) 3,000천 원

(나) 750백만 원

돈머리가 큰 것을 줄여서 기록할 때에 위와 같이 적는 일이 적지 않다. 많은 사람들이 이것을 [삼천 천 원]이나 [칠백오십 백만 원]이라고 읽어 놓고는 얼마인지를 몰라 어리둥절해하는 것을 본다. 언젠가 어느 은행의 지점장 앞에 이런 것을 내놓고 얼마인지를 물었더니, 그이도 한참 만에야 겨우 대답을 하는 것이었다. 그런데도 여전히 이 같은 방법을 사용하는 사람과 기관 들이 있으니 답답한 노릇이다. 진심으로 이용자를 배려하는 마음이 충만하다면 이렇게 하지는 않을 것이다.

돈을 전문으로 다루는 기관이나 경리 책임자들로서는 아마 이런 까닭도 있을 듯하다. 즉 3,000,000원이나 750,000,000원과 같이 자릿점을 세 자리마다 찍기 때문이다.

그러나 우리의 전통적인 셈법은 네 자리가 한 마디로 되어 있다. 조, 억, 만, 천이 그것이다. 그러므로 우리는 ○조 ○억 ○만 ○천이라고 해야 개념이 분명해진다.

이렇게 볼 때에, 일반 국민이나 여러 계층의 이용자들을 대상으로 하는 기록이나 문서에서는 (가), (나)와 같은 방법은 피해야 한다. 그것이 곧 시민을 위하는 행정인 것이다. 다음과 같이 적어 놓으면 누구나 쉬이 알지 않겠는가.

(가)´ 3백만 원

(나)´ 7억 5천만 원 〈1996.12.14.〉

30세 손

'길동공 30세'니 '길동공 29대 손'이니 하는 말은 곧잘 우리 나라 사람의 화젯거리가 된다. 명절 때가 되면 더 자주 여러 사람의 입에 오르내린다. 그런데 대(代)와 세(世)의 사용법이 일정하지 않아 언쟁이 벌어지는 경우가 많다. 대를 쓰는 이가 있는가 하면 세를 쓰는 이가 있으며, 대와 세를 구분하여 사용하는 이도 있다.

한 집안의 시조 어른을 편의상 '가평공(公)'이라 일컫기로 하고, 그분의 자손이 대대로 '나루 → 다짐 → 라도 → 마을 → 바탕 → 사랑 → 자주'의 차례로 이어진다고 가정해 보자. 그렇다면 '가평'은 '가평공 제1세'이며, 그의 아들 '나루'는 '가평공 제2세'이고, 그의 손자 '다짐'은 '가평공 제3세'가 된다. 이런 식으로 제4세, 제5세, ……, 계속되는 것이다. 이와 같이 세(世)는 시조로부터 아래로 대(代)의 차례를 나타낸다. 이를 알기 쉽게 표로 다시 보이면 다음과 같다.

가평 →	나루 →	다짐 →	라도 →	마을 →	바탕 →	사랑 →	자주
⋮	⋮	⋮	⋮	⋮	⋮	⋮	⋮
가평공	가평공	가평공	가평공	가평공	가평공	가평공	가평공
제1세	제2세	제3세	제4세	제5세	제6세	제7세	제8세

이렇게 본다면, 예컨대 '사랑'을 가리켜 '가평공 7세 손'이라 하는 것은 옳지 않다. 그저 '가평공 (제)7세'라고 해야 한다. 자기 자신을

가리킬 때에도 마찬가지이다.

위에서 보듯이 우리 나라의 경우에는 가평공 제2세, 가평공 제3세, 가평공 제4세, …… 들에게 각각의 고유한 이름이 따로 있다. 그러나 서양에서는 '가평공 제○세'를 그대로 각각의 고유한 이름으로 쓰기도 한다.

그런데 임금의 대수를 나타낼 때에는 보통 세 대신에 대를 쓴다. '가평'이 어느 나라의 첫째 임금이라면 보통 그를 '제1대 임금'이라 하며, '나루'를 '제2대 임금', '다짐'을 '제3대 임금'이라 한다. 그러면 보통사람들에게 대는 어떤 경우에 쓸까? 위의 표를 보면서 이야기해 보자.

'마을'로부터 위로(왼쪽으로) 올라가면, 그의 아버지 '라도'는 1대(代) 위의 분이며, 그의 할아버지 '다짐'은 2대 위의 분이고, 증조 '나루'는 3대 위의 분이며, 고조 '가평'은 4대 위의 조상이다. 다 같이 '마을'보다 손위의 분이므로 조(祖)를 쓰며, 각각 그 앞에 높은 만큼의 대수를 덧붙인다. 그리하여 각각 "1대 조, 2대 조, 3대 조, 4대 조"라고 한다.

'마을'을 중심으로 아래로(오른쪽으로) 내려가 보면, 그의 아들 '바탕'은 1대 아래의 자손이며, 그의 손자 '사랑'은 2대 아래의 사람이며, 그의 증손자 '자주'는 3대 아래이다. 다 같이 '마을'보다 손아래의 사람이므로 손(孫)을 쓰며, 각각 그 앞에 낮은 만큼의 대수를 덧붙인다. 그리하여 각각 "1대 손, 2대 손, 3대 손"이라 하는 것이다.

그러니 ○대 조나 ○대 손은 필요에 따라 어느 누구를 기준으로 삼아서도 사용할 수가 있다. 위의 경우라면, 가평공 제8세인 '자주'는 '가평공의 7대 손(자손)'이 된다. '가평공 제8세'와 '가평공의 7대 손'

은 같은 사람이다. 숫자에서 하나가 차이 나는 것을 유의해야 한다. 반대로 가평공은 '자주의 7대 조(조상)'가 된다.

'가평공 제8세'를 '가평공의 제8세'라고 해서는 안 된다. 그러나 '자주 7대 조'나 '가평공 7대 손'은 각각 '자주의 7대 조'나 '가평공의 7대 손'이라고 하는 것이 오히려 더 정확하다.

이제 이런 표현을 실제로 쓰는 상황을 생각해 보자. '춘천공파'에 속하는 어떤 사람 '길동'은 '춘천공 제30세'이며, 춘천공의 성명은 '홍한국'이라고 가정한다.

(가) 자신의 파조를 다른 사람에게 말할 때에

　　ㄱ. 춘천공 제1세의 함자(이름)는 '한' 자 '국' 자입니다.

　　ㄴ. 춘천공은 저의 29대 할아버지이십니다.

　　ㄷ. 춘천공은 저의 29대 조이십니다.

(나) 자신을 다른 사람에게 소개할 때에

　　ㄱ. 저는 춘천공 (제)30세 되는 사람입니다.

　　ㄴ. 저는 춘천공(파) (제)30세입니다.

　　ㄷ. 저는 춘천공의 29대 손입니다.

　　ㄹ. 저는 춘천공파 29대 손입니다.

(나)의 ㄷ과 같이 말할 것을 '춘천공파 29세 손'이라고 말하는 경우가 있으나, 이는 이치에 맞지 않다. 이를 '춘천공파 30세 손'이라 하는 이도 있는데, 파조(시조)인 춘천공을 '1세 손'이라고 하는 결과가 되니, 이 역시 올바른 표현법이 아니다.

요컨대 세는 고정된 차례이며 대는 상대적인 것이다. 대는 누구를

기준으로 하느냐에 따라 그 숫자가 달라진다. 〈1997. 2. 21~25.〉

축 개업, 증 동창회

음식점이나 사무실의 벽에서, 다음과 같은 문구가 쓰인 거울을 한 두 번은 보았을 것이다. 시계나 그림 액자의 전면 유리에 써져 있기도 하다.

祝 발　　전 증 한별학교 동창회	축 개업 贈 작은들 주식회사

아래쪽에는 거울을 보낸 단체가 써져 있고, 위쪽에는 이 거울을 보낸 뜻이 압축되어 있는 것이 보통이다. 그런데 이 몇 자 안 되는 문구에서조차 우리 말글살이를 돌아보게 하는 중요한 문제가 도사리고 있다.

먼저 위쪽의 문구에 대해서 생각해 보기로 한다.

(가) **祝** 발전

(나) 축 개업

(가)는 '발전하기를 빎'의 뜻을 나타내고, (나)는 '개업을 축하함'의 뜻을 나타내려 한 것이 틀림없다. 그런 의미를 우리말로 그대로 표현하지 않고 한문식으로 바꾸다 보니 동사 축(祝)이 앞으로 오게 된 것이다. 한문에서는 영어와 같이 목적어를 동사의 뒤쪽에 놓는다. 그러나 한문을 상용하지 않는 오늘날까지 일상의 우리 말글을 굳이 한문식으로 옮길 이유가 전혀 없다. 그것은 아무런 명분도 실익도 없는 짓이다.

그리고 지난날에는 祝은 '빌다'의 의미로 쓰고, '하례하다, 축하하다'의 의미를 나타낼 경우에는 賀[하]를 썼는데, 오늘날은 賀 자리까지도 祝이 차지해 버렸다. 그 결과 의미가 매우 다른 (가)와 (나)가 똑같은 축(祝) ○○의 형식이 되어 버려 변별력도 떨어진다.

이렇게 볼 때에 우리말 그대로 "발전을 빈다, 개업을 축하한다"라고 하는 것이 더욱 바람직하다. 더 멋진 말을 만들어 써도 좋고, 그 말이 너무 길다는 느낌이 들면 줄이면 된다. 몇 가지 사례를 보이면 다음과 같다.

(가)′ ㄱ. 발전을 {빕니다/기원합니다}.

　　　ㄴ. 발전 기원

　　　ㄷ. 더욱더 발전하기를!

(나)′ ㄱ. 개업을 {축하한다/축하합니다}.

　　　ㄴ. 개업 축하

ㄷ. 살림살이가 비누 거품처럼 일어나소서!

다음에는 아래쪽 문구에 대해서 생각해 보기로 한다.

(다) 증 한별학교 동창회
(라) 贈 작은들 주식회사

증(贈)은 '~에게 주다'를 뜻한다. 그런데 우리들이 흔히 접하는 사례들을 보면, '한별학교 동창회'나 '작은들 주식회사'는 거울을 주는 행위의 '주체'이다. 즉 (다)와 (라)는 거울을 준 단체가 '한별학교 동창회'와 '작은들 주식회사'라는 것을 나타낸다. 여기에 문제는 없을까?

편지 끝의 서명을 생각해 보자. 편지 끝에 '이 편지는 홍길동이 썼음'을 나타낼 때에 '홍길동 씀'이라고 하지 '씀 홍길동'이라고 하지 않는다. 지난날에는 '씀' 대신에 書라고도 썼는데, 그럴 때에도 '홍길동 書'라 했다.

이렇게 볼 때에 (다), (라)는 아주 잘못되었음이 드러난다. 표현 의도와는 달리 '한별학교 동창회에 드림, 작은들 주식회사에 드림'의 뜻이 되어 버리는 것이다. 우선 그 위치를 바꾸어야 한다. 그래 놓고 보면 증보다는 드림이 훨씬 자연스럽게 느껴질 것이다. 그러나 경우에 따라서는 증이나 드림을 아예 쓰지 않아도 된다.

(다)´ 한별학교 동창회 드림
(라)´ 작은들 주식회사

이제까지 논의한 결과를 반영하여 거울의 글귀를 다시 써 보면 다음과 같다.

더욱더 발전하기를! 한별학교 동창회	**개업을 축하합니다** 작은들 주식회사 드림

〈1998. 11. 3.〉

맥락이나 상황에 알맞지 않은 표현

전철을 밟다

오늘 아침, 어느 중앙 일간신문에 다음과 같은 문장이 있었다. 2002년 올림픽 대회를 개최하고자, 부산광역시를 비롯하여 세계 여러 도시에서 유치 신청서를 낸 것과 관련하여, 그 결과를 예측하는 기사 중에 있던 것이다.

> (가) 부산의 경우 …… 2002년 아시안 게임 개최지이기 때문에, 86년 아시안 게임에 이어 올림픽을 유치한 서울의 **전철을 밟을** 수도 있다는 계산을 하고 있다.

여기서 **전철**은 한자로는 前轍로 적는 낱말이다. 前은 '앞'을 뜻하며 轍은 '바퀴 자국'을 뜻한다. 그러니 글자대로 풀기로 하면, 전철의 뜻은 '앞에 지나간 수레의 바퀴 자국'이다. (가)의 기사를 쓴 기자는 전철의 뜻을 그런 내용쯤으로 이해했던 것 같다. 그러나 이 낱말의 진정한 뜻은 그렇지 않다. 이 낱말은 중국의 옛책 『한서(漢書)』에 있는 기록에서 비롯되었다. 그 내용인즉 대강 이러하다.

앞에 가던 수레가 뒤집혔는데 그 수레의 자국을 보고도 피하지 않으면, 뒤에 가는 수레도 똑같이 뒤집히게 될 것이다. 그러니 뒷사람은 앞사람의 실패를 거울삼아 같은 실패를 되풀이하지 않도록 경계해야 한다.

이러한 내력은 전철(前轍)과 관련된 수레는 보통의 수레가 아니라 '뒤집힌 수레'임을 알게 해 준다. 뒤집힌 수레의 자국을 그대로 따라가다가는 똑같이 뒤집히게 될 것이니, 그 자국을 따라가서는 안 될 일이다. 이처럼 전철은 '앞사람의 실패'를 뜻한다. 실제 표현에서는 전철을 밟다라는 형식으로 나타나는 것이 보통인데, 그것은 실패 또는 잘못된 일이나 행동을 그대로 되풀이한다는, 부정적인 의미를 나타낸다. 용례를 들어 보면 다음과 같다.

(나) ㉠ 자네는 이 못난 선배의 전철을 밟지 않기를 바라네.
　　 ㉡ 자네는 제발 나의 전철을 되풀이하지 말게나.
　　 ㉢ 그 역시 아버지의 전철을 밟고 말았다. (부정적인 결과)

그러니 (가)의 의미를 표현된 대로 받아들인다면, 기자의 표현 의도와는 달리, 아시안 게임과 올림픽 대회를 서울시에서 유치한 것이 잘못이라는 말이 되며, 따라서 전체적인 문맥이 뒤죽박죽되어 버린다. 나머지 부분을 그대로 살린 상태에서 고친다면, '전례가 재현될' 정도로 바꾸면 되지 않을까 한다.

(가)´ 부산의 경우 …… 2002년 아시안 게임 개최지이기 때문에, 86년 아시
    안 게임에 이어 올림픽을 유치한 서울의 **전례가 재현될** 수도 있다는
    계산을 하고 있다.

요컨대 여기는 **전철**을 쓸 맥락이 아니다. 전철은 밟지 말아야 하는
것이다.   〈1997.9.20.〉

선형 개량 공사

(가) **선형** 개량 공사

고속도로 가에서 볼 수 있는 표지이다. 굴곡이 심한 도로를 곧게 하거
나 경사가 심한 곳의 경사도를 낮추는 공사를 가리키는 것 같다. 이것
을 볼 때마다 고개가 갸우뚱거려진다. 여기 선형은 한자 線形(線 = 실,
形 = 형상)에 바탕을 둔 낱말일 텐데, 이는 '도로의 굴곡이나 경사의 정
도'를 나타내기에 마땅하지 않아 보인다. 하지만 대안을 찾는 과정에
서, 그런 용어를 처음 사용한 사람도 많은 궁리를 했으리라는 것을 알
았다. 선형의 대안을 찾기가 간단하지 않다는 말이다.
    굴곡을 완화하는 공사라면 '**굽이 개량 공사**', 경사도를 완화하는
공사라면 "**기울기 개량 공사, 구배 개량 공사**"라 할 수 있겠다. 그런
데 이 두 가지를 포괄하는 낱말을 제시하기가 쉽지 않다. 도로의 바닥

을 노면(路面), 노반(路盤)이라 하니, 굽이(굴곡)와 구배(경사)의 상태는
노형(路形)이나 노상(路狀)이라 하면 어떨까? 아예 길모양새, 길본새나
길흐름도라고 하면 어떨까?

그리고 (가)와 같은 표지판 근처에는 대개 (나)와 같은 표지판이 있
다. 두세 갈래로 도로가 나누어지거나, 그렇게 나누어졌던 도로가 합
쳐진다는 것을 알리는 표지판이다.

(나) ㉠ 선형 분리
　　 ㉡ 선형 접속

이런 경우의 선형은 아주 잘못된 것이다. 마땅히 도로라고 해야 한다.
그리고 분리와 접속을 상대적으로 사용하고 있는데, 접속은 마땅하지
않다. 접속은 일반적으로 '앞·뒤'로 잇는 것을 가리키기 때문이다.
여기서는 '좌·우'로 나누어졌던 도로가 합쳐지는 것을 말하므로 합
침이나 합류라고 하는 것이 좋겠다.

(나)′ ㉠ 도로 분리
　　 ㉡ 도로 합류　　　　　　　　　　　　　　　　〈2000.4.12.〉

확포장 공사

시골에 가 보아도 요즈음은 포장되지 않은 자동차 도로가 거의 없
다. 도로라고 하면 으레 아스팔트나 콘크리트로 포장된, 쭉 뻗은 길을

떠올릴 정도이다. 그러나 폭이 좁거나 굽이가 심해서 통행에 어려움을 주는 도로는 아직도 많다. 그 어려움을 줄이기 위하여 곳곳에서 길의 폭을 넓히는 공사를 벌이고 있다. 그런 공사를 흔히 '확포장 공사'라고 한다.

여기서 확포장은 확장과 포장을 합치는 과정에서 앞쪽의 장을 줄인 것이다. 확·포장으로 표기하면 그런 사실이 다소 명료하게 드러난다. 그렇게 하더라도 이 표현은 그다지 바람직하지 않다. 첫째, 위에서도 말한 바와 같이, 요즈음은 포장하지 않은 도로가 거의 없기 때문이다. 확장 공사를 했으면 당연히 포장을 한다. 그러므로 여기서 포장은 굳이 밝히지 않아도 좋다. 둘째, 확장(擴張)과 포장(鋪裝)의 끝 음절 장의 의미가 서로 다르기 때문이다. 소리만 같다고 해서 줄이는 것은 합리적인 처리라고 할 수 없다. 또한 그렇게 줄여 봐야 크게 줄어지는 것도 아니다. 이렇게 볼 때에 확장·포장에서 더 줄이는 것은 무리이다.

물론 도로를 넓히기만 한다면 '확장 공사'이고, 시멘트나 아스팔트로 덮기만 한다면 '포장 공사'이다. 〈1997.11.5.〉

서남쪽

고양과 일산, 분당은 수도권 위성도시와는 또 다른 정치 성향을 보이고 있다. 서울의 **서남쪽**을 에워싸고 있어 각 당이 수도권 바람몰이의 진원지로도 삼을 만하다.

이것은 오늘 어느 일간신문에 난 기사를 간추린 것이다. 고양과 일산,

분당을 '서울의 서남쪽'에 있는 것으로 표현하고 있는데, 이 표현은 큰 오해를 불러일으킬 수 있다.

동·서·남·북을 4방이라 하고, 거기다 그 사이의 4개 방향, 곧 동북·서북·동남·서남을 합하여 8방이라 한다. 8방 중에서 서남(쪽)은 서쪽과 남쪽의 사이를 말한다. (동북, 서북, 동남, 서남을 각각 북동, 북서, 남동, 남서라 하기도 한다.)

그런데 고양과 일산, 분당은 서울의 서남쪽에 있지 않다. 지도를 펼쳐 놓고 보면 금방 확인할 수 있다. 고양과 일산은 서울의 서쪽에 있고, 분당은 서울의 남쪽에 있다. 이 같은 사실을 제대로 표현하려면 '서울의 서남쪽을 에워싸고 있어'를 '서울의 서쪽과 남쪽을 에워싸고 있어'로 바로잡아야 한다.

서쪽과 남쪽을 좀 줄여서 서쪽·남쪽 또는 서·남쪽으로 표기하는 방법도 있겠다. 그러나 서·남쪽의 경우는, 이로써 얻는 것은 매우 작은 데 비하여(지면을 아끼고 쓰는 노력을 줄일까?), 의미 전달의 명료성이 크게 훼손될 수 있다. 서·남쪽을 서쪽과 남쪽이 아니라, 8방의 하나인 서남쪽, 곧 '서쪽과 남쪽의 사이'로 오해할 소지가 매우 커지는 것이다.

〈2000.3.1.〉

구장, 구단주

축구, 야구, 농구를 비롯하여 각종 운동 정보들이 날마다 신문과 방송을 가득 메우고 있다. 그런 정보들 속에서 다음과 같은 말을 종종 접한다.

(가) 효창 구장, 동대문 구장, 잠실 구장

그러나 우리 나라에 이런 곳은 없다.

효창동에는 '효창 운동장'이 있다. 이곳은 육상 운동은 물론이요 축구 경기도 치를 수 있는 곳이므로 '효창 **축구장**'이라 하기도 한다.

'동대문 운동장'은 축구장(육상 운동 경기도 치를 수 있는)과 야구장으로 구성되어 있다. 이들은 각각 "동대문 운동장(의) 축구장, 동대문 운동장(의) 야구장"인데, 보통 "동대문 **축구장**, 동대문 **야구장**"이라 한다.

잠실에는 제24회 올림픽 대회의 주경기장이었던 '서울 종합 운동장'이 있는데, 잠실에 있기 때문에 '잠실 운동장'으로 불리는 일이 더 많다. 이 경기장은 올림픽 스타디움, 야구장, 체육관, 실내 수영장, 학생 체육관으로 구성되어 있는데, 그 중에서 '올림픽 스타디움'은 "잠실 올림픽 경기장, 잠실 주경기장, 잠실 운동장" 등으로 불리는 일이 많으며, 거기서 축구 경기가 열릴 때면 '잠실 **축구장**'이라 하기도 한다. 나머지는 각각 "잠실 **야구장**, 잠실 **체육관**, 잠실 **실내수영장**, 잠실 **학생체육관**" 등으로 불리는 것이 보통이다.

(가)에서 제시한 '효창 구장'은 '효창 **축구장**'을 그렇게 가리킨 것이고, '동대문 구장'은 '동대문 **축구장**'이나 '동대문 **야구장**' 또는 '동대문 운동장'이라 할 것을 그렇게 지칭한 것이다. '잠실 구장'은 '잠실 **축구장**'이나 '잠실 **야구장**' 또는 '잠실 운동장'이라 할 것을 그렇게 가리킨 것이다. 그러나 야구장이나 축구장을 그저 **구장**이라 하는 것도 바람직하지 않으며, 운동장을 **구장**이라 하는 것은 매우 큰 잘못이다. 그렇게 표현함으로써 얻는 이익도 그다지 없다.

텔레비전 자막과 신문 기사문에서 (나)와 같은 문구도 보았다.

(나) 하마 씨름단 **구단주** 백길동

말 그대로 **구단**+**주**는 구기운동 단체(회사)의 우두머리를 가리킨다. **구단**(球團)은 '구기운동 단체'를 줄인 말이다. 모두 아는 바와 같이 구기운동이란 공(球)을 가지고 하는 축구, 야구, 농구, 배구, 탁구, 테니스, 럭비 따위를 가리킨다. 씨름은 구기운동이 아니다. 그러므로 씨름단의 우두머리를 **구단주**라고 하는 것은 잘못이다. 구기운동이 주류를 이루고 있는 현실을 고려하면 순간적인 실수로 보아 넘길 수도 있겠으나, 그렇게만 치부할 수 없는 경우도 적지 않다. 〈2000.3.30~31.〉

강원 문협 지회장

다음과 같은 표현을 어렵잖게 접한다. 예식 순서지에서도 이 같은 문구를 접할 수 있다.

(가) 홍길동은 **강원 문협 지회장**이다.
(나) 이어서 홍길동 **강원 문협 지회장**의 축하 말씀이 있겠습니다.

여기서 '문협'은 '한국 문인 협회'의 약칭이다. 오늘날 문협의 하부 조직으로는 대체로 시·도별로 지회가 있고, 지회 아래 다시 시·군 지부가 있는 것으로 안다. 강원도를 예로 들자면, 지회의 정식 명칭은

'한국문인협회 강원도지회'이며, 이를 줄여서 **문협 강원지회**라고 한다. 그런데 '홍길동 강원 문협 지회장'은 '강원 문협'이 있고, 그 아래에 지회들이 있으며, 홍길동은 여러 지회장 가운데 한 사람인 것으로 해석될 소지가 많다. 따라서 오늘날 우리 나라 문협의 조직으로 볼 때에 적절하지 않은 표현이다. (가), (나)는 마땅히 다음과 같이 표현해야 한다.

(가)′ 홍길동은 **문협 강원지회장**이다.
(나)′ 이어서 홍길동 **문협 강원지회장**의 축하 말씀이 있겠습니다.

그런데 **문협 강원지회**를 독립적으로는 **강원 문협**이라 하기도 한다. 그렇게 칭하고자 하면 그 회의 대표자는 **지회장**이 아니라 **회장**이라 하는 것이 옳다. 본부의 '회장'에 대해서는 **지회장**이지만, 지회를 독립적으로 상정한 경우라면 **회장**이라 하는 것이 바르다. 이렇게 접근하면 다음과 같이 바꾸어 표현해도 좋겠다.

(가)″ 홍길동은 **강원문협 회장**이다.
(나)″ 이어서 홍길동 **강원문협 회장**의 축하 말씀이 있겠습니다.

'홍길동 **강원문협 회장**'은 '강원문협 홍길동 회장'으로 표현해도 무관하겠다. ⟨1999. 10. 16.⟩

정답을 아시는 분

요즈음 대중매체에서는 수요자에 대한 배려를 다양하게 한다. 이런 현상은 방송이든 신문이든 잡지든 크게 다르지 않아 보인다. 상을 걸고 내는 갖가지 퀴즈도 그런 것 가운데 하나라고 할 수 있겠다. 그런데 방송에서 퀴즈를 내면서 진행자가 하는 말이 보통 다음과 같다.

그것은 무엇일까요? **정답**을 아시는 분은 다음 수요일까지 보내 주시기 바랍니다.

흔히들 무심코 받아들이지만, 위 표현의 **정답**에는 문제가 있다. 정답의 뜻이 '옳은 답'임을 생각하면 그 문제점을 금방 알아낼 수 있을 것이다. 다시 말하면, 시청자들이 생각하는 답이 옳은지 그른지는 최종적으로 문제를 낸 방송국에서 (출제자가) 판정할 일이지, 시청자 스스로 판정할 것이 아니다. 정답이라 해도 뜻은 대충 통하지만 합리적인 표현이라 할 수 없다.

한편, 위와 같이 '**정답**을 아시는 분'만 응모하라는 표현은 방송국의 의도와 달리 응모 수를 제한해 버리는 결과를 불러올지도 모른다. 자기가 생각하는 답이 '정답임이 확실할 때'에만 응모하라는 뜻으로 전해질 수도 있기 때문이다.

이렇게 볼 때에 위는 다음과 같이 고쳐서 말하는 것이 바람직하다. ( ) 속에 보인 것은 이어질 말을 상정해 본 것이다.

그것은 무엇일까요? **답**을 아시는 분은 다음 수요일까지 보내 주시기 바랍니다. (**정답자**에게는 여러 가지 상품을 보내 드리겠습니다.)

이렇게 하면 문제를 내는 쪽만이 아니고 응모하는 쪽도 바뀌게 될 것
이다. 예컨대 '정답 : 무궁화'가 아니라 '답 : 무궁화'라고 할 것이다.
이것이 바른 방향이다.　　　　　　　　　　　　　　　　　　〈1997. 5. 28.〉

가장, 제일

　사람에게는 비교하기를 좋아하는 속성이 있나 보다. 『기네스북』이
란 책도 그러한 인간의 속성에 바탕을 두고 있는 것이 아닌가 싶다.
우리 나라 사람들이 "가장, 제일, 최초, 최고" 등등의 낱말을 좋아하
는 것도 무엇이든 으뜸을 추구하는 속성을 보여 주는 것이 아닐까?
하지만 이런 낱말을 마구 사용해서는 곤란하다.
　방송을 듣다 보면

(가) 여기는 우리 나라에서 **가장** 이름난 해수욕장 가운데 하나인 경포대
　　해수욕장입니다.

와 같은 식의 말을 드물잖게 접하게 된다. 그리고

(나) 우리에게 **제일** 중요한 것은 효도라고 생각합니다. 아울러 이웃을 사
　　랑하는 것이 제일 중요합니다.

와 같은 식으로 제일을 유난히 즐겨 쓰는 사람들도 꽤 많다.

사전에서는 가장을 '여럿 가운데 으뜸으로'라고 풀이하고 있다. 으뜸은 하나인 것이 상식이다. 그러니 제대로 따지면 (가)와 같은 말은 결과적으로 거짓말이다. '가장 이름난 해수욕장'은 하나일 수밖에 없는데, 그 뒤에 '가운데 하나'라고 했으니 앞뒤가 어긋나는 것이다. 공공 방송에서, 그것도 비중 있는 사회자가 공공연히 거짓말을 한다면 큰 문제가 아닐 수 없다. 이 경우에는 가장이란 낱말을 쓸 필요가 없다. 굳이 한정어를 써야겠다면 매우나 널리를 써 봄직하다.

부사 제일의 뜻은 가장과 같다. 그러므로 (나)와 같은 말은 청자에게 신뢰감을 주는 데에 장애가 될 수 있다. 이것도 '제일 중요하다', 저것도 '제일 중요하다'고 한다면, 듣는 사람은 고개를 갸웃거릴 수밖에 없다. 이 경우에도 제일 대신에 매우라고 하는 것이 바람직하다.

〈1996.6.4.〉

70억 추가 횡령

어느날 일간신문에서 (가)와 같은 제목을 보았다.

(가) 70억 추가 횡령

나는 문제의 혐의자가 이미 횡령한 돈 외에, 그 뒤에 70억을 더 횡령한 것으로 이해했다. "검찰의 수사가 진행 중인데도 또다시 횡령을 하다니? 대단한 심장을 가진 사람이로군!" 하는 생각도 했다.

그러나 내용을 살펴보니 그런 것이 아니었다. 기사 본문의 요지는 (나)와 같았다.

(나) 70억을 횡령한 사실을 추가로 밝혀내었다.

'추가로 횡령한' 것이 아니라 '추가로 밝혀낸' 것이었다. 그 신문은 내용과 동떨어진 제목을 붙임으로써 독자를 혼란에 빠뜨린 것이다.

기사 내용이 (나)와 같다면 제목을 어떻게 붙여야 할까? 여러 가지가 있을 수 있겠으나, 두 가지 대안을 제시해 본다.

(가)´ ㄱ. 횡령 70억 더 있어

　　　ㄴ. 70억 횡령 새로 밝혀

요즈음 언론 매체에서 추가를 엉뚱하게 쓰는 경우가 매우 많다.

〈1998.8.12.〉

교원 정년 재연장

교원 정년 재연장 추진

요즈음 신문 지면에 자주 등장한 문구이다. 교원의 정년을 65세에서 62세로 단축한 지 1년도 되지 않았는데, 다시 뜯어고치려는 움직임이 있다는 내용이다. 별 뾰족한 대책도 없이 정년을 단축한 것은 참으로 한심한 처사였다. 그런데 총선거를 앞둔 시점에서, 교원 정년을 다시 늘리겠다는 말들이 흘러나오자 지면이 뜨거워진 것이다.

정부와 정치인의 처사도 그러하거니와, 그것을 전하는 표현에도 문제가 있다. 재연장이란 '다시 연장'이라는 뜻이니, 위와 같은 제목만 보고는 "교원 정년을 또 연장하려나?" 하고 오해한 사람도 있었을 것이다. 앞서 연장을 했는데 다시 연장을 하는 것이라면 재연장이라는 표현이 들어맞지만, 전에 단축한 것을 되돌리는 것은 재연장이 아니다. 65세로 되돌리는 것이라면 환원이요, 62세에서 1~2년 늘리는 것이라면 그냥 연장이라고 해야 한다.

　ㄱ. 교원 정년 **환원** 추진
　ㄴ. 교원 정년 **연장** 추진

첫머리의 표현은 위와 같이 해야 할 것을 잘못 표현한 것이다.

〈1999.12.9.〉

영등포역을 **경유하지** 않는 경부선

추석이나 설날 무렵이면 다음과 같은 말을 듣게 된다. 열차 방송은 물론이요 공중파 방송에서도 들을 수가 있다. 서울이 아닌 다른 지역 사람들도 이와 비슷한 방송을 더러 들었을 줄 안다.

2월 6일부터 2월 9일까지 서울역에서 떠나는 열차는 영등포역을 **경유하**

지 않으니 착오 없으시기 바랍니다.

무심코 들으면, 늘 달리던 철길(경부선)이 아닌 다른 철길로 달리는 것으로 오해할 수도 있는 표현이다. 사실은 영등포역을 거치지(경유하지) 않는 것이 아니라, 영등포역에는 서지(정차하지) 않고 그냥 지나간다는 뜻이다.

경유(經由)의 의미를 엉뚱하게 확장해서 사용하기 때문에 이런 문제가 생긴다. 이 낱말의 기본의미는 '거치다'인데, 그것을 제멋대로 '서다'로 옮겨 사용하고 있으니, 아는 사람은 어리둥절할 수밖에 없다. 이런 경우에는 마땅히 **정차하지**라고 해야 한다. 서지라면 더욱 좋겠다.

2월 6일부터 2월 9일까지 서울역에서 떠나는 열차는 영등포역에 **정차하지** 않으니 착오 없으시기 바랍니다.

역만이 아니라 버스 정류장에서도 이런 표현을 자주 접한다. 쉽고 명료한 표현으로 시민들에게 쓸데없는 부담과 혼란을 주지 않았으면 좋겠다. 〈2000.1.31.〉

체중을 **빼다**

예나 이제나 건강은 모든 사람들이 추구하는 바다. 그런데 우리 나라의 경우, 지난날에는 먹는 것이 모자라서 건강을 염려했는데, 오늘날에는 먹는 것이 너무 많아서 건강을 걱정하는 사람들이 많아졌다. 세상이 좋아진 것일까?

아무튼 체중을 조절해 준다는 약과 기구가 주변에 흘러넘치고 있다. 그런 광고를 접하지 않는 날이 거의 없는 듯하다. 그런데 그 광고 문안을 들여다보면 다음과 같이 된 것이 많다.

(가) 먹으면서 **체중 빼기**

(나) **체중**, 한 달에 5kg **빼** 드립니다.

체중을 빼다 ― 이런 표현에는 문제가 없을까?

빼다의 기본의미는 '속에 끼여 있는 것을 밖으로 나오게 하다'이다. 줄이다의 기본뜻은 '수량이나 분량을 적게 하다'이다. 그러므로 체중의 경우에는 줄이다가 더 알맞은 표현이다. '체중을 줄이기' 위해서는 '살이나 지방을 빼야' 한다. 몸에 있는 살과 지방을 빼고 나면 몸무게(체중)가 줄어들 것은 분명하다. 다시 말하건대 뺄 것은 '체중'이 아니라 '살'이다.

그러므로 위의 표현은 다음과 같이 고치는 것이 자연스럽고 바람직하다.

(가)′ ㄱ. 먹으면서 **체중 줄이기**

　　 ㄴ. 먹으면서 **살 빼기**

(나)′ ㄱ. **체중**, 한 달에 5kg 줄여 드립니다.

　　 ㄴ. **살**, 한 달에 5kg **빼** 드립니다.

각각 ㄴ이 좀더 공격적인 표현인데, 굳이 살을 피하고 싶다면 ㄱ을 선택하면 되겠다. 〈1997.10.8.〉

편집해 주세요

(가) 이 장면은 **편집**해 주세요.
(나) 시간 관계로 많이 **편집**해 버렸어요.

이는 텔레비전 방송에서 어렵잖게 들을 수 있는 말이다. (가)는 녹화 방송에 출연한 이가 난처하거나 마땅찮은 행위가 찍혔을 때에 방송 제작 관계자들에게 그 장면을 '잘라 달라'는 뜻으로 하는 말이다. (나)도 같은 뜻으로 한 말이다. 그런데 이런 말을 하는 사람은 대부분 연예인을 비롯한 방송 관계자들이다. 오늘날 그들은 '잘라 버림'을 편집이라 하고 있는 것이다. 그것은 학생들 사이에 그대로 번지고 있다.

그러나 원래 **편집**(編輯)이란 그런 뜻이 아니다. 신문이나 책을 만들기 위하여, 수집된 각종 자료를 정리하고 가다듬고 구성하는 것을 말한다. 그런 과정에서 원래의 자료를 가공하거나 잘라 버리는 일도 자연히 뒤따르게 된다. 영화가 발명되자 그것을 만들기 위하여 필름을 일정하게 구성하는 작업도 **편집**이라 하게 되었고, 이제는 여러 부문에서 이 낱말을 쓰고 있다. 하지만 '잘라 버림'이 편집의 본령이 아닌 것은 분명하다. 방송 관계자들의 자성이 있기를 기대한다. 〈2000.4.18.〉

1982년 이후 최초

대중매체는 사실을 과장해서 보도하는 속성이 있다. (물론 그 반대의 경우도 적지 않다.) "최초, 최후, 최대, 최소" 따위의 낱말을 즐겨 쓰는 것도 그런 속성과 관련이 있다.

(가) Q나라가 R나라를 침공한 것은 1982년 **이후 최초**이다.
(나) 공공요금을 한꺼번에 10% 이상 올린 것은 1979년 **이후 최초**입니다.

위와 같은 보도를 1998년에 했다고 가정하면, (가)는 16년 만에 다시 벌어진 일을 보도한 것이고, (나)는 19년 만에 다시 일어난 일을 보도한 것이다. 이런 경우에 1982년과 1979년이 특정한 시점이 아니라면, **최초**라고 한 것은 과장 보도라고 할 수 있다.

Q나라가 R나라를 1998년에 처음 침공한 것이 아니며, 16년도 그다지 긴 기간이 아니다. 19년 전에도 공공요금을 한꺼번에 10% 이상 올린 일은 있었다. 이런 정도라면 '1982년 이후'나 '1979년 이후'라고 한정하면서까지 굳이 **최초**라고 표현하는 것은 문제이다. 아니, 공연히 수신자들을 혼란스럽게 한다는 점에서 일종의 폭력이라고도 할 만하다. 각각 다음과 같이 표현하는 것이 바람직하다.

(가)´ Q나라가 R나라를 침공한 것은 1982년에 **이어 두 번째**이다.
(나)´ 공공요금을 한꺼번에 10% 이상 올린 것은 1979년에 **이어 두 번째**입니다.

그러나 만약 1982년과 1979년이 특정한 시점이라면 **최초**를 다르게 받아들일 수 있다. 다음을 보자.

(다) Q나라가 R나라를 침공한 것은 Q나라가 독립한 1982년 이후 **최초**이다.

(라) 공공요금을 한꺼번에 10% 이상 올린 것은 국가 경제 개발 사업을 시작한 1979년 이후 **최초**입니다.

(다)는 'Q나라가 독립한' 해를 기준으로 할 때에 **최초**라는 의미이며, (라)는 '국가 경제 개발 사업을 시작한' 해를 기준으로 할 때에 **최초**라는 의미이다. 이런 경우에는 각각 '1982년'과 '1979년'이 없어도 의미가 온전히 구성된다. 〈1999.4.5.〉

교동에 **사는** 홍길동이 **사망했다**

다음은 사건이나 사고를 보도하는 방송에서 예사로 듣게 되는 말이다.

이번 교통사고로 중앙시 교동에 **사는** 홍길동 씨 등 6명이 사망했습니다.

이런 말이 귀에 익었기 때문에 별다른 문제를 느끼지 못할 수도 있겠지만, 곰곰 생각해 보면 **사는**이라는 부분이 이상하다는 것을 발견할 수 있다. 홍길동은 이미 죽었는데, 살아 있는 상태가 지속되는 듯이 **사는**이라고 말하는 것은 모순이다. 죽지 않고 다친 상태라면 아무런 문제가 없다.

이런 문제를 피할 수 있는 방법은 두 가지이다. ㄱ과 같이 문제되는 부분을 아예 빼 버리거나 ㄴ과 같이 다른 말로 바꾸는 것이다.

> ㄱ. 이번 교통사고로 중앙시 교동 홍길동 씨 등 6명이 사망했습니다.
> ㄴ. 이번 교통사고로 중앙시 교동에 **살던** 홍길동 씨 등 6명이 사망했습니다.
> 〈1998.10.13.〉

전(前) 문화관광부 장관의 사퇴

또 한 사람이 장관 자리에서 물러났다고 한다. 그것과 관련하여 어느 일간신문에서는 다음과 같이 썼다.

> (가) 박지원 **전**(前) 문화관광부 **장관**의 사퇴는 여권 내부의 권력 지도에도 영향을 미칠 것으로 보인다.

다른 신문도 이런 식으로 표현하기는 마찬가지이다. 그런데 여기 전(前)에는 문제가 있다.

'박지원 씨'가 장관직을 사퇴한 시점은 장관으로 있던 동안이다. 장관으로 있으면서 사퇴를 한 것이다. 그러므로 (가)와 같은 표현에서 전을 붙이는 것은 논리적으로 모순이다. 바로잡아 보면 다음과 같다.[*]

---

[*] '씨'라고 한 것은 신문 일반의 관례를 따른 것인데, 앞으로는 '님'이라 하는 것이 좋겠다.

(가)′ ㄱ. 박지원 씨가 문화관광부 **장관**을 사퇴한 것은 여권 내부의 권력
지도에도 영향을 미칠 것으로 보인다.

ㄴ. 박지원 씨의 문화관광부 **장관**직 사퇴는 여권 내부의 권력 지도에
도 영향을 미칠 것으로 보인다.

가령 문화관광부 장관을 역임한 최돌쇠라는 사람이 고구려회사 사
장으로 있다가 사퇴를 했는데, 그가 전에 문화관광부 장관을 역임한
사실을 밝혀야 할 경우라면 (나)와 같이 표현해야 할 것이다.

(나) 최돌쇠 **전**(前) 문화관광부 **장관**은 고구려회사 사장을 사퇴하였다.

〈2000. 9. 20.〉

노래 **일발 장전! 발사!**

언어에 시대상이 반영되는 것은 자연스러운 현상이다. 그런 까닭
에 언어를 통하여 시대상을 읽어 내기도 한다. 그런 관점에서 오늘의
언어를 관찰해 보면, 우리는 나날의 삶을 전쟁놀이하듯이 영위하고
있다는 느낌이 든다.

다음과 같은 글귀는 누구나 쉬이 대할 수 있는 것이다.

(가) 홍길동 선생의 **제1탄**－"즐겁게 사는 법"

(나) 노래 **일발 장전! 발사!**

(다) 잠실벌에 **융단 폭격**

(가)는『즐겁게 사는 법』이란 책의 광고 문안인데 포탄, 총탄, 폭탄과 같은 무기가 연상되는 탄(彈)을 썼다. (나)는 노래 부르며 노는 자리에서 들을 수 있는 말이다. 장전(裝塡)은 '총포에 탄알이나 화약을 다져 잼'을, 발사는 '총포나 활 따위를 쏨'을 뜻한다. 흥겹게 즐기는 자리에서까지 이런 낱말을 예사로 쓴다. (다)는 야구 경기 기사인데, 융단 폭격이라는 어마어마한 표현을 썼다. 이처럼 오늘날 삶의 여러 모습들을 전쟁에 비유하여 표현하는 것이 다반사가 되었다.

이와 관련하여, 또 한 가지 발견되는 사실은 운동 경기에 비유하는 표현이 일상화되어 있다는 것이다. 운동 경기도 전쟁과 비슷한 속성을 많이 지니고 있기는 마찬가지다.

(라) 그 노래가 히트했다.

(마) 오늘의 1번 타자를 소개합니다.

(라)는 노래가 많은 사람들의 인기를 얻었을 때에 하는 표현인데, 야구에서 안타를 친 것에 비유한 것이다. 야구 경기장이 아닌 자리, 예를 들면 노래하며 노는 자리에서 첫 번째 노래할 사람을 (마)와 같이 소개하는 일도 예사로운 일이 되어 버렸다.

강력한 전달 효과를 노리는 심정은 이해하지만, 정도가 지나치다는 느낌을 지울 수가 없다. 사람살이의 모습을 자꾸만 전쟁에 비유하는 것은 바람직한 일이 아니다. 〈1997.10.20., 2000.11.11.〉

쓰레기 분리 수거

"쓰레기를 분리 수거합시다."는 쓰레기를 버릴 때에 (종류를 가리지 않고) 마구 버리지 말고 종류별로 나누어 버리자는 뜻으로 만들어 붙인 문구이다. 그런데 분리 수거에는 여러 가지 문제가 있다.

첫째, 수거가 문제이다. 수거(收去)란 '거두어 감'을 뜻한다. 그러니 청소원이 쓰레기를 가져가는 것은 수거라고 할 수 있지만, 가정에서 쓰레기를 내놓거나 버리는 것은 수거가 아니다. 내놓기를 굳이 한자 낱말로 바꾼다면 배출(排出)이 되고, 버리기라면 폐기(廢棄)가 된다. 따라서 주민을 대상으로 한 표어라면 '쓰레기 분리 {배출/폐기}' 정도는 되어야 한다. 말글만이 아니라 세상을 바라보는 데에도 관점은 매우 중요하다.

둘째, 분리가 문제이다. '쓰레기 분리 배출'이라는 문구로써 나타내려는 중심 뜻은 쓰레기를 버릴 때에 '종류별로 나누어' 버리자는 것이다. 그러한 중심 뜻을 나타내는 데에 분리라는 낱말을 선택하는 것은 합당하지 않다.

분리(分離)는 '나누어서 떼어 냄'을 뜻한다. 다시 말하면 큰 것에서 작은 것을 부분부분 떼어 내는 것을 말한다. 그러나 요즘 각 가정에서 실제로 하는 것을 보면 병, 플라스틱, 종이, 알루미늄 캔, 음식물 쓰레기 등으로 나누는 것이 대부분이다. 이렇게 나누는 것은 분리가 아니라 분류(分類)라고 하는 것이 옳다. 큰 물건은 먼저 분리할 수도 있지만, 일상적으로는 대부분 분류하는 선에서 그친다. 좀 복잡하거나 큰 물건은 가정에서 분리하지 못하고 그냥 내놓을 수밖에 없다. 이렇게 볼 때에 '쓰레기 분류 배출'이라고 하는 것이 좀더 올바른 표현이라는 결론에 도달한다.

그러나 '쓰레기 분류 배출'이란 표현은 너무 어렵고 딱딱하다. '쓰레기 나누어 내놓기'나 '쓰레기 나누어 버리기'라고 하는 것이 훨씬 더 좋겠다. 이렇게 하면 쓰레기를 한꺼번에 버리지 말고 며칠마다 조금씩 나누어서 버리자는 뜻으로 오해할 소지가 있다는 반론이 있을 수 있다. 그러나 얼마 동안만 사용하면 그런 문제는 쉬이 극복할 수 있을 것이다.

〈1997.2.17.〉

신고 센터

동사무소를 비롯한 관공서에는 갖가지 알림판이 있다. 그 중에는 'ㅇㅇ 신고 센터' 같은 것도 있다. "간첩 신고 센터, 생활 불편 신고 센터, 세정 신고 센터, 불법선거 신고 센터" 따위 말이다. 책상이나 창구에다 놓거나 붙이기도 하고, 알림판을 만들어서 출입문께 세워 두기도 한다.

결론부터 말하자면, 이런 경우에 'ㅇㅇ 신고 센터'라고 하는 것은 옳지 않다. '신고는 시민이 해 오는 것이고, 그런 신고가 있으면 관공서에서는 그것을 받아서(접수해서) 처리하는 것이다. 그러므로 'ㅇㅇ 신고 접수 센터'라고 하는 것이 옳다.

일반 회사에서 더러 사용하는 '소비자 고발 센터'도 마찬가지이다. 고발은 소비자가 하는 것이고, 회사에서는 고발을 접수하는 것이다. 그러므로 예를 들면 "저희 회사에서는 365일 '소비자 고발 접수 센터'를 운영하고 있습니다.”라고 하는 것이 옳은 표현이다.

이용자(시민이나 소비자) 편에 서서 그런 이름을 붙였다는 반론이 있을 수 있다. 관공서나 회사 쪽에서 보면 신고나 고발을 '접수'하는 것이지만 이용자 쪽에서 보면 '신고'나 '고발'을 하는 것인데, 이 둘 중에서 이용자 쪽을 우선하여 “신고 센터, 고발 센터”라고 했다는 논리이다. 그러나 이런 용어가 사용되는 여러 경우를 두루 생각하면 그 같은 논리는 아무래도 설득력이 약하다.

센터까지 바꾸어 “○○ 신고 접수처, 소비자 고발 접수처”라고 하면 더욱 좋겠다.   〈1997.2.27~28.〉

기부채납

(가) 다알 선생은 도로에 편입된 대지를 시에 **기부채납**하였다.

어느 지역신문의 기사문에서 따온 것이다. 어느 사람이 개인 집터를 거저 시(市)에 넘겨주었다는 내용이다. 이런 행위를 **기부채납하다**라고 표현했는데, 관청 같은 데에서는 이런 표현을 예사로 쓰는 듯하다. 그러나 한번 따져 볼 필요가 있다.

기부(寄附)란 '어떤 일이나 사람을 도울 목적으로 재물을 거저 내놓음'을 뜻한다. (가)의 경우에 다알 선생이 한 것이 바로 기부 행위이다. 그러므로 (가)는 다음과 같이 고쳐야 한다.

(가)′ 다알 선생은 도로에 편입된 대지를 시에 **기부**하였다.

채납(採納)이란 '가려서 받아들임'을 뜻한다. (가)의 경우에 시에서 다알 선생의 기부를 받기로 결정하고 그 대지를 받았다면, 그 행위가 바로 채납이 된다. 채납이란 낱말을 써서 (가)의 내용을 표현하면 (나)와 같이 된다.

(나) 시에서는 다알 선생이 기부한 대지를 채납하였다.

이로써 기부와 채납의 의미는 상대적인 관계에 있음을 넉넉히 알 수 있다. 한 사람이나 단체가 기부 행위와 채납 행위를 동시에 할 수는 없다. 위의 경우라면 다알 선생은 기부하고 시에서는 채납한 것인데, 그것을 동시에 표현하면 기부채납이 되는 것이다. 한쪽만으로는 기부채납이 이루어질 수 없다.

그런데 지금의 사전들을 보면 채납을 '① 의견, 제의, 요구를 가려서 받아들임. ② 사람을 가려서 들임' 정도로 풀이해 놓고 있다. 재물에 대한 언급이 없다. 마땅히 '③ (기부한) 재물을 가려서 받아들임'도 추가해야 할 것으로 생각한다. 〈1998.8.20.〉

양해 말씀을 드리다

양해 말씀 드리겠습니다. 아직 신부 측 하객들이 오지 않아서 예식은 예정 시각보다 20분쯤 뒤에 시작하겠습니다.

혼례 식장에서 들을 수 있는 말이다. 시작 시각을 좀 늦추게 되었으니 이해해 달라는 뜻으로 하는 말이다. 이 밖에도 여러 행사장에서 "여러분에게 양해 말씀을 드리겠습니다."라고 말하는 것을 쉬이 접할 수 있다. 행사를 주관하는 쪽에서 손님들에게 이렇게 말하는 것이다. 그러나 이런 경우에 양해 말씀이라 하는 것은 옳지 않다.

사전에서 양해를 찾아보면 '남의 사정을 잘 헤아려 그럴 수도 있겠다고 여겨 줌'이라 풀이되어 있다. 그러니 위와 같은 경우에 '양해해 주어야' 할 사람은 손님들이다. 행사를 주관하는 쪽에서는 손님들이 양해해 주기를 '바라는' 처지에 있다. 양해해 주기를 바라는 사람이 양해 말씀을 드린다고 하는 것은 말이 되지 않는다. 비약이 너무 심하다.

그렇다면 이럴 경우에 어떻게 말해야 할까? 다음과 같은 정도는 되어야 한다.

ㄱ. (손님) 여러분의 양해를 {구합니다/바랍니다}.

ㄴ. (손님) 여러분께서 양해해 주시기 바랍니다.

ㄷ. 잠시 사과 말씀 드리겠습니다.

그러나 양해 말씀이라는 말 자체가 잘못된 것은 아니다. 예를 들어 철수가 손윗사람 길동에게 어떤 사정을 이야기하자 철수의 말에 대해서 길동이 긍정하거나 이해해 주는 말을 하였다면, "그 문제에 대해서는 길동 님의 양해 말씀이 있었다."라고 하는 것은 문제가 되지 않는다. 〈1996.9.14.〉

음식 값을 계산하다

우리 나라 사람들은 여럿이 음식점에 가면 자주 씨름을 벌인다. 음식 값을 서로 치르겠다고 벌이는 씨름이다. 그럴 때에 하는 말이 대체로 다음과 같다.

(가) 이번만은 제가 **계산을** 하겠습니다.
(나) 나를 찾아온 손님에게 **계산을** 하게 할 수는 없지!

여기서 계산(을) 하다는 올바르게 사용된 것일까?

더 말할 나위도 없이 계산은 수를 더하거나 빼거나 곱하거나 나누거나 하여 답을 구하는 행위이다. 그러니 음식 값이 얼마인지를 계산하는 일은 음식점 쪽에서 하는 것이고, 고객은 그 계산에 따라 돈을 치른다. 따라서 위의 상황에서 계산(을) 하다라고 말하는 것은 분명히 잘못된 것이다. 음식점 종업원이 고객을 보고 "어느 분이 계산하십니까?"라고 하는 것도 물론 잘못된 말이다.

이 같은 표현을 대신할 말은 간단하다. **값을 치르다**나 **값을 내다**라고 하면 그만이다.
⟨1998. 12. 11.⟩

자문을 받다, 자문을 구하다

자문(諮問)을 많은 사전에서는 '어떤 일에 대하여 더 잘 알고 있는 사람에게 의견을 물음'이라 풀이해 놓았다. 諮와 問은 다 같이 '물음,

묻다'를 뜻한다. 그러니 **자문**의 기본의미는 질문의 그것과 다르지 않다. 그런데 많은 사람들이 이 낱말을 다음과 같이 사용한다.

(가) 이 문제에 대해서는 박문수 박사에게 **자문**을 구하였다.
(나) 이 계획은 누구에게 **자문**을 받았니?

위에서 **자문**을 구하였다와 **자문**을 받았니는 잘못된 표현이다. 다음과 같이 **자문하** - 의 활용형을 써야 올바른 표현이 된다. 그리고 **자문**을 쓴다고 해서 무슨 특별한 의미가 더해지는 것이 아니다. '박문수 박사에게 (의견을) 물었다.'와 '누구에게 (의견을) 물었니?' 정도를 뜻할 뿐이다.

(가)´ 이 문제에 대해서는 박문수 박사에게 **자문하였다**.
(나)´ 이 계획은 누구에게 **자문하였니**?

한편, **자문**(물음)을 받은 사람이 그 문제에 대하여 자신의 의견을 제시하는 것은 **자문**에 응하다라고 표현한다. 굳이 **자문**이란 낱말을 사용해서 표현한다면 그렇다는 말이다. 그 낱말을 사용하지 않아도 상황에 따라 여러 가지로 표현할 수 있다.

'대통령 **자문** 기구'라는 말은 '대통령에게 **자문**해 주는 기구'라는 뜻이 아니라, '대통령이 **자문**하는 기구' 또는 '대통령의 **자문**을 받아서 응답해 주는 기관'이라는 뜻이다. 〈1996.10.28.〉

제대로 된 자문

(가) (이 총재는) 각종 여성 단체와의 간담회에는 …… 이연숙 부총재를
　　　항상 대동하고 있으며, 원내총무 경력을 지닌 하순봉 부총재에게는
　　　수시로 원내 대책을 **자문**하고 있다.

이는 7월 1일자 어느 일간신문에서 본 기사문이다. 여기서 **자문**하고
를 잘못된 것으로 생각하는 사람이 있을 듯하다. 늘 접해 온 것은 자
문을 받다나 자문을 구하다 형식이었으니 그럴 법도 하다. 그러나
(가)의 **자문**하고가 제대로 된 표현이다.
　(가)에서 뒷절(원내총무 ~ 자문하고 있다)의 의미는 '이 총재가 하순
봉 부총재에게 원내 대책을 **묻다**'이니, **묻다** 대신에 **자문**하다를 사용
하면 (가)와 같은 표현이 되는 것이다. 참 오랜만에 제대로 된 표현을
보았다.
　8월 5일자 어느 일간신문에서는 다음과 같은 기사문을 보았다.

(나) 그는 경영학 교수로 재직할 때에 경영 **자문**을 많이 **받았다**.

나는 이것을 보면서, 적잖은 사람이 "경영학 교수가 경영에 대하여
자문을 받다니?" 하며 고개를 갸우뚱거리리라 생각했다. 자문을 받
는 쪽은 일반적으로 사업체나 기업이라고 알고 있는 사람이라면 그
렇게 생각하는 것이 당연하다. 그러나 사실은 자문의 기본의미가 질
문과 같고, (나)는 '교수가 질문을 받았다'는 말이니 바르게 된 것이
다. 자문, 곧 질문한 쪽은 기업체였을 것이다. 같은 뜻을 (다)와 같이

아주 다른 형식으로 나타낼 수도 있다.

(다) 그는 경영학 교수로 재직할 때에 (기업체의) 경영 자문에 많이 응하였다. 〈2000.7.6., 9.7.〉

축복해 주시옵소서

원래 우리의 한자 용법에 따르면 祝[축]의 뜻은 '빌다, 빎'이다. '빌고 바람'을 **축원**(祝願)이라 하고, '제사 때에 신명께 여쭈어 비는 글'을 **축문**(祝文)이라 하는 것이 모두 그런 뜻으로 쓰인 보기이다.

그러므로 원래 **축복**(祝福)도 '복을 내려 달라고 빎' 또는 '복되게 해 주기를 빎'을 뜻한다. 자신이 복되게 되기를 비는 일도 있을 것이며, 다른 사람이 복되게 되기를 비는 일도 있을 것이다. 다시 말하면 자신을 위하여 축복할 수도 있으며, 남을 위하여 축복할 수도 있다는 말이다. 다음 대화는 **축복**을 제대로 사용한 보기이다.

(가) ㉠ 영미야, 나를 위해 **축복해** 주겠니?
    ㉡ 그래, 난 언제나 철수 너를 위해 **축복해** 줄게.

이제 (가)의 ㉡과 같이 약속한 영미는 어떻게 축복을 할까? 하느님이나 부처님, 또 다른 절대자에게 빌 것이다. "천지신명이시여, 저의 친구 철수를 늘 굽어 살피시고 그에게 늘 복을 내려 주소서!" 하는 식으로 말이다. 이렇게 하는 것이 바로 축복하는 행위이다. 그러니까 사람들은 누구나 축복할 수 있는 것이며, 사실 늘 축복하면서 살고 있는 셈이다.

그런데 다음 보기를 보자.

(나) 하느님이시여, 불쌍한 저희들을 **축복해** 주시옵소서!
(다) 하나님, 저희 가정에 늘 **축복을 내려** 주시고 …….

(나)는 잘못된 표현이다. 무엇이 잘못일까? 하느님은 최고의 분이신데 그분에게 '축복해 달라'고 하는 것은, 하느님으로 하여금 당신보다 더 높은 다른 분에게 '빌어 달라'는 뜻이 되어 버리기 때문이다. 물론 비는 사람이야 그런 뜻으로 말한 것이 아닐 테지만, 결과적으로 이처럼 불손하고 불경스러운 말이 되어 버린 것이다. 자신의 뜻을 제대로 나타내자면 다음과 같이 해야 한다. **강복(降福)**은 '복을 내려 줌'을 뜻하는 낱말이다.

(나)′ ㄱ. 하느님이시여, 불쌍한 저희들에게 **복을 내려** 주시옵소서!
 ㄴ. 하느님이시여, 불쌍한 저희들에게 **강복해** 주시옵소서!

이쯤 되면 (다)도 역시 잘못되었음을 알아차렸을 것이다. 다시 말하거니와 **축복**이 복을 비는 행위를 뜻하기 때문이다. 이것은 다음과 같이 고쳐서 말해야 한다.

(다)′ 하나님, 저희 가정에 늘 **복을 내려** 주시고 …….

교회에서 흔히 쓰는 용어 중에 **축도**(祝禱)라는 것이 있다. 이것은 '축복 기도'의 준말로, 보통 목사가 일반 신도를 위하여 하나님께 올리는 기도이다. 그러니 이는 제대로 된 것이다. 〈1996.10.7~8.〉

주차시키다

시키다와 하다는 그 의미가 매우 다르다. 예를 들면 '심부름(을) 시키다'와 '심부름(을) 하다'는 같은 말이 아니다. 두 형식의 의미와 용법이 어떻게 다른지 생각해 보자.

(가) 형이 심부름(을) **하였다.**
(나) 형이 심부름(을) **시켰다.**

(가)에서 심부름을 한 사람은 분명히 형이다. 그리고 형이 이미 심부름을 했음도 분명하다. 그렇다면 (나)에서 심부름을 한 사람은 누구인가? 그가 누구인지는 이 표현만으로 알 수가 없다. 그러나 형이 아닌 것만은 분명하다. 형이 한 일은 '어떤 사람 A가 심부름을 하게' 시킨 것이다. 곧 (나)는 (나)′와 같은 표현을 줄인 것이라 할 수 있다. 심부름을 '할' 또는 '한' 사람은 A이며, 형은 A에게 그런 행위를 하도록 시켰을 뿐이다.

(나)′ 형이 [(A가) 심부름을 하게] 시켰다.

이처럼 (가), (나)는 의미와 용법이 아주 다르다. (나)에서 중요한 것은, 심부름을 '할/한' 사람은 형이 아니라 표현에 드러나지 않은 제3 자라는 점이다. 그러니 시키다와 하다는 잘 가려서 사용해야 한다. 그러나 오늘날 그 둘의 사용법은 매우 혼란스럽다.

(다)와 같은 말은 어떤지 생각해 보자.

(다) 먼저 들어가. 나는 주차시키고 곧 들어갈게.

호텔 같은 데서 이런 말을 들었다고 가정하면, 사람에 따라 이 말에서 받아들이는 내용이 전혀 다를 수 있다. 차를 운전하여 주차할 사람이 누구냐 하는 문제이다. 그 사람이 '나'라고 받아들이는(①) 이도 있을 것이며, 호텔 주차원이라고 받아들이는(②) 이도 있을 것이다.

이러한 차이는 바로 주차시키다와 주차하다에 대한 이해의 차이에서 비롯된다. 이 두 형식의 의미를 같은 것으로 아는 이는 ①과 같은 해석을 할 것이며, 그 의미를 다르다고 생각하는 이는 ②와 같은 해석을 할 것이다. 표준적이고 정상적인 말글살이에서는 ②가 옳은 해석이다. 그러므로 ①과 같은 의미를, 다시 말하면 본인이 직접 차를 운전하여 세워 놓고 들어갈 상황에서 (다)와 같이 말하는 것은 잘못이다. 동쪽으로 가면서 서쪽으로 간다고 말하는 것과 다를 바가 없다. 그럴 때에는 (라)와 같이 말해야 한다.

(라) 먼저 들어가. 나는 주차해 놓고 곧 들어갈게.　　〈2001.1.2., 1.10.〉

거짓말시키다, 전가시키다, 입금시키다

동사 중에는 -하다 형이 많다. "공부하다, 청소하다, 노력하다, 전진하다, 보고하다, 거짓말하다, 노략질하다" 들이 그런 보기이다. 그런데 이런 낱말들을 -시키다 형으로 바꾸어 쓰는 일이 있다. 그러나 대개의 경우 그런 표현은 잘못된 것이다.

(가) ㉠ 나는 철수에게 **거짓말하지** 않았다.

㉡ 나는 철수에게 **거짓말시키지** 않았다.

(가)의 ㉠과 ㉡은 전혀 다른 뜻이다. 이것이 잘못된 표현이 아니라고 전제하면, ㉡은 '나는 철수에게 거짓말을 하도록 명령하지(시키지) 않았다.'는 뜻이다. "나는 철수에게 일(을) 시키지 않았다."는 말과 비교해 보면, 그 내용을 충분히 이해할 수 있을 것이다. 그러니 ㉠과 같이 말해야 할 것을 ㉡과 같이 표현하는 것은 아주 큰 잘못이다.

그런데 이 두 표현을 같은 뜻으로 사용하는 사람이 매우 많다.

(나) ㉠ 그는 모든 책임을 부하 직원에게 **전가하였다.**

㉡ 그는 모든 책임을 부하 직원에게 **전가시켰다.**

(나)의 ㉠과 같이 말해야 할 것을 ㉡과 같이 표현하는 일도 자주 접할 수 있다.

(다) 아직 사납금도 **입금시키지** 못했다.

(다)는 택시 운전사로부터 흔히 들을 수 있는 말이다. 마찬가지로 '자기 스스로 돈을 내는 행위'를 가리켜 **입금시키다**라고 하는 것은 잘못이다. 입금시키지 대신 입금하지 또는 넣지라고 해야 한다.

(다)′ 아직 사납금도 {입금하지/넣지} 못했다.

— 하다 형과 — 시키다 형은 마구 넘나들 수 있는 것이 아니다.

〈1998. 2. 24., 2000. 1. 26.〉

소개시키다

요즈음 아이들은 "거짓말하지 마."라고 해야 할 것을 "거짓말시키지 마."라고 하는 것이 예사이다. 어른들 중에도 그런 식으로 말하는 사람들이 있다. 더 말할 나위도 없이, 이럴 때에 — 시키다 형을 쓰는 것은 잘못이다. 그런데 이런 잘못은 여기에서 끝나지 않는다.

(가) 선배님, 제 동생을 사장님에게 **소개시켜** 주세요.

많은 젊은이들은 (가)와 같은 말을 예사로 한다. '자신의 동생을 사장에게 알려 달라'는 뜻으로 선배에게 하는 말이다. 이런 상황에서 선배는 소개하는 사람이고, 사장은 소개를 받는 사람이며, 동생은 소개를 당하는 사람이다. 그러니 응당 다음과 같이 말해야 한다.

(가)´ 선배님, 제 동생을 사장님에게 **소개해** 주세요.

일상생활에서 소개시키다를 사용해야 할 상황은 매우 드물 것 같다. (나)에 소개하다의 몇 가지 다른 보기를 들어 본다.

(나) ㉠ 회장님, 새로 오신 분들을 **소개해** 주세요.
　　㉡ 조금 뒤에 새 회장님을 여러분에게 **소개해** 드리겠습니다.
　　㉢ 제 아내를 **소개하겠습니다**.　　　　　　　　〈1997.10.4.〉

원서를 접수하다

응시자가 응시 원서를 낸 사실을 흔히들 다음과 같은 식으로 표현하는 것을 본다. 공공 방송도 마찬가지인데, 엊저녁에도 이런 말을 접했다.

나는 어제 원서를 **접수하였다**.

사전을 펼쳐 보면 금방 확인할 수 있듯이, 접수(接受)의 기본의미는 '받아들임'이며, **접수하다**는 '받아들이다'를 뜻한다. 그러므로 응시자가 원서를 낸(제출한) 사실을 위와 같이 표현하는 것은 매우 잘못된 것이다. 그것은 다음과 같이 표현해야 한다.

ㄱ. 나는 어제 원서를 **냈다**.

ㄴ. 나는 어제 원서를 제출하였다.

ㄷ. 나는 어제 원서를 접수시켰다.

ㄷ은 아쉬운 대로 보아 넘길 수 있겠다.

요컨대 접수하다의 의미는 받다와 같다. 그러므로 내다, 제출하다라고 해야 할 것을 접수하다라고 하는 것은 큰 잘못이다. 그렇게 하는 것은 '죽다'를 '살다'라고 하는 것과 다를 바 없다.　　　　〈1999.10.14.〉

알림막에 쓰는 경축

각종 행사나 모임이 있으면 보통 알림막이 내걸린다. 그런 알림막 중에는 "언제 어디서 누가 무엇을 한다."는 내용으로 된 것이 있는가 하면, 그 행사나 모임을 축하하는 내용으로 된 것도 있다. 예를 들면 다음과 같다.

(가)
> 문화대학교 개교 100돌을 축하합니다!
> 문 화 대 학 교

(가)의 윗줄은 축하 내용이고 아랫줄은 축하하는 주체이다. 그러니 이 문안은 결국 '문화대학교'가 '문화대학교 개교 100돌'을 축하한다는 뜻이 된다. 자신을 스스로 축하한다는 것이니, 보통사람의 상식으로는 자연스럽게 받아들여지지 않는다. 우리 주변에는 이런 식의 알림막이 매우 많다.

(나)와 같은 알림막도 흔히 볼 수 있다. 이런 경우에는 **경**과 **축**은 글자의 모양과 색깔을 같게 처리하는 것이 보통인데, 그것은 두 글자를 붙여서 읽어 달라는 장치이다. 그러니 이 문안은 '한민족신문사'에서 '문화대학교 개교 100돌'을 축하한다는 뜻이 된다. 축하하는 기관(한민족신문사)과 축하 받는 기관(문화대학교)이 다르니 (가)에서 지적한 문제는 없다.

(나)

	경　　문화대학교 개교 100돌　　**축**
한 민 족 신 문 사

그러나 "**경** 문화대학교 개교 100돌 **축**"과 같이 표현하기보다는 (가)의 "문화대학교 개교 100돌을 축하합니다!"와 같이 일상의 말로 표현하는 것이 훨씬 부드럽고 자연스럽다.

식장에서는 (다)와 같은 알림판을 흔히 접한다. 으레 식장의 정면 위쪽에 붙어 있거나 매달려 있다.

(다)

	경　　창사 80주년 기념식　　**축**
1997. 2. 20. 백두산 주식회사

이 문안의 윗줄은 '창사 80주년 기념식'을 경축한다는 뜻이 되는데, 이것은 마땅하지 않다. 식(式)을 경축한다는 것은 반듯한 표현이라 할 수 없다. '창사 80주년'을 경축한다고 해야 반듯해진다. 이런 뜻을 제대로 살리려면 다음과 같이 기념식을 빼 버려야 한다.

(다)′	경　　　　창사 80주년　　　　축
	1997. 2. 20. 백두산 주식회사

그러나 이렇게 고쳐도 문제는 남는다. (가)에서와 같이 자기 회사의 경사를 자기 스스로 경축한다는 문제가 그대로 남아 있는 것이다. 한편에서는 이 같은 문구가 식장의 정면에 붙이기에는 마땅하지 않다는 생각을 할 수도 있다. 이런 점을 두루 고려하면 오히려 (다)의 문안에서 경축만을 빼 버리는 것이 가장 좋은 방법이다. 그것을 빼 버린 자리가 허전하다는 느낌이 들면 고운 색깔이나 무늬로 장식하면 된다.

(다)″	**창사 80주년 기념식**
	1997. 2. 20. 백두산 주식회사

식장의 정면에 붙일 문안으로는 셋 중에서 (다)″가 가장 알맞다.

〈1998.9.10~11.〉

기분이 좋은 것 같아요

같다는 다르다의 상대 개념을 나타낸다. (가)가 그런 뜻으로 쓰인 보기이다.

(가) ㉠ 저는 선배님과 생각이 **같아요**.
　　 ㉡ 저 구름은 마치 양떼 **같구나**.

그리고 같다는 "~은 것, ~는 것, ~을 것" 들과 함께하여 불확실한 것에 대한 '추측·추정'의 의미를 나타내는 데에도 쓰인다. (나)가 그런 보기이다.

(나) ㉠ 요즈음 영호는 근심이 **많은 것 같아요.**

㉡ 아마 집에서 **쉬는 것 같습니다.**

㉢ 내일은 비가 올 **것 같지요?**

현대 사회를 가리켜 '불확실성의 시대'라는 말들을 하는데, 그것을 증명이라도 하듯이 요즈음 젊은이들의 표현에 (나)와 같은 형식이 흘러넘치고 있다. 추측·추정의 표현 형식이 많다는 말이다. 그러나 부적절한 경우가 적지 않다. 큰 상을 받은 사람에게 기분이 어떠냐고 묻는데, 그 대답을 (다)와 같이 하는 것은 그 전형적인 보기이다.

(다) 진행자 : "이렇게 상을 받으니 기분이 어떠세요?"

수상자 : "참 기분이 좋은 것 같아요."

자신의 좋은 기분을 자기가 직접 말하면서 남의 기분을 말하듯이 좋은 것 같아요라고 하는 것은 적절하지 않다. 우리말의 기본을 벗어났을 뿐 아니라, 상대편에게 무책임하고 무성의한 사람으로 비칠 수 있다. 다음과 같이 말해야 한다.

(다)′ 수상자 : "참 기분이 **좋아요.**"

젊은 사람 사이에 이런 형식의 표현이 점점 더 많아지고 있다. 두어 가지 사례를 더 살펴보자.

(라) 저는 오늘 아침부터 기분이 우울한 것 같아요.
(마) 부장 : "이 문제에 대해서 박 주임은 어떻게 생각하나?"
　　　사원 : "저는 정책의 기본 방향에 문제가 **있는 것 같습니다.**"

(라)는 자신의 기분을 곧바로 표현하는 말이니, 이것이 적절하지 않은 이유는 (나)에서와 같다. (마)는 자신의 생각을 발표하면서 ~는 것 같- 형식을 사용한 사례인데, 자신감이 없어 보인다. 다음처럼 젊은 이로서 자신의 생각이나 느낌을 분명하게 표현하는 것이 바람직하다.

(라)′ 저는 오늘 아침부터 기분이 **우울해요.**
(마)′ 사원 : "저는 정책의 기본 방향에 문제가 **있다고 생각합니다.**"

〈1996.6.12., 1997.3.7.〉

전하고자 한다, 밝히고자 한다

(가) 끝으로, 더운 날씨에도 불구하고 기꺼이 원고를 써 주신 여러 필자들께 감사의 뜻을 **전하고자 한다.**

어느 책의 간행사에서 본 것이다. 그러고는 곧바로 글을 끝냈다. 공식 석상의 연설에서도 이런 식의 말을 흔히 접할 수 있다. 그러나 (가)에서처럼 - 고자 한다로 글이나 연설을 바로 끝맺는 것에는 문제가 있다.

어미 - 고자는 본디 '하려 함'(의도)의 뜻을 나타내는 데에 쓰인다. 'M고자 하다'는 'M을 하려 하다'를 뜻하며, M의 내용은 뒤이어 또는 앞으로 전개된다. 전하고자 하다는 '전하려 하다'의 뜻을 표현하는 형식이다. 뒤이어 구체적인 사항, 곧 전하는 내용이 나와야 한다. 그런데 (가)에서 전하려 한 내용은 바로 앞에서 언급한 '더운 날씨에도 ~ 여러 필자들께 감사'이다. 이미 구체적인 내용을 다 말한 다음에 전하고자 한다고 했으니 우리말의 상식을 벗어난 표현이다. 다음에서 보듯이 이런 상황에서는 - 고자를 갖다 붙이지 말아야 한다.

(가)′ 끝으로, 더운 날씨에도 불구하고 기꺼이 원고를 써 주신 여러 필자들께 감사의 뜻을 **전한다**.

이러한 발화는 각종 연설이나 성명에서도 자주 접할 수 있다.

(나) 그것이 명백한 언론 탄압이라는 것을 이 자리를 빌려 분명히 **밝히고자** 합니다.

'그것이 명백한 언론 탄압이라는 것'이 곧 밝히려 한 내용이며, 이미 그것을 다 밝히고 나서 밝히고자 합니다라고 하는 것은 자연스럽지 못하다. 여기도 - 고자가 끼어들 자리가 아니다.

(나)′ 그것이 명백한 언론 탄압이라는 것을 이 자리를 빌려 분명히 **밝힙니다**.

요컨대 내용을 다 진술하고 나서 그 문을 - 고자 하다로 끝맺는 것은 제대로 된 표현이 아니다.　〈1998.2.11., 1999.10.21.〉

말씀을 드리고 싶습니다

사회자 : "끝으로, 시청자들에게 하고 싶은 말은 없습니까?"

출연자 : "지금까지 저를 사랑해 주신 여러분께 감사하며 앞으로 더욱 열심히 하겠다는 말씀을 드리고 싶습니다."

위의 대화는 어느 대담 방송의 끝 부분을 재구성해 본 것이다. 그다지 낯설지 않을 줄 안다. 방송에서만이 아니라 일상의 언어 장면에서도 어렵잖게 접할 수 있다.

그러나 출연자의 말 가운데 드리고 싶습니다 부분은 잘못되었다. 그 중에서도 가장 문제가 되는 것은 싶습니다이다. '바로 그 시각'에 '그 자리'에서 말씀을 드리고 있으면서 드리고 싶다라고 하는 것은 잘못이다. 'N고 싶다'는 (아직 N을 하지 않은 상황에서) 앞으로 N을 할 의지가 있음을 나타내는 형식이기 때문이다. 밥을 먹고 있으면서 "밥을 먹고 싶다."라고 말하는 사람은 없지 않은가. 이 부분을 바로잡으면 ㄱ과 같다.

ㄱ. 출연자 : "지금까지 저를 사랑해 주신 여러분께 감사하며 앞으로 더욱 열심히 하겠다는 말씀을 드립니다."

그런데 좀더 깊이 생각해 보면 **말씀을 드립니다**도 아주 적절하지는 않다. 말씀의 내용이 그 앞에 다 나왔으며, 그 상황에서 하고 있는 그 행위가 곧 말씀이기 때문이다. 괜히 중언부언 늘이지 말고, ㄴ에서 보는 바와 같이, 직접적으로 **하겠습니다**라고 하는 것이 더 효과적이다. 발화의 진실성이 더 높아진다.

   ㄴ. 출연자 : "지금까지 저를 사랑해 주신 여러분께 감사합니다. 앞으로
            더욱 열심히 **하겠습니다**."

   ㄴ이 ㄱ과 다른 점은 또 있다. 두 문으로 나누고, 앞절의 서술어를 '감사합니다'로 고쳤다. ㄱ을 그대로 두고 보면 앞절의 서술어 '감사하며'는 뒷절의 서술어 '하겠다'와 대등한 관계인데, 그것이 문법적이지 않기 때문이다. 다시 말하면 '감사하겠으며'라는 형식을 인정할 수 없기 때문이다. 〈2001. 2. 13.〉

확보되어 있다고 말씀드릴 수 있습니다

   사회자 : "자료는 수집하셨습니까?"
   출연자 : "기본 자료는 이미 확보되어 있다고 말씀드릴 수 있습니다."

방송에서 나누는 대화를 옮겨 본 것이다. 여기서 출연자의 말투는 평소에 어렵잖게 들어 온 것이다. 그러나 곰곰이 생각해 보면 바람직하지 못함이 드러난다. 문제가 되는 것은 ~고 말씀드릴 수 있습니다 부

분이다.

첫째, ~을 수 있- 이 문제이다. 이 형식은 원래 '(일어나지 않은 일에 대한) 가능성'을 나타낼 때에 사용한다. 말하는 '바로 그 시각'에 '바로 그 자리'에서 직접 '말씀드리고' 있으면서 말씀드릴 수 있다고 했으니 마땅하지 않다.

둘째, 전달하고자 하는 내용을 명료하게 말하지 않고 흐릿하게 늘여 말하는 것은 바람직한 태도가 아니다. 일부러 그런 식으로 말했다면, 뭔가 감출 것이 있거나 확실하지 않은 것을 말하기 때문일 것이다.

이렇게 볼 때에, 위와 같은 대화의 맥락에서 바람직한, 출연자의 말은 다음과 같다. 즉 ~고 말씀드릴 수는 전혀 필요하지 않은 것이다.

출연자 : "기본 자료는 이미 확보되어 있습니다."   〈2000. 1. 13.〉

들어 보도록 하겠습니다

(가) [영호가 이 난관을 잘 극복할 수 있]+도록 [자네가 좀 도와주게].

(가)는 정상적인 표현이다. 이처럼 어미 -도록은 앞절을 뒷절에 이어 준다. 어디까지나 뒷절이 중심절(주절)이다.

다른 상황을 보기로 한다. 같은 반 친구를 늘 괴롭히는 학생의 어머니를 담임교사가 학교로 불렀다. 교사가 어머니에게 그러한 사실을 알리면서 가정 지도를 부탁한다. 그러면 어머니는 담임교사에게 (나)와 같은 말을 한다.

(나) ㄱ. [우리 애가 다시는 그런 짓을 하지 않]+도록 [제가 지도하겠습니다].

   ㄴ. [우리 애가 다시는 그런 짓을 하지 않]+도록 [하겠습니다].

또박또박 ㄱ과 같이 표현하기도 하지만, ㄴ과 같이 말하는 일이 더 많다. 하지만 어디까지나 ㄴ의 본래 구조는 ㄱ이다. 외형적으로는 -도록과 하겠-이 바로 이웃하여 있지만, 의미상으로는 둘의 사이에 생략된 요소가 있기 마련이다. (물론 ㄴ의 경우에도 중심절은 뒷절 '하겠습니다'이다.)

오늘날 ~**도록 하겠**-이라는 표현을 매우 자주 듣는다. 방송도 예외가 아니다.

(다) 자, 그럼, 그의 고향을 찾아 **떠나도록 하겠습니다**.

(라) 이어서 시청자께서 보내 주신 사연을 들어 **보도록 하겠습니다**.

(다)는 화자(출연자) 자신이 직접 떠나겠다는 뜻을 표현한 것이다. 화자가 제3자에게 떠나는 행위를 시키려는 상황이 아니다. 떠나도록과 하겠-사이에 생략된 요소가 아무것도 없다. (라)도 화자(진행자)가 시청자와 함께 직접 듣겠다는 말을 한 것이다. 화자가 제3자에게 듣는 행위를 시키려는 상황이 아니다. 이러한 맥락에서 ~**도록 하겠**-형식을 사용하는 것은 적절하지 않다. 마땅히 다음과 같이 말해야 한다.

(다)′ ㄱ. 자, 그럼, 그의 고향을 찾아 **떠나겠습니다**.

   ㄴ. 자, 그럼, 그의 고향을 찾아 **떠나기로 하겠습니다**.

(라)′ ㄱ. 이어서 시청자께서 보내 주신 사연을 들어 **보겠습니다**.

ㄴ. 이어서 시청자께서 보내 주신 사연을 들어 보기로 합니다.

~도록 하- 를 버리거나 ~기로 하- 로 바꾸는 것이 적절하다.

　일전에는 대학생들이 모인 자리에 참석했는데, 사회자가 처음부터 끝까지 ~도록 하겠- 형식으로 일관하는 것을 보았다.

　(마) ㉠ 다 같이 '국기에 대한 경례'를 하도록 하겠습니다.
　　　㉡ 다음에는 애국가를 부르도록 하겠습니다.
　　　㉢ 이어서 회장님의 인사말을 듣도록 하겠습니다.
　　　㉣ 곧이어 종합 성적을 발표하도록 하겠습니다.
　　　㉤ 이것으로 모든 행사를 마치도록 하겠습니다.

　이런 틀에 맞추다 보니, 심지어 (바)와 같은 말까지 등장하였다.

　(바) 다음에는 시상이 있도록 하겠습니다.

이쯤 되면 할 말이 막힌다.　　　　　　　　　　　　〈2001. 1. 8., 9. 30.〉

소개시켜 드리도록 하겠습니다

　(가) 그러면 김길동 박사님을 소개시켜 드리도록 하겠습니다.

이는 지난 일요일 어느 방송에서 사회자가 방청객을 향하여 한 말이다. 이 말을 하자 곧이어 김길동 박사가 무대로 걸어 나왔다. 이런 정도면 (가)가 발화된 상황을 충분히 짐작할 수 있을 것이다. 사회자가 김길동 박사를 발화 시점에, 현장에서 방청객에게 소개하는 상황이었다. 그러니 (가)에는 두 가지 문제점이 있다.

첫째, 소개시켜가 문제이다. (가)와 같이 화자(사회자)가 직접 소개하는 상황에서는 소개하여라고 하는 것이 바르다. '소개하는' 행위는 화자의 몫이다. 일상의 담화에서는 (가)와 같은 상황이 대부분이다.

소개시키다는 A가 B로 하여금 '아무개를 누구에게 소개하도록' 시키는 경우에 A의 행위를 나타내는 말이다. 소개하는 행위는 B의 몫이다. 이런 상황은 실제로 많지 않으며, 그럴 때에도 보통 소개하도록 시키다와 같이 표현한다.

둘째, ~도록 하-가 문제이다. 이 문제에 대해서는 바로 앞에서 지적했으니 거듭하지 않겠다. 그런데 요즈음 이름깨나 날리는 방송 진행자 중에도 이런 표현을 입에 달고 있는 사람이 많다. 그러다 보니 청소년들까지 생각 없이 따라 하고 있다.

지금까지 지적한 내용을 모두 반영하여 (가)를 다시 써 보면 다음과 같다.

(가)′ ㄱ. 그러면 김길동 박사님을 **소개하겠습니다**.

ㄴ. 이제 김길동 박사님을 **소개합니다**.

이렇게 간단한 표현을 (가)처럼 길게 늘인 것이다. 그렇게 함으로써 얻는 효과는 아무것도 없다. 상황에 따라서는 다음과 같이 소개하다보다 **모시다**나 **불러 보다** 등이 더 적합할 수도 있다. (가)도 그런 경우에 가깝다. 이런 말을 하기에 앞서 김길동 박사에 관하여 여러 가지 말을 했기 때문이다.

(가)˝ ㄱ. 그러면 김길동 박사님을 모시겠습니다.
　　　ㄴ. 그러면 김길동 박사님을 불러 보겠습니다.

다음은 어느 상품광고 방송에서 들은 말이다.

(나) 국제적인 품질을 자랑하는 옥 매트를 소개시켜 드리도록 하겠습니다.

요즈음 우리 나라의 방송 언어가 이렇다. 참으로 한심하고 안타깝다. 명료하고 반듯하게, 그리고 쉽게 표현하는 방법이 있음에도 마구 비틀고 헝클고 엇바꾸고 늘이는 것이다. 요즈음 사람들의 비뚤어진 심보를 보는 것 같아 씁쓸하기까지 하다.　　　⟨1999.6.1., 2001.2.9.⟩

다시 한번 인사드리겠습니다.

요즈음 방송에서 다음과 같은 말을 어렵잖게 접하고 있다.

(가) 반갑습니다. …… 이 홍길동, 여러분께 다시 한번 **인사드리겠습니다.**

이렇게 말하고는 곧이어 고개를 숙여 절을 한다. 방송만이 아니고 다른 자리에서도 이 같은 장면을 많이 접할 수 있다.

그러나 그런 상황에서 -겠-을 끼우는 것은 바람직하지 않다(409~411쪽 참조). 말하는 바로 그 시각에 그 자리에서 어떤 행위를 하면서 -겠-을 사용하는 것은 적절하지 않다는 말이다. (가)의 상황은 발화와 행위가 동시에 (또는 곧이어) 일어나는 경우이므로 다음과 같이 말하는 것이 좋다.

(가)′ 반갑습니다. …… 이 홍길동, 여러분께 다시 한번 **인사드립니다**.

만약 발화만 그 시각에 하고 실제 행위, 곧 절은 앞으로 할 의도라면 -겠-을 끼워 말하는 것이 옳다. 그러므로 (나)와 같은 표현은 문제가 없다.

(나) 새 음반을 내게 되면, 그때에 다시 여러분께 **인사드리겠습니다**.

〈2000. 11. 28.〉

노래 한 곡 **부탁할게요**

(가) 어린이 여러분, 모두 모두 건강하기를 **바랄게요**.

오늘도 이런 말을 들었다. 어른이 아이들에게 하는 작별 인사이다. 우리 어린이들이 진정으로 건강하기를 바란다면, 이와 같은 표현부터 고쳐야겠다는 생각이 들었다.
여기 바랄게요는 '바라+ㄹ게+요'로 나누어지는데, 바라-는 어간이고 -ㄹ게가 어미이다. -요는 높임의 뜻을 첨가하기 위한 조사이다. 어미 -ㄹ게가 문제인데, 이는 동사 뒤에 붙어서 그 주체(행위자)의 의지·약속을 나타낸다. 다음에서 그것을 확인할 수 있다.

　(나) ㉠ 그 그림은 나중에 그릴게.
　　　 ㉡ 교실 청소는 내가 할게.

(나)를 볼 때에, '말하는(발화) 시점'에는 그림을 그리지 않았고, 교실 청소를 하지 않았다. '앞으로' 그렇게 하겠다는 의지와 약속을 표현한 것이다. 말은 지금 하지만 그 행위는 나중에 일어날 것이다. 이러한 의미를 나타내 주는 것이 바로 -ㄹ게이다.

　그러니 (가)를 표현 그대로 해석하면, 발화 시점에는 말만 하고 실제 행위―모든 어린이가 건강하기를 바람―는 나중에 하겠다는 뜻이 된다. 진실로 그런 뜻으로 한 말이라면 문제 삼을 것이 없겠지만, 평소에 그런 상황은 거의 없다.

　일상 언어에서는 바라다라는 말을 함과 동시에 그 행위가 실현된다. 다시 말하면 바라다는 그 의미의 특성상 발화가 곧 행위인 것이다. 그러므로 바라-에는 -ㄹ게가 필요하지 않다. 바랍니다라고 하거나, 아예 ㄴ과 같이 표현해야 한다.

　(가)′ ㄱ. 어린이 여러분, 모두 모두 건강하기를 **바랍니다**.
　　　　ㄴ. 어린이 여러분, 모두 모두 **건강하세요**.

또 다른 예를 보자. 두 사람이 같은 공간에서 이야기를 나누는 상황이다. 도중에 한쪽이 상대에게 다음과 같은 말을 한다.

(다) 지금 말씀하신 그런 노래 한 곡 **부탁할게요**.

대화 중에 상대가 언급한 노래를 그 자리에서 한번 불러 달라고 요청하는 말을 이렇게 하는 것이다. 부탁할게요는 '부탁하+ㄹ게+요'로 나누어지는바, 여기 -ㄹ게도 마땅하지 않다.

(다)에서 '부탁하는' 행위자는 화자 자신인데 외형적으로는 생략되어 있다. 결국 (다)의 큰 짜임새는 "제가 ~ 부탁할게요."인 셈이니, '제가 앞으로 ~ 부탁하겠어요.'라는 뜻이 된다. 그런데 이 말은 발화 상황에 맞지 않다. (다)의 발화 상황은 '당장 그 자리'에서 노래를 불러 달라고 요청하는 것이기 때문이다. 이처럼 (다)는 표현 의도를 제대로 드러내지 못한 형식이다. 바르게 고쳐 보면 다음과 같다.

(다)′ ㄱ. 지금 말씀하신 그런 노래 한 곡 {**부탁해요/부탁합니다**}.
　　　ㄴ. 지금 말씀하신 그런 노래 한 곡 **불러 주세요**.

만약 '발화 시점'이 아니고 '발화 후의 어느 시점'에 부탁하겠다는 의지를 나타내는 경우라면 (다)와 같이 표현해야 한다. 따라서 (라)는 전혀 문제가 없다. '발화 시점'이 아니라, 도움이 필요할 때가 되면 '그때에 가서' 부탁하겠다는 말이기 때문이다.

(라) 도움이 필요하면 그때에 **부탁할게요**.　　　　　〈2000.5.5., 8.29.〉

오늘은 여기서 **인사 드립니다**

오늘은 여기서 인사 드립니다.

이는 방송에서 자주 접하는 표현이니, 진행자가 프로그램을 마감할 때에 으레 하는 말이다. 그런데 이런 말을 할 때에는 유의해야 할 점이 있다. 진행자의 행동이 눈으로 보이지 않는 라디오 방송에서는 더욱 그러하다.

흔히 방송을 끝낼 때에 하는, 위 표현의 의도는 분명히 '작별을 고함'일 것이다. 그러나 인사라는 낱말에는 '헤어짐'이나 '마지막'의 의미가 전혀 없다.

그러므로 그렇게 말한 뒤에 "안녕히 계십시오." 정도의 인사말을 덧붙여야 한다. 그리고 텔레비전 방송이라면 고개를 숙여 인사를 해야 한다.

그런 것 없이 위의 말만으로 방송을 끝내는 것은 적절하지 않다. 그럼에도 꽤 이름있는 사회자 중에도 이렇게 해 버리는 이가 있다. 다른 행동이나 인사말 없이 방송을 끝내 버릴 양이면 위의 말을 다음과 같은 정도로 바꾸어야 한다.

ㄱ. 오늘은 여기서 작별 인사를 드립니다.

ㄴ. 오늘은 여기서 물러갑니다. 〈1996.10.12.〉

방송에서 자주 듣는 이 밖에

여자 농구는 프랑스를 꺾고 4강에 진출했습니다. 이 밖에 주요 경기 소식
을 홍길동 기자가 정리해 드리겠습니다.

어느 방송에서건 뉴스 프로그램 진행자가 흔히 하는 말이다. 이런 머
리말 다음에는 홍길동 기자가 몇몇 경기 소식을 차례대로 간추려 보
도한다. 그런데 정작 홍길동 기자의 보도 속에는 진행자가 언급한
'여자 농구' 소식도 포함되어 있다. 그러니 진행자가 이 밖에라는 낱
말을 쓴 것은 잘못이다.
　이 밖에는 '이것을 제외하고'를 뜻한다. 그러니 위에서는 '여자 농
구를 제외하고'를 뜻한다고 보는 것이 상식이다. 그런데 진행자는 앞
에서 그처럼 '제외했다'는 말을 하고, 그 말을 받은 기자는 그것까지
'포함하여' 보도하고 있는 것이다. 개인적이거나 일회적인 경향이 아
니고 방송에서 두루 통하는 전형인 듯하다. 그러나 이것은 바람직하
지 않다.
　여전히 기자의 보도 내용에 '여자 농구' 소식을 포함시키려면 이 밖
에를 다음과 같이 바꾸어야 한다. 이를 포함하여라고 해도 되겠다.

여자 농구는 프랑스를 꺾고 4강에 진출했습니다. 이 소식과 함께 주요 경
기 소식을 홍길동 기자가 정리해 드리겠습니다.

'여자 농구' 소식을 앞에서 별도로 보도한 다음이라면, "여자 농구
는 프랑스를 꺾고 4강에 진출했습니다."라는 말은 다시 반복할 필요

가 없을 것이고, 그런 흐름이라면 이 밖에를 사용해도 문제가 없다.

〈2000.9.27.〉

방송에서 자주 듣는 잠시 후

잠시 후에 뵙겠습니다.

이것은 텔레비전 방송에서 음성이나 자막으로 흔히 내보내는 말이다. 주로 밤 9시 뉴스 프로그램을 예고할 때이다. 보통 30∼40분 전에 내보내지만, 때로는 1시간쯤 전에 내보내기도 하는 것을 보았다. 여기서 '30∼40분 뒤'를 잠시 후라고 표현하는 것은 지나치다는 생각이 든다. '1시간쯤 뒤'를 그렇게 말하는 것은 더 말할 나위가 없다.

사전에서 잠시(暫時)를 '짧은 시간'이라고 뜻풀이하는 것에서도 알 수 있듯이, 얼마부터 얼마까지가 잠시인지 그 범위를 숫자로 한정할 수 있는 것은 아니다. 길고 짧음은 상대적이기도 하고 심리적인 요인이 작용할 여지도 많다. 그러한 사정을 넉넉히 인정한다 하더라도, 분이나 초를 다투는 방송에서 30∼40분, 심지어 1시간쯤을 잠시라고 표현하는 것은 바람직하지 않다. 언중의 보편적인 상식을 너무 벗어나 있다.

상업주의 음모가 언어를 왜곡하고 있다면 지나친 말이 될까?

〈1999.7.23.〉

조사를 잘못 사용한 표현

이 라면은 맛도 건강도 좋다

우리말에서 조사는 매우 중요한 구실을 한다. 세계적으로도 우리말은 조사가 매우 발달되어 있는 언어로 알려져 있다. 그런데 요즈음 조사를 잘못 사용하는 일이 매우 많다.

(가) 이 라면은 맛도 건강도 좋습니다.

오늘 아침신문에서 본 상품광고 문안이다. 어느 즉석식품을 광고하는 내용인데, 그 이름을 감추기 위하여 몇 가지 수식 성분은 빼고 제시하였다. 조금만 주의를 기울여 살펴보면, 이 표현에 문제가 있다는 판정을 곧 내릴 수 있을 것이다.

(가)는 다음 (나)의 두 문이 합쳐진 것으로 볼 수 있다. 둘이 합쳐져 먼저 (다)가 되고, 다시 앞절과 뒷절에 겹쳐 실현된 부분, 곧 "이 라면

은, 좋(고)"이 제거된 것이 (가)이다.

> (나) ㉠ 이 라면은 맛도 좋습니다.
>
>   ㉡ 이 라면은 건강도 좋습니다.
>
> (다) 이 라면은 맛도 좋고, 이 라면은 건강도 좋습니다.
>
>   → (가) 이 라면은 맛도 건강도 좋습니다.

이렇게 보면 (가)에 아무런 잘못이 없는 것처럼 보일 수 있다. 그러나 (나)의 ㉡은 제대로 된 문이 아니다. (나)의 보조사 – 도 앞에 격조사를 각각 밝혀 적으면 다음과 같다.

> (라) ㉠ 이 라면은 맛이도 좋습니다.
>
>   ㉡ 이 라면은 건강에도 좋습니다.

(라)에서 분명히 드러나는 것은, ㉠의 맛은 서술어 좋습니다의 보어이지만 ㉡의 건강은 좋습니다의 위치어(부사어)라는 사실이다. 다시 말하면 명사 맛과 건강의 외형적인 자리—서술어 좋습니다의 바로 앞—는 같지만, 서술어와의 의미 관계는 각각 보어와 위치어로서 아주 다르다. ㉠과 ㉡의 구조가 이렇게 다르므로, 두 문을 합칠 때에도 서술어를 각각 밝혀 주어야 한다. 또 하나 중요한 것은, 보조사 – 도 앞에서 ㉠의 격조사 – 이는 자연스럽게 생략되지만 ㉡의 격조사 – 에는 생략해서는 안 된다는 점이다. 이 같은 사실을 반영하여 (라)를 하나로 합치면 (마)와 같이 된다.

(마) 이 라면은 맛도 좋고, 이 라면은 **건강에도** 좋습니다.

　　→ (가)′ 이 라면은 맛도 좋고, 건강에도 좋습니다.

결국 (가)는 (가)′와 같이 표현해야 할 것을 과도하게 줄임으로써 잘못된 결과를 초래한 것이다.

하찮아 보이는 조사가 매우 결정적인 구실을 하는 것이 우리말이다. 우리말을 제대로 하려면 조사를 두려워할 줄 알아야 한다.

〈1999.6.24.〉

이곳은 석공예품을 접할 수 있다

다음은 어느 자치단체에서 만든 홍보용 소책자에서 옮겨 온 것이다. 그 소책자는 관광지를 알리기 위하여 만든 것이었다.

(가) **이곳은** 칠보석으로 만든 섬세하며 아름다운 석공예품을 접할 수 있다.

여기서 **이곳은**은 적절하지 않다. 그 까닭을 생각해 보기로 하자.

(가)는 "누가(주어) 어디에서(위치어) 무엇을(목적어) 하다(서술어)."를 기본 구조로 하는 문이다. 주어는 '관광객들' 정도가 될 텐데 생략되어 있다. 서술어는 **접할 수 있다**이며, 목적어는 **석공예품을**이고, 위치어는 **이곳에서**이다. 그러니 (가)의 중요 성분은 다음과 같다. ('칠보석으로 만든 섬세하며 아름다운'은 '석공예품'을 수식하는 성분이므

로 함께 적지 않는다.)

(나) (관광객들이) 이곳에서 석공예품을 접할 수 있다.

이 같은 구조에서 위치어 이곳에서를 문의 첫머리로 옮기고 보조사 -은/는을 덧붙이면 이곳에서+는이 된다. 다음이 그 결과이다.

(다) 이곳에서는 (관광객들이) 석공예품을 접할 수 있다.

(다)의 -에서+는에서 '위치'를 나타내는 격조사 -에서를 감추어 버린 모습이 (가)이다. 격조사와 보조사가 나란히 올 때에 격조사가 자연스럽게 생략되는 일도 있으나, (가)와 같은 맥락에서는 격조사 -에서를 생략하면 안 된다. 그것을 생략해 버리면 '위치'의 의미가 흐려지기 때문이다.

그 책자에는 (라)와 같은 문도 있었다. (가)에서 보인 잘못이 그대로 반복되어 있다. 생략해 버린 격조사가 -에라는 점이 (가)와 다를 뿐이다.

(라) **열화당**은 수천 권의 서적과 시대상을 엿볼 수 있는 다양한 생활 용품이 전시되어 있다.

(라)는 격조사를 드러내어야, 곧 **열화당**은을 **열화당**에는으로 고쳐야 반듯한 문이 된다. 아주 방법을 바꾸어 다음과 같은 식으로 제시해도 문제가 없어진다.

(라)′ **열화당** : 수천 권의 서적과 시대상을 엿볼 수 있는 다양한 생활 용품
이 전시되어 있다. 〈1998.4.8~9.〉

귀성 길은 부족한 일손을 돕자

모두들 고향에 다녀오느라 고생이 많았을 것이다. 나는 이번 나들
이에서 다음과 같은 문구가 찍힌 알림막을 보았다. 한꺼번에 여러 개
를 만들어 곳곳에 내걸어 둔 것이었다. 군청에서 마음먹고 한 일인 듯
했다.

(가) 이번 **귀성 길은** 고향의 부족한 일손을 도웁시다.

그런데 이는 제대로 구성된 문이 아니다. 이 문의 서술어는 **도웁시
다**이고, 주어는 '귀성객 여러분' 정도가 될 것인데 생략되어 있다. 그
런데 **귀성 길은**이라고 표현함으로써 마치 **귀성 길**이 주어인 것처럼 혼
동하도록 되어 있다.

문에서 명사 항에 붙는 격조사는 그것을 지배하는 서술어와의 의
미 관계에 따라 결정된다. 의미상으로 볼 때에 **귀성 길**은 서술어 **도웁
시다**에 대하여 시간을 나타내는 위치어이다. 이런 맥락에서 위치어임
을 나타내 주는 표지는 격조사 -에이다. 그러므로 위의 표현은 기본
적으로 다음과 같이 되어야 한다.

(나) 이번 **귀성** 길에 고향의 부족한 일손을 도웁시다.

(나)에 별도의 의미를 첨가하려면 보조사 -은/는을 덧붙인다. 그렇게 한 것이 다음 표현이다.

(다) 이번 **귀성** 길에는 고향의 부족한 일손을 도웁시다.

(다)에서 격조사 - 에를 감추어 버리면 부자연스러운 말이 되고 만다. 그러니 격조사 - 에는 되도록이면 감추지 말아야 한다.

〈1999. 9. 27.〉

이 **차는** 어린이가 타고 **있다**

(가) 이 **차는** 어린이가 타고 있습니다.

자동차 유리창에서 종종 볼 수 있는 문구이다. 매우 간단한 문구이지만 조사 사용에 문제가 있다. 무엇이 문제일까?
이 문의 기본 구조는 (나)와 같다.

(나) 어린이가 이 **차에** 타고 있습니다.

차에를 위치어(부사어)라고 하는데, 여기에 보조사 - 는을 붙이고, 그것을 맨 앞으로 이동하면 다음과 같은 문이 된다. 이렇게 하면 위치

(공간)가 강조된다.

(다) 이 **차**에는 어린이가 타고 있습니다.

이렇게 보면, (가)와 (다)의 차이는 격조사 -에의 있고 없음의 차이임을 쉬이 확인할 수 있다. (다)에서 격조사 -에를 감추어 버린 것이 (가)이다. 어느 것이 바른 문일까?

격조사와 보조사가 잇달아 놓이게 되면 격조사가 감추어지는 일이 있다. 그렇게 감추어지는 양상은 경우에 따라 조금씩 다르다. 예컨대 -이/가, -을/를 들은 보조사와 함께 나타나는 일이 거의 없다. -에는 자연스럽게 감추어지는 경우도 있지만, (다)와 같은 경우에는 감추지 말아야 한다. -에를 감추어 버리면 차가 위치어가 아니라 주어로 오해될 소지가 많기 때문이다.　　　　　　　　　　〈2000.6.16.〉

시상에는 정풍송 님이 해 주겠다

일요일마다 한국방송에서는 정오 뉴스가 끝나면 '전국 노래 자랑'을 방송한다. 전국의 남녀노소가 꽤 즐겨 보는 것으로 아는데, 고향의 이웃 같은 보통사람들의 모습을 그대로 대할 수 있기 때문이 아닌가 한다. 오랫동안 그 프로그램의 사회를 맡고 있는 원로 방송인이 그런 분위기를 조성하는 데에 큰 몫을 한다. 그런데 지난 일요일에는 이런 말을 하는 것이었다.

(가) 시상에는 작곡가 정풍송 님이 해 주시겠습니다.

여기서 시상에는은 옳지 않다. 시상은이라 해야 한다. 그 까닭을 생각해 보자.

(나)와 같이 "누가 무엇을 하다."라는 구조의 문이 있다고 하자.

(나) 작곡가 정풍송 님이 시상을 해 주시겠습니다.

여기서 목적어 시상을을 문의 맨 앞으로 옮겨 강조(주제화)할 수 있다. 그렇게 하려면 먼저 자리를 옮기고, 그 다음에 보조사 –은/는을 붙여야 한다. 그때 목적격 조사 –을은 감추어지게 된다. 그것을 차례대로 보이면 다음과 같은데, 이 중에서 첫 번째와 세 번째 문은 실제로 쓰이는 바른 말이다.

(다) 시상을 작곡가 정풍송 님이 해 주시겠습니다.
　　→ 시상을은 작곡가 정풍송 님이 해 주시겠습니다.
　　→ 시상은 작곡가 정풍송 님이 해 주시겠습니다.

이렇게 보면 (가)의 시상에는은 시상에(위치어)라는 성분을 문 앞으로 옮겨 강조한 것이라고 볼 여지도 있다. 그런데 기본적으로 "작곡가 정풍송 님이 시상에 해 주시겠습니다."라는 문이 있을 수 없으므로 그 변형인 (가)를 인정할 수 없는 것이다. 결국 (가)는 (다)의 세 번째 문을 잘못 표현한 것이라 할 수밖에 없다.

이 같은 표현은 각종 의식에서도 자주 접한다.

(라) 다음에는 성명서 낭독이 있겠습니다. **낭독에는** 김하늘 님께서 해 주
시겠습니다.

(마) 다음은 대상. **시상에는** 심사 위원장인 홍길남 이사께서 해 주시겠습
니다.

여기 낭독에는, 시상에는 들도 마땅하지 않다. 불필요한 조사 -에
를 덧붙였기 때문이다. 그저 낭독은, 시상은이라 하는 것이 옳다. 그
이유는 위에서 말한 바와 같다. 〈2000.7.5., 9.28.〉

첫 번째 판부터 벌이겠다

(가) 그러면 **첫 번째 손님부터** 모시도록 하겠습니다.

(나) 잠시 후에 **첫 번째 판부터** 벌이도록 하겠습니다.

방송에서 어렵잖게 들을 수 있는 말이다. 어떤 프로그램을 시작하기
에 앞서 진행자가 하는 말이다. 여기 '~도록 하겠다'의 잘못에 대해
서는 다시 말하지 않고(525~529쪽 참조), 첫 번째 손님부터와 첫 번째
판부터에 대해서 이야기하기로 한다.

첫 번째 손님과 첫 번째 판 뒤에 보조사 -부터를 쓰는 것은 논리적
으로 자연스럽지 못하다. 첫 번째가 시작을 의미하는데, 그 뒤에 시작
을 뜻하는 보조사 -부터를 또 붙였기 때문이다. 또한 첫 번째는 진행
되는 차례에 따라 상대적으로 붙여지는 것이니, 발화에 이어 곧 접하
게 될 손님이나 판이 첫 번째가 되는 것은 당연한데, 굳이 그것을 꼬

집어 말하기(첫 번째에 강세를 두는 것이 보통) 때문이다.

　이러한 문제는 조사 - 부터를 쓰지 않으면 저절로 해소가 된다.

(가)´ 그러면 첫 번째 손님을 모시겠습니다.
(나)´ 잠시 후에 첫 번째 판을 벌이겠습니다.　　　　　　　〈2000.3.20.〉

3월 1일부터 개막하였다

다음은 어떤 행사나 일정을 알릴 때에 들을 수 있는 말이다.

(가) 이번 전람회는 3월 1일부터 개막하였습니다.
(나) 잠시 쉰 뒤, 오후 3시부터 종합 토론을 시작하겠습니다.

이런 말들에서 별다른 문제를 깨닫지 못하는 이가 더러 있을 테지만,
- 부터에 주목해 보면 어딘가 마땅하지 않은 점을 느낄 수 있을 것이
다. 그 같은 느낌은 어디에서 오는 것일까?
　(가)의 서술어 개막하다는 '어느 시점'에 일어나는 움직임이다. '얼
마 동안'(기간)에 일어나는 움직임이 아니라 특정한 시각에 벌어지는
것이다. (나)의 서술어 시작하다도 그런 점에서 똑같다. 이러한 맥락
에서는 - 부터가 아니라 - 에를 사용해야 한다.

(가)´ 이번 전람회는 3월 1일에 개막하였습니다.
(나)´ 잠시 쉰 뒤, 오후 3시에 종합 토론을 시작하겠습니다.

요컨대 조사 -부터와 -에의 올바른 선택은 그것을 지배하는 서술어의 의미에 따라야 한다. 다음과 같이 서술어가 열리고 있다나 계속하다라면 -부터를 선택해도 자연스럽다.

(다) 이번 전람회는 3월 1일부터 열리고 있습니다.

(라) 잠시 쉰 뒤, 오후 3시부터 종합 토론을 계속하겠습니다. 〈1998.3.19.〉

사흘뿐이 안 남았다

다음과 같은 말을 종종 듣고 있다.

(가) ㉠ 방학도 이제 **사흘뿐이** 안 남았어요.

　　 ㉡ **하나뿐이** 안 남은 담밴데 남을 주겠니?

(가)에서 -뿐이는 전체적인 맥락에 어울리지 않는다. 남은 것은 각각 '오로지 사흘'과 '오로지 하나'이다. 이런 맥락에 사용하는 조사는 -밖에이다. 다음에서 그것을 확인해 보자.

(가)′ ㉠ 방학도 이제 **사흘밖에** 안 남았어요.

　　 ㉡ **하나밖에** 안 남은 담밴데 남을 주겠니?

우리말에 -뿐이라는 조사는 없다. -뿐과 -이의 연결체가 있을 뿐인데, 그 용례는 다음과 같다.

(나) ㉠ 방학도 이제 **사흘뿐이다.**

　　㉡ 도둑맞은 것은 **돈뿐이** 아니다.

(나)에서 **-뿐**은 조사이다. 그러나 ㉠의 **-이다**는 잡음씨(서술격 조사) 이고, ㉡의 **-이**는 별개의 독립된 조사이다. (**-뿐**을 대체로 조사로 처리하는데, 의존명사로 처리한 사전도 있다.)　　　　　〈1999.8.5.〉

구청장에 뇌물을 주다

　일간신문에서 "**구청장에** 뇌물 준 회사 간부 구속"과 같은 제목을 종종 대하게 된다. 이 중에서 **구청장에**는 올바른 표현이 아니다. **구청 장에게**라고 하는 것이 옳다.

　우리말 격조사 **-에**와 **-에게**는 같은 자리에 쓰이기도 한다. "주다, 보내다, 가다, 묻다" 따위의 동사와 더불어 쓰이는 경우가 그렇다. 이런 부류의 동사는 그 앞에 놓이는 명사의 의미 자질에 따라 **-에**를 취하거나 **-에게**를 취한다. 그 앞의 명사가 '동물성'의 자질을 띠고 있으면 **-에게**를 선택하고, 그런 자질이 없으면 **-에**를 선택하는 것이다. 예를 들면, 가다 앞에 '동물성'이 아닌 산이 와서 "산○ 가다."라는 짜임새가 될 때에는 "산에 가다."가 되지만, 동물성의 자질이 있는 낱말 **동생**이 와서 "동생○ 가다."라는 짜임새가 되면 **동생에게 가다.**"가 되는 것이다.

　동사 주다도 가다의 경우와 똑같다. 그러니 **구청장**은 '동물성'이므로 마땅히 '**구청장에게** 뇌물(을) 준'이라고 표현해야 한다. 이를 몰라서가 아니고 제한된 지면 때문에 –에게를 줄여서 –에를 썼다고 변호할지도 모르겠으나, 우리말의 본질을 깨뜨리는 일은 삼가야 한다.

그런데 어떤 명사가 '동물성'인지 아닌지를 판단할 때에는 유의해야 할 점이 있다. 보통명사 '꽃'은 동물성이 아니므로 "꽃에 물을 주다."라고 해야 한다. 그러나 그것을 의인화하면 동물성을 획득하게 되므로 "꽃에게 물을 주다."라는 표현이 가능해진다. 현상적으로 볼 때에 '바위'는 무생물이지만, 동화 같은 데에서 "바위에게 물었다."라는 표현을 사용하는 것도 같은 이치이다. 〈1996.10.14~15.〉

노인들에 식사를 제공하다

조사 –에의 의미와 용법은 다양하다. 하지만 –에게와는 확연히 구별된다. 그런데 오늘날 많은 출판물에서, 특히 신문에서 –에게를 써야 할 자리에 –에를 쓰는 일이 많다. 사례를 들어 보면 (가)와 같다.

(가) ㉠ 출마 **예정자에** 이러한 자료를 제출해 달라고 요구하였다.
　　 ㉡ 끼니를 굶는 **노인들에** 점심 식사를 제공하고 있다.
　　 ㉢ 이것은 평양 취재에 나선 서울방송 **취재팀에** 북한 관리들이 밝힌 내용이다.

출마 예정자와 노인들은 사람이므로 마땅히 –에게를 써야 한다. 일상의 언어가 그러하기 때문이다. 같은 까닭으로, 취재팀 뒤에도 –에게를 쓰는 것이 자연스럽다.

(가)의 출마 예정자, 노인들, 취재팀 자리에 각각 단체를 나타내는 명사가 놓이면 반대로 - 에게가 부자연스럽다. 그럴 때에는 (나)와 같이 - 에를 쓰는 것이 바람직하다.

(나) ㉠ 일선 **학교에** 이러한 자료를 제출해 달라고 요구하였다.

㉡ 불우한 노인을 돌보는 **시설에** 운영비를 보조하고 있다.

㉢ 이것은 기초 **자치단체에** 환경부 과장이 밝힌 내용이다.

사람을 물건 취급하고 사람과 물건의 경계가 희미한 것이 오늘날의 세태인 듯하다. 그러나 책임 있는 신문이라면, 일반의 경향을 추종만 할 것이 아니라 지킬 것은 지켜 나가는 고집도 있어야 하겠다. 게한 글자를 줄인다고 경제적인 이익이 엄청나게 따르는 것도 아니지 않은가. 〈2000. 10. 16.〉

총리에 기대를 걸다

나는 신임 이회창 **총리에** 나름대로 기대를 걸었다.

최근 한 일간신문에서 본 문이다. 어느 전임 대통령의 회고록 내용을 소개하는 기사 중에 나왔다. 원문의 표현을 그대로 옮긴 것인지 기자가 간접적으로 전한 것인지 모르겠지만 **총리에는** 잘못이다.

위 문의 서술어는 걸었다이다. 이것이 명사 항 나는, 총리에, 기대를 들을 지배하고 있다. 바꾸어 말하면 "나는 총리에 기대를 걸었다."

가 기본 구조라는 말이다. 이 가운데서 '총리에 걸었다'는 부자연스
럽다. 일상 언어를 곰곰 돌이켜 보면 그렇다는 결론에 쉬이 도달할 줄
로 믿는다. 총리에게가 되어야 한다.

조사 - 에와 - 에게는 엄연히 별개의 것이다. 그런데 특히 일간신문
에서 - 에게 자리에 - 에를 넣어 버리는 사례가 매우 많다. 우리 배달
말의 기본을 무너뜨리는 짓이다.　　　　　　　　　　　〈2001.2.23.〉

CIA에 청와대 도청 사실이 알려지다

미국 CIA에 청와대 도청 사실이 알려지면서 문제가 더욱 복잡해졌다.

위의 표현에서 미국 CIA가 어느 성분과 관련되는 것인지 쉬이 이해가
되는가?

격조사 - 에를 그대로 받아들이면, 이 부분은 알려지면서와 관련되
어 '미국 CIA에 청와대 도청 사실이 알려졌다.'는 의미로 이해될 수
밖에 없다.

그런데 전체적인 맥락에서 볼 때에, 위 표현의 의미는 그런 것이 아
니었다. 미국 CIA가 청와대에 대하여 도청을 했고, 그 사실이 알려지
면서 문제가 더욱 복잡해졌다는 것이었다. 그러니 위의 문장에서 - 에
를 사용한 것은 중대한 잘못이다. 의미 해석이 엄청나게 달라지는 것
이다.

사실을 있는 그대로 표현하려면 위의 문은 미국 CIA가 청와대 도청
사실을 수식하는 짜임새가 되어야 한다. 그런 짜임새를 갖추려면 격

조사 -에가 아니라, 다음과 같이 접속조사(관형격 조사) -의를 사용
해야 한다.

미국 CIA의 청와대 도청 사실이 알려지면서 문제가 더욱 복잡해졌다.

오늘날 많은 사람들이 조사 -의를 [에]로 발음하고 있으며, 현행
「표준 발음법(1988)」에서도 그런 발음을 표준으로 허용해 놓았다. 그
러다 보니 위와 같은 오류가 자주 일어나고 있다. 발음에만 의존하지
말고 그 의미 관계를 잘 따져 조사를 써야 한다. 　　　　　〈1998.10.21.〉

기존에 제공하는 정보

(가) 기존에 제공하고 있는 정보

어저께 어느 통신글에서 본 것이다. 여기서 기존에는 서술어 제공하
고와 관계를 맺는 위치어로 쓰여 있다. 그런데 아무래도 어색하게 느
껴진다. 왜 그럴까?
　명사는 격조사 -에와 더불어 문에서 위치어로도 기능한다. "생일
에 만나다. 기념일에 오다. 오전에 가다. 밤에 들어오다. 지난해에 서
비스하다."가 모두 그런 보기이다.
　기존에도 형식상으로 이들과 똑같다. 그러므로 아무런 문제가 없을
듯이 보일 수 있다. 하지만 의미 면에서 차이가 있다. 생일, 기념일, 오
전, 밤, 지난해는 그 자체가 '시간'의 의미를 품고 있다. 이에 비하여

기존(旣存)의 의미는 '이미 있어 옴'이니, '시간'이 아니라 '상태'에 가깝다. 이런 명사가 -에와 더불어 '시간'을 나타내는 위치어로 쓰였으니 부자연스러운 것이다.

기존에를 대신할 낱말로는 이미가 가장 알맞다.

(가)′ 이미 제공하고 있는 정보

그러나 (나)처럼 기존이 조사 -의와 더불어 명사를 수식하는 관형어로 기능하는 것은 부자연스럽지 않다.

(나) ㉠ 기존의 정보

㉡ 기존의 문화 〈1998.5.20.〉

음악 속에 숨은 이야기, 음악 속의 숨은 이야기

(가) 음악 속에 숨은 이야기
(나) 음악 속의 숨은 이야기

외형적으로 볼 때에 (가)와 (나)는 매우 비슷하다. 표기 형태를 보면 단지 조사 -에와 -의가 서로 다를 뿐인데, 그나마 일상의 음성언어에서는 똑같이 [에]로 발음되며 그것이 표준으로 인정된다. 그러나 의미·통어상으로는 차이가 적지 않다. 논의의 핵심은 (가), (나)에서 음악 속이 어느 성분과 관련되느냐는 것이다.

(가)의 음악 속은 동사 숨은과 맺어지는 것으로 보아야 한다. 그 뒤에 붙은 조사가 -에이기 때문이다. 다시 말하면 (가)에서 -에는 음악 속을 숨은과 맺어 주고 있다. 이럴 때에 음악 속에를 숨은의 위치어(부사어)라고 하는데, '(이야기가) 숨은 위치가 음악 속'이라는 뜻이다. 곧 '음악 속에 숨어 있는 이야기'라는 뜻이다. 결론적으로, (가)는 음악 속에 숨은이라는 절이 이야기를 수식하는 짜임새이다. 그림으로 나타내면 다음과 같다.

(가)′[음악 속에 숨은] [이야기]

이에 비하여, (나)의 음악 속은 명사구 숨은 이야기와 맺어지는 것으로 보아야 한다. 조사 -의는 동사(형용사)와 직접 관계를 형성할 수 없기 때문이다. 이보다 먼저 숨은이 이야기와 관계를 맺어 명사구 숨은 이야기가 되고, 음악 속은 그것을 수식한다. 이러한 내용을 그림으로 나타내면 다음과 같다.

(나)′[음악 속의] [숨은 이야기]

요컨대 (가)와 (나)는 통어적으로는 아주 다르며, 의미상으로도 보기에 따라 꽤 다르다. 그것은 단지 조사 -에와 -의의 차이에서 비롯된다. 그러므로 이를 잘 구별하여 사용해야 한다.   〈1999.10.11.〉

강릉·삼척·동해 등, 농촌 지역

(가) **강릉·삼척·동해 등**∨농촌 지역에서는 농사 준비가 한창입니다.

나는 방송에서 이 말을 듣고 잠깐 혼란을 겪었다. '강릉, 삼척, 동해'
가 시(市)의 이름이고, 이들 시 구역 전체가 농촌이 아니라는 것을 알
기 때문이다.

여기서 ∨는 쉼(끊음)의 표시인데, 글로 옮기면 (나)와 같이 나타난다.

(나) **강릉·삼척·동해** 등, 농촌 지역에서는 농사 준비가 한창입니다.

이는 **강릉·삼척·동해**와 **농촌 지역**을 대등하게 볼 수밖에 없는 짜임새
이다. 그렇게 되면 강릉시, 삼척시, 동해시 전체가 농촌이라는 뜻이
되는데, 이는 사실과 다르다. 표현하고자 한 내용도 강릉시, 삼척시,
동해시의 일부인 농촌 지역임이 분명했다. 이러한 사실을 비교적 오
해 없이 전하려면, 다음과 같이 등 대신에 조사 −의를 사용해야 한다.

(나)′ **강릉·삼척·동해의** 농촌 지역에서는 농사 준비가 한창입니다.

다음은 어저께 어느 아침신문에서 본 기사문의 일부이다.

(다) 문화재 연구소 측은 고고학계, 역사학계, 육군의 협조를 얻어 그동안
    경기·강원·인천 등 11개 시·군에 걸친 군사보호구역에서 선사~
    근·현대 문화 유적 691곳을 확인하는 개가를 올렸다.

언뜻 보면 별다른 문제가 없는 것 같으나, 우리 나라 행정구역에 대하여 좀 아는 사람이 보면 사실을 오도할 염려가 있음을 알아차릴 것이다. (다)를 표현 그대로 해석하면 경기·강원·인천은 11개 시·군의 일부가 되어 버린다. 경기·강원은 도이며 인천은 광역시이니, 이는 사실과 전혀 다르다. 이 같은 오도의 빌미를 제공하는 것은 바로 등이다. (다)에서 등은 경기·강원·인천과 11개 시·군을 동격으로 처리하는 장치가 된다.

기자가 전달하려 한 내용은 물론 그것이 아니다. '경기·강원·인천에 속한 11개 시·군'이 기자가 의도한 내용이다. 그러나 문을 잘못 구성함으로써 정보 전달의 명료성과 정확성을 해치고 말았다. '경기·강원·인천 등 11개 시·군'의 문제를 해소하는 가장 간단한 방법은 다음의 ㄱ에서 보듯이 등을 조사 –의로 바꾸는 것이다. 좀더 명료하게 하려면 ㄴ과 같이 일상 언어를 그대로 써야 한다.

(다)′ ㄱ. 경기·강원·인천의 11개 시·군
ㄴ. 경기·강원·인천에 속한 11개 시·군 〈2000.2.24., 6.13.〉

경기도에 방문 전달했다

어느 사회단체 게시판에서, 다음과 같은 설명이 붙어 있는 사진 홍보물을 보았다. 내용인즉 9월 10일에 경기도청을 직접 방문하여 위문금을 전했다는 것이었다.

9월 10일, 위문금을 경기도에 방문 전달하였다.

　여기서 군이 방문을 넣은 것은 '직접 찾아갔음'을 명시하고자 했던 결과로 보인다. 그러나 경기도에는 문제가 된다. 그대로 놓고 보면, 경기도에는 방문(하여)과도 걸리고 전달하였다와도 걸린다. 이렇게 보면 경기도에 방문이라는 비정상적인 구조가 금방 드러난다. ~를 방문(하다)가 정상적인 말이다. 문을 구성할 때에 방문은 소홀히 생각하고 전달에만 비중을 두었기 때문에 이런 결과가 빚어진 것이다. 바로잡으면 다음과 같다.

9월 10일, 경기도를 방문하여 위문금을 전달하였다.

　위의 온전한 모습은 "9월 10일, 경기도를 방문하여 경기도에 위문금을 전달하였다."인데, 앞에 경기도(를)가 있기 때문에 뒤따라 나오는 경기도(에)를 생략한 것이다. 그렇게 해도 원뜻이 손상되지 않으므로 생략할 수 있다. 〈1999.12.10.〉

간사 직에서 사퇴했다

(가) 그 의원이 간사 직에서 사퇴하였다.

오늘 아침에 (가)와 같은 짜임새의 문을 신문에서 보았다. 여기에 쓰인 조사 -에서에 대하여 생각해 보기로 한다.

명사 항에 붙는 조사는 그것을 지배하는 서술어와의 의미 관계에 따라 결정된다. 그런 관계를 격틀이라고 하는데, 동사 **사퇴하다**의 격틀은 일반적으로 다음과 같다.

(나) ~이 ~을 사퇴하다.

여기에 비추어 볼 때에 (가)의 '간사 직에서 사퇴하다'는 일반적인 표현이 아니다. 다음에서 보듯이, 역시 (나)의 격틀에 맞아야 자연스럽다.

(가)′ 그 의원이 간사 직을 **사퇴하였다**.

그리고 이런 맥락에서는 **사퇴하다** 대신에 **물러나다**를 쓸 수도 있다. 하지만 두 낱말의 의미는 비슷해도 격틀은 꽤 다르다. 물러나다의 격틀에서는 두 번째 명사 항이 ~에서가 된다. 그러니 (다)와 같이 되어야 한다.

(다) 그 의원이 간사 직에서 물러났다.

지금까지의 살핌을 통하여 (가)와 같은 표현을 하게 되는 원인을 짐작할 수 있다. **사퇴하다**와 **물러나다**의 의미적인 유사성만 의식했기 때문이다. 의미가 같거나 비슷하더라도 격틀은 다를 수 있음에 유의해야겠다.

〈1999.12.21.〉

홍길동 선생에게 사사했다

(가) 저는 홍길동 선생에게 사사했습니다.

누구나 쉽게들 하고 듣는 말이다. '홍길동 선생님에게 배웠다.'는 뜻을 나타내고자 한 말이다. 이런 표현을 하는 것은 사사하다의 뜻을 '배우다'로 알고 있기 때문일 것이다. 그러나 사실은 그렇지가 않다.

이럴 때의 사사는 한자로 師事이다. 여기서 師는 '스승'을, 事는 '섬기다, 받들다'를 뜻한다. 그러니 사사(師事)의 본뜻은 '스승으로 섬김' 또는 '스승으로 받듦'이다. '배움'은 스승으로 섬기고 모시는 가운데 따라오는 것이다. 따라서 (가)는 다음과 같이 써야 한다.

(가)′ 저는 홍길동 선생을 사사했습니다.

이렇게 하면 '홍길동 선생을 스승으로 모셨다.'는 뜻이 되며, 간접적으로 '홍길동 선생에게 배웠다.'는 뜻이 드러나게 된다.

한편, (나)와 같은 말도 적잖게 듣는다.

(나) 어느 분에게 사사(를) 받았습니까?

이런 말을 하게 되는 것은 사사의 뜻을 '사사로운 가르침, 개인 지도' 정도로 알고 있기 때문인 듯하다. 역시 잘못의 원인은 낱말의 뜻을 정확히 모르는 데에 있는 것이다. 마땅히 다음과 같이 말해야 한다.

(나)′ ㄱ. 어느 분에게 지도를 받았습니까?

ㄴ. 어느 분의 가르침을 받았습니까?

원곡체라 일컫는 독특한 한글 서체를 창안하기도 한, 글씨예술가 원곡 김기승 님이 세상을 떠났다. (다)는 그의 일생을 소개한, 어느 일간신문의 기사문에서 따온 것이다.

(다) 그는 중국 근대 서예의 명가였던 **위유런**을 **사사했으며**, 국내에서는 소전 손재형을 스승으로 모셨다.

많은 사람들은 이런 경우에 '위유런에게 사사했으며'라고 표현하는데, 그 기사에서는 '위유런을 사사했으며'라고 썼다. 이는 '위유런을 스승으로 섬겼으며'라는 뜻인바, 이는 뒤따르는 '손재형을 스승으로 모셨다'와 똑같은 의미 구조를 이루고 있다. 이것이 제대로 된 우리말이다.   〈1996.10.26., 2000.8.18.〉

내가 비서로 모셨던 조병옥 박사

내가 **비서로 모셨던** 조병옥 박사나 신익희 선생도 사석에서는 우남을 존경한다고 말하곤 했다.

며칠 전, 어느 일간신문에서 이 같은 표현을 보았다. 사실인즉 지난날 '내가 조병옥 박사를 상사로' 모신 것인데, '내가 **비서로 모셨던**'이라는 표현이 의미 해석을 혼란스럽게 하고 있다.

모시다는 일반적으로 "누가 누구를 무엇으로 모시다."라는 구조를 이룬다.

예를 들어 "영호가 아저씨를 스승으로 모셨다."라는 문을 생각해 보자. 이런 문에서 '누구'와 '무엇'은 같은 사람이다. 그런데 위의 문에는 "내가 조병옥 박사를 비서로 모셨다."는 문이 포함되어 있으니 어리둥절할 수밖에 없다. 사실과는 정반대로, 조병옥 박사가 비서가 되어 버리기 때문이다.

이로써 비서를 그대로 사용하는 한, "누가 누구를 무엇으로 모시다."라는 구조로는 전달하고자 하는 의미를 제대로 표현할 수 없다는 것을 알 수 있다.

그러면 어떻게 해야 할까? 조사를 바꾸어야 한다. 비서로를 비서로서로 바꾸어야 한다. 그렇게 해야 '내가 비서였다'는 사실이 제대로 드러난다.

내가 비서로서 모셨던 조병옥 박사나 신익희 선생도 사석에서는 우남을 존경한다고 말하곤 했다.

작은 조사 하나가 이렇게 큰 차이를 불러오는 것이다. 조사 –로와 –로서는 아무런 상황에서나 맞바꾸어 쓸 수 있는 것이 아니다.

〈2000.6.15.〉

외성과 내성으로 2중 축조한 성으로

궁예성은 **외성과 내성으로 2중 축조한 성으로** 현재 방형의 외성 흔적만 남아 있다.

이것은 어제 살펴본 기사문의 중간에 나온 문이었다. 여기에도 함께 생각해 볼 만한 문제가 있다.

첫째, '외성과 내성으로 2중 축조한'이라는 표현이 좀 껄끄럽다. 2중 축조한이라는 부분이 매우 어색한데, '2중으로 축조한'을 생각했다가 바로 앞에 -으로가 있어 그것을 생략해 버린 결과가 아닌가 싶다. 그러나 이 문에서는 오히려 앞쪽의 -으로를 버리더라도 이 자리에서는 살리는 것이 좋겠다. 앞쪽의 -으로를 버린 자리에는 반점(,)을 찍으면 된다.

둘째, '축조한 성으로'의 문제이다. 의미상으로 보나, 그다지 멀지 않은 앞자리에 -으로가 사용된 점으로 보나, 여기 -으로는 적합하지 않다. -은데를 쓰면 두 가지 문제점이 동시에 해소된다.

위에서 지적한 내용을 반영하여 고쳐 써 보면 다음과 같이 된다.

궁예성은 **외성과 내성, 2중으로 축조한 성인데,** 현재는 방형의 외성 흔적만 남아 있다.

또 한 가지, **방형**을 사각형이라고 하면 훨씬 더 알기 쉽지 않을까.

〈2000.6.14.〉

지난해보다 1/5로 줄었다

(가) 올해 수입은 **지난해보다 1/5**로 줄었습니다.

공공 방송에서도 이런 표현을 심심찮게 들을 수 있다. 그러나 바람직한 표현은 아니다. 맥락이 없다면 그 의미가 전혀 엉뚱하게 전달될 수도 있다.

지난해 수입이 1억 달러이고 올해 수입이 2천만 달러라고 가정해 보자. 2천만은 1억의 1/5이다. 여기서 올해는 2천만 달러밖에 벌지 못했다는 사실에 초점을 맞추고자 한다면 (나)와 같이 표현해야 한다.

(나) 올해 수입은 **지난해의 1/5**로 줄었습니다.

지난해보다가 아니라 **지난해의**라고 해야 한다(여기서 지난해는 '지난해의 수입'을 뜻함). 그리고 그 앞의 숫자가 '결과'임을 나타내기 위하여 조사 - 로를 사용해야 한다.

다른 한편으로, 지난해 수입이 1억 달러이고 올해 수입이 8천만 달러라고 가정해 보자. 이런 상황에서, 2천만(1억의 1/5) 달러가 줄었다는 사실에 초점을 맞추려면 (다)와 같이 표현해야 한다.

(다) 올해 수입은 **지난해의 1/5**이 줄었습니다.

이 문에서 1/5 뒤에 조사 - 이를 씀으로써 그 앞의 숫자가 줄어든 액수임을 나타낸다.

요컨대 (가)는 표현 의도가 선명하지 않다. 그 의도에 따라 (나), (다)와 같은 식으로 가려 써야 하겠다.　　　　　〈1998.7.2.〉

장벽이라고 분석됐다

(가) ㉠ 영이는 "나는 내일 쉬겠다." 라고 말했다.

　　㉡ 철수는 "그것이 무엇이니?" 라고 물었다.

　　㉢ 그는 사고의 원인이 누전이라고 생각했다.

(가)는 모두 정상적인 말이다. 이처럼 인용조사 -라고는 말하다, 묻다, 생각하다, 제안하다, 주장하다 따위의 동사와 함께 쓰인다. 그 동사들이 능동적인 의미를 띠고 있음에 주목할 필요가 있다. 이런 상식을 바탕으로 다음을 살펴보자.

(나) ㉠ 지나친 규제와 높은 이자율이 기업 경영을 가로막는 가장 큰 **장벽이라고 분석되었다.**

　　㉡ 이번 감사에서 고질적인 문제라고 지적된 것은 재정의 불균형이다.

(나)는 각각 조사 -라고가 분석되다, 지적되다와 함께 쓰인 보기이다. 이런 표현을 심심찮게 접할 수 있으나 자연스러운 표현은 아니다. 분석되다, 지적되다는 능동적인 의미를 지니고 있지 않기 때문에 -라고와 함께 쓰이면 매우 어색하다. 다음과 같이 -으로와 어울려야 한다.

(나)′ ㉠ 지나친 규제와 높은 이자율이 기업 경영을 가로막는 가장 큰 **장벽으로 분석되었다.**

㉡ 이번 감사에서 고질적인 **문제로 지적된** 것은 재정의 불균형이다.

〈1998.3.28.〉

저는 홍길수라고 합니다

어떤 모임이든 나가 보면 다음과 같이 자기를 소개하는 말들을 종종 듣는다.

(가) ㉠ 저는 방금 소개 받은 **홍길수라고 합니다.**

㉡ 저는 문화대학교에서 박사과정을 밟고 있는 **김동숙이라 합니다.**

이런 경우에 ‑이라(고)는 적절하지 않다. 주어 나/내, 저/제와 서술어 ‑이라(고) 합니다는 자연스럽게 어울리지 않는다. 다음이 얼마나 자연스러운지 비교해 보자.

(가)′ ㉠ 저는 방금 소개 받은 **홍길수입니다.**

㉡ 저는 문화대학교에서 박사과정을 밟고 있는 **김동숙입니다.**

흔하지는 않겠지만, (나)와 같은 경우에는 (가)와 같은 발화가 그리 어색하지 않을 수도 있다. 부르니에 대한 대답이기 때문이다.

(나) 물음 : "넌 뭐라고 부르니?"

대답 : "예, 저는 홍길동이라 합니다."

턱없는 줄임으로 화를 부르는 일이 많지만, 공연히 길게 늘여서 어색한 말이 되는 경우도 없지 않다. 〈2000.1.21.〉

중요하다라고 생각했다

(가) 나는 경제 개발보다는 자연 보전이 더 중요하다라고 생각했다.

이와 같은 표현을 어렵잖게 접한다. 대학생에서부터 전문 방송인에 이르기까지, 지식 수준이 높은 사람일수록 더 많이 쓰는 듯하다. 그러나 이 표현은 적절하지 않다.

(가)는 전체적으로 "나는 생각했다."(상위문)가 "경제 개발보다는 자연 보전이 더 중요하다."(하위문)를 안고 있는 구조이다. 여기서 인용조사 -라고는 상위문의 서술어 생각했다가 하위문을 안는 장치인데, (가)와 같은 표현에서는 적절하지 않다. 하위문의 서술어가 -다로 끝났으면 -고를 써야 한다. 바로잡아 보면 다음과 같다.

(가)′ 나는 [경제 개발보다는 자연 보전이 더 중요하다]+고 생각했다.

요컨대 (가)는 '간접 인용'이 포함된 문인데, 인용조사 -고 앞에 불필요한 [라]를 끼움으로써 화를 부른 보기이다. 올바른 용례를 몇 가지 더 살펴보면 다음과 같다.

> (나) ㉠ 그 경찰관은 [운전자가 자신을 믿지 않는다]+고 주장했다.
> ㉡ 영식이는 [철호가 결백하다]+고 진술합니다.

그러나 이 문제를 기계적으로 처리해서는 안 된다. 하위문의 내용이 '직접 인용'이라면 -라고를 쓸 수 있다. (다)가 그런 보기인데, 말이라면 [ ] 자리에서 쉼(휴지)을 두고, 글이라면 [ ] 자리에 각각 큰따옴표(" ")를 치는 것이 바람직하다.

> (다) ㉠ 나는 [경제 개발보다는 자연 보전이 더 중요하다]+라고 말했다.
> ㉡ 그 경찰관은 [운전자가 자신을 믿지 않는다]+라고 주장했다.
> ㉢ 영식이는 [철호가 결백했다]+라고 진술합니다.

그런데 하위문이 위와 같이 -다로 끝났을 때에는, 제3자가 그것이 직접 인용인지 아닌지를 판단하기가 쉽지 않다. 하지만 (라)와 같은 때에는 분명하다.

> (라) ㉠ 나는 [경제 개발보다는 자연 보전이 더 중요합니까]+라고 말했다.
> ㉡ 그 경찰관은 [운전자가 자신을 믿지 않습니다]+라고 주장했다.
> ㉢ 영식이는 [철호가 결백했어요]+라고 진술합니다.

이처럼 직접 인용이 분명한 때에 인용조사로 -고를 사용하는 것은 아주 부자연스럽다. 〈1997.11.6.〉

훨씬 더 낫겠다라는 의견을 말했다

(가) 영호는 정치가의 말을 믿어서는 안 **된다라는** 고정관념을 가지고 있다.

(가)는 "정치가의 말을 믿어서는 안 된다."(하위문)가 **고정관념**을 수식하고 있는 짜임새이다. 바꾸어 말하면 **고정관념**이 "정치가의 말을 믿어서는 안 된다."라는 문을 안고 있는 것이다. 그 안는 장치로 -라는을 사용했는데, 이것은 적절하지 않다. 이런 경우에는 -는을 써야 한다. 바로잡아 알기 쉽게 보이면 다음과 같다.

(가)′ 영호는 [정치가의 말을 믿어서는 안 된다]+는 고정관념을 가지고 있다.

올바른 표현을 좀더 살펴보면 다음과 같다.

(나) ㉠ 그들은 [그 일을 반드시 해내겠다]+는 다짐을 굳게 하였다.
　　㉡ [평생 한 번도 거짓말을 안 했다]+는 그 말이 곧 거짓말이다.

어제 저녁에는 방송에서 (다)와 같은 말을 들었다. 평소에도 이와 같은 말을 적잖게 들어 왔다. '다라 홍수'라고 일컬어도 지나치지 않을 정도이다.

(다) ㉠ 저도 아이들을 벗겨서 키우고 **싶다라는** 생각이 듭니다.
　　㉡ 그렇게 하는 것이 훨씬 더 **낫겠다라는** 의견을 말했지요.

마땅히 싶은이라 해야 할 것을 싶다+라는이라 하고, 낫겠다는이라
해야 할 것을 낫겠다+라는이라 한다. 요컨대 다음과 같이 표현하는
것이 바르다는 말이다. (ⓒ은 낫겠다고로 고칠 수도 있지만, 여기서는
그 이야기는 하지 않기로 한다.)

(다)´ ㉠ 저도 아이들을 벗겨서 키우고 싶은 생각이 듭니다.

　　ⓒ 그렇게 하는 것이 훨씬 더 **낫겠다는** 의견을 말했지요.

'다라 홍수'의 원인을 생각해 본다. 일차적인 원인은 공연히 ~다
형식을 선택하는 데 있고, 그 결과 불필요한 -라(는)까지 덧붙이게
되는 것을 읽어 낼 수 있다. 그리고 ~다+라-를 자주 사용하다 보니
그것이 입에 붙게 되어 [다]가 나오면 자동적으로 [라]를 덧붙이게
된다는 것을 알 수 있다. 그러니 이런 말버릇을 고치려면 무엇보다도
~다 형식의 사용을 절제해야 하겠다.

그런데 만약 (다)를 (라)와 같은 의미로 사용했다면 위에서 말한 것
이 크게 문제되지 않는다. 그러나 글이라면 (라)처럼 따옴표를 쳐야
하고, 말이라면 따옴표 안에 든 말의 앞과 뒤에 쉼(휴지)을 두는 것이
바람직하다.

(라) ㉠ 저도 "아이들을 벗겨서 키우고 싶다."**라는** 생각이 듭니다.

　　ⓒ "그렇게 하는 것이 훨씬 더 낫겠다."**라는** 의견을 말했지요.

〈1997.11.6., 2000.5.3.〉

여행을 한다라든가 등산을 한다면

듣기에 매우 껄끄러운 말 가운데 하나로 –라든가가 있다. 다음을 보기로 하자.

(가) ㉠ 무엇보다도 생산비를 **절감한다라든가** 유통 구조를 개선하는 것이 중요합니다.
　　㉡ 친구들끼리 모여서 여행을 **한다라든가** 등산을 한다면 말리지 않겠어요.

㉠의 '생산비를 **절감한다라든가**'는 제대로 된 말이라 할 수 없다. 전혀 필요하지 않은 [라]를 첨가하였기 때문이다. 이 부분은 "생산비를 절감한다."는 문에 조사 –든가가 붙어서 이루어진 것으로, '[생산비를 절감한다]+든가'로 표시할 수 있다. 이것이 제대로 된 말이다. ㉡도 똑같은 문제를 지니고 있다. 바로잡아 다시 써 보면 다음과 같다. (–든가 대신에 –든지를 사용할 수도 있다.)

(가)′ ㉠ 무엇보다도 생산비를 **절감한다든가** 유통 구조를 개선하는 것이 중요합니다.
　　㉡ 친구들끼리 모여서 여행을 **한다든가** 등산을 한다면 말리지 않겠어요.

그러나 –라든가를 무조건 잘못된 것으로 보아서는 안 된다. 언뜻 보면 (가)와 같아 보이지만, (나)는 잘못된 것이 아니다.

(나) 그것이 다국적 **회사라든가** 매출액이 매우 많은 회사라면 사정이 다
　　르지요.

‘그것이 다국적 회사라든가’의 원래 구조는 ‘[그것이 다국적 회사
(이)다]＋든가’이다. “그것이 다국적 회사(이)다.”는 완전한 문이며,
－다는 문을 끝맺는 어미이다. 그런데 어미 －다는 조사가 뒤따르면
－라로 바뀌기도 하는데, (나)가 그렇게 된 결과이다. 요컨대 (나)의
－라는 (가)에서와 같이 괜히 끼어든 것이 아니라 어미 －다의 또 다른
형태이다. (가)에서 괜히 끼어든 [라]와는 전혀 다른 요소이다.

〈1996.6.18.〉

성분의 호응이 불완전한 표현

사건에 개입 사실이 드러나다

(가) 돈과 이권이 관련된 사건에 김현철 씨 핵심 측근의 개입 사실이 드러
  나고 있다.

어느 중앙 일간신문의 정치면 기사에서 뽑아 온 것이다. 언뜻 보면 완
벽해 보일 수도 있지만, 다시 한번 생각해 보면 뭔가 아귀가 맞지 않
음을 발견하게 된다. 어디에 문제가 있을까?

이 문의 기본 구조는 "사실이 드러나고 있다."이다. 사실이가 주어,
드러나고 있다가 서술어이다. 그 앞에 있는 부분은 사실을 수식하고
있는데, 바로 여기에 문제가 있다. 그 부분만 다시 적어 본다.

(나) 돈과 이권이 관련된 사건에 김현철 씨 핵심 측근의 개입

(나)의 의미는 '김현철 씨 핵심 측근이 돈과 이권이 관련된 사건에 개입(하였다)'이다. 측근이가 주어, 사건에가 위치어, 개입하였다가 서술어이다. (위에서는 주어와 위치어의 순서가 바뀌어 있다. 그러나 이것은 아무런 문제가 되지 않는다.) 이 같은 의미 구조와는 달리, 드러난 구조인 (나)는 짜임새가 불완전하다. 위치어로 사건에가 있는데, 이를 지배해야 할 서술어가 명사 개입으로 되어 있기 때문이다. 서술어 구실을 제대로 하려면 동사 개입하-가 되어야 한다. 그렇게 되면 주어 측근에도 조사 -이가 붙어야 한다.

지금까지 논의한 내용을 반영하여 고치면 (가)는 다음과 같아진다.

(가)′ 돈과 이권이 관련된 **사건**에 김현철 씨 핵심 측근이 **개입한** 사실이
드러나고 있다.

서술어는 서술어다운 형식을 갖추어야 한다. 　　　　　　〈1999. 3. 30.〉

교육을 실시 중에 있다

(가) 많은 초등학교에서 열린 교육을 **실시** 중에 있다.
(나) 유엔에서는 한국을 지원하는 방안을 **검토** 중에 있습니다.

위와 같은 표현들이 적잖게 쓰이고 있다. 며칠 전 어느 발표회에서도 들었는데, 어제는 방송에서도 그런 말이 흘러나왔다. 그러나 위는 적절하지 않은 표현이다.

(가), (나)의 중은 불완전명사로서, 일반적으로 ~는 형식을 갖춘 관형어의 수식을 받는다. 그런데 위의 그것은 각각 명사 실시, 검토의 수식을 받는 것으로 되어 있으니, 바로 이 점이 적절하지 않은 첫 번째 까닭이다. 그리고 (가), (나)에는 목적어 교육을, 방안을을 받아 주는 서술어가 불완전하다. 각각 명사 실시, 검토가 그것을 받고 있는 셈인데, 명사로서는 그 구실을 제대로 수행할 수가 없다. 이러한 두 문제를 해소하는 길은 다음과 같이 실시, 검토를 동사로 바꾸는 것이다.

(가)´ 많은 초등학교에서 열린 교육을 실시하는 중에 있다.
(나)´ 유엔에서는 한국을 지원하는 방안을 검토하는 중에 있습니다.

그러나 이것도 충분한 표현은 아니다. ~는 중도 진행상을 뜻하고 ~에 있다도 진행상을 뜻하기 때문이다. 나의 개인적인 경험이지만, 중학교 때 영어 선생님은 영어 진행형, 곧 be ~ing을 우리말로 바꿀 때에는 늘 ~는 중에 있다 식으로 옮기셨다. 위는 그렇게 영어를 충실히 따른 나머지 우리말이 왜곡된 결과이다. 어떤이는 일본말의 영향이라 해석하기도 한다. 위를 좀더 우리말다운 표현으로 되돌리면 다음과 같이 된다.

(가)″ 많은 초등학교에서 열린 교육을 실시하고 있다.
(나)″ 유엔에서는 한국을 지원하는 방안을 검토하고 있습니다.

〈1997. 11. 18.〉

설날을 맞이하여 고향 방문을 환영하다

명절 풍속도도 많이 달라졌다. 시골 마을에서 알림막을 어렵잖게 볼 수 있는 것도 그 중에 하나이다. 고향을 찾는 사람들을 환영하는 문구를 찍어서 동구에 내거는 것이다. 그런데 이번 설에 나는 다음과 같은 문구를 보았다.

설날을 맞이하여 **고향 방문**을 환영합니다.

이 문구를 보면서 참으로 가슴이 무거웠다. 영어 열풍과 한자 망령이 우리 사회를 휩쓰는 뒤편에서 우리말이 시름시름 죽어 가고 있는 현장을 보는 것 같았기 때문이다. 이 간단한 문구 하나 제대로 구성하지 못하는 것이 요즈음 우리 나라 사람들의 일반적인 우리말 사용 능력이다.

위의 표현을 그대로 두고 보면, 설날을 맞이하여는 환영합니다와 호응이 되어 결국 '설날을 맞이하여 환영한다'는 뜻이 된다. 물론 원래 의도는 이것이 아니다. '설날을 맞이하여 (여러분이) 고향을 방문한 것을 (우리 마을 사람들이) 환영한다'는 뜻을 표현하고자 했던 것이 분명하다. 그러니 설날을 맞이하여는 방문과 연관되는 구조가 되어야 하는데, 위의 문구는 그렇게 되어 있지 않다.

설날을 맞이하여를 제대로 받으려면 고향 방문이 아니라 고향을 방문하-가 되어야 한다. 앞절이 설날을 맞이하-라는 구조이므로 그것을 받는 뒷절도 그 정도의 짜임새는 갖추어야 하는 것이다. 구체적으로 적어 보면 다음과 같다.

ㄱ. 설날을 맞이하여 고향을 **방문하신 것을** 환영합니다.

ㄴ. 설날을 맞이하여 **고향(을) 방문하심을** 환영합니다.

ㄱ은 표현하고자 하는 바를 그대로 적은 것이다. ㄴ은 그것을 좀 줄인 것인데, -을은 넣을 수도 있고 생략할 수도 있다.

명사 형식 **고향 방문**을 그대로 살리고 **설날을 맞이하여**를 거기에 맞게 고치는 방법도 있다. 그렇게 하면 다음과 같이 된다.

ㄷ. 설날 맞이 고향 방문을 환영합니다.

어떻든 이렇게 해야 제대로 된 우리말 표현이 되는 것이다.

〈1999. 2. 24.〉

교감으로 **재직시**에도

재직시, 근무시, 결근시, 위반시, 평가시, 지연시, 비상시와 같은 문구를 자주 접한다. 여기 시는 한자 時를 가리키는데, 비상시를 빼고는 사전에 올려 있지 않다. 재직시, 근무시, 결근시, 위반시, 평가시, 지연시들은 독립된 낱말이 아니다. 그런데 이런 것들을 마구 사용하는 일이 매우 많다.

(가) 그는 교감으로 **재직시**에도 무궁화 보급 운동에 힘썼다.

(가)는 교감으로를 받아 주는 서술어가 없으니 정상적인 말이 아니다. 의미상으로는 재직이 교감으로를 받고 있는 셈이지만, 그 형식이 명사이기 때문에 불완전하고 이상한 표현이 되었다. 제대로 고치려면 재직을 동사 재직하-로 바꾸어 교감으로를 제대로 받아 주어야 한다. 그리고 불완전한 시(時)까지 때로 바꾸면 더욱 명료하고 자연스러워진다. (가)와 다음을 비교해 보면 확실히 느낄 것이다.

(가)′ ㄱ. 그는 교감으로 재직할 때에도 무궁화 보급 운동에 힘썼다.
     ㄴ. 그는 교감으로 재직하던 때에도 무궁화 보급 운동에 힘썼다.

재직할 때나 재직하던 때를 재직시라고 할 수 없다. 재직할, 재직하던과 재직은 전혀 다르기 때문이다.
또 다른 사례를 보기로 한다.

(나) 외부 인사 참여시에는 보안이 걱정된다.

이 표현에서는 외부 인사 참여라는 부분이 명료하지 않다. 무엇보다도 외부 인사가 참여의 주체인지 객체인지 알 수가 없다. 외부 인사가라거나 외부 인사를이라고 고치고 나서 다시 보면 정보가 분명히 드러나는 것을 확인할 수 있다. 그렇게 해 놓고 보면 참여를 거기에 호응되게 해야 한다는 것도 깨닫게 될 것이다. 다음을 (나)와 비교해 보자.

(나)′ ㄱ. 외부 인사가 참여할 때에는 보안이 걱정된다.

ㄴ. 외부 인사를 **참여시킬** 때에는 보안이 걱정된다.

비좁은 표기 공간 때문에 어쩔 수 없는 경우가 있는 줄 알지만, 일반의 표현에까지 (가), (나)와 같은 표현을 해서는 안 되겠다.

〈2000.8.22.〉

설명을 드리겠습니다

(가) ㉠ 화면을 보면서 **설명을 드리겠습니다.**

　　 ㉡ 실행 방법에 대해서 **설명을 드리겠습니다.**

이처럼 **설명을 드리다**라는 표현을 자주 듣는다. 그러나 이것은 바른 말이 아니다.

문제의 **드리다**는 매우 다른 두 가지 구실을 한다. 첫째, (나)에서와 같이 본동사 구실을 한다.

(나) ㉠ 아버지께 **용돈을 드렸다.**

　　 ㉡ 온 국민에게 이 **기쁨을 드리고** 싶어요.

　　 ㉢ 어머니는 날마다 **불공을 드렸습니다.**

(나)를 유심히 살펴보면, 동사 **드리다**는 주다의 높임낱말로 쓰이거나 (㉠, ㉡), "불공, 치성, 기도" 따위를 목적어로 취하는(㉢) 것을 알 수 있다.

둘째, 보조동사로 쓰인다. 보조동사는 본동사 뒤에 놓여서, 본동사에 일정한 뜻을 더해 준다. (다)에서 드리- 는 각각 도와, 알려에 높임의 뜻을 더해 주고 있다.

(다) ㉠ 무엇을 도와 드릴까요?
　　 ㉡ 제가 길을 알려 드리겠습니다.

그렇다면 (가)의 드리겠습니다는 본동사와 보조동사 중에서 어느 것으로 보아야 할까? 본동사라고 쉬이 단정하는 이가 있겠지만, (나)의 용례에 비추어 보면 본동사로 쓰인 드리다가 설명을 목적어로 선택하는 것은 보편적인 현상이 아님을 알게 된다. 내용상으로 볼 때에 (가)의 드리- 는 동사 설명하- 에 높임의 뜻을 더해 주는 보조동사로 보아야 한다. 그러니 드리- 앞의 동사 형태는 설명하여/설명해가 되어야 한다.

(가)′ ㉠ 화면을 보면서 설명해 드리겠습니다.
　　 ㉡ 실행 방법에 대해서 설명해 드리겠습니다.

요컨대 (가)는 위를 잘못 표현한 것이다. 위의 표현에서 설명 뒤에 붙은 -해를 생략한 것으로 볼 수도 있겠으나, 그것도 바람직하지 않다.

〈2000.8.25.〉

심려를 끼친 것에 대하여 죄송합니다

(가) 국민 여러분, 그동안 많은 심려를 끼친 **것에 대하여** 대단히 **죄송합니다**.

오늘 아침신문에 (가)와 같은 문구를 찍은 사진이 일제히 실렸다. 북한에 억류되어 있던 민영미 님이 직접 쓴 것이라고 한다. 그이가 아니더라도 많은 사람들이 이렇게 쓰리라 생각한다. 그러나 이것은 반듯한 우리말이라 할 수 없다.

(가)의 중요 성분은 "국민 여러분, 대단히 죄송합니다."이다. 이 표현에는 아무런 잘못도 없고 어색함도 없다. 문제는 '그동안 많은 심려를 끼친 것에 대하여'에 있다. (가)는 ~에 대하여와 죄송합니다가 연결된 구성인데 죄송하다, 고맙다, 송구스럽다, 미안하다와 같은 형용사는 일반적으로 이런 구조를 이루지 않는다. (나)가 어색하게 느껴지는 것도 이 때문이다.

(나) ㉠ 도와주신 것에 대하여 고맙습니다.
　　 ㉡ 심려를 끼친 것에 대하여 송구스럽습니다.
　　 ㉢ 예고 없이 방문한 것에 대하여 미안합니다.

(나)를 각각 다음과 같이 고쳐 보면 아주 자연스러운 문이 된다는 것을 확인할 수 있다.

(나)′ ㉠ 도와주셔서 고맙습니다.

ⓛ 심려를 끼쳐 송구스럽습니다.

ⓒ 예고 없이 방문하여 미안합니다.

그러니 (가)도 다음과 같이 고쳐야 반듯해진다.

(가)′ 국민 여러분, 그동안 많은 심려를 끼쳐 대단히 **죄송합니다**.

그러나 (다)와 같은 표현은 이대로도 적절하다.

(다) 나는 많은 심려를 끼친 것에 대하여 매우 **죄송하게 생각했다**.

(가)는 자신의 감정을 직접 표현하는 말이고, (다)는 그렇지 않은 경우이다. 그 차이가 ~에 대하여 표현의 적절성을 좌우한다.   〈1999.6.28.〉

노력에 **따라** 성공 여부가 **달려 있다**

오늘은 어느 모임에서 다음과 같은 말을 들었다.

현장 교사들의 의지와 **노력에 따라** 그 성공 여부가 **달려 있습니다**.

여기서 **따라**와 **달려 있다**를 함께 사용한 것은 자연스럽지 못하다. 두 성분 사이의 호응이 일반적인 질서를 벗어나기 때문이다.

바로잡는 방법은 대체로 두 가지이다. **따라**를 빼 버리거나, **따라는**

그대로 살리고 서술어 달려 있다를 결정될 것이다나 판가름 날 것이다로 바꾸는 것이다.

ㄱ. 현장 교사들의 의지와 노력에 그 성공 여부가 **달려 있습니다.**
ㄴ. 현장 교사들의 의지와 **노력에 따라** 그 성공 여부가 **판가름 날 것입니다.**

기본적으로 이래야 한다는 것이고, 표현 의도에 따라 좀 다르게 고쳐야 할 경우도 있을 것이다. 〈2000.5.2.〉

현금으로 반환 취급을 하지 않다

승차권 자동 발매기에서 발매된 승차권은 **현금으로 반환 취급**을 하지 않습니다.

보름쯤 전에 청량리역의 승객 대기실에서 본 문구이다. 새로이 설치한 승차권 자동 발매기에 써 붙인 알림글이었다. 뭔가 깔끔하지 못한 데가 있다. 위의 문구에서 '현금으로 반환 취급을 하지'가 결정적인 문제이다.

첫째, 의미상으로 볼 때에 현금으로는 반환과 호응됨이 분명하다. 그러나 표현된 구조에서는 **현금으로**와 반환의 호응이 적절하지 않다. 위와 같은 맥락에서는 명사 **반환**으로 충분하지 않다. 그 뒤에 따라오는 **않습니다**와의 관계도 소화해야 하기 때문이다.

둘째, 의미상으로나 형식상으로나 **취급을**은 필요하지 않다. 이것을 제거하면 첫째 문제도 함께 해소할 수 있다. 다음이 훨씬 자연스러운 것을 확인할 수 있다. 부사어 현금으로와 서술어 반환하지가 제대로 호응하는 구조가 되었기 때문이다.

승차권 자동 발매기에서 발매된 승차권은 **현금으로 반환하지** 않습니다.

그러나 손님을 배려하고 대접한다면 **반환하지를 반환해 드리지로** 하는 것이 더 좋을 것이다. 철도청에서 내건 경영 지표, 곧 '고객 중심의 경영'은 이런 데에서부터 시작해야 하지 않을까?　　〈1999.10.7.〉

서 의원으로부터 전화 메모를 받다

A는 자리를 비운 사이에 서 **의원으로부터 전화** 메모를 받았지만, 상황이 미묘해서 전화를 걸지 않았다.

위는 어느 일간신문에서 본 기사문이다. 사실의 내막과 앞뒤 문맥을 한참 따져 본 뒤에야 그 정보를 다음과 같이 정리할 수 있었다.
　① A가 자리를 비웠다.
　② 그 사이에 서 의원으로부터 전화가 왔는데, 다른 사람이 그 전화를 대신 받았다.
　③ 그 사람이 서 의원으로부터 전화 온 사실을 메모하여 A에게 전했다.
　④ A는 그 메모를 받았다.

⑤ 그러나 A는 서 의원에게 전화를 걸지 않았다.

이 가운데서 A가 한 행위는 ①, ④, ⑤, 곧 "자리를 비웠다, 메모를 받았다, 전화를 걸지 않았다"이다.

위 표현의 문제점은 행위 ④와 관련되어 있다. 도대체 메모를 누구로부터 받았느냐 하는 것이다. 위의 표현대로 받아들이면 '서 의원으로부터' 직접 건네받은 것이 된다. 그러나 사실은 '다른 사람으로부터' 받았다. 그리고 받은 것도 '통화 내용을 알리는 메모'라기보다 '전화가 왔음을 알리는 메모'이다. 요컨대 위의 표현은 전달하고자 하는 정보를 제대로 담아내 주지 못한다. 이 같은 문제를 해결하려면 일차적으로, 다음과 같이 **전화** 부분을 **전화가 왔다는**으로 바꾸어야 한다.

A는 자리를 비운 사이에 서 **의원으로부터 전화가 왔다는** 메모를 받았지만, 상황이 미묘해서 전화를 걸지 않았다.

이렇게 바꾼다고 해서, 메모를 서 의원에게서 받은 것으로 오해될 소지가 완전히 없어지는 것은 아니다. 그러나 **받았** – 앞에 **왔** – 이라는 동사가 있기 때문에 서 **의원으로부터**를 먼저 **왔** – 과 관련지어 의미 해석을 할 것이므로 오해의 소지는 훨씬 줄어들게 된다. 게다가 전체 맥락의 도움까지 있으니 오해의 소지는 더욱 줄어들게 될 것이다.

〈1999. 4. 28.〉

여전히 나빠지고 있다

다음은 엊저녁 뉴스 방송에서 들은 말이다.

(가) 그러나 고용의 질은 **여전히 나빠지고 있습니다.**

전체적인 맥락으로 볼 때에, 이제 경제 위기가 어느 정도 극복되어 실업자는 100만 명 아래로 떨어졌으나 고용의 질은 그리 나아지지 않았다는 내용이었다.

여기서 '여전히 나빠지고 있습니다'는 사실을 제대로 표현한 것이 못 된다. 여전히는 '전과 같이'라는 뜻이니, (가)를 표현 그대로 해석하면 고용의 질이 전에도 나빴고 지금도 계속 나빠지고 있다는 말이 된다. 그러나 그것은 사실과도 다르고, 기자도 정작 그런 뜻으로 하는 말이 아니었다. 고용이 양적으로는 나아졌으나 질적으로는 나아진 점이 없다는 사실을 전하는 말이었다. 이런 정보를 제대로 전하려면 다음과 같이 표현해야 한다.

(가)′ ㄱ. 그러나 고용의 질은 **여전히 좋지 않습니다.**
　　　ㄴ. 그러나 고용의 질은 **나아지지 않았습니다.**

(가)를 (나)에 비추어 보면 두 내용이 얼마나 다른지, (가)의 표현이 얼마나 잘못되었는지 쉬이 확인할 수 있을 것이다.

(나) 그러나 고용의 질은 **계속 나빠지고 있습니다.**　　　〈1999.12.23.〉

월등히 감소했다

월등하다(越等 -)는 형용사로서 '다른 것에 비하여 크게 낫다(뛰어나다)'를 뜻한다. 부사 월등히의 의미도 형용사에 비례한다. 다음이 그런 뜻으로 쓰인 보기이다.

(가) ㉠ 영호가 지능은 다른 애들과 비슷한데 성적은 월등하다.
   ㉡ 지난달에는 수출 실적이 다른 달보다 월등히 증가했다.

(가)에서 보듯이 월등하다, 월등히는 나은 것이나 높은 것, 또는 향상되거나 발전된 경우에 쓰는 것이 일반적이다. 그러므로 다음은 자연스럽지 못하다.

(나) ㉠ 그때만 해도 그는 선두와 월등히 떨어져 있었다.
   ㉡ 지난달에는 수출 실적이 다른 달보다 월등히 감소했다.

(나)의 월등히는 매우 많이 정도로 대체해야 한다.　　〈1998.9.5.〉

불가피하게 ∼지 않을 수 없다

때에 따라서는 강조할 때에 부정(否定) 형식을 사용한다. 예를 들면 '가야 한다'를 강조할 때에, '꼭 가야 한다'나 '가야만 한다'고도 하지만, '가지 않으면 안 된다'고 표현하기도 한다. 이와 같이 부정의 겹침, 곧 '부정의 부정'은 강한 긍정을 나타낸다.

그러나 이러한 형식도 잘 써야 한다. 다음과 같은 표현은 어떨까?

(가) 어쩔 수 없이 곡물을 들여오지 않을 수 없는 상황이 되었다.
(나) 우리는 불가피하게 국문체를 쓰지 않을 수 없었다.

(가), (나)는 자연스러운 표현이 아니다.

먼저 (가)의 어쩔 수 없이에서 없-은 '부정'의 뜻을 나타내며 어쩔 수 없이는 그 뒤의 들여오지를 한정한다. 그리고 '부정'의 한정을 받은 들여오지가 다시 그 뒤의 않을 수 없는에 의하여 '부정' 당하고 있다. 이처럼 부정 형식을 3개나 겹쳐 놓은 표현은 의미도 명료하게 드러나지 않을 뿐만 아니라 자연스럽지 못하다.

이 문제를 해결하는 방법은 두 가지이다. 첫째, 어쩔 수 없이를 버리는 것이다. 둘째, 어쩔 수 없이라는 부사어를 꼭 써야 하겠다면 뒷부분을 다음과 같이 고쳐야 한다. ㄴ도 부정 형식이 2개뿐이다.

(가)′ ㄱ. 어쩔 수 없이 곡물을 들여와야만 하는 상황이 되었다.
　　　 ㄴ. 어쩔 수 없이 곡물을 들여올 수밖에 없는 상황이 되었다.

(나)도 (가)′에 준해서 생각하면 된다. 불가피하게는 '피할 수 없게'라는 뜻으로, 불(不)-이 부정의 의미를 나타낸다. 그러므로 이 표현도 불가피하게를 버리거나, 그것을 버리지 않는다면 다음과 같이 고쳐야 자연스러운 표현이 된다.

(가)′ ㄱ. 우리는 불가피하게 국문체를 써야만 했다.

　　　ㄴ. 우리는 불가피하게 국문체를 쓸 수밖에 없었다.　　〈1997.4.26.〉

양심적으로 돈을 쓰지 않았다

다음은 어느 일간신문에서 따온 문이다.

(가) 저는 **양심적으로** 돈을 쓰지 않았습니다.

맥락이나 상황이 없는 경우라면, 특히 글이라면, 이 표현은 매우 다른
두 가지 의미로 해석될 수 있다. 전체적으로 (나)와 같이 긍정의 의미
가 될 수도 있고, (다)와 같이 부정의 의미가 될 수도 있다.

(나)　저는 돈을 비양심적으로 **썼습니다.**
(다) (양심적으로 말하건대) 저는 돈을 쓰지 않았습니다.

　부사어 **양심적으로**를 어느 것과 관련지어 해석하느냐의 문제인 것
이다. 양심적으로가 쓰지를 한정하는 것으로 보면 (나)의 의미가 되고,
쓰지 않았습니다 전체를 한정하는 것으로 보면 (다)의 의미가 된다.
　이와 같이 두 가지 이상의 의미로 해석되는 표현을 '중의적(重義的)
표현'이라고 한다. 특별히 목적하는 바가 없다면, 중의적인 표현은 바
람직하지 않다. 따라서 (가)는 바람직한 문이라 할 수 없다.
　이 같은 문제점을 극복하려면 표현 의도에 따라 **양심적으로**의 위치

를 바꾸면 된다. (나)의 의미를 노렸다면 (나)´와 같이, (다)의 의미를 노렸다면 (다)´와 같이 하는 것이다. 이렇게 하면 (가)와 같은 중의성이 해소된다.

(나)´ 저는 돈을 **양심적으로** 쓰지 않았습니다.
(다)´ **양심적으로** 저는 돈을 쓰지 않았습니다.

글 중심으로 이야기를 전개했는데, 음성언어라면 (가)와 같이 말하더라도 **양심적으로** 뒤에 쉼을 두면 '돈을 쓰지 않았다'는 의미, 곧 (다)가 된다.

사실 중의적인 표현을 완전히 벗어나기는 어렵다. 그러나 늘 청자와 독자를 주의 깊게 배려하는 마음가짐이 필요하다. 〈1998.8.22.〉

안과 못의 문법

많은 문화재가 훼손되고 있지만, 시에서는 **예산을 이유로** 손도 못 대고 있습니다.

이는 방송에서 들은 말이다. 시(市)를 옹호하는 것인지 질책하는 것인지 불분명하다. 다시 말하면 돈(예산)이 없어 훼손 방지에 손도 못 대고 있는 시를 동정하는 말인지, 문화재는 계속 훼손되고 있는데 돈타령만 하고 있는 시를 비판하는 말인지 알 수가 없다.

이 같은 모호성은 예산을 이유로와 못의 모순 관계에서 비롯된다.

부사 못은 '하고 싶어도 할 수 없음'을 뜻하고, 예산을 이유로는 '할 수 있음에도 부족한 예산을 핑계 삼아'를 뜻하니 의미 충돌이 일어나게 된다. 그러니 듣는 사람으로서는 의미 해석에 장애를 일으킬 수밖에 없다. 결코 바람직한 일이 아니다. 보도 문장에서는 더욱 그렇다.

시를 옹호하고 동정할 의도라면 예산을 이유로라는 구절을 넣지 않아야 한다. 다음과 같이 바꿀 수 있겠다.

ㄱ. 많은 문화재가 훼손되고 있지만, 시에서는 **예산이 없어** 손도 못 대고 있습니다.

ㄴ. 많은 문화재가 훼손되고 있지만, 시에서는 (부족한) **예산 때문에** 손도 못 대고 있습니다.

만약 시를 질책하고 비난할 뜻으로 하는 말이라면, 다음과 같이 **못** 대신에 안을 써야 한다.

ㄷ. 많은 문화재가 훼손되고 있지만, 시에서는 **예산을 이유로** 손도 안 대고 있습니다. 〈1999.12.7.〉

비가 그칠 **전망이다**

한글 학회에서 지은 『우리말 큰사전』에서는 **전망**(展望)을 다음과 같이 풀이하고 있다.

전망 : ① 바라봄. ② 바라보이는 경치. ③ 내다봄. ④ 내다보이는 앞날.

뜻풀이 ②, ④와 관련해서는 "전망이 아름답다. 전망이 밝다."라는 예문도 제시해 놓았다. "그것은 가장 희망적인 전망이다."라고 했을 때에는 ①, ③의 의미이다. 이 전망에 –하다, –되다가 붙으면 동사 전망하다, 전망되다가 된다.

그런데 요즈음 대중매체 종사자를 비롯하여 배운이의 말에서 다음과 같은 표현을 매우 자주 접한다.

(가) 내일은 비가 그칠 전망이다.
(나) 그 공원이 완공되면 이 일대는 빼어난 해안 관광지로 자리잡을 전망이다.

위의 두 전망은 ③의 의미로 해석해야 할 것이다. 곧 위의 전망이다는 '내다보인다'를 뜻하는 것으로 보아야 한다. 그러나 문 구조로 볼 때에 전망이다는 제대로 쓰였다고 하기 어렵다. 각각 다음과 같이 바꾸어 놓고, 그 반듯함과 자연스러움을 비교해 보자.

(가)′ 내일은 비가 그칠 것으로 전망된다.
(나)′ 그 공원이 완공되면 이 일대는 빼어난 해안 관광지로 자리잡을 것으로 전망된다.

물론 전망 대신에 내다보인다나 예상된다를 써도 된다. ⟨1999.3.25.⟩

설전이 오가다

양당 총무 사이에 가시 돋친 설전이 오갔다.

정치면 기사에서 어렵잖게 접할 수 있는 표현이다. 그러나 설전이 오
가다는 올바른 표현이 아니다.

설전(舌戰)이란 말다툼이다. 가시 돋친 말을 주고받으며 다투는 행
위가 설전인 것이다. 주고받는 것, 바꾸어 말하면 오고 가는 것은 말
이지 설전이 아니다. 그러니 위의 표현은 다음과 같이 바꾸어야 한다.

ㄱ. 양당 총무 사이에 가시 돋친 설전이 벌어졌다.
ㄴ. 양당 총무 사이에 가시 돋친 농설이 오갔다.

여기서 ㄴ의 농설(弄舌)은 '쓸데없는 말, 또는 그런 말을 지껄임'을
뜻한다(농담과는 다름). 그 앞에 가시 돋친이라는 수식어가 있기 때문
에 이런 정도면 표현 효과가 넉넉하리라 생각한다. 〈1998.10.16.〉

생각이 바뀌는 신문

그동안 광고 문안도 많이 달라졌다. 갖가지 광고 문안 중에는 산
뜻·깔끔하면서도 반듯한 것들이 있는가 하면, 우리말의 기본 상식을
벗어난 것들도 적지 않다. 다음과 같은 광고는 언뜻 보면 매우 산뜻해
보인다.

(가) **생각이 바뀌는** 신문 ― 나라일보

더 말할 나위도 없이 『나라일보』가 좋은 신문이니 많이 사 보라는 광고이다. 그런데 '생각이 바뀌는 신문'이란 표현이 제대로 된 것일까?

'달리는 사람'은 "사람이 달린다."가 변형된 것이듯이, (가)는 (나)가 변형된 것으로 보아야 한다.

(나) 이 신문(나라일보)이 [생각이 **바뀐다**].

그런데 (나)는 "무엇이 [무엇이 바뀌다.]" 구조이니 올바른 말이 아니다. 따라서 (나)를 변형한 (가)도 제대로 된 말이라 할 수 없다.

표현 의도를 생각하면 (나)는 다음의 두 가지 가운데 하나여야 한다.

(다) ㉠ 이 신문(나라일보)이 생각을 **바꾸게 한다**.
　　㉡ 이 신문(나라일보)이 생각을 **바꾸어 준다**.

(다)는 반듯한 우리말이며, 이것을 (가)와 같은 식으로 변형하면 각각 다음과 같이 된다.

(다)′ ㉠ **생각을 바꾸게 하는** 신문 ― 나라일보
　　 ㉡ **생각을 바꾸어 주는** 신문 ― 나라일보

(가)는 이렇게 해야 할 것을 잘못 표현했다고 할 수밖에 없다.

한편, (라)와 같은 표현을 생각할 수 있다.

(라) 이 신문(나라일보)을 읽으면 **생각이 바뀐다.**

이것을 (가)와 같은 식으로 변형하면 다음과 같이 된다. 이 표현도 그런대로 괜찮다.

(라)′ 읽으면 **생각이 바뀌는** 신문 ― 나라일보

이를 좀더 간단히 하기 위하여 읽으면을 생략해 버리고 (가)와 같이 만들었다고 할 수도 있겠다. 하지만 읽으면이 있고 없고는 근본적인 문제이므로 그러한 주장은 설득력이 약하다.

이런 지적에 대해서 광고 문안의 특수성을 모르는 소리라고 대드는 이가 있을지 모르겠다. 그러나 특수성을 앞세워 우리말의 기본적·보편적인 질서를 무너뜨리는 것은 옳지 않다. 다른 방법이 있다면 더욱 그렇겠다. 〈1999.6.9.〉

뿌리 **뽑겠다는 입장입니다**

낱말 입장(立場)의 문제에 대해서는 이미 앞에서 지적한 바 있다 (242~243쪽 참조). 그런데 이것이 우리의 문 구조까지 흔들고 있기에, 여기서는 그 문제를 살펴보기로 한다.

오늘 아침 뉴스 시간에 (가)와 같은 말들을 들었다. 순간적으로 지나가 버리는 방송이라 표현을 그대로 옮긴 것은 아니지만, 큰 줄거리는 크게 다르지 않다.

(가) ⓐ 주민들은 …… 구청의 속뜻을 알 수 **없다는 입장입니다**.

　　ⓑ 구청에서는 …… 불법 행위를 뿌리 **뽑겠다는 입장입니다**.

한 사건을 보도하는 중에 앞뒤로 연이어 나온 것인데, 문 구조가 아주 비슷하다.

　먼저 입장을 바꾸어야 한다. ⓐ의 그것은 주장으로 바꾸고, ⓑ은 방침으로 대체할 수 있겠다. 이렇게 보면 두 입장이 가리키는 바가 꽤 다름을 알 수 있다. 이로써 정확·명료한 의미를 나타내는 데에는 입장이 적절하지 않다는 것이 다시 한번 확인된다.

　더 큰 문제는 (가)의 전체 구조가 우리말답지 않은 것이다. ~는 입장입니다가 문제이다.

(가)′ ⓐ 주민들은 …… 구청의 속뜻을 알 수 **없다고 주장합니다**.

　　ⓑ 구청에서는 …… 불법 행위를 뿌리 **뽑겠다고 (말)합니다**.

이 정도는 되어야 살아 있는 우리말, 우리말다운 우리말이 된다. '주민들'과 '구청'이라는 분명하고 능동적인 주체가 있으니 최후의 서술어는 그의 행위를 나타내는 낱말을 사용해야 표현이 명료하고 깔끔해지는 것이다.

　다음과 같은 말도 예사로 하지만, (가)와 똑같은 문제를 안고 있다.

(나) ⓐ 우리는 그 잘못된 관행을 뿌리 **뽑아야 한다는 입장입니다**.

　　ⓑ 저는 정부의 그러한 정책을 **반대하는 입장입니다**.

(나)를 우리말답게, 명료하게 고쳐 보면 다음과 같다.

(나)′ ㉠ 우리는 그 잘못된 관행을 뿌리 뽑아야 **한다고** 생각합니다.
　　㉡ 저는 정부의 그러한 정책을 **반대합니다.**

위에서 보듯이 ㉡에서는 **입장입니다** 부분이 전혀 필요하지 않다. 그저 **반대합니다**로 끝내야 진정한 우리말이 된다.　〈1998.8.24., 1999.1.19.〉

회장님께서 인사말이 있으시겠습니다

갖가지 식장에서 다음과 같은 말을 자주 접한다. 사회자가 하는 말이다.

다음에는 회장님께서 회원 여러분을 환영하는 인사말이 있으시겠습니다.

이것은 올바른 표현이라 할 수 없다. 그 결정적인 원인은 **회장님께서**(주어)와 **있으시겠습니다**(서술어)가 제대로 호응되지 않는 데에 있다. 어느 한쪽을 인정하고 다른 쪽은 부정하는 방법으로 조목조목 따져 보기로 한다.

첫째, **회장님께서**를 주어로 인정하면 그 서술어는 **하시겠습니다**가 되어야 한다. 그리고 **인사말이**는 **인사말을**이 되어야 한다. 그렇게 고치면 다음과 같다.

ㄱ. 다음에는 회장님께서 회원 여러분을 환영하는 인사말을 하시겠습
    니다.

여기서 '회원 여러분을 환영하는'은 '인사말'을 수식하는 절이다.
    둘째, 있으시겠습니다를 서술어로 인정하면 그 주어는 인사말이라
고 해야 한다. 그렇게 되면 회장님께서는 없어져야 한다. 그것을 받
아 주는 서술어가 없기 때문이다. 그렇게 고쳐 써 보면 다음과 같이
된다.

ㄴ. 다음에는 회원 여러분을 환영하는 인사말이 있으시겠습니다.

그러나 주어 '인사말'에 대해서 높임어미 -으시-를 붙이는 것은 자
연스럽지 못하다. 그러므로 위의 표현은 다시 다음과 같이 바꾸어야
한다.

ㄴ′ 다음에는 회원 여러분을 환영하는 인사말이 있겠습니다.

그런데 위에서 '인사말'이 다름 아닌 '회장님의 인사말'임을 굳이
드러내고자 하면 다음과 같이 표현하면 된다.

ㄷ. 다음에는 회원 여러분을 환영하는, 회장님의 인사말이 있겠습니다.

끝으로, 여기서는 '회장님'이라고 했는데, 상황에 따라서는 '회
장'이라고 하는 것이 더 자연스러울 때가 있다. 그 식의 성격, 식장에

참석한 회원·청중과 회장과의 관계 등을 고려해서 판단해야 할 것이다. 〈1998.8.19.〉

정부의 해명은 ~고 밝히고 있다

정부의 해명은 "그 당시로서는 IMF 관리 체제를 벗어나는 것이 급선무였기 때문에 불가피한 선택이었다."고 **밝히고 있다.**

이와 같은 표현을 어렵잖게 접할 수 있다. 문이 길수록 더 자주 나타나는 것을 본다.

위의 문을 살펴보면, 주어는 해명은이고 그것을 받는 서술어는 밝히고 있다이다. 그런데 지금 상태로는 두 성분의 호응이 반듯하지 못하다. 해명과 밝히고, 곧 뜻이 비슷한 낱말이 되풀이되어 있는 것이다. 밝히고 있다를 서술어로 하려면 주어로는 정부에서는을 세워야 하고, 해명은을 주어로 하려면 서술어는 거기에 맞게끔 ~는 것이다가 되어야 한다.

ㄱ. **정부에서는** "그 당시로서는 IMF 관리 체제를 벗어나는 것이 급선무였기 때문에 불가피한 선택이었다."고 **해명하고 있다.**

ㄴ. **정부의 해명은** "그 당시로서는 IMF 관리 체제를 벗어나는 것이 급선무였기 때문에 불가피한 선택이었다."**는 것이다.**

서두에서 말한 바와 같이, 이러한 잘못은 문이 길 때에 범하는 일이 많다. 아무리 표현이 길다 하더라도 주어와 서술어가 서로 맞아야 하는 것은 기본이다. 〈2000.5.30.〉

연구의 목적은 ~을 목적으로 한다

> (가) 이 연구의 목적은 자연환경이 인간의 인격 형성에 미치는 영향을 밝히는 것을 목적으로 한다.

(가)와 같은 구조의 문을 자주 접한다. 전문 학자의 논문에서도 어렵잖게 볼 수 있는 실정이다. 음성언어에서는 더 자주 접한다.

그러나 이것은 성숙한 표현이라 할 수 없다. 이 문의 중요 성분은 "목적은 ~을 목적으로 한다."인바, 주어 **목적은**과 서술어 **목적으로 한다**의 호응이 완숙하지 않다. 쓸데없이 **목적**을 겹쳐 썼다. 어느 쪽이든 하나의 **목적**만 살리는 것이 좋은데, 예시하면 다음과 같다.

> (가)′ ㄱ. 이 연구의 목적은 자연환경이 인간의 인격 형성에 미치는 영향을 밝히는 것에 있다.
> ㄴ. 이 연구의 목적은 자연환경이 인간의 인격 형성에 미치는 영향을 밝히는 것에 둔다.
> ㄷ. 이 **연구**는 자연환경이 인간의 인격 형성에 미치는 영향을 밝히는 것을 목적으로 한다.

다음 표현은 최근에 어느 학생의 글에서 본 것이다. 여기에도 (가)와 비슷한 문제가 드러나 있다.

> (나) '한국어'라는 말은 '대한민국에서 쓰는 언어'를 줄여서 한국어라고
> 하는 것이다.

주어부 '한국어라는 말은'과 서술부 '한국어라고 하는 것이다'의 호
응이 미숙하다. 게다가 길지도 않은 표현에 한국어라(고 하)는을 되풀
이함으로써 세련미도 잃었다. 그것을 살리려면 맥락에 따라 다음과
같이 고쳐야 한다.

> (나)′ ㄱ. '한국어'라는 말은 '대한민국에서 쓰는 언어'를 줄인 것이다.
> ㄴ. '한국어'는 '대한민국에서 쓰는 언어'를 줄인 말이다.
> ㄷ. '대한민국에서 쓰는 언어'를 줄여서 한국어라고 한다.

일상 언어를 유심히 관찰해 보면, 이처럼 불필요한 요소를 되풀이
하는, 비합리적이고 미숙한 표현이 자주 발견된다. 〈1998.11.13., 12.26.〉

사육 두수가 447두이다

> (가) ㉠ 1일 평균 거래 두수가 447두입니다.
> ㉡ 지난해 한우 사육 두수가 10,000두나 늘었다.

오늘날 소나 돼지 또는 닭과 관련된 텍스트에서 어렵잖게 접할 수 있

는 표현이다. 그러나 두수와 두를 앞뒤에 겹쳐 쓴 것은 그다지 바람직하지 않다. 그것은, 예컨대 사람에 관한 말을 (나)와 같이 하는 것과 다르지 않다.

(나) 1일 평균 참석 **명수**가 447명이다.

뒤따르는 단위명사가 **명**이라고 해서 앞서는 낱말을 거기에 맞추는 것이 아니다. 다음이 정상적인 말이라는 것은 누구나 인정할 것이다.

(나)′ 1일 평균 참석 **인원**이 447명이다.

여기에 준하여 생각해 보면, (가)는 다음과 같이 되어야 함을 알게 된다. 게다가 두(頭) 대신에 일상의 말과 같게끔 **마리**를 쓰면 더 바랄 것이 없다.

(가)′ ㉠ 1일 평균 **거래량**이 447**마리**입니다.
　　　㉡ 지난해 한우 **사육량**이 10,000**마리**나 늘었다.

(다)와 비교하면서 위 표현의 타당성을 다시 한번 확인해 보기 바란다.

(다) ㉠ 1일 평균 **생산량**이 447**상자**이다.
　　　㉡ 한 해 평균 **사망자**가 447명이다.　　　　　　〈2000.9.29.〉

좋은 하루 되십시오

요즈음의 언어생활을 둘러보면, 상황에 알맞은 표현의 궁핍증을 느끼는 일이 많은 듯하다. 부름낱말과 인사말에서 그런 것을 더욱 심하게 느끼지 않나 싶다. 생활 방식과 사회 환경은 많이 변했는데, 언어가 거기에 발맞추지 못하는 것이다. 이런 현상은 어느 사회, 어느 시대에나 있는 법이지만, 오늘날 우리 사회에서는 좀더 심해 보인다. 무엇보다도 사회 구조가 급격히 변했기 때문일 것이다.

다음과 같은 인사말이 더러 쓰이고 있다.

좋은 하루 **되십시오.**

직장 사회에서 먼저 시작된 듯한데, 요즈음에는 방송에서도 심심찮게 들을 수 있다. 새로운 환경에 걸맞은 인사말을 창안하고자 하는 마음은 우리말의 발전을 위해서도 참으로 긍정적이며 환영할 만하다. 그런데 이 인사말에는 생각해 볼 점이 있다. **되십시오**의 적절성 문제이다.

되다가 자연스럽게 쓰인 보기로는 "정 선배가 착한 사람이 **되다.**"를 들 수 있는데, 여기서 '정 선배'와 '착한 사람'은 같은 사람이다. 이 말을 사역형(표현의 의미는 '기원')으로 바꾸어 보면, "정 선배, 착한 사람(이) **되십시오.**"가 된다.

"좋은 하루 **되십시오.**"는 (텔레비전 방송의 경우라면) "시청자 여러분, 좋은 하루(가) **되십시오.**"를 줄인 것이라고 봐야 할 것이다. 그러니 시청자 여러분과 좋은 하루를 동격으로 만들어 버리는 셈이다.

바로 이 점이 문제이다.

　다음과 같이 하는 것이 더 낫지 않을까?

　ㄱ. 좋은 하루(를) 보내십시오.

　ㄴ. 좋은 하루(를) 보내세요.

물론 이때에 좋은 하루를 보낼 주체는 그 인사말을 듣는 상대편이 되는 것이다. 〈1997.4.11.〉

적절하지 못한 접속 표현

육체피로 · 자양강장에 좋은 음료

육체피로 · 자양강장에 좋은 장원 D!
자양강장 · 허약체질 · 육체피로에 활력샘!

흔히 보아 온 문구일 것이다. 여러 제약 회사나 음료 회사에서 만들어
팔고 있는 '장원 D'와 '활력샘'을 광고하는 문구이다. 곳곳의 광고판
에, 제품을 담는 상자에, 용기의 겉면에 두루두루 씌어 있다. 그런 마
실 거리 중에는 약품으로 분류되는 것도 있고 음료로 분류되는 것도
있는 모양이다.

　여기 **자양강장**은 웬만한 사전에는 실려 있지 않다. 다음의 두 낱말
을 합친 것으로 보아야 할 것 같다.

　자양(滋養) : 몸의 영양을 좋게 함.

강장(强壯) : 힘이 세고 몸이 튼튼함.

이렇게 놓고 보면 자양 강장과 육체 피로와 허약 체질은 균형이 맞지 않음을 알아챌 수 있다. 자양 강장으로 나타내고자 한 의미는 '자양 강장의 상태로 만들어 줌'이겠는데, 육체 피로와 허약 체질의 의미를 그 틀에 맞추어 해석하면 각각 '육체 피로의 상태로 만들어 줌'과 '허약 체질의 상태로 만들어 줌'이 되니, 이거 정말 큰일이다. 우리가 얼마나 언어에 무감각하고 무관심하게 살고 있는지 여실히 보여 주는 사례가 아닐까 한다.

자양 강장의 경우는 그런 상태로 '만들어' 준다고 해야 하겠지만, 허약 체질과 육체 피로의 경우는 그런 상태를 '해소해' 준다고 해야 한다(그런 음료나 약품이 실재하는지는 모르지만). 이러한 사리를 제대로 분별했다면 광고 문안이 좀 달라졌을 것이다.

우리말은 우리 겨레 개개인의 것이자 우리 겨레 모두의 것이다. 몇몇 국어학자나 전문가들의 전유물이 아니다. 결코 그럴 수도 없다. 저마다 주인 의식을 가지고 우리말을 매만져 나가야 할 것이다.

〈2000. 2. 25.〉

푸른 산과 맑은 물이 흐르는 연산골

다음 (가)는 라디오 광고에서 들은 말이다. 이 말을 언뜻 들으면 아무런 문제점을 발견해 낼 수 없을지도 모른다. 그저 "연산골은 푸른 산과 맑은 물이 있는, 그럴듯한 곳인가 보다!" 하는 정도로만 받아들이고 말 것이다.

(가) 푸른 **산과** 맑은 물이 흐르는 연산골

그러나 이것은 올바른 표현이 못 된다. 왜냐하면 서술어 흐르는이 맑은 물만이 아니라 푸른 산까지 받는 구조이기 때문이다. 다시 말하면 (가)는 (나)의 ㉠과 ㉡이 합쳐진 셈이 된다.

(나) ㉠ 푸른 산이 흐르는 연산골
　　 ㉡ 맑은 물이 흐르는 연산골

이렇게 풀어 놓고 보면 산이 흐르는이라는, 비정상적인 문의 존재를 금세 확인할 수 있다. 그것을 포함하고 있는 (가) 역시 정상적일 수 없음은 당연하다.

이러한 점을 고려하면 (가)는 적어도 다음과 같은 정도는 돼야 한다. 표현 의도나 목적에 따라 어느 한쪽을 선택할 일이다.

(가)′ ㄱ. 푸른 **산과** 맑은 물이 있는 연산골
　　 ㄴ. 푸른 **산과** 맑은 물로 둘러싸인 연산골
　　 ㄷ. 푸른 산이 있고 맑은 물이 흐르는 연산골

간단한 표현에서도 이 같은 잘못이 자주 발견된다. 〈1996.6.13.〉

전화 또는 직접 오셔서 신청해 주세요

며칠 전 오후였다. 어느 라디오 방송에서 다음과 같은 말이 흘러나왔다.

> (가) 이 봉사 활동에 참여하실 분은 **전화 또는 직접 오셔서** 신청하시기
> 바랍니다.

이 말을 듣고 보니, 이런 부류의 표현을 각종 문안에서도 접한 일이 생각났다.

(가)에서는 **전화 또는 직접 오셔서** 부분이 문제이다. 그 내용인즉, 봉사 활동을 신청하는 방법이 '전화를 이용하는' 것과 '직접 오는' 것의 두 가지라는 것이다. 그런데 (가)의 짜임새를 보면 직접 오는 방법은 동사구 **직접 오셔서**로 표현하였고, 전화를 이용하는 방법은 명사 **전화**로 표현하였다. 이는 적절하지 않다. 대등한 구조로 드러내어야 한다. 여기서는 전화를 동사구로 짜는 것이 손쉽다. 전화를 이용하시— 정도로 하면 **직접 오셔서**와 구조적으로 균형을 이루게 된다. 다시 써 보면 다음과 같다.

> (가)′ 이 봉사 활동에 참여하실 분은 **전화를 이용하시거나 직접 오셔서**
> 신청하시기 바랍니다.

여기서 —거나는 전화를 이용하시—와 직접 오시—를 이어 주는 어미이다. 다시 말하면 위의 '전화를 ~ 바랍니다'는 결국 (나)의 두 문

을 -거나로 합친 결과이다.

(나) ㉠ 전화를 이용하셔서 신청하시기 바랍니다.

㉡ 직접 오셔서 신청하시기 바랍니다.

늘 성분 상호 간의 관계를 잘 생각해야 한다. 〈1998.3.25.〉

취업 기회를 확대하고 편의를 위해서

일전에 텔레비전 방송을 통해 다음과 같은 말을 들었다. 2년마다 치르던 공인중개사 시험을 해마다 치르는 쪽으로 바뀌는 것을 보도하는 중에 나온 말이다.

건설교통부에서는 실직자들의 취업 기회를 <u>확대하고</u> 시험 준비생들의 편
의를 위해서 이같이 매년 시험을 실시한다고 밝혔습니다.

위의 문에서는 시험을 매년 실시하게끔 바꾸는 목적을 말하고 있는데, 그 목적은 두 가지이다. 첫째는 '실직자들의 취업 기회 확대'(㉠)이며, 둘째는 '시험 준비생들의 편의'(㉡)이다. 방송에서는 ㉠과 ㉡을 합쳐서 '실직자들의 취업 기회를 확대하고 시험 준비생들의 편의를'이라고 표현한 것이다. ㉠과 ㉡이 어미 -고로 접속되어 있으며, 이 전체를 그 뒤에 있는 -기 위해서가 받고 있다.

이렇게 분석하고 보면 위의 표현은 정상을 벗어나 있음이 드러난

다. 앞절 ⊙은 동사 확대하 – 의 형식으로, 뒷절 ⓛ은 명사 편의의 형식
으로 – 기 위해서에 연결되기 때문이다. 동등하게 접속되는 두 절은
같은 형식을 취해야 한다. 여기서는 ⓛ을 ⊙과 같은 형식으로 맞추는
것이 쉽겠다. ⓛ의 끝에 도모하 – 를 넣으면 ⊙의 확대하 – 와 균형을
이루게 된다.

건설교통부에서는 실직자들의 취업 기회를 **확대하고** 시험 준비생들의
편의를 도모하기 위해서 이같이 매년 시험을 실시한다고 밝혔습니다.

어떻게 하든 뜻만 통하면 된다고 생각해서는 안 되겠다. 당장은 아
무런 문제가 없을지도 모르지만, 그런 것이 누적되고 확산되면 우리
가 미처 예상하지 못했던 큰 문제를 불러일으킬 수 있다.　〈1998.6.30.〉

자질 향상과 전문성을 고양하는 데

다음은 어느 연구 보고서에 있는 것을 옮겨 온 것이다.

그 정책은 교사의 <u>자질 **향상**</u>과 　<u>전문성을 **고양하는** 데</u>에 목적이 있다.
　　　　　　　　　　　⊙　　　　　　　　ⓛ

그러나 이것은 올바른 문이 아니다. 이 연구 보고서에서만이 아니고
평소에도 위와 같은 문을 자주 접할 수 있다.
올바르지 않은 원인은 '자질 향상'과 '전문성을 고양하는 데'에 있
다. 위의 표현에서 드러내고자 하는 목적은 두 가지, 곧 '(교사의) 자

질 향상'과 '(교사의) 전문성 고양'으로, 둘의 의미 구조는 똑같은데 겉으로 드러난 구조가 완전히 다르다. ㉠은 '자질 향상'이라는 명사구이고, ㉡은 '전문성을 고양하는 데'라는 명사절로 되어 있는 것이다. 바로 이렇게 형식의 평형성을 잃은 것이 문제이다.

그럴 때에 두 부분은 같은 형식이 되어야 한다. 여기서 같은 형식을 구성하는 방법은 다음의 두 가지이다.

ㄱ. 그 정책은 교사의 자질 향상과 전문성 고양에 목적이 있다.
ㄴ. 그 정책은 교사의 자질을 향상시키고 전문성을 고양하는 데에 목적이 있다.

ㄱ은 뒷부분을 앞부분과 같게 구로 바꾼 것이며, ㄴ은 앞부분을 뒷부분과 같게 절로 바꾼 것이다. 이렇게 되어야 반듯한 구조가 된다.

〈1998.4.21.〉

토지 보상 거부와 토지 재평가를 요구하다

지난해 어느날, 라디오 방송을 통하여 뉴스를 들었다. 정부에서 어느 지역에 무슨 국가 시설을 지으려고 하는데, 그 지역 주민들과의 사이에 마찰이 있다는 내용이었다. 국가에서 평가하여 결정한 토지 보상가가 너무 낮다면서, 주민들이 이의를 제기했다는 것이었다. 이러한 내용을 보도하는 가운데 아나운서가 다음과 같은 말을 하였다.

(가) 주민들은 토지 보상 **거부**와 토지 재평가를 강력히 **요구**하고 있습니다.

이 표현에는 큰 문제가 있다. 본의 아니게 거짓말을 하고 만 셈이다. 주민들이 정부에 강력히 요구한 것이 무엇인가를 생각해 보면 그 문제점을 쉬이 알아낼 수 있을 것이다.

(가)를 그대로 받아들인다면 '토지 보상 거부'와 '토지 재평가', 두 가지 사항을 주민들이 강력히 요구한 것이 된다. 그러나 사실은 그게 아니다. 주민들이 요구한 것은 '토지 재평가'뿐이다. 다만 이에 앞서, 주민들은 정부에서 결정한 낮은 보상가를 거부한 것이다. 그런데 이 같은 사실과는 전혀 딴판으로, 주민들이 정부에 '토지 보상 거부'를 요구한 것처럼 표현하였으니 이만저만한 실수가 아니다. 이 같은 실수의 원인은 어디에 있을까?

문제의 표현은 다음의 두 문에서 비롯된 것이다.

(나) ㉠ 주민들은 토지 보상을 **거부합니다**.
    ㉡ 주민들은 토지 재평가를 강력히 **요구하고 있습니다**.

(나)의 두 문을 그대로 이으면 다음과 같이 된다.

(나)′ 주민들은 토지 보상을 **거부합니다**. 그리고 주민들은 토지 재평가를 강력히 **요구하고 있습니다**.

여기서 두 문의 주어는 **주민들은**으로 동일하기 때문에 뒤쪽의 것을 생략할 수 있다. 하지만 서술어는 **거부합니다**와 **요구하고 있습니다**로 다르기 때문에 어느 한쪽도 생략해서는 안 된다. 서술어의 목적어도 토지 보상과 토지 재평가로 각각 다르다. 이러한 절차를 적용하여 (나)′를 정리하면 다음과 같이 된다.

(나)″ 주민들은 토지 보상을 **거부하고** 토지 재평가를 강력히 **요구하고 있**
   습니다.

이것이 올바른 표현이다. (가)는 이와 같이 표현해야 할 것을 잘못 말한 것이다. 여기서 더 이상 짧게 줄일 수는 없다. 여러 문을 하나로 합칠 때에는 이런 점에 특히 유의해야 한다. 생략이 능사는 아니다.

〈1997.4.15.〉

훈계와 매를 들기도 한다

최 선생님은 잘못을 저지른 학생에게 엄한 **훈계와 매를 들기도 한다.**

이 문은 문법적으로 반듯한 표현이 아니다. 그 까닭을 생각해 보자.
위의 문에서 표현하고자 하는, '최 선생님'(주어)의 행위(서술어)는 두 가지이다. 엄하게 훈계하다와 매를 들다가 그것이다. 이 두 문을 하나로 이으면 "최 선생님은 엄하게 훈계하고 매를 든다."가 된다. 이것이 가장 자연스러운 우리말 표현이다. 이 문에 '잘못을 저지른 학생들에게'를 넣고, '─기도 한다'로 끝을 맺으면 다음과 같은 문이 완성된다.

최 선생님은 잘못을 저지른 학생에게 엄하게 훈계하고 매를 들기도 한다.

결국 두 동사절이 동등하게 접속됨으로써 자연스러운 표현이 된 것이다.

먼저 제시한 표현의 문제점은 문법적 지위가 서로 다른 **엄한 훈계**(명사구)와 **매를 들−**(동사절)을 동등하게 접속한 데에 있다. 문을 구성할 때에는 늘 이런 점에 유의해야 한다. 〈1998.7.22.〉

신원 파악과 사인을 가리기 위해서

경찰은 …… 버려진 것으로 추정하고, **신원 파악과 사인을 가리기** 위해서 국립 과학수사연구소에 부검을 의뢰했다.

사나흘 전에 본, 어느 일간신문의 보도문이다. 남녀노소를 불문하고 이런 유형의 표현을 예사로 한다. 그러나 이 문은 반듯하지 못하다.

이 문에서는 부검을 의뢰한 목적을 두 가지로 말하고 있다. 첫째는 '(피살자의) 신원을 파악하기 위해서'이며, 둘째는 '사인을 가리기 위해서'이다. 바꾸어 말하면, '신원을 파악하고 사인을 가리기 위해서' 부검을 의뢰했다는 것이다.

그런데 정작 드러낸 문의 구조는 '[신원 파악과 사인을 가리]+기 위해서'이다. 신원 파악과 사인을 가리−가 대등하게 접속되어 −기 위해서에 이어지는 구조인 것이다. 여기서 '[사인을 가리]+기 위해서'는 반듯한 말이지만, '[신원 파악]+기 위해서'는 도대체 말이 되지 않는다. -기는 어미이므로 동사와 결합해야 하는데 파악이 명사이기 때문이다.

위와는 달리, 이 부분을 '[신원 파악과 사인]+을 가리기 위해서'로 볼 수 있지 않느냐고 반문할 여지도 있다. 그러나 그렇게 보면 '신원 파악을 가리기 위해서'라는 억지를 인정해야 하는 문제에 부딪힌다. 그러므로 그것은 마땅한 해석이라 할 수 없다.

문제를 해소하는 방법은 두 가지이다. 한 가지는 사인을 가리 - 에 맞추어 앞쪽의 구조를 신원을 파악하 - 로 바꾸는 것이다. 그리하여 접속하면 다음과 같이 된다.

ㄱ. 경찰은 …… 버려진 것으로 추정하고, [신원을 파악하고 사인을 가리]+기 위해서 국립 과학수사연구소에 부검을 의뢰했다.

다음으로, 뒤쪽의 구조를 신원 파악에 맞추어 명사구로 바꾸면 사인 규명이 된다. 이렇게 하여 접속하면 다음과 같이 된다.

ㄴ. 경찰은 …… 버려진 것으로 추정하고, [신원 파악과 사인 규명]+을 위해 국립 과학수사연구소에 부검을 의뢰했다.

위를 유심히 관찰하면 [ ] 부분이 동등한 구조라는 것을 확인할 수 있을 것이다. ㄱ은 신원을 파악하 - 와 사인을 가리 - 라는 두 동사절을 어미 - 고로 이은 것이고, ㄴ은 신원 파악과 사인 규명이라는 두 명사구를 조사 - 과로 이은 것이다. 표현 전체의 맥락에 따라 선택적으로 사용하면 된다. ⟨1999.3.10.⟩

부담감 해소 및 객관적인 평가를 기하고자

나랏돈으로 운영하는 어느 재단에서 온 공문서에 다음과 같은 문이 있는 것을 보았다. 여기서 부담감 해소라는 부분이 문제가 된다.

> (가) 신청 기관들의 자료 준비에 대한 **부담감 해소** 및 좀더 합리적이고 객관적인 **평가를 기하고자** 일부 항목에 대한 수정을 하게 되었습니다.

(가)의 요지는 일부 평가 항목을 수정했다는 것이다. 자료 준비에 대한 부담감을 해소하고, 좀더 합리적이고 객관적인 평가를 기하겠다는 것이 그 근거이다. 그런데 이러한 표현 의도와는 달리 문의 구조는 매우 불완전하다. 완전하게 고쳐 보기로 한다.

(가)는 다음의 두 문을 합친 것으로 보아야 한다.

> (나) ㉠ 신청 기관들의 자료 준비에 대한 **부담감을 해소하고자** 일부 항목에 대한 수정을 하게 되었습니다.
>
> ㉡ 좀더 합리적이고 객관적인 **평가를 기하고자** 일부 항목에 대한 수정을 하게 되었습니다.

(나)의 두 문을 합치려면, 공통 부분을 먼저 확인해야 한다. ㉠, ㉡에서 공통되는 부분은 '-고자 일부 항목에 대한 수정을 하게 되었습니다'이다. 다음으로, ㉠에서 그 공통되는 부분을 제거해야 하는데, 그렇게 하면 다음과 같이 된다.

⊙′ 신청 기관들의 자료 준비에 대한 **부담감을 해소하** -

그 다음에는 앞뒤 문을 접속하는 표지를 ⊙′의 끝에 붙여야 한다.
여기서는 다음과 같이 어미 - 고를 붙이는 것이 가장 자연스럽다.

⊙″ 신청 기관들의 자료 준비에 대한 **부담감을 해소하**+고

⊙″와 ⓛ을 그대로 늘어놓으면 (다)와 같이 완전한 구조가 된다.

(다) 신청 기관들의 자료 준비에 대한 **부담감을 해소하고** 좀더 합리적이
    고 객관적인 **평가를 기하고자** 일부 항목에 대한 수정을 하게 되었습
    니다.

표면적으로 볼 때에 (가)와 (다)의 차이는 아주 사소해 보인다. 부담
감 해소 및과 부담감을 해소하고의 차이일 뿐이다. 그러나 이 작은 차
이가 종요로운 것임을 잊지 말아야 한다.　　　　　　〈1999.3.24.〉

종교의 자유와 국교는 인정하지 않는다

일개 종파의 종교 시설물을 공공시설 내에 설립하는 것은 **종교의 자유와**
국교는 인정하지 않는다는 헌법에 위배된다는 것이다.

바로 오늘 어느 일간신문에 난 기사의 일부분이다. 종교의 자유와 인

정하지 않는다는 부분이 눈길을 끈다.

우리 헌법에서는, 종교의 자유는 보장하고 국교는 인정하지 않는다. 그런데 위의 표현은 '종교의 자유'와 '국교' 모두를 인정하지 않는 것으로 오해될 소지를 안고 있다. 조사 –와가 종교의 자유를 국교에 이어 준다고 보면, 결과적으로 종교의 자유는 인정하지 않는다와 호응하게 되기 때문이다.

위 문의 의미를 호의적으로 받아들이고자 하면 종교의 자유가 헌법과 대등한 관계에 있는 것으로 볼 수 있다. 결과적으로 '종교의 자유에 위배된다.'로 보는 것이다. 이러한 관점은 문의 구조적인 문제는 어느 정도 해소해 주지만, 사실을 제대로 나타내 주지는 못한다. 사실은 종교의 자유도 헌법에서 보장하고 있는 것이기 때문이다.

결국 위는 다음과 같이 표현해야 할 것을 잘못 표현한 것으로 결론 내릴 수밖에 없다.

일개 종파의 종교 시설물을 공공시설 내에 설립하는 것은 **종교의 자유를 보장하고** 국교는 인정하지 않는다는 헌법에 위배된다는 것이다.

이렇게 해야 '종교의 자유를 보장하고 국교는 인정하지 않는다는' 전체가 **헌법**을 수식하는 구조가 되고, 그것은 헌법에 규정된 내용과 일치한다.

위의 기사문은 문장 성분의 호응 관계를 제대로 살피지 못한 결과이다. 문장 성분을 줄이는 데에만 급급한 결과이기도 하다.

〈1999.6.19.〉

가족들은 놀랍고 대견해한다

어느 분의 글에서 다음과 같은 문구를 보았다.

(가) 가족들은 누군가 대필해 주었다고 생각하다가 나중에 본인이 직접
썼다는 것을 알고는 **놀랍고 대견해한다.**

여기서 놀랍고 대견해한다에 대해서 따져 볼 필요가 있다.

(가)의 주어는 가족들은이며, 놀랍고 대견해한다는 그것을 받는 서
술어이다. 서술어가 놀랍고 대견해한다인 것은 (가)가 (나)의 두 문이
합쳐진 것임을 말한다.

(나) ㉠ 가족들은 …… 것을 알고는 **놀랍다.**
　　 ㉡ 가족들은 …… 것을 알고는 **대견해한다.**

이렇게 해 놓고 보면, ㉠의 서술어는 형용사 놀랍다이고 ㉡의 서술
어는 동사 대견해한다라는 것이 분명해진다. 그리고 ㉠이 온전한 문
이 아님이 금방 드러난다. 그 앞의 동사 알다와 관련되어 있기 때문
에 이런 문맥에서는 형용사가 서술어로 쓰일 수 없다. 제대로 하자면
㉠의 놀랍다는 동사 놀라다의 활용형 놀란다로 표현해야 한다. 결국
(가)는 다음과 같이 고쳐져야 한다.

(가)′ 가족들은 누군가 대필해 주었다고 생각하다가 나중에 본인이 직접
썼다는 것을 알고는 **놀라고 대견해한다.** 〈1997.9.19.〉

축하드리며 건강하세요

다음은 어느 은행에서 만든 상품광고 쪽지에 있는 문구를 그대로 옮겨 온 것이다. 갖가지 경사에 축하금과 함께 이런 문구를 보내 준다는 내용이었다.

(가) 회갑을 **축하드리며** 더욱 **건강하세요.**
(나) 고희를 **축하드리며** 더욱 **건강하세요.**

그런데 이 짧은 문구가 제대로 되어 있지 않다. 세계화 시대이니 우리말은 아무렇게나 써도 된다고 생각하는 것은 아닐 게다.

위의 두 표현이 안고 있는 문제는 똑같다. (가)를 예로 하여 그 문제를 생각해 보자. 이 문에서 전하고 하는 의미는 다음의 두 가지임이 분명하다.

(가)′ ㉠ 회갑을 **축하드립니다.** (서술문)
      ㉡ 더욱 **건강하세요.** (명령문)

위에서 잘 드러나듯이 ㉠과 ㉡은 종결 형식이 아주 다르다. ㉠은 서술문이고 ㉡은 명령문(의미는 '기원')이다. 이처럼 서술어의 종결 형식이 다를 때에는 접속어미 -으며나 -고 따위를 사용하여 한 문으로 합칠 수 없다. (가)는 이를 무릅쓰고 합친 결과인데, 그래 놓고 보니 원래 의도와는 달리 앞절 ㉠이 "회갑을 **축하드리세요.**"라는 엉뚱한 말이 되어 버린다. 요컨대 ㉠과 ㉡은 한 문으로 합치면 안 된다. 〈1999.3.27.〉

약속드리면서 편안한 밤 보내세요

(가) 다음 주에 찾아뵙기를 **약속드리면서,** 편안한 밤 **보내세요.**

라디오나 텔레비전 방송에서 거의 매일 듣는 말이다. 방송 진행자가 프로그램을 끝내는 인사이다. 그들의 우리말에 대한 무심함에, 너무도 허술한 우리말 상식에 절망감을 느낀다.

(가)는 다음의 두 문을 접속한 것으로 볼 수밖에 없다.

(가)′ ㉠ (저는) 다음 주에 찾아뵙기를 **약속드립니다.** (서술문)

㉡ (여러분은) 편안한 밤 **보내세요.** (명령문)

위의 ㉠과 ㉡을 접속어미 - 면서로 연결한 것이 (가)인 셈이다. 형식적으로 볼 때에, 앞절의 서술어 **약속드리** - 와 짝을 이루는 뒷절의 서술어는 **보내세요**이다. 종결 형식이 각각 서술문(약속)과 명령문(기원)이다. 그리고 두 서술어의 주체도 다르다. **약속드리** - 의 주체는 생략된 **저**(방송 진행자)이고, **보내** - 의 주체는 생략된 **여러분**(시청자)이다.

이처럼 여러 요소가 다를 때에는 - 면서로 접속해서는 안 된다. 이것은 매우 일반적인 상식이다. 우리말에 조금만 관심을 기울이면 부자연스러움을 스스로 느낄 수 있을 것이다. 그럼에도 적지 않은 방송인들이 이런 표현을 퍼뜨리고 있으니 한심한 일이 아닐 수 없다.

(나) 여러분의 많은 참여를 **기대하며,** 안녕히 **계세요!**

(나)도 (가)와 똑같은 문제를 안고 있다. 다음과 같이 두 문으로 되돌려 놓고 보면 문제점이 잘 드러난다.

(나)′ ㉠ (저는) 여러분의 많은 참여를 **기대합니다.** (서술문)

　　 ㉡ (여러분은) 안녕히 **계세요!** (명령문)

기대하 - 의 주체는 **저**(방송 진행자)이고 계시 - 의 주체는 **여러분**(시청자)으로, 서술어의 주체가 서로 다르다. 앞절은 - ㅂ니다로, 뒷절은 - 세요로 끝나 있다. 이 같은 조건에서, - 며로 접속하는 것은 상식을 어기는 일이다.

(다) 건강한 하루 **보내시고요,** 저희는 내일 다시 **찾아뵙겠습니다.**

이것도 라디오나 텔레비전 방송 진행자가 흔히 하는 인사말 형식인데, 역시 우리말의 기본 틀을 크게 벗어나 있다.

외형으로 볼 때에, (다)는 다음과 같은 두 문을 접속한 것으로 볼 수밖에 없다.

(다)′ ㉠ (여러분은) 건강한 하루(를) **보내십시오.** (명령문)

　　 ㉡ 저희는 내일 다시 **찾아뵙겠습니다.** (서술문)

이렇게 펼쳐 놓고 보니, 두 문의 종결 형식과 주어가 서로 다른 것이 확연히 드러난다. 그런데도 어미 - 고를 끌어 와서 억지로 이어 놓은 것이 (다)이다. - 요는 높임의 뜻을 첨가하는 조사인데, 어린이말을 관찰해 보면 이것이 아무 데나 덧붙어 나타난다.

 - 고요를 접속 형식이 아니라 문의 종결 형식으로 볼 수 있지 않느냐는 반론이 있을 수 있겠지만, 설령 그렇게 봐 준다 하더라도 그것은 품격 있는 방송 진행자가 사용할 형식은 아니다. 그럼에도 - 고요만이 아니라 온 방송에서 - 데요까지 난발하고 있다.

 요컨대 (가)~(다)의 표현은 두 문을 무리하게 한 문으로 접속함으로써 문제를 불러왔다. 방송 종사자는 특히 유의해야겠다. 〈2000. 1. 10.〉

부탁드리도록 하겠고요, 안녕히 계세요

 우리 나라 방송 진행자의 '방송 닫는 말'에 큰 변화가 일어나고 있다. 그런데 그 중에는 우리말의 기본을 흔드는 듯한 말도 있다.

 (가) 여러분의 많은 참여(를) **부탁드리도록 하겠고요**, 다음 시간까지 안녕히 **계세요**.

 이는 요즈음 방송에서 흔히 들을 수 있는 말이다. 방송으로는 예사로 들어 왔을지 몰라도, 이렇게 문자화해 놓고 보면 문제점을 쉬이 발견할 수 있을 줄 안다.

 먼저 **부탁드리도록 하겠고**는 **부탁드리고**로 바꾸어야 한다. ~도록 하 - 에 대해서는 이미 몇 차례 이야기를 나누었다(525~529쪽 참조). 여기에서는 다음 문으로써 이야기를 계속하기로 한다.

(가)′ 여러분의 많은 참여(를) **부탁드리고요**, 다음 시간까지 안녕히 **계세요**.

위의 말은 두 문이 접속된 구조이다. 즉 "여러분의 많은 참여(를) 부탁드리고요"(앞절)와 "다음 시간까지 안녕히 계세요."(뒷절)가 대등하게 접속된 구조이다. 여기서 각 절의 서술어 형식 부탁드리+고+요와 계+세요를 주목할 필요가 있다.

담화의 맥락으로 본다면 앞절의 종결 형식은 부탁드리+어요(→부탁드려요)나 부탁드리+ㅂ니다(→부탁드립니다)와 같이 서술문이 되어야 한다. 이에 비하여 뒷절의 종결 형식은 명령형 –세요로 되어 있다. 대등 접속문에서는 뒷절의 종결 형식이 문 전체의 서법을 지배하므로, 결과적으로 위의 문은 앞절까지 명령문이 되어 버린다. 본의와는 상관없이 "여러분의 많은 참여(를) 부탁드리+세요."라는 말을 하게 된 셈이다. 이런 말을 자연스럽게 받아들일 사람이 있을까?

요컨대 위의 문이 잘못된 원인은, 담화의 맥락에서 볼 때에 앞뒤 절의 종결 형식이 다름에도 억지로 한 문으로 접속한 데에 있다. 아무 상황에서나 –고나 –며를 붙인다고 대등 접속이 되는 것이 아니다.

(나) 출연자 여러분께 **감사드리고요**, 즐거운 주말 보내시기 **바라겠습니다**.

(나)와 같은 말도 방송에서 어렵잖게 들을 수 있다. 이런 말에서 바라겠습니다는 옳지 않으며, 다음처럼 바랍니다가 올바른 말임은 이미 몇 차례 지적했다(411~412쪽 참조).

(나)′ 출연자 여러분께 **감사드리고요**, 즐거운 주말 보내시기 **바랍니다**.

이 역시 두 절이 대등하게 접속된 구조인데, 그 접속에 문제가 있다. 앞절 "출연자 여러분께 감사드리고요"는 출연자에게 하는 말이고, 뒷절 "즐거운 주말(을) 보내시기 바랍니다."는 시청자에게 하는 말이다. 수신자(청자)가 다를뿐더러 전달하고자 하는 내용이 대등하지 않다. 앞절은 서술하는 내용이고 뒷절은 기원하는 내용이다. 이렇게 내용적으로 다른 것을 -고를 써서 대등한 형식으로 표현했기 때문에 부자연스럽게 느껴지는 것이다. -고나 -며로 이어지는 대등 접속은 앞뒤 절의 형식과 내용이 대등해야만 자연스러운 문이 된다.

오늘날 방송 진행 중에 사용되는 -고요 중에는 부자연스러운 것이 적지 않다. 〈1998. 10. 28~29.〉

점심을 먹어야지 돼

젊은이들 사이에 다음과 같은 말이 예사로 통용되고 있다.

(가) ㉠ 난 지금 점심을 먹어야지(만) 돼.
　　 ㉡ 도장을 찍어야지(만) 그 물건을 내줄 것이야.

(가)에서 먹어야지, 찍어야지는 표준이 아니다. 먹어야만, 찍어야만을 사용하기도 하는데, 이 역시 마찬가지이다.

먹어야지, 찍어야지는 각각 먹+어야지, 찍+어야지로 분석된다. 여기서 어미 -어야지는 -어야 하지가 녹아붙은 것으로, 원래 (나)와 같이 사용하는 것이 상식이다.

(나) ㉠ 아버지 말씀을 잘 들어야지.

㉡ 모자라도 여간 모자라야지.

㉢ 꼭 그 **사람이어야지** 다른 사람은 안 됩니다.

그러나 (가)의 문맥은 (나)와 다르다. (가)와 같은 문맥에서는 -어야를 사용해야 한다. 좀더 강조하여 표현할 때에는 그 뒤에 보조사 -만을 덧붙인다. 다시 적어 보면 다음과 같다.

(가)′ ㉠ 난 지금 점심을 {**먹어야/먹어야만**} 돼.

㉡ 도장을 {**찍어야/찍어야만**} 그 물건을 내줄 것이야.

결국 (가)는 먹어야, 먹어야만과 찍어야, 찍어야만에 불필요한 {지}를 덧붙여 잘못된 것이다.

〈1997. 8. 25.〉

관련자들이 **거쳐가** 피의자들과 인연이 깊다

(가)는 오늘 날짜로 나온 어느 일간신문의 기사에서 한 문장을 간추려 보기 쉽게끔 나열한 것이다. 평소에도 이런 오류를 종종 접해 왔던 터라 여기에서 이야기해 보려 한다.

(가) 특별 조사실은 93년에 ㄱ 씨, 95년에 ㄴ 씨, 96년에 ㄷ 씨 등 12 · 12 및
            ㉠
5 · 18 사건 관련자들이 **거쳐가** 거물급 피의자들과 인연이 깊다.
                        ㉡

(가)는 ㉠과 ㉡의 두 절로 구성된 복합문이다. 그런데 앞절 ㉠의 서술어가 **거쳐가로** 되어 있으므로 형식상으로는 종속 접속문인 셈이다. 다시 말해서, 형식으로만 본다면 앞절 ㉠은 원인을 나타내는 부사절이고, 뒷절 ㉡은 그 결과를 나타내는 주절이다. 그런데 문제는 (가)의 내용이 그렇지 않다는 데에 있다.

(나)를 한번 보기로 하자. 의미상으로 볼 때에 '바람이 분' 것이 원인이 되어 그 결과로 '나무가 쓰러진' 것이다. 이와 같은 의미 관계를 표시하기 위하여 앞절 ㉠에 접속어미로 ─어를 사용한 것이다.

(나) <u>바람이 불어</u> <u>나무가 쓰러졌다.</u>
　　　　㉠　　　　　　 ㉡

그러나 (가)의 ㉠과 ㉡은 원인과 결과의 관계로 볼 수 없다. (가)의 ㉠은 구체적인 사례를 나열한 것이며, ㉡은 글쓴이(기자)의 판단을 쓴 것이다. 그러니 (가)에서 앞절 ㉠에 접속어미로 ─아(거쳐가+아)를 사용한 것은 잘못이다. 그 의미 관계를 제대로 나타내 주지 못하기 때문이다.

가장 덜 고치고도 (가)의 의미를 제대로 표현하는 방법은 다음과 같다.

(가)′ 특별 조사실은 93년에 ㄱ 씨, 95년에 ㄴ 씨, 96년에 ㄷ 씨 등 12·12
　　　및 5·18 사건 관련자들이 **거쳐가는** 등, 거물급 피의자들과 인연이
　　　깊다.　　　　　　　　　　　　　　　　　　　　　　〈1998.3.21.〉

논둑을 태우다가 산불이 났다

(가) 어제 오후 농민이 논둑을 **태우다가** 산불이 났습니다.

며칠 전, 어느 방송국에서 이렇게 보도하는 것을 들었다. 지난해에 어느 일간신문에서도 이와 같은 보도 문장을 본 적이 있다. 적지 않은 사람들이 이런 표현을 예사롭게 받아들인다는 것을 알 수 있다. 그러나 (가)에는 치명적인 문제가 있다.

(가)는 (나)의 두 문을 접속어미 -다가로 이은 접속문이다.

(나) ㉠ 어제 오후 농민이 논둑을 태웠습니다.

㉡ 어제 오후 산불이 났습니다.

㉠은 "누가 무엇을 무엇하다." 구조이고 ㉡은 "무엇이 무엇하다." 구조이다. 이렇게 구조가 다를 뿐만 아니라 ㉠의 주어는 **농민**이고 ㉡의 주어는 **산불**이다. 이렇게 다른 두 문을 접속어미 -다가로 이은 것이 (가)인데, 이것은 우리말의 문법을 벗어난 것이다. -다가 접속문은 앞뒤 문의 주어가 동일해야(사람이나 동물 또는 의인화된 사물 등, 유정명사일 때에는 거의 예외가 없음) 한다. 다음과 같이 바꾸면 앞뒤 절의 주어와 구조가 동일해진다. 뒷절 산불을 내-의 주어도 농민이가 되는 것이다.

(가)′ 어제 오후 농민이 논둑을 **태우다가** 산불을 냈습니다.

다른 방법으로 (가)의 문제를 해소할 수도 있다. 다음과 같이 접속문이 아닌 구조로 완전히 바꾸는 것이다. 그런데 ㄱ에는 논둑을 태우던 불이 산불의 직접적인 원인이었는지가 불분명한 약점이 있다.

(가)″ ㄱ. 어제 오후 농민이 논둑을 태우는 중에 산불이 났습니다.

　　 ㄴ. 어제 오후 농민이 논둑(을) 태우던 불이 산불로 번졌습니다.

요컨대 (가)는 반듯한 표현이 아니다. 담화 상황에 따라 (가)′와 (가)″ 중에서 알맞은 쪽으로 고쳐야 한다.　　　　　　　〈2000.3.14.〉

드라이크리닝을 하므로써 좋은 상태로 유지된다

본 제품은 양질의 소재로 **제조되어** 드라이크리닝을 **하므로써** 항상 새 제품과 같은 상태로 유지됩니다.

어느 유명한 회사에서 만든 옷에 붙어 있는 문구이다. 그 뜻은 대충 짐작할 수 있지만 문 구조가 매우 미숙하다. 우리말을 갓 배운 외국인이 더듬거리는 소리와 같은 형편이다. 문 구조에 앞서 맞춤법도 두 군데나 틀렸다. 드라이크리닝은 드라이클리닝을 잘못 쓴 것이고, 하므로써라는 표기는 있을 수 없다.

　위 표현의 내용은 두 가지이다. 그것을 여기에 사용된 낱말로 다시 써 보면 "① 본 제품은 양질의 소재로 제조되었다. ② 본 제품은 세탁(드라이클리닝)을 하면 새 제품과 같은 상태로 유지된다."는 것이다.

①은 이유이며 ②는 그 결과이니, 두 문을 하나로 접속할 때에는 다음과 같이 해야 한다.

ㄱ. 본 제품은 양질의 소재로 **제조되었기 때문에** 드라이클리닝을 하면 항상 새 제품과 같은 상태로 유지됩니다.

첫머리의 문구는 ㄱ과 같이 해야 할 것을 잘못 표현한 것이다. 하므로써를 집어넣을 필요가 전혀 없다.

그런데 ㄱ은 붙임성이 모자란다. 관공서에서 내다 붙인 공고문 같은 느낌을 준다. 좀더 소비자들에게 가까이 다가갈 수 있는 표현을 찾아야 하겠는데, ㄴ과 같은 정도는 되어야 하지 않을까 한다.

ㄴ. 이 제품은 **좋은 소재로 만들었기 때문에** 드라이클리닝을 하면 새 옷 같이 됩니다.

〈1998.4.27.〉

좋지 않음으로써 눈이 올 때에만 써야 한다

우리 배달말의 두드러진 특징 가운데 한 가지는 어미와 조사가 매우 발달되어 있다는 것이다. 외국 사람들이 우리말을 배울 때에 가장 어려워하는 대목도 이것이다. 외국 사람만이 아니고, 우리 나라 사람들 중에도 이들의 용법에 익숙하지 않아 어색한 표현을 하는 이가 적지 않다.

스노우 타이어는 소음이 심하고 승차감이 좋지 **않음으로써** 눈이 올 때에만 써야 합니다.

이 문은 "스노우 타이어는 소음이 심하고 승차감이 좋지 않다."는 문과 "눈이 올 때에만 써야 한다."는 문이 합쳐진 짜임새를 이루고 있다. 이 두 문을 잇는 문법적인 장치로 −음+으로써를 썼다. 그것을 알기 쉽게 보이면 다음과 같다.

[스노우 타이어는 …… 좋지 않]+음으로써 [눈이 올 때에만 써야 합니다].
　　　　　　　　⑤　　　　　　　　　　　　　　⑥

일단 −음으로써를 무시하고 ⑤과 ⑥의 의미 관계를 따져 보면, ⑤은 이유이며 ⑥은 당위이다. 곧 '⑤이기 때문에 ⑥해야 한다'는 뜻이다. 그러니 두 문을 잇는 장치로는 이유를 뜻하는 것이 와야 한다. 그런데 −음으로써는 그러한 의미를 나타내는 데에 적합하지 않다. 이유를 나타내는 어미는 −<u>으므로</u>이다.* 따라서 위의 문은 다음과 같아야 한다.

스노우 타이어는 소음이 심하고 승차감이 좋지 **않으므로** 눈이 올 때에만 써야 합니다.

이렇게 고쳐도 다소 모자라는 점이 있지만, 적어도 이 정도는 돼야 우리말이라고 할 수 있다.　　　　　　　　　　　　　　〈1998. 7. 3.〉

---

* '−음으로써'와 '−<u>으므로</u>'는 의미는 물론 발음과 표기도 다르다.

카지노 **주인이자** 자신의 **애인이** 살해당했다

(가) 마리아는 어느날 카지노 주인이자 자신의 애인이 살해당하는 장면
을 목격하게 된다.

(가)는 어느 일간신문의 영화 소개 기사를 옮겨 손질한 것이다. 여기
에 쓰인 - 이자를 보면서 누구나 쉬이 틀릴 수 있겠구나 하는 생각을
했다.

- 이자는 잡음씨(서술격 조사) - 이 - 와 어미 - 자가 합쳐진 것이다.
다음에서 보듯이, - 자는 접속어미로서 동사와 동사를 연결하는 데에
흔히 쓰인다.

(나) ㉠ 까마귀 날자 배 떨어진다.

㉡ 아버지는 수저를 놓으시자 곧 잠자리에 드셨다.

(나)의 ㉠에서는 날자와 떨어진다가 상관되고, ㉡에서는 놓으시자와
드셨다가 상관되어 있다.

이러한 - 자가 잡음씨와 잡음씨를 연결해 주기도 한다.

(다) ㉠ 그는 이름난 경영인이자 유능한 음악 교수이다.

㉡ 통일 운동가이자 세계적 음악가이었던 윤이상.

(다)의 ㉠에서는 경영인이자와 교수이다가 상관되고, ㉡에서는 운동가
이자와 음악가이었던이 상관되어 있다.

이처럼 어미 -자의 앞뒤에는 동등한 성격의 낱말이 와야 한다. 그런데 (가)를 보면 주인이자에 호응되는 잡음씨 -이-가 없다. 문맥으로 본다면 애인이 그런 형식을 갖추어야 하는데, 정작 그 뒤에는 주격 조사 -이가 붙어 있다. 이 문을 바로잡는 길은 두 가지이다. 앞의 -이자에 맞추어 뒷부분을 바로잡는 방법과, -이자 부분을 달리 고치는 방법이다.

(가)′ ㄱ. 마리아는 어느날 카지노 주인이자 자신의 애인인 ○○이 살해
　　　　당하는 장면을 목격하게 된다.
　　　ㄴ. 마리아는 어느날 카지노 주인인, 자신의 애인이 살해당하는 장면
　　　　을 목격하게 된다.

그런데 위에서 보듯이, ㄱ은 애인의 이름을 모르면 불가능한 방법이다.　　　　　　　　　　　　　　　　　　　　　　　⟨1998.12.31.⟩

모순임을 지적, 활동 보장을 요구했다

(가) 국민회의와 자민련은, 교원의 정치 활동 범위와 **관련**, 근무 중인 장
　　소에서나 근무 시간에는 정치 활동을 할 수 없도록 하기로 했다고 밝
　　혔다.
(나) 교총은 그러한 제한을 두는 것은 모순임을 **지적**, 교원 단체의 정치
　　활동 보장을 요구했다.

이는 어느 신문에서 옮겨 온 것이다. '관련,'과 '지적,'이 꽤 눈에 익은 모습일 것이다. 시각 매체만이 아니라 청각 매체, 곧 방송에서도 이런 식의 표현을 많이 접할 수 있다.

그러나 이러한 방법은 바람직하지 못하다. 일상의 현실 언어와 동떨어지기 때문이다. 평소에 이런 식으로 말하는 사람은 거의 없다. 이러한 방법은 의미를 파악하는 데에 장애를 줄 수도 있다.

문자 표현에 이런 방법이 등장한 것은 글자 수를 줄임으로써 얻을 수 있는 약간의 이득 때문이 아닐까 한다. 손으로 글을 쓰고 납활자로 인쇄를 하던 시절에는 이런 방법이 노력과 시간 절감의 효과를 다소 가져다주었을 수 있다. 그러나 글쓰기와 인쇄의 기계화가 보편화된 요즈음에 글자 한두 자 많은 것은 아무런 부담이 되지 않는다. 오히려 더 고려해야 할 것은 의미 전달의 효과이다. 이렇게 볼 때에, (가)와 (나)는 각각 다음과 같이 일상 언어와 일치시키는 것이 바람직하다. 그래야만 표현 의도가 더욱 분명해진다. 음성언어 방송에서는 더 말할 나위가 없다.

(가)′ 국민회의와 자민련은, 교원의 정치 활동 범위와 **관련하여** 근무 중인 장소에서나 근무 시간에는 정치 활동을 할 수 없도록 하기로 했다고 밝혔다.

(나)′ 교총은 그러한 제한을 두는 것은 모순임을 **지적하며**, 교원 단체의 정치 활동 보장을 요구했다. 〈1998. 3. 26.〉

고교를 갓 **졸업**, 1학년뿐인 대학생들

신문 문장에서 동사와 형용사의 접미사 −하다를 마구 잘라 버리는, 바람직하지 못한 관행이 심화되고 있다는 지적을 수차례 했다. 그러나 개선의 기미는 좀체 보이지 않는다.

다음 표현을 보고 반점(,)을 어떻게 해석해야 할지 생각해 보자.

(가) 설치, 운영하다

여러 사람의 대답을 모으면 다음과 같이 되지 않을까 싶다.

(가)′ ㄱ. 설치하고 운영하다.
　　　ㄴ. 설치하며 운영하다.
　　　ㄷ. 설치하여 운영하다.
　　　ㄹ. 설치하거나 운영하다.

실제로 (가)와 같은 방식을 사용해서 매우 다양한 의미 관계를 나타내고 있다. 위에서 확인할 수 있듯이 −하고, −하며, −하여, −하거나 등등의 의미를 반점(,) 하나로 처리해 버리고 마는 것이다. 그런데 문제는 여기에 머물지 않고 계속 번져 나가서 일정한 질서를 찾기가 어려운 지경에 이르렀다는 것이다.

다음은 어느 체육신문에서 본 기사문이다.

(나) (홍명보는) 학부에서 체육 교육을 **전공**, 대학원에서도 같은 전공을

택했다며, …… 포부를 밝혔다.

여기서 '전공,'은 전공하-에서 접미사 -하-를 생략한 것인데, 그것이 없어지니 거기에 붙어야 할 접속어미까지 없어져 버렸다. 한문과 비슷한 형국으로 나아가는 셈이 되는데, 우리말은 한문과는 근본이 다르다는 점을 알아야 한다. 우리말에서는 어미가 매우 중요한 구실을 할뿐더러, 그것은 우리말의 중요한 특징이기도 하다. 그러므로 어미를 마구 생략하는 것은 우리말을 죽이는 행위와 다를 바 없다.

(나)의 '전공,'을 복원하면 대체로 다음과 같이 될 것이다.

(나)′ ㄱ. 전공해서

　　ㄴ. 전공했으므로

　　ㄷ. 전공했기 때문에

이쯤은 돼야 말이라 할 수 있겠는데, 이 중에서 실제로 홍명보가 어떤 뜻으로 말했는지는 (나)만으로 알 수가 없다. 거기까지는 그만두더라도 기자가 무엇을 나타내려 했는지도 종잡을 수 없다. 분명하고 우리말답게 하려면 접미사 -하(다)를 없애지 말아야 한다.

그러나 우리 나라 신문에서 -하(다) 없애기 병통은 나아지기는커녕 오히려 거침없이 번져 나가고 있다.

(다) 고교를 갓 졸업, 1학년뿐인 대학생들에게

여기서 '졸업,'은 접속형이 아니라 관형형 졸업한으로 보아야 한다.

이제까지는 대체로 -하고, -하며, -하여, -하여서, -하거나, -하는데, -하니와 같은 접속형을 생략하고 그 자리를 반점으로 처리하는 경향을 보였는데, 그 같은 경향이 이미 관형형에까지 번진 것이다.

이렇게 하는 것은 우리 말글 사용법의 기본을 무시하는 처사이다. 필자로서의 책임을 성실히 수행하지 않는 것이며 독자에 대한 도리가 아니다. 아무렇게나 표현해 놓고 독자가 알아서 해석하라는 것이니, 어느 모로 보나 바람직한 일이 아니다. 진정으로 독자를 생각하는, 책임감 있는 필자라면 표현 의도를 좀더 명료하게 전달하도록 최선을 다해야 할 것이다.

이런 표현은 글살이에 한정되지 않고 이미 음성언어 방송에도 널리 번져 있다. 설령 기자나 작가가 이런 식으로 써 주는 원고를 보고 방송한다 하더라도, 의식 있는 아나운서나 진행자라면 반점 자리에서 기계적으로 끊을 것이 아니라 반점을 '말'로 바꾸어 말해야 할 것이다.

〈2000.7.3., 10.6.〉

홍길동을 승진, 내정했다

다음은 지난 토요일 신문에 난 기사를 조금 줄이고 사람 이름을 바꾼 것이다.

(가) 정부가 경찰 내부의 예상을 깨고 서울 지방경찰청장에 홍길동을 승진, 내정한 것은 경찰 조직을 크게 흔들지 않겠다는 뜻을 나타낸 것으로 보인다.

쉽게 생각하면 '승진, 내정한'의 의미가 다음과 같은 정도이리라 짐작할 것이다.

(나) ㄱ. 승진하고 내정한

ㄴ. 승진하여 내정한

그러나 승진하고/승진하여의 주어가 정부가이고 목적어가 홍길동을이라는 데에 생각이 미치면 (나)의 의미 해석이 잘못되었음을 인정할 수밖에 없게 된다. '정부가 홍길동을 승진하~'라는 구조는 불가능하다. 사실은 정부가 홍길동을 승진 '시킨' 것이다. 그러니 사실에 입각하여 말하면 (가)의 '승진, 내정한'은 다음과 같이 해석되는 것이다.

(다) ㄱ. 승진시키고 내정한

ㄴ. 승진시키어 내정한

(다)를 보면 (가)의 '승진,'은 승진시키고/승진시키어를 줄인 것이라는 사실을 확인할 수 있다. 이제 반점(,)이 접미사 – 하(다)만이 아니라 – 시키(다)까지도 대신하기에 이른 것이다. 그러나 이것은 우리말의 기본 질서를 무시한 것으로 바람직한 일이 아니다. 이런 경우에는 마땅히 – 시키(다)를 그대로 살려 표현해야 한다. 그렇게 하면 승진시키 – 와 내정하 – 를 이웃되게 배열해야 하는 구속도 벗게 되니, 전체적으로도 한결 명료한 표현이 가능해진다. 다음에서 서울 지방경찰청장에의 위치를 확인해 보기 바란다.

(가)′ 정부가 경찰 내부의 예상을 깨고 홍길동을 승진시켜 서울 지방경찰
청장에 내정한 것은 경찰 조직을 크게 흔들지 않겠다는 뜻을 나타낸
것으로 보인다.

다시 말하건대, 각종 접미사의 자리를 반점(,)으로 처리하는 것은
적극적으로 피해야 한다. 가깝게는, 수용자에게 부담을 주는 것이며,
정확한 의미 전달에 장애가 될 수 있기 때문이다. 멀리 보면, 우리말
의 장점을 축소시키는 길로 빠질 수 있기 때문이다. 어미나 조사가 거
의 없는 한문을 해석하기가 얼마나 힘든지, 또 그 해석이 사람마다 얼
마나 다른지를 경험한 사람들은 이 말의 뜻을 더욱 절실히 받아들일
줄 안다. 어미나 조사를 하찮게 다루면 한문과 같은 글이 되어 버릴
수 있다는 점을 다시 한번 명심해야 하겠다.　　　　　　〈1999. 11. 15.〉

참고운전하세요

(가) 경부 고속도로 상행선, 금강 휴게소 부근에 유조차가 넘어져 있습니
다. 참고운전하시기 바랍니다.
(나) 오후 2시부터 시작된 농민들의 가두시위로 서대문 방향이 매우 혼잡
합니다. 참고운전하시기 바랍니다.

이는 방송에서 흔히 들을 수 있는 말인데, **참고와 운전**을 붙여서 말
해 버린다. **참고운전**을 하나의 낱말로 사용한다고 볼 수밖에 없는 실
정이다. 그러나 두 낱말 사이를 끊어서 말한다면 그런대로 봐 줄 수도

있겠지만, 이런 경우에 참고운전하다라고 하는 것은 아무리 보아도 억지이다. (가), (나)의 "참고운전하시기 바랍니다."는 다음과 같아야 우리말다워진다.

ㄱ. 참고하여 운전하시기 바랍니다.

자연스러움은 물론이요, 표현 의도 측면에서도 위의 표현이 올바르다. 위에서 참고와 운전을 끊어서 말한다면 그런대로 봐 줄 수 있겠다고 한 것은 위의 참고하여 운전을 줄여서 [참고∨운전]이라고 말한 것으로 이해할 수 있겠다는 뜻이다. 하지만 그런 식도 아주 바람직하지는 않다.

그러나 위와 같은 표현만이 유일한 대안은 아니다. 다음과 같이 말하는 방법도 있는바, 더러 이런 말을 듣고 있다.

ㄴ. 운전에 참고하시기 바랍니다.

한결같이 어느 한 가지로 표현할 것은 없다. 변화를 주는 것이 좋으나, (가)와 (나)는 버려야 할 말이다.　　　　　　　　〈1999.3.5.〉

여러 가지 문제가 겹친 표현

주부들은 카벤다짐을 좋아한다?

(이 콩나물은) 일반 콩나물보다 길이가 길어 주부들에게 인기가 높습니다. 인체에 해로운 카벤다짐을 넣어 재배했기 때문입니다.

며칠 전, 어느 텔레비전 보도 방송에서 방송기자가 한 말이다. 그런데 이 표현에는 엄청 큰 문제가 있다. 제한된 시간에 쫓기는 사정은 이해하지만, 이런 표현은 아무래도 정도가 심하다. 주부들은 인체에 해로운 물질인 카벤다짐을 넣어 재배한 콩나물을 더 좋아한다는 것이니, 세상에 있을 법이나 한 일인가?

위에서 후행문(인체에 ∼ 때문입니다.)은 '이 콩나물이 일반 콩나물보다 길이가 긴' 이유를 설명하려고 배치한 듯하다. 그러나 선행문이 "주부들에게 인기가 높습니다."로 끝났기 때문에, 표현 의도와 달리 후행문이 '(이 콩나물이) 주부들에게 인기가 높은' 이유를 말하는 것이 되어 버렸다. 주부들에게 인기가 높은 이유가 인체에 해로운 카벤다짐을 넣었기 때문이라니 어처구니가 없다.

이 엄청난 결과를 불러온 것은 줄이지 말아야 할 부분을 마구 버렸기 때문이다. '(이 콩나물이) 일반 콩나물보다 길이가 긴' 이유를 제대로 전하려면 다음과 같이 복원해야 한다.

(이 콩나물은) 일반 콩나물보다 길이가 길어 주부들에게 인기가 높습니다. 그러나 (이 콩나물의) 길이가 긴 것은 인체에 해로운 카벤다짐을 넣어 재배했기 때문입니다.

공중파 방송에서 이런 일이 적지 않으니 예사로운 일이 아니다.

〈2000. 6. 6.〉

– 기 때문이다의 남발과 오용 1

다음은 어제 어느 일간신문에서 본 기사문의 한 부분을 옮겨 적은 것이다. 평소에도 이런 부류의 표현을 어렵잖게 접할 수 있다. 기자들은 이런 표현을 아예 규범으로 여기는 게 아닌가 하는 생각이 들 정도이다. 일반인도 그렇게 생각하는지 모르겠다.

(가) ○○사의 여론 조사에 따르면 김 국방위원장에 대한 국민의 인식은 정상회담 전에 비해 크게 바뀐 것으로 나타나고 있다.

(나) 부정적이기만 했던 이미지와는 달리 근본적으로 다른 '뉴 김정일상

(像)'이 자리잡고 있는 것으로 드러났기 때문이다.

위의 기사에는 중대한 논리적 결함이 있다. 이 기사는 선행문 (가)와 후행문 (나)의 두 문으로 되어 있는데, 그 의미 관계가 매우 부적절하다. (가)의 내용은 '김 위원장에 대한 인식이 바뀌었다.'는 것이고, (나)의 내용은 '김 위원장에 대한 이미지가 달라졌다.'는 것이다. 외형만 다를 뿐이지 내용은 크게 다르지 않은 셈이다. 후행문에서는 선행문에서 기술한 내용, 곧 **바뀐** 것을 조금 더 자세히 기술했을 뿐이다.

그런데 연결 형식은 그렇게 되어 있지 않다. 선행문은 '사실'이고, 후행문은 -기 때문이다라고 끝맺음으로써 그 사실에 대한 '이유'인 것처럼 구성되어 있다. 의미 내용과는 전혀 다르다. 후행문을 -기 때문이다라고 끝맺은 것이 병통이다. 이 부분을 전달하고자 하는 의미 내용에 맞게 고쳐야 하는데, 그것은 매우 간단하다. -기 때문을 빼 버리면 된다.

(나)′ 부정적이기만 했던 이미지와는 달리 근본적으로 다른 '뉴 김정일상(像)'이 자리잡고 있는 것으로 드러났다.

요컨대 앞뒤 의미 관계를 고려하지 않고 무조건 -기 때문을 사용해서는 안 된다. 신문과 방송의 보도 문장에 유독 이런 표현이 많은 현실을 어떻게 보아야 할지 모르겠다.

그런데 (나)′에도 다듬어야 할 점이 있다. 내가 보기에는 두 가지 문제가 있다.

첫째, '이미지와는 달리 근본적으로 다른'은 비경제적인 표현이다. 같은 뜻을 나타내는 달리와 다른을 연거푸 쓸 필요가 없다. 여기서는 달리를 빼 버리면 그 문제가 풀린다.

둘째, 자리잡고 있는은 '이미 오래전부터 자리잡은' 것으로 오해될 소지가 있다. 정상회담 뒤에 변화하고 있는 상황, 곧 진행 상황이므로 자리잡아 가고 있는이라고 해야 사실에 부합하는 표현이 된다. 지금 자리잡은 것이 사실이라면 자리잡은이라 해야 한다. 자리잡고 있는도 변화하고 있는 상황을 나타낸다고 볼 수도 있으나, 의미가 이중적이기 때문에 분명히 하자는 뜻이다.

다시 써 보면 다음과 같다.

(나)″ 부정적이기만 했던 이미지와는 근본적으로 다른 '뉴 김정일상 (像)'이 자리잡아 가고 있는 것으로 드러났다.

특히 보도 문장에서는 내용을 확실하고 명료하게 드러내는 것이 중요하다. 〈2000.6.17.〉

─기 때문이다의 남발과 오용 2

오늘 아침 어느 일간신문에 다음과 같은 문장이 있었다. 새 내각과 관련된 기사 가운데 일부이다.

(가) 이번 인사의 또 다른 특징은 김 대통령의 강력한 친정 체제 구축이다.

(나) 통치권을 뒷받침하는 부는 모두 국민회의 쪽이 맡았으며, 그것도 대부분 정치인들을 **기용했기 때문이다.**

이 기사에서 가장 문제되는 것은 선행문 (가)와 후행문 (나)가 제대로 호응되지 않는다는 점이다. 기용했기 때문이다라는 (나)의 표현을 그대로 두고 보면, (나)의 내용은 원인이고 (가)의 내용은 그 결과인 셈이다. 그러나 전체 내용을 들여다보면 그렇지 않다. (가)는 개념적인 진술이고 (나)는 그것의 구체적인 근거이다. (나)에서는 (가)와 같은 내용을 좀더 자세히 다시 한번 진술한 것뿐이다. 이러한 관계일 때에는 (나)를 ‑기 때문이다로 끝맺는 것이 아니다. 위의 문장이 부자연스러운 것은 의미 관계와 다르게 후행문인 (나)를 ‑기 때문이다로 끝맺은 데에 그 원인이 있다. (나)는 다음과 같이 되어야 한다.

(나)′ 통치권을 뒷받침하는 부는 모두 국민회의 쪽이 맡았으며, 그것도 대부분 정치인을 {기용하였다/기용한 것이다}.

요즈음 신문·방송 기사문에서 ‑기 때문을 남발하는 경향이 매우 심하다. 유심히 관찰해 보면, 의미 관계를 제대로 따지지 않고 보도문의 첫머리는, 기계적으로 “~다. ~기 때문이다.”의 두 문으로 구성하는 기자가 적지 않다. 이것은 기자로서 매우 중요한 결함이 아닐 수 없다.

고쳐 놓은 (나)′에는 또 다른 문제가 있다. 보다시피 이 문은 두 절이 접속되어 있다. ‘통치권을 ~ 맡았으며’가 하나의 절이며, ‘그것도 ~ 기용하였다’가 또 하나의 절이다. 이 두 절의 주어는 생략되어 있는데, 그것은 **김 대통령**이다. 두 절을 복원하면 다음과 같다.

(다) ㉠ (김 대통령이) 통치권을 뒷받침하는 부는 모두 국민회의 쪽이 맡
았다.

㉡ (김 대통령이) 그것도 대부분 정치인들을 **기용하였다.**

이렇게 해 놓고 보면 (다)의 ㉠에 중요한 문제가 있음이 드러난다.
"김 대통령이 ~ 쪽이 맡았다."라는 괴상한 문이 드러나는 것이다. 이
는 "김 대통령이 ~ 쪽에 맡겼다."가 되어야 한다. 이제 (나)′를 다시
바로잡아 적어 보면 다음과 같다.

(나)″ 통치권을 뒷받침하는 부는 모두 국민회의 쪽에 **맡겼으며**, 그것도 대
부분 정치인들을 {**기용하였다**/**기용한 것이다**}.　　　　　⟨1998.3.4.⟩

기업청이 주관하고 연구원 주최로 열린

고려대 매일경제신문 벤처기업협회 중소기업청이 **주관하고** 고려대와 한
국산학연종합연구원 **주최로** 열린 이날 행사는 미래의 벤처 창업 주역인
이공 계열 교수와 학생들에게 성공 사례와 정부 지원 등을 소개했다.

명성 있는 어느 일간신문에 어제 실린 한 보도문의 첫 문이다. 의미는
대충 짐작하겠으나 문 구성이나 문체에 문제가 많다.

첫째, 우리 나라 신문 문장의 악습 가운데 하나가 문장부호 치기에
인색한 점인데, 여기서도 예외가 아니다. 주관 단체 넷을 아무런 문장
부호도 없이 늘어놓았다. 한 단체 이름은 한 덩어리로 붙여 쓰고, 그

사이를 띄우는 방법으로 각 단체를 구분하였다. 이런 방법을 쓰다 보니 한국산학연종합연구원까지 붙여 쓰게 되었는데, 의미 파악이 쉽지 않다. 이런 점을 두루 감안할 때에, 각 단체 이름을 표기할 때에는 알맞게 문장부호를 찍고 띄어쓰기를 하는 것이 바람직하다.

둘째, ~이 주관하고와 ~ 주최로는 그 연결이 고르지 못하다. 앞에서 ~이 주관하-라고 했으면 뒤에서도 ~이 주최하-라고 해야 자연스럽다. 그리고 주최하-라고 하면 열린은 필요하지 않다. 이 같은 점에 착안하면 위는 다음과 같이 고쳐진다. 첫째로 지적한 사항도 함께 반영한다.

고려대·매일 경제신문·벤처기업 협회·중소기업청이 **주관하고** 고려대와 한국 산학연 종합연구원이 **주최한** 이날 행사는 미래의 벤처 창업 주역인 이공 계열 교수와 학생들에게 성공 사례와 정부 지원 등을 소개했다.

셋째, "행사는 ○○에게 ○○을 소개했다."가 이 문의 중요 성분이다. 여기서 행사는이 서술어 소개했다의 주어(행위자)처럼 되어 있는 것이 문제이다. 행사는은 소개했다의 장소 위치어이다. 그러한 사실을 제대로 담아내려면 행사에서는이라고 해야 한다. 이 문의 행위자는 생략되어 있다.

넷째, 낱말 사용에도 문제가 있다. 지원보다는 지원책이라고 하는 것이 더 적절하며, 문맥으로 볼 때에 창업보다는 산업이 더 적당해 보인다. 셋째에서 지적한 내용까지 모두 반영하여 다시 고치면 다음과 같이 된다.

고려대·매일 경제신문·벤처기업 협회·중소기업청이 주관하고 고려대와 한국 산학연 종합연구원이 주최한 이날 行事에서는 미래의 벤처 産業 주역인 이공 계열 교수와 학생들에게 성공 사례와 정부 支援策 등을 소개했다.　　　　　　　　　　　　　　　　　　　　〈1998.5.21.〉

보은 출신으로 월북 작가인 오장환

충북 보은 출신으로 월북 작가인 오장환(1918~1947 월북) 시인의 1947년도 시집인 『성벽』이 발견되어 문인들의 관심을 모으고 있다.

어느 일간신문에서 본 기사문인데, 문 구성이 매끄럽지 않다. 첫째, 출신으로와 월북의 관계가 비문법적이다. 둘째, 작가를 시인과 겹쳐 쓴 것은 깔끔하지 못하다. 셋째, 괄호 속의 '1918~1947 월북'은 정확성과 효과 면에서 문제를 드러내고 있다. 앞쪽에 문제가 집중되어 있다.

첫 번째 문제점인 출신으로 월북은 월북을 없애거나, 출신으로 월북한이나, 태어나 월북한으로 구성함으로써 해소할 수 있다. 두 번째 문제점은 작가라는 낱말을 사용하지 않으면 된다. 세 번째 문제점을 해결하는 방법은 괄호 속을 고치거나 그 정보를 본문 속에 풀어 넣는 것이다.

이런 내용을 조합하면 대체로 다음과 같이 바로잡을 수 있다.

ㄱ. 충북 보은 출신의 오장환(1918년 출생, 1947년 월북) 시인의 1947년도 시집인 『성벽』이 발견되어 문인들의 관심을 모으고 있다.

ㄴ. 충북 보은 출신으로 월북한 오장환(1918년 출생, 1947년 월북) 시인
의 1947년도 시집인 『성벽』이 발견되어 문인들의 관심을 모으고 있다.

ㄷ. 1918년 충북 보은에서 태어나 1947년에 월북한 오장환 시인의 1947
년도 시집인 『성벽』이 발견되어 문인들의 관심을 모으고 있다.

이 중에서도 ㄷ이 가장 자연스럽고 깔끔하다.　　　　　　　　　〈2000.6.8.〉

84년 LA 올림픽 이후 매 올림픽에서

다음은 이번 올림픽 대회 소식을 보도하는 기사문에서 따온 것이다.

(레슬링은) 84년 LA 올림픽 이후 매 올림픽에서 금메달 1개 이상을 획득
하였다.

여기서 매 올림픽(에서)이라는 표현이 매우 거슬린다. 배달말을 제
대로 부려쓰는 사람이라면 "매 학교, 매 가정, 매 회사, 매 국가"와 같
은 표현을 자연스럽게 받아들일 사람은 드물 것이다. '올림픽 때마
다'라는 의미를 그렇게 표현한 모양인데, 위와 같은 맥락에서는 얼마
든지 달리 표현할 수 있다.

이후라는 낱말도 의미를 엉뚱하게 전달해 버릴 염려가 있다. '1984
년 LA 올림픽부터'가 아니라, 그 다음 대회인 '1988년 서울 올림픽부
터'로 해석할 수도 있는 것이다. 그러므로 이 부분을 명료하게 해 두
어야 한다.

이러한 점에 착안한다면 첫머리에 제시한 문은 다음과 같이 표현하는 것이 바람직하다.

(레슬링은) 84년 LA 올림픽에서부터 줄곧 금메달 1개 이상을 획득하였다.

여기서 **줄곧**을 문제 삼을 수도 있겠으나, 전체 맥락이 그 의미를 '모든 대회 때마다'가 아니라 '올림픽 대회 때마다'로 한정해 주기 때문에 그다지 문제될 것이 없다. ⟨2000.9.25.⟩

격월간에 한 번씩 발간하는 잡지

격월간에 한 번씩, 50쪽 안팎으로 **발간하는** 『성경 연구』의 발행 부수는 한 번에 300부 가량.

어느 일간신문의 기사를 그대로 옮긴 것이다. 매우 어지럽고 부정확하다. 하나하나 정리해 보자.

첫째, **격월간에 한 번씩**에는 표현의 문제가 있다. 전체 구조로 볼 때에, **격월간에 한번씩**은 그 뒤의 **발간하는**에 이어져 있는바, 결국 **격월간에 한 번씩 발간하는**이 문제가 된다. 격월간(隔月刊)은 '한 달 걸러(두 달에 한 번) 발간함'을 뜻하는데, 그 뒤에 **발간하는**이 또 있으니 마땅하지 않다. **한 번씩**이라는 부분도 군더더기다. 적어도 다음 정도는 되어야 한다.

ㄱ. **격월로**, 50쪽 안팎으로 **발간하는** 『성경 연구』의 발행 부수는 한 번에
    300부 가량.

둘째, 전체 구조의 문제이다. 위의 문은 『성경 연구』라는 책자에 대
하여 세 가지 정보를 제공하고 있다. 그것은 발행 주기, 부피, 발행 부
수이다. 그런데 발행 주기와 부피는 수식 성분으로 하여 『성경 연구』
의 앞에 배치하고, 발행 부수는 중요 성분으로 하여 뒤에 배치하였는
데, 그 때문에 전체적으로 산만하다. 기사문 전체로 볼 때에도 이렇게
해야 할 필요가 없어 보인다. 다음과 같이 다듬으면 어떨까? 한 번에
는 없어도 그만이다.

ㄴ. 『성경 연구』는 격월간이며, 부피는 50쪽 안팎, 발행 부수는 (한 번에)
    300부 가량.
ㄷ. 50쪽 안팎으로, 300부 가량 발간하는 격월간 『성경 연구』.

〈2000. 2. 21.〉

연계 **개발이 추진 중인** 가운데

평화 플라자, 평화 생명 마을, 설악 ～ 금강 연계 **개발이 추진 중인** 가운데
중앙 정부가 사전 협의를 **요구**, 사업 추진에 차질이 우려되고 있습니다.

어느 일간신문에서 본 기사문인데, 아주 부자연스러울뿐더러 불친절
하기까지 하다.

부자연스러운 부분은 개발이 추진 중인이다. 개발을 추진하고 있는 이라고 해야 한다. 앞쪽의 개발이를 살리고 뒤쪽을 추진되고 있는이라 할 수도 있으나, 여기서는 후행절의 능동문 구조 ─ '중앙 정부가 사전 협의를 요구하-' ─에 맞추는 것이 중요하므로 그렇게 할 수 없다.

불친절한 점은 두 가지이다. 첫째, 선행절 '평화 플라자 ~ 추진 중 인'에 주어가 없다는 점이다. 대체로 짐작은 되겠지만, 독자를 좀더 배려한다면 강원도에서라는 주어를 명시하는 것이 바람직하다. 그래 야 후행절의 주어 중앙 정부가와 또렷이 대비됨으로써 의미가 더 명 료해지기 때문이다. 둘째, '요구,'라는 표기이다. 독자를 배려한다면 반점(,)으로 처리하는 것보다 요구하여나 요구함으로써라고 명시해 주어야 할 것이다.

이와 같이 고친 것을 다시 보이면 대체로 다음과 같다.

강원도에서 평화 플라자, 평화 생명 마을, 설악 ~ 금강 연계 개발을 추진 하고 있는 가운데 중앙 정부가 사전 협의를 요구함으로써 사업 추진에 차질이 우려되고 있습니다.   〈2001.2.2.〉

전국에 걸쳐 보유해 온 소 적정 두수

우리 나라에서 전국에 걸쳐 보유해 온 소 적정 두수는 230만 마리에서 240만 마리였다.

어느 일간신문에서 본 표현인데, 엉성하고 불분명하기 짝이 없다. 가장 큰 문제는 전국에 걸쳐 보유해 온에 있다.

첫째, 전국에 걸쳐라는 표현의 의미가 불분명하고 어색하다. 둘째, 보유(保有)라는 낱말이 적절하지 않다. 셋째, 보유해 온이 무엇을 수식하는지 불분명하다. 소의 수효를 적정하게 유지해 왔다는 것인지 아닌지 헷갈리게 한다. 전달하고자 하는 의미가 좀더 명료하게 드러나게끔 고쳐 보면 다음과 같다.

   ㄱ. **전국적으로 볼 때에** 우리 나라에 적정한 소의 두수는 230만 마리에서 240만 마리였다.

이렇게 해도 두수의 문제가 남는다. 이는 한자를 빌려 **마리** 수를 나타낸 것인데, 여기서 **마리**는 머리와 통하므로 두(頭 = 머리)로 대체한 것이다. 그러나 그것은 한글을 업신여기던 시절의, 바람직하지 못한 방법이므로 줄곧 그대로 따를 필요가 없다. **마리** 수라고 하는 것이 좋다. 하지만 **마리** 수도 그다지 합리적이지 못한데, 마침 위와 같은 맥락에서는 그런 말을 쓰지 않아도 충분하다. 그러므로 다시 다음과 같이 고쳐야 한다.

   ㄴ. 전국적으로 볼 때에 우리 나라에 적정한 소의 **수효**는 230만 마리에서 240만 마리였다.

이 표현이 얼마나 자연스럽고 명료한지는 첫 예시문과 견주어 보면 확연히 드러나리라 본다. 〈1999.12.6.〉

약 1억 2천여 만 원의 예산을 투입하여

돈을 다루는 문건을 보면 다음과 같은 표현을 흔하게 접할 수 있다.

이번에 약 1억 2천여 만 원의 예산을 투입하여 시설을 전면적으로 보수하였다.

그런데 여기에는 두 가지 생각해 볼 점이 있다. 하나는 '약 1억 2천여'라는 표현이며, 또 하나는 예산을 투입하여라는 표현이다.

첫째, '약 1억 2천여'라는 표현에 대해서 생각해 보자.

여기서 약(約)은 수와 관련하여 '대강, 대략'을 뜻하는 낱말이다. 예를 들어, 나무가 정확히 152그루 있을 경우, 그것을 대강 말할 때에는 '약 150그루'라고 할 수 있으며, 147그루가 있다 해도 '약 150그루'라고 할 수 있다. 일(1)의 자리에서 반올림하면 다 같이 150이 되기 때문이다. 다시 말하면, 어느 수치를 기준으로 좀 모자라는 것도 약으로 표현하며, 좀 넘치는 것도 약이라 하는 것이다.

이에 비하여, 여(餘)는 '어느 수치를 넘음'을 뜻한다. 정확한 수치를 대지 않고 대략의 수치를 표현하고자 할 때에 사용한다는 점에서 약과 닮은 점이 있지만, 이것은 기준이 되는 수치를 '넘을' 경우에만 사용할 수 있다. 152그루를 '150여 그루'라고 할 수는 있지만, 147그루를 '150여 그루'라고 할 수 없다는 말이다.

이렇게 생각해 보면, 약과 여를 함께 사용할 수 없다는 것이 드러난다. 둘 다 대략의 수치를 나타내므로 어느 한쪽만을 쓰는 것이 합리적이다. '대략'의 뜻과 '넘음'의 뜻을 다 나타내기 위하여 약과 여를 함께 썼다고 설명할 수도 있겠으나, 그것은 구차한 변명이 될 뿐이다. 왜냐하면 여에도 '대략'의 뜻이 포함되어 있기 때문이다.

따라서 '약 1억 2천여 만 원'은 다음 중 하나로 표현하는 것이 합리적이다. 대략의 수치이기는 하지만 '1억 2천만'을 넘는다는 사실을 굳이 밝히고자 하면 ㄴ을 선택하면 된다.

ㄱ. 약 1억 2천만 원
ㄴ. 1억 2천여 만 원

둘째, 예산을 투입하여라는 표현에 대해서 생각해 보자.

예산은 '돈'이 아니라 '미리 한 계산'을 뜻한다. 공사에 투입한 것은 돈이며, 게다가 그 앞에 돈의 액수가 나왔으므로 예산이란 낱말을 사용해서도 안 되며, 사용할 필요도 없다. 여기서는 돈의 액수를 나타내 주기만 하면 된다. 원이 돈을 나타내는 단위이므로 그 뒤에 굳이 돈을 덧붙일 필요도 없다.

투입하여도 마땅한 표현이 아니다. 들여가 훨씬 더 자연스럽고 적합하다. 돈을 다루는 문건이라고 해서 일상에서 쓰는 낱말과 다르게 유별난 낱말을 사용해야 할 까닭이 없다.

요컨대 위의 문은 다음과 같이 바꾸는 것이 바람직하다.

이번에 (약 1억 2천만/1억 2천여 만) 원을 들여 시설을 전면적으로 보수하였다. 〈1997.9.5~6.〉

선거 입후보자들의 말

요즈음 전국 곳곳의 방송국에서는 총선거 입후보자 초청 토론회를 방송하고 있다. 그것을 보고 들으면서, 우리 나라에 민주 정치가 제대로 자리잡으려면 아직도 할 일이 많다는 것을 다시 한번 느낀다. 나를 가장 혼란스럽게 하는 것은 이번 입후보자들이 하는 말이 지난해 지방자치단체 선거 때에 들은 말과 크게 다르지 않다는 점이다. 토론을 진행하는 사람들의 질문 내용도 비슷한 수준이다. 국회의원과 지방자치단체의 장이나 지방의회 의원은 뭔가 달라야 하지 않을까?

말의 내용만이 아니라 표현에도 마땅찮은 것이 적잖다. (가)와 같은 표현을 습관적으로 하는 이가 있다.

(가) 제가 만약 이번에 **당선된다라고 하면** 그 문제부터 해결하겠습니다.

당선된다라고 하면은 제대로 된 우리말이 아니다. 당선된다면이라고 해야 할 것을 잘못 말한 것이다. 전혀 필요하지 않은 [라를 끼워 넣음으로써 병이 시작되었다. 나랏일을 해 보겠다고 국회의원 선거에 입후보한 사람들이 이렇게 우리말을 비틀고 있는 것이다.

(나)와 같은 표현도 자주 들을 수 있다.

(나) 본인이 당선되면 가장 먼저 교통 문제 해결에 **착수하겠다라는** 말씀
을 드릴 수 있습니다.

여기에도 불필요한 [라가 끼어 있다. 착수하겠다는이 바른 표현이다.

또 다른 문제가 있다. **말씀을 드릴 수 있습니다**가 그것이다. 이런 식의 표현은 "무엇인가 감추거나 회피하려는 의도가 숨어 있는 것 같은데? 문제에 대한 이해가 부족한 것 같은데? 지금이니까 말씀을 드린다고 하지 나중에는 틀림없이 내몰라라 할 것 같은데? 적극적인 추진 의지가 없는 것 같은데?" 등등의 곱지 않은 느낌을 줄 수 있다. 자신도 모르게 그런 속마음을 드러낸 것인지도 모른다. 진실로 실천 의지가 있다면 이런 식으로 말하지 않을 것이다. 다음과 같이 당당하고 또렷하게 말할 것이다.

(나)′ 제가 당선되면 가장 먼저 교통 문제 해결에 **착수하겠습니다.**

유권자는 엿가락 늘이듯이 늘여 말하는 사람이 누군지 잘 살펴야 한다.
〈2000.4.7.〉

방송 프로그램을 소개하는 말

여름철을 맞아 일부 조정되는 KBS 프로그램에 여러분의 많은 **시청을 바라겠습니다.**

조정한 프로그램 내용을 알리고 나서 마지막으로 한 말이다. 다른 방송사에서 하는 광고도 이와 크게 다르지 않다. 그러나 이는 매우 불완전하고 부자연스러운 표현이다. 문제는 "KBS **프로그램**에 여러분의 많은 **시청을 바라겠습니다.**"라는 부분에 있다.

먼저, '프로그램에 여러분의 많은 시청을'에 대해서 생각해 보기로 하자. 의미를 볼 때에 시청은 행위이고 프로그램은 그 행위의 대상이다. 이런 의미 관계를 이룰 때에는 '대상'의 낱말 뒤에 조사 -을/를을 붙이는 것이 상식이다. 그런데 '프로그램에 ~ 시청'이라고 되어 있으니 우리말의 기본을 벗어난 것이다. 프로그램 뒤에는 -에가 아니라 -을을 붙여야 한다.

그런데 고쳐 놓고 보니 더 큰 문제가 생겼다. 프로그램을과 '여러분의 많은 시청을'의 호응이 더욱더 부자연스러워진 것이다. 그 문제를 해소하려면 무엇보다도 시청(명사)을 시청하-(동사)로 바꾸어야 한다. 이어서 여러분의와 많은도 그 동사에 호응되게끔 바꾸어야 한다. 그리고 시청하-를 바라겠습니다와 맺어 주려면 주시기를 첨가해야 한다. 그렇게 처리한 결과는 다음과 같다.

여름철을 맞아 일부 조정되는 KBS 프로그램을 여러분께서 많이 시청하여 주시기 바라겠습니다.

그런데 위의 바라겠습니다도 바람직하지 않은 표현이다. -겠-의 의미가 바라-와 상통하기 때문에 바랍니다만으로 충분하다. 그리고 여러분께서를 줄여야 한결 더 자연스러워진다. 이렇게 고쳐 보면 다음과 같다.

여름철을 맞아 일부 조정되는 KBS 프로그램을 많이 시청하여 주시기 바랍니다.

많이 대신에 다른 부사어를 사용할 수도 있고, 그 앞에 또 다른 부사어를 넣을 수도 있다. 〈2000.7.22.〉

문서 부수개의 글

문서 부수개라는 것이 있다. 함부로 버려서는 안 될 문서를 갈가리 찢거나 조각조각 잘라 주는 기계를 말한다. 부수개 대신에 파쇄기, 분쇄기라고도 하는데, 한글 학회에서 지은 『우리말 큰사전(1992)』에서는 부수개라고 올려 두었다.

요즈음 은행 곳곳에 문서 부수개가 놓여 있는데, 바로 그 기계 속으로 문서를 넣는 부분에 다음과 같은 문구가 붙어 있는 것을 보았다.

본 기계는 중앙의 센서에 의하여 작동하므로 반드시 중앙에 투입하세요.

이 짧은 문구에도 우리가 함께 생각해 보아야 할 여러 문제들이 도사리고 있다.

첫째, **작동하 -** 의 문제이다. 이것은 능동사인데, 그 앞에 있는 '센서에 의하여'와의 호응이 적절하지 않다. 피동사 **작동되 -** 가 되어야 자연스러워진다.

둘째, **- 므로**라는 어미도 충분하지 않다. - 므로는 보통 선행절과 후행절을 원인과 결과의 관계로 이어 주는 접속어미인데, 여기서는 그런 관계가 아니기 때문이다. '중앙의 센서에 의하여 작동됨'은 조건이고, '반드시 중앙에 투입함'은 요구이다. 이럴 경우에는 - 니를 사용하는 것이 자연스럽다. 예컨대 "배가 **고프므로** 밥을 주세요."와 "배가 **고프니** 밥을 주세요." 중에서 어느 것이 자연스러운지 비교해 보면 알 수 있는 사실이다.

두 가지 사항을 수용하여 다시 적어 보면 다음과 같다.

ㄱ. 본 기계는 중앙의 센서에 의하여 **작동되니** 반드시 중앙에 투입하세요.

그러나 이것으로 충분하지 않다. 좀더 다듬어야 할 부분이 있다.

첫째, 본(本)의 문제이다. 이것은 이(가리킴)를 뜻하는데, "본 논문, 본 대학, 본 회, 본 건, 본 지"와 같은 것이 다 그런 용례이다. 그러나 이런 말은 되도록이면 피하는 것이 좋다. 왜냐하면 형태는 같지만, "본보기, 본관(관향), 본전" 들에서 보듯이 꽤 다른, 여러 가지 뜻을 나타낼 뿐만 아니라, "본남편, 본고장, 본이름" 들에서 보듯이 형태가 같은 접두사도 있기 때문이다. 이는 본의 의미 파악이 그만큼 복잡하다는 것을 의미한다. 그리고 위에 쓰인 본은 일본말에 뿌리를 두고 있다는 지적도 무시할 수 없다. 이 같은 문제의 소지를 없애려면, 위의 본은 그냥 이 라 하면 된다. 이 기계가 훨씬 더 명료하지 않은가.

둘째, 센서와 투입하-의 문제이다. 이런 낱말을 흔히 사용하고 있지만, 더 나은 길이 없을까 하는 것이다. 센서는 영어 낱말 sensor를 빌려 쓰는 것으로, 한자낱말로는 감지기라고 할 수 있다. 투입하-는 한자낱말인데, 토박이낱말로는 넣-에 해당한다. 그리고 고객에게 도움을 청하는 것이니 -하세요보다는 -해 주세요가 낫겠다.

언어는 정신적이면서도 실용적인 자산이다. 그 공동체의 원활한 의사소통에 더 적절히 이바지하고, 그 공동체의 고유한 정신을 더 충실히 담아낼 수 있는 방향으로 나아가도록 힘써야 한다. 위에서 지적한 문제들도 이러한 관점에서 판단하는 것이 옳다. 더구나 문서 부수개는 특수한 계층의 사람들만 사용하는 것이 아니고, 이러저러한 모든 시민들이 이용하는 것이라는 점을 무겁게 고려해야 할 것이다. 이러한 선상에서 나는 위의 문을 다음과 같이 다시 고치고 싶다.

ㄴ. 이 기계는 중앙의 감지기에 의하여 작동되니 반드시 중앙에 넣어 주세요.

덧붙일 말이 있다. 위에서 '본 기계'는 '이 기계'로 바꾸는 것이 좋겠다고 했다. 하지만 일률적으로 그렇게 할 수는 없다. 상황에 따라서는 제(저의), 내(나의), 우리가 더 알맞은 경우도 있다. 다음에 보기를 몇 개 더 들어 본다.

본 논문 → 이 논문, 제 논문
본 대학 → 이 대학, 우리 대학
본 회   → 이 회, 우리 회
본 건   → 이 건
본 지   → 이 신문, 우리 신문
본 지   → 이 잡지, 우리 잡지

이 중에 본 회와 본회, 본 논문과 본논문은 그 의미가 전혀 다르기 때문에 특히 잘 구별해야 한다. 본회는 지회(支會)에 맞서는 낱말이며, 본논문은 예비 논문에 맞서는 개념이다. 글에서는 띄어쓰기로 구별할 수 있지만, 띄어쓰기를 예사로 보는 실정에서 그것은 충분한 잣대가 되지 못한다. 게다가 한자 글에서는 마구 붙여 쓰는 것이 전범인 양 통하는 실정이니, 제각각 두 가지가 한결같이 本會, 本論文이 되어 버려, 도대체 변별이 되지 않는다. 말에서 두 경우를 구별하는 것도 쉽지 않다.

〈1999.12.13~17.〉

경보장치 보호 표지판의 글

어느 북한강변에 다음과 같은 경고문이 있는 것을 보았다.

(가) 이 설비는 **댐 방류 예·경보 장치로서**

(나) **방류시 인명 피해를 예방하는 설비이므로**

(다) **관계자 외 접근을 엄금함.**

이 경고문의 핵심은 이 설비에 함부로 접근하지 말라는 것인 듯했다. 그러나 논리가 제대로 서 있지 않아 눈살이 찌푸려진다. 모로 가도 서울만 가면 된다는 생각을 할지 모르겠으나 그런 생각은 옳지 않다. 언어는 한 번 써 버리고 말, 단순한 소비재가 아니기 때문이다.

먼저 이 표현을 있는 그대로 분석해 보면, 경고의 핵심은 (다)에 나타나 있으며, (나)에서는 그렇게 해야 할 까닭을 말하고 있다. (가)는 아마 이 설비의 명칭인 듯하다.

여기서, 첫째 문제는 (가)와 (나)의 내용이 겹쳐 있으며, 조사 -로서의 사용이 어색한 점이다. 표현이 유창하지 못할뿐더러 효과적이지도 못하다. 두 부분을 합쳐서 "이 설비는 댐 방류로 인한 인명 피해를 예방하기 위하여 설치된, 댐 방류 예·경보 장치이다." 정도로 하는 것이 어떨까 한다.

　그런데 일반인들에게 이 설비의 명칭을 홍보하는 것이 목적이 아니므로 댐 방류 예·경보 장치라고 굳이 명시하지 않아도 될 것 같다. 그렇다면 이 표현은 다시 "이 설비는 댐 방류로 인한 인명 피해를 예방하기 위하여 설치된 장치이다."로 줄일 수 있다.

　둘째 문제는 (나)의 어미 –므로에 있다. (나)를 (다)에 접속하기 위해 –므로를 사용한 것인데, 이것은 자연스럽지 못하다. –므로는 일반적으로 선행절의 의미가 '원인'이고, 후행절이 '결과'를 뜻하는 구문에 사용한다. 그런데 여기서는 (나)가 원인이고 (다)가 결과인 문맥이 아니다. 위와 같은 문맥에서는 –니를 사용하는 것이 좋다.

　셋째는 좀더 부드럽게 표현하기를 권하고 싶다. 경고문이라고 해서 반드시 딱딱하게 표현할 필요는 없다.

　이 같은 점을 두루 반영하여 위의 경고문을 고쳐 보면 이렇게 된다.

　이 설비는 댐 방류로 인한 인명 피해를 예방하기 위하여 설치된 장치이니 관계자 외에는 손대지 마시기 바랍니다.　　　　　　　　〈1997.4.10.〉

가스관 보호 표지판의 글

　가스관 매설 상황을 조사하지 아니하고 무단 굴착시에는 관계 법규에 의해 처벌되오니 양지하시기 바랍니다.

어느 회사에서 새로 닦은 어느 집터에 세운 표지판의 문구이다. 그 의미가 대충은 짐작되는바, 여기 땅속에 가스관이 묻혀 있으니 땅을 함부로 파지 말라는 것이다. 그러나 구체적으로 들어가면 내용이 부정확할뿐더러 표현도 몹시 서투르다.

먼저 내용을 보면, 첫째, 그곳에 가스관이 묻혀 있다는 정보가 빠져 있다. 둘째, 조사하지 아니하고와 무단의 해석을 어떻게 해야 할지 난감하다. 땅을 '무단으로', 곧 사전 허가 없이 파는 것이 처벌 대상인지, 매설 상황을 '조사하지 아니하고' 파는 것이 처벌 대상인지, 그리고 매설 상황을 '조사하기만 하면' 무단으로 파도 괜찮다는 것인지 알 수가 없다. 관계 법규의 내용을 잘 모르지만, 아마 사전에 굴착 허가를 받도록 되어 있지 않나 싶다.

다음으로 표현 형식을 보자. 첫째, 양지하시기 바랍니다는 군더더기다. 짧은 문구를 적는 표지판에는 시민들이 알아야(양지해야) 할 내용만 명료하게 나타내면 되지, '알아 달라'는 말까지 굳이 덧붙일 까닭이 없다. 둘째, 매설은 일반인에게 너무 어렵다.

위에서 살핀 내용을 반영하여 고쳐 보면 다음과 같다.

이곳에는 가스관이 묻혀 있으니 땅을 파고자 할 때에는 허가를 받으시기 바랍니다. 무단으로 굴착하시면 관계 법규에 따라 처벌받게 됩니다.

훨씬 명료하고 쉽고 부드럽다는 것을 느끼리라 믿는다. 〈1998.3.31.〉

버스 승차권의 알림글

어느 고속버스 회사에서 판매한 승차권 뒷면에 '운송 약관'이 요약되어 있는데, 그 가운데 다음과 같은 문구가 있었다.

다음 경우에는 승차를 거절할 수 있습니다.
(가) 인화성 물질과 다른 승객에게 불쾌감을 주는 물품 소지자
(나) 만취자 또는 신변이 불결한 자
(다) 중환자의 단독 여행 또는 전염병 환자
(라) 안전 운행을 위한 승무원의 지시에 불응하는 자

이 문구에는 몇 가지 문제가 있다. 함께 생각해 보기로 하자.

첫째, (가) ~ (라)의 내용을 보면 전체적으로 사람을 가리키고 있다. 그러므로 그런 내용을 이끄는 첫머리글의 경우는 사람으로 바꾸는 것이 바람직하다.

둘째, (다)의 '중환자의 단독 여행'은 '사람'을 가리키는 것이 아니라 '행위'를 가리킨다. 그리고 뒷말과의 연결도 온전하지 못하다. 그러니 이 부분은 여느 것과 같이 사람을 가리키는 표현으로 바꾸는 것이 마땅하다. '혼자서 여행하는 중환자' 정도면 알맞지 않을까 한다.

셋째, (나)와 (라)에 명사 자를 사용했는데, 이는 者로서 그다지 대접하는 말로 들리지 않는다. 사람으로 바꾸는 것이 좋겠다.

넷째, (가)의 표현에도 다소 부자연스러운 점이 있으므로 다듬는 것이 좋겠다. 그 결과는 다음을 주의 깊게 살펴보기 바란다.

이와 같은 사항들을 모두 반영한다면 다음과 같이 달라질 것이다.

다음과 같은 **사람**은 승차를 거절할 수 있습니다.

(가) 인화성 물질이나 다른 승객에게 불쾌감을 주는 물품을 소지한 사람

(나) 만취자 또는 신변이 불결한 사람

(다) 혼자서 여행하는 중환자 또는 전염병 환자

(라) 안전 운행을 위한 승무원의 지시에 불응하는 사람

휠씬 나아 보이지 않는가? 소지한은 지닌으로, 만취자는 많이 취한 사람으로, 지시에 불응하는은 지시를 따르지 않는으로 고치면 더욱 좋겠다.

작은 문구 하나를 쓸 때에도 여러모로 따져 보아야 한다. 대중을 상대로 한 문구일 때에는 더욱 그러하다. 그런데 우리 사회에는 그런 배려와 관심이 부족한 편이다. 아쉽고 안타까운 일이다. 〈2000.1.12.〉

열차 승차권의 알림글

요즈음 철도 승차권의 뒷면을 보면 '알리는 말씀' 이라는 제목 아래 다섯 항이 인쇄되어 있다. 그런데 그 다섯 가지 표현 모두에 크고 작은 문제가 있다. 답답한 심정으로, 차례대로 살펴보기로 한다. (띄어쓰기는 거론하지 않겠다.)

(가) 이 승차권은 승차권에 표시된 도착 시각까지 유효하며 그 이후에는 **무효가 됩니다.**

이것이 첫째 항인데, 커다란 문제는 없지만 좀더 세련된 표현을 위해서 두 가지 점을 지적한다. 첫째, 승차권에는 앞면에로 바꾸는 것이 좋겠다. 실제로 도착 시각은 승차권의 앞면에 인쇄되어 있기 때문이다. 둘째, 후행절 "그 이후에는 무효가 됩니다."는 불필요하다. 그 앞에 있는 말 유효하며가 '그 이후에는 무효'라는 의미를 품고 있기 때문이다. 강조할 필요가 있다면 도착 시각까지에 보조사 -만을 덧붙일 수 있다. 정리하면 다음과 같이 된다.

(가)′ 이 승차권은 앞면에 표시된 도착 시각까지만 유효합니다.

둘째 항은 매우 길고 복잡하다.

(나) 승차권은 지정된 열차에만 유효하오니 승차권 구입시 승차 일자와 출발 시각을 확인하여야 하며, 도중 역에서 내리면 다시 사용하지 못하나 바로 다른 열차로 변경 요구시에는 운임·요금을 더 받거나 반환한 후 변경 취급합니다.

500년 전 옛글 또는 한문을 읽고 있는 느낌이 들 정도이다. 문 구성이 엉망인 것은 말할 것도 없고, 무슨 뜻인지를 알기도 참으로 힘들다. 분명 우리말을 한글로 적은 것임에도 이렇다. 고쳐야 할 곳이 한두 군데가 아니다.

첫째, 적어도 두 문으로 나누어야 한다. (나)의 근원적인 문제는 전달하려는 정보가 서로 다르고 많음에도 굳이 한 문으로 구성한 데에 있다. 그러므로 우선 다음과 같이 둘로 나누는 것이 좋겠다.

(나)′ ㉠ 승차권은 지정된 열차에만 유효하오니 승차권 구입시 승차 일자
와 출발 시각을 확인하여야 합니다.

㉡ 도중 역에서 내리면 다시 사용하지 못하나 바로 다른 열차로 **변경
요구시**에는 운임·요금을 더 받거나 반환한 후 **변경 취급합니다.**

㉠이 중심 정보이고 ㉡은 보충 설명이다. 그런데 ㉠은 독자(승객)의
행동을 요구하는 문이고, ㉡은 사실을 그대로 진술하는 문이므로 이
둘을 한 문으로 구성한 것부터 잘못이다.

둘째, ㉠에서 후행절 "승차권 구입시 승차 일자와 출발 시각을 확
인하여야 합니다."는 굳이 쓰지 않아도 괜찮다. 일자와 시각을 확인
하는 것은 승객이 마땅히 알아서 할 일이며, 다음에 긴 표현이 이어지
기 때문이다. 다음과 같이 간단히 해도 된다는 말이다.

㉠′ 승차권은 지정된 열차에만 **유효합니다.**

이 얼마나 간결하고 명료한가.

셋째, ㉡의 변경 요구시에는과 변경 취급합니다는 전혀 우리말답지
않다. 따라서 의미도 불분명하다. 가만히 따져 보니 내용인즉 이러한
것 같다. "어느 승차권으로 지정된 열차를 탄 다음, 그 승차권에 표시
된 목적지까지 가지 않고 중간에 내리면 그 승차권은 일단 사용한 것
으로 본다. 그러나 내려서 '곧바로' 다른 열차의 승차권으로 바꿀 수
는 있다. 그럴 때에는 원래 승차권을 살 때에 낸 운임·요금과 새 승차
권의 운임·요금을 비교하여 돈을 돌려받거나 더 내어야 한다." 이런
정보를 표현하는 것이라면 다음과 같은 정도가 적합하다.

ⓛ´ 도중 역에서 내리면 다시 사용하지 못하지만, 곧바로 다른 열차의 승
　　차권으로 바꿀 수는 있습니다. 이럴 때에는 운임·요금을 정산하여야
　　합니다.

ⓖ´와 ⓛ´를 연이어 쓰면 다음과 같이 된다. 이 정도라면 (나)에서
전달하고자 하는 의미가 훨씬 더 쉽고 명료하게 전달되리라 본다.

(나)〃 승차권은 지정된 열차에만 유효합니다. 도중 역에서 내리면 다시 사
　　용하지 못하지만, 곧바로 다른 열차의 승차권으로 바꿀 수는 있습니
　　다. 이럴 때에는 운임·요금을 정산하여야 합니다.

이제 셋째 항을 보기로 하자.

(다) 승차권 반환시에는 정해진 수수료를 받으며 무효 승차권은 반환하
　　지 않습니다.

승차권 반환이라는 표현을 지금까지 예사로 써 왔지만, 다시 한번
생각해 보면 여기에도 문제가 있다. 반환(返還)은 '되돌려 줌'을 뜻한
다. 그러므로 승객이 역에다 승차권을 되돌려 주는 것이라면 승차권
반환이 맞지만, 역에서 승객의 승차권을 '되돌려 받는' 것을 승차권
반환이라 하는 것은 잘못이다. 제대로 표현한다면, 승객은 '승차권'
을 되돌려 주고 역에서는 '운임·요금'을 되돌려 주는 것이다.
　그런데 (다)의 주체는 역이므로 승차권 반환은 잘못이다. 역에서 되
돌려 주는 것은 승차권이 아니라 운임·요금이기 때문이다. 무효 승차

권은 반환하지도 같은 선상에 있다. 그리고 맨 앞의 **승차권**은 모든 승차권으로 받아들일 염려가 있으니 그 앞에 한정어를 붙이는 것이 좋다. 그렇게 하면 **무효 승차권**에 대해서는 언급하지 않아도 된다. 전체적으로 (다)는 다음과 같이 고치는 것이 좋겠다.

> (다)′ (사용하지 않은) 유효 승차권을 (역에다) 제시하면 운임·요금을 되돌려 드리되, 정해진 수수료를 공제합니다.

넷째 항은 다음과 같다.

> (라) 지정 열차가 50분 이상 **지연시** 정해진 **지연료**를 드립니다. (다만, 천재지변으로 인하여 열차가 지연될 경우에는 제외)

먼저 지연시에 대해서 생각해 보기로 한다. 여기서 지연(遲延)은 의미로 볼 때에 지정 열차가의 서술어 구실을 한다. 그러니 우선적으로 '지정 열차가 지연하−'와 같은 구조가 되어야 한다. 명사 지연만으로는 제대로 된 서술어가 되지 못한다. 제대로 된 서술어 지연하− 를 선택한다면 그 뒤에 직접 시(時)를 붙일 수 없는 것은 명백하다. 적어도 지연한 시는 되어야 한다.

그러나 지연한 시도 그다지 좋은 표현은 아니다. 지연한 때가 훨씬 더 우리말답다. 하지만 전체 맥락을 고려한다면 지연한 때에는 정도가 되어야 한다. 더 쉽게, 더 우리말답게 표현하려면 늦게 도착한 때에는이 있다.

둘째, 지연료라는 말도 마땅하지 않다. 사실은 운임·요금의 일부를 되돌려 주는 것이기 때문이다. 그리고 상식으로 볼 때에 **지연료**는 지연했을 때에 '되돌려 받는' 돈이어야 한다.

셋째, 괄호 속의 말은 좀더 간단히 다듬을 필요가 있다.

위에서 지적한 사항을 모두 반영하여 다시 써 보면 다음과 같다.

(라)′ 지정 열차가 50분 이상 늦게 도착한 때(천재지변으로 인한 것은 제외)에는 운임·요금의 일부를 되돌려 드립니다.

여기서 **도착한 때에는**을 **도착하면**으로 바꾸어도 된다.

마지막 항을 보겠다.

(마) 여행 중 불편 사항이 있을 시에는 전화(042-472-5000) 바랍니다.

앞 항들에 구입시, 요구시, 반환시, 지연시를 썼는데, 여기에도 시(時)를 썼다. (라)의 **지연시**는 아주 잘못된 것이고, **구입시, 요구시, 반환시** 들도 되도록이면 **구입할 때, 요구할 때, 반환할 때**와 같은 식으로 표현하는 것이 좋다. (마)의 **시**도 **때**로 바꾸면 훨씬 더 자연스럽고 명료해진다. 그 밖에는 보아 넘길 만하다.

정부 기관인 철도청에서 발행한, 손바닥만 한 승차권에 찍힌 글에도 이처럼 많은 문제들이 도사리고 있다. 국민 모두가 영어에만 빠져 우리 말글을 더욱더 돌보지 않게 된다면 어떻게 될지 참으로 걱정스럽다.

〈2000. 4. 19～25.〉

철도 안내 방송

열차 진행 방향으로 두 번째 칸에 유리창이 깨진 관계로 인하여 위험하오니 손을 짚지 마시기 바랍니다.

어느날 열차 방송에서 들은 말이다. 부자연스러운 점이 두 군데 있다.

첫째, '열차 진행 방향으로 두 번째 칸'이라는 표현이다. 이는 '앞에서부터 두 번째 칸'을 뜻하는 듯했다. 그렇다면 '앞에서부터 두 번째 칸'이라고 표현하는 것이 알아듣기 쉬울뿐더러 한결 우리말답다. 그러나 객차에는 칸마다 호수가 붙어 있다는 사실을 감안하면, 제○호 칸이라고 말하는 것이 더욱 바람직하다. 이런 경우에 쓰려고 칸마다 각각의 호수를 붙여 놓는다.

둘째, '유리창이 깨진 관계로 인하여'라는 표현이다. 여기서 관계로와 인하여는 다 같이 '이유'의 뜻을 나타내는 형식이다. 그러므로 어느 것이든 한 가지만 사용하는 것이 합리적이다. 여기서는 관계로를 선택하면 문제가 간단하게 풀리고, 인하여를 선택하면 그 앞의 말을 거기에 맞게 고쳐야 한다. 또 다른 해결 방법은 관계로나 인하여를 아예 사용하지 않는 것이다. 세 가지 방법으로 '열차 ~ 위험하오니'를 바로잡아 보면 다음과 같다.

ㄱ. 제○호 칸은 유리창이 깨진 관계로 위험하오니
ㄴ. 제○호 칸은 유리창 파손으로 인하여 위험하오니
ㄷ. 제○호 칸은 유리창이 깨져 있어 위험하오니

쉽게 생각하면 표현이 더 자연스럽고 간단할 것을, 격식을 너무 찾다가 이것저것 다 놓치는 일이 적지 않다. 〈1998.8.27.〉

중앙 부처 홍보 책자의 글

(가) 20년 이상 재직하고 퇴직할 **경우** 연금을 원할 **경우** 앞으로는 최종 3년간 보수월액을 **평균** 계산하여 연금으로 **지급됩니다.**

최근 어느 중앙 부처에서 펴낸 소책자에 이런 표현이 있었다. 그 책자는 공무원 연금법 개정안의 내용을 널리 알리기 위하여 만든 것이었는데, 여기에 표현의 문제점이 많다.

첫째, 이 문의 최종 서술어 **지급됩니다**가 문제이다. 대등한 관계에 있는 앞의 서술어 계산하여와 같이 **지급합니다**라고 해야 한다. 같은 관계 속에 있는 서술어이니 같은 능동사로 표현해야 하는 것이다. 그리고 꼭 피동사로 표현해야 할 맥락이 아니면 능동사로 표현하는 것이 좋다. 그래야 한결 우리말답기 때문이다.

둘째, '20년 이상 재직하고 퇴직할 경우 연금을 원할 경우'에서 연거푸 **경우**를 사용한 것은 세련되지 못한 표현이다. 한쪽의 경우는 얼마든지 다른 낱말로 표현할 수 있다.

ㄱ. 20년 이상 재직하고 퇴직하는 **사람으로서** 연금을 원할 경우

ㄴ. 20년 이상 재직하고 퇴직할 경우 연금을 **원하면**

ㄷ. 20년 이상 재직하고 퇴직할 경우 연금을 **원하는 사람에게는**

셋째, '최종 3년간 보수월액을 평균 계산하여'도 그다지 좋은 표현이 아니다. 그보다 '최종 3년간 **평균** 월보수액을'이 간결하면서도 의미가 분명하다.

이제 (가) 전체를 다시 써 보면 다음과 같다.

> (가)' 20년 이상 재직하고 퇴직하는 **사람으로서** 연금을 원할 **경우** 앞으로는 최종 3년간 **평균** 월보수액을 연금으로 **지급합니다.**

물론 '20년 이상 ~ 원할 경우' 부분은 위의 ㄴ, ㄷ과 바꿀 수도 있다. 다음과 같은 표현도 그 소책자에 있었다.

> (나) 연금 산정의 기본이 되는 '보수월액'이라 함은 연간 기본급과 기말 수당, 장기근속 수당, 정근 수당을 모두 합친 금액을 12월로 나누어 **계산된** 금액을 '보수월액'이라 합니다.

첫째, 계산된이 문제이다. 위에서 지적했듯이, 대등한 의미 관계에 있는 낱말은 능동사 나누어인데, 여기서 계산된이라는 피동사를 쓴 것은 올바르지 않다. 나누어 계산한이라 해야 한다. 그런데 (나)와 같은 맥락에서는 계산한도 굳이 필요하지 않다. 나누는 것이 곧 계산하는 것이기 때문이다.

둘째, 12월이 문제이다. 보통 12월은 한 해의 마지막 달인 섣달을 의미하기 때문이다. 수량, 곧 '달의 수효'를 뜻할 때에는 12달이나 12개월이라 하는 것이 바람직하다.

셋째, 마지막의 보수월액이라 합니다가 문제이다. 이것과 호응하는 주어구는 보수월액이라 함은이니, (나)는 "보수월액이라 함은 ~ 보수월액이라 합니다."라는 구조로, 주어와 서술어가 같기 때문이다. 주어와 중복되지 않게끔 서술구를 알맞게 바꾸어야 한다.

결국 제대로 하자면 (나)는 다음과 같이 다듬어야 한다.

> (나)′ 연금 산정의 기본이 되는 '보수월액'이라 함은 연간 기본급과 기말수당, 장기근속 수당, 정근 수당을 모두 합친 금액을 12달로 **나눈** 금액을 말합니다.

우리 나라 고급 공무원들의 우리 말글 사용 능력이 이런 정도라면 크게 실망하지 않을 수 없다. 〈2000.10.13.〉

전세 계약서의 글

어느 부동산 중개인 사무실에서 아파트 전세계약서 문안을 보았더니, 다음과 같은 문구가 있었다.

> (가) 위 아파트의 **명도**는 2000년 2월 2일 **명도하기로** 한다.

참으로 요령부득이다. **명도**와 **명도하다**를 함께 쓸 필요가 없다. 다음에서 보듯이 둘 가운데서 한쪽만 살려야 자연스러워질뿐더러 깔끔해진다.

(가)´ ㄱ. 위 아파트는 2000년 2월 2일에 **명도하기로** 한다.

ㄴ. 위 아파트의 **명도 일자는** 2000년 2월 2일로 한다.

그런데 여기서 한 걸음 더 나아가 **명도**(明渡)에 대해서 따져 볼 필요가 있다. 이는 일본식 낱말로, 우리말 **넘겨줌**에 해당한다. 우리말을 살려 다음과 같이 고쳐 본다. 넘겨받을 사람을 분명히 밝혀 **전세입자에게를** 명시하는 것도 좋겠다.

(가)″ ㄱ. 위 아파트는 2000년 2월 2일에 (전세입자에게) **넘겨주기로** 한다.

ㄴ. 위 아파트를 (전세입자에게) **넘겨주는** 날짜는 2000년 2월 2일로 한다.

(가)보다 (가)″가 훨씬 더 쉽고 분명하지 않은가? 여러 사람들이 일상에서 접할 가능성이 높은 문서일수록 이처럼 쉽고 분명하게 써야 한다.

그 계약서에 다음과 같은 문구도 있었다.

(나) 전세 기한은 **전세입자에게 명도일로부터** 24개월로 정한다.

위의 문안에는 **전세입자에게를** 받아 줄 성분이 없다. **전세입자에게는** 위치어(부사어)이니 그 뒤에는 반드시 그것을 지배하는 서술어가 있어야 한다. 문맥의 의미상으로 볼 때에, 그 서술어는 동사 **명도하다**나 **넘겨주다**가 되어야 한다. 그런데 정작 **명도일**이라는 명사만 있을 뿐이니, 제대로 된 문이라 할 수가 없다. 명사 **명도로서는 전세입자에게를**

제대로 받을 수 없기 때문이다. 적어도 다음과 같은 정도는 되어야 말이 된다.

　　(나)′ 전세 기한은 전세입자에게 {명도한/넘겨준} 날로부터 24개월로 정한다.

　그러나 이것도 썩 상쾌하지는 않다. 서술어 명도한/넘겨준의 대상, 곧 목적어가 명시되지 않은 데에 그 원인이 있다. 넘겨준 대상이 무엇인지 밝혀져 있지 않다는 말이다. 정한다도 호응이 부자연스럽다. 그것까지 갖추면 다음과 같이 된다.

　　(나)″ 전세 기한은 아파트를 전세입자에게 {명도한/넘겨준} 날로부터 24개월로 한다.

　우리는 우리 말글을 이런 방향으로 발전시켜 나가야 한다. 우리 전통과 주체성을 살리는 방향으로, 정보 교환이 정확하고 쉬운 방향으로 나아가야 한다는 말이다. 이런 눈으로 주변을 둘러보면 가다듬어야 할 것이 많이 눈에 뜨일 것이다. 　　　　　　　〈1999. 12. 28～29.〉

연하장의 글

　그림은 마음에 드는데 속지에 인쇄해 놓은 글귀가 마땅하지 않아 그냥 나온다. 연하장을 사러 가서 번번이 겪는 일이다. 이제는 그림보다 속지를 먼저 보게 되지만, 마음에 드는 것을 만나기는 여전히 어렵다. 재주가 있으면 손수 그림을 그리겠지만 그럴 형편도 아니어서 아예 백지에다 몇 글자 쓰곤 한다.

연하장을 받아 보아도 사정은 마찬가지이다. 어린 제자가 보낸 것이건, 후배가 보낸 것이건, 친구가 보낸 것이건, 고만고만한 내용이 한가운데 떡억 인쇄되어 있다.

謹賀新年 아니면 Merry X-mas나 Happy New Year 같은 문자가 한가운데 자리를 차지하고 있기도 하다. 보낸이가 나에게 하는 말로는 전혀 어울리지 않는 내용을 받기도 한다.

때로는 인쇄된 문구로는 미진하다는 생각에 자필로 몇 자 적어 넣었는데, 그것은 귀퉁이로 밀려나 있곤 한다. 그러나 진정으로 소중한 것은 바로 그 말이다.

그러나 아직도 대부분의 연하장(기성 상품) 속지에는 그런 문구가 의례적으로 인쇄되어 있다. 참 이상한 일이다. 왜 그럴까? 아예 생각이 없는 처사이거나 시민(소비자)들을 얕보는 처사가 아닌지? 우리는 언어생활에 남아 있는 전제주의의 옷을 훌훌 벗어 던져야 하겠다.

〈1999.1.4.〉

혼인 청첩의 글

내가 가르친 적이 있는, 어느 여교사로부터 며칠 전에 다음과 같은 내용의 청첩을 받았다.

(가)

> 저희 두 사람, 서로의 부족함을 사랑과 믿음으로 메우며
> 의롭고 슬기롭게 살아가고자 합니다. 격려와 축복으로 저
> 희들이 가는 길을 열어 주십시오.
>
> 김순식·정숙자의 아들 영호 군
> 박상철·강미순의 차녀 민경 양

흔히 그렇듯이 이 청첩(초청 편지)의 내용도 혼인 당사자가 초청하는 것으로 구성되어 있다. 많은 사람들이 이런 식의 문안을 쓰고 있지만, 여기에는 몇 가지 생각해 볼 점이 있다.

첫째, 자신의 이름 뒤에 군이나 양을 붙이는 것은 상식을 벗어난다.

둘째, 아무리 자기 부모라도 그 성명 뒤에 님, 여사 같은 경칭도 붙이지 않고 김순식·정숙자나 박상철·강미순이라 하는 것은 우리 언중들에게 자연스럽게 받아들여지지 않을 것이다. 며느리(민경)가 시아버지·시어머니를 김순식·정숙자라 하고, 사위(영호)가 장인·장모를 박상철·강미순이라 하는 것은 더욱더 그러하다.

혼인 당사자가 자신들은 높이면서 부모들은 높이지 않은 셈이다. 기성품을 대량으로 사서 쓰다 보니 그럴 수도 있겠다는 생각을 했지만 기분이 산뜻하지는 않았다.

한편, 이런 내용의 청첩을 혼인 당사자의 부모 명의로 보내는 일이 많은데, 그것 역시 마땅하지 않다. (가)와 같은 내용의 청첩을 김순식·정숙자나 박상철·강미순이 그들의 친구나 친지들에게 보내는 것은 아귀가 맞지 않는다는 말이다.

또 다른 제자로부터는 다음과 같은 내용의 청첩을 받았다.

(나)

> 평소 **저희**를 아끼고 보살펴 주시던 여러 어른과 친지분들을 모시고 **저희** 두 사람이 믿음과 사랑으로 한 가정을 이루려 합니다. 바쁘시더라도 참석하셔서 축복해 주시면 더없는 기쁨과 격려가 되겠습니다.
>
> 홍만영·제미영의 삼남 정수 **군**
>
> 차경민·손희라의 차녀 미자 **양**
>
> **알리는 사람** 김길동, 김구만, 남신희

이 청첩의 내용도 혼인 당사자가 초청하는 것으로 되어 있으며, (가)에서 드러난 문제점을 그대로 지니고 있다. 그러나 끝에 알리는 사람이 있는 것은 (가)와 아주 다른데, 이것을 제대로 활용하지 못했다. 이 형식을 제대로 알고 청첩을 작성했더라면, (가)에서 노출되었거나 제기될 법한 문제점을 깨끗이 해결할 수 있었을 것이다.

여기서 알리는 사람은 혼인 당사자도 아니고 그 부모도 아닌 제3자로서, 청첩을 작성하고 보내는 사람을 의미한다. 지난날에는 **청첩인**이라 했는데, 초청인과 같은 뜻이다. 형식으로 볼 때에 (나)의 저희는 혼인 당사자 정수, 미자가 아니라 김길동, 김구만, 남신희를 가리키는 것이 되어야 한다.

그 제3자가 청첩을 작성한다면 전체적인 내용이 (나)와 같을 수 없다. 또한 그들이 남의 부모를 그냥 홍만영·제미영, 차경민·손희라고 하는 것도 상식을 벗어난다. 성명 뒤에 적어도 님 정도는 붙여야 할 것이다. 이런 형식에서는 신랑·신부의 이름 뒤에 군과 양을 붙이는 것도 문제되지 않는다.

이처럼 알리는 사람을 제대로 알고 잘 이용하면 여러 가지 문제가 한꺼번에 풀린다. 청첩의 겉봉에 쓰는 보내는 사람의 이름도 알리는 사람의 이름을 쓰면 된다. 다만 연락의 편의를 고려하여, 청첩 내용에 신랑과 신부의 집 주소와 전화번호는 밝혀 주는 것이 좋을 것이다.

이러한 점들을 반영하여 청첩 (나)를 다시 써 보면 대체로 다음과 같은 내용과 형식이 될 것이다.

(나)'

> 홍만영 님·제미영 여사의 삼남 정수 군
> 차경민 님·손희라 여사의 차녀 미자 양
> 여러 어른과 친지분들의 아낌과 보살핌 속에 자라 온 위의 두 사람이 믿음과 사랑으로 한 가정을 이루려 합니다. 바쁘시더라도 참석하셔서 축복해 주시기 바랍니다.
>
> 　　　　　　　1999년 1월 15일
> 　　　　　　　알리는 사람　김길동, 김구만, 남신희
>
> 신랑 댁 주소 : 서울 동남구 덤박동 123번지. 전화 : 123-4567
> 신부 댁 주소 : 서울 서북구 날뫼동 987번지. 전화 : 987-6543

나는 위와 같은 형식이 바람직하다고 생각한다. 이런 내용이라면 신랑 쪽이든 신부 쪽이든, 혼인 당사자든 그의 부모든 두루 사용할 수 있다. 물론 가장 바람직한 것은 저마다 제 사정에 맞게끔 내용을 각각 구성하는 것이다. 여기서는 보통사람들이 그러듯이, 한꺼번에 인쇄해서 사용하는 경우를 상정했다. 〈1999. 2. 1~3.〉

제사 축문

　제사 지낼 때에 읽는 글을 **축문**이라 한다. 알맹이도 모르고 한문만 떠받들던 지난날에는 축문도 으레 한문으로 된 것을 읽었다. 그런데 우리말과 한글이 대중화되고 보편화된 오늘날에도 한문으로 된 축문이 사라지지 않고 있다. 생각해 보면 안타깝고 우스운 일이다.

　한문으로 된 축문도 그 내용을 알고 보면 엄청난 것이 아니다. 제사를 받으시는 분에게 고하는 글로서, 술과 음식 드시기를 권하는 내용이다. 평상시에도 어른에게 색다른 음식을 드릴 일이 있으면, 불쑥 음식만 내미는 것이 아니라 먼저 그 연유를 말하고 권하지 않는가. 그와 똑같은 이치이다. "오늘은 무슨 날이라서 아무개가 어느 분을 위하여 이 음식과 술을 장만하였으니 많이 드십시오."라는 것이 그 내용이다.

　그러니 이제부터 축문도 제사에 참석한 사람이면 (제사를 받으시는 분까지도) 누구나 다 알 수 있게끔 우리말로 쓰는 것이 바람직하다. 아버지 제사에 쓰는 축문을 예로 들어 보이면 다음과 같다.

　이제 서기 1997년 7월 9일에 맏아들 (김)길동은 아버지 (김)석일 어르신과 어머니 박순덕 어르신께 삼가 아뢰옵니다. 해가 바뀌어 **아버지**께서 돌아가신 날이 다시 돌아오니, 두 어르신이 더욱 그리워집니다. 이에 삼가 맑은 술과 갖은 음식을 받들어 올리오니 어여삐 여기시어 흠향하시옵소서.

　이것은 예로부터 써 온 한문 축문의 내용을 우리말로 바꾸어 약간 다듬어 본 것이다. 제사를 지내는 사람은 맏아들 (김)길동, 제사를 받는 이는 아버지 (김)석일과 어머니 박순덕으로, 서기 1997년 7월 9일을 '아버지' 기일로 가정하였다. 그리고 부모가 모두 돌아가시고 나면, 어느 분의 제사이든 두 분의 신위를 나란히 써 붙이고 함께 모시므로 위에서도 어머니를 함께 언급하였다.

우리말로 바꾼 것 외에도, 위의 축문은 종래의 축문과 몇 가지 다른 점이 있다. 오늘날의 실정과 사회 상황을 반영해 본 결과이다.

첫째, 제삿날인 '서기 1997년 7월 9일'에 각각의 간지(干支)를 넣지 않았다. 지난날의 격식대로 한다면 '서기 1997년 정묘의 해, 7월 을사, 9일 계축'이라고 해야 하며, 제삿날도 음력으로 잡아야 한다. 그러나 오늘날은 일반에서 널리 사용하는 양력을 따르는 것이 편리하며, 같은 맥락에서 좀처럼 사용하지 않는 간지를 빼는 것도 괜찮다고 본다.

둘째, '아버지 석일 어르신과 어머니 박순덕 어르신께'라고 하였는 바, 이것은 아버지와 어머니를 동등하게 모시고자 한 표현이다. 지난날 격식에서는 아버지와 어머니의 이름을 쓰지 않는 것이 보통이었다. 아버지라면 지내신 벼슬(벼슬하지 않은 때에는 學生[학생])을 쓰고, 어머니는 작호(남편이 벼슬하지 않은 때에는 두루 孺人[유인])와 본관, 그리고 성씨만 썼던 것이다. 벼슬이 요즘 같다면 '아버지 서기관 홍천군수 어르신과 어머니 군수 부인 밀양 박씨께' 정도가 될 것이다. 그러나 이것은 남성 중심, 벼슬 중심의 사회에서는 그런대로 통할 수 있었지만, 오늘날에는 전혀 어울리지 않는다. 그래서 아버지와 어머니의 성명만을 나란히 쓴 것이다.

셋째, 아직도 어른들의 성명을 '석 자 일 자' 식으로 말하는 사람들이 있으나, 여기서는 그 방법을 취하지 않았다. 어른을 높이지 않으려는 뜻에서가 아니라, 성명에 뒤따르는 어르신이 높임의 뜻을 충분히 나타내므로 불필요하게 겹치는 것을 피하고, 좀더 자연스럽게 표현하고자 한 의도 때문이다.

넷째, 지금까지는 아버지와 아들의 성(姓)을 드러내지 않았지만, 앞으로는 그것도 밝히는 쪽으로 나아가야 하리라 본다. 사람살이가 매우 다양해졌기 때문에 아버지와 아들의 성이 다른 경우도 적지 않을 것이기 때문이다.

다섯째, 위의 축문에서는 제사 모시는 사람을 '맏아들 (김)길동'으로 상정했는데, 이것도 현실에 맞출 필요가 있다. 각 가정의 형편에 따라 '딸 (김)정미'나 '사위 박진호'로 할 수도 있는 일이다. 더 나아가 아들딸의 이름을 모두 나열해도 좋다고 본다.

여섯째, 흠향(歆饗)이란 낱말을 그대로 살렸는데, 이는 의미가 잘 잡히지 않는 어려운 낱말이다. 그러므로 흠향하시옵소서는 일상의 표현대로 많이 드시옵소서라고 하는 것이 낫지 않을까 한다.

여기까지 전개해 온 이야기는, 지난날 널리 써 온, 규격화된 한문 축문을 그대로 답습하는 것을 염두에 둔 것이다. 그러나 그것을 곧이곧대로 따를 필요는 없다고 본다. 축문의 요지와 형식이 이런 것이라는 것을 알았으면, 이런 범위 안에서 좀더 감동스런 내용을 담는 것이 바람직하다. 사람마다 삶이 저마다 다를진대, 축문도 사람에 따라, 또는 집안에 따라 제각기 다른 것이 훨씬 더 인간답고 자연스럽지 않겠는가. 삶의 참모습이 녹아 있는, 개성 있는 축문 — 이것이 우리들이 지향해야 할 바가 아닐까.   〈1998.4.28~29.〉

| 어형 찾아보기 |